【广东省马克思主义理论研究文库】

社会主义核心价值观的多维视域

刘志山　主　编
李乃涛　副主编

SHEHUIZHUYI HEXIN JIAZHIGUAN DE DUOWEI SHIYU

SPM
南方出版传媒
广东人民出版社
·广州·

图书在版编目（CIP）数据

社会主义核心价值观的多维视域 / 刘志山主编，李乃涛副主编. —广州：广东人民出版社，2018.6（2023.1重印）
（广东省马克思主义理论研究文库）
ISBN 978-7-218-13036-1

Ⅰ. ①社… Ⅱ. ①刘… ②李… Ⅲ. ①社会主义建设—价值论—研究—中国 Ⅳ. ①D616

中国版本图书馆 CIP 数据核字（2018）第 142577 号

SHEHUIZHUYI HEXIN JIAZHIGUAN DE DUOWEI SHIYU
社会主义核心价值观的多维视域
刘志山 主编 李乃涛 副主编

出 版 人：肖风华

责任编辑：曾玉寒 廖智聪
封面设计：李桢涛
责任技编：吴彦斌 周星奎

出版发行：广东人民出版社
地　　址：广州市大沙头四马路 10 号（邮政编码：510199）
电　　话：（020）85716809（总编室）
传　　真：（020）83289585
网　　址：http://www.gdpph.com
印　　刷：河北飞鸿印刷有限责任公司
开　　本：787mm × 1092mm 1/16
印　　张：13.125 **插　页：**1 **字　数：**200 千
版　　次：2018年6月第1版
印　　次：2023年1月第2次印刷
定　　价：48.00元

前　言

2012 年 11 月 8 日，中国共产党第十八次全国代表大会的报告中首次提出“倡导富强、民主、文明、和谐，倡导自由、平等、公正、法治，倡导爱国、敬业、诚信、友善，积极培育社会主义核心价值观。”党的十八大之后，学习和践行社会主义核心价值观成为全社会面临的共同课题。五年来，社会各行各业通过多种多样的方式对社会主义核心价值观进行全面学习，同时也将社会主义核心价值观融入实践活动中深刻领会。时至今日，社会主义核心价值观已经成为全党全国人民共同倡导和践行的价值观念。

2017 年 10 月 18 日，中国共产党第十九次全国代表大会召开，习近平总书记提出了“新时代中国特色社会主义思想”。在贯彻和落实新时代中国特色社会主义思想的精神实质中，十九大报告明确提出了要“坚持社会主义核心价值体系”，要继续“培育和践行社会主义核心价值观”。可以说，十九大再一次重申社会主义核心价值观的重要性，也体现了社会主义核心价值观的时代特性。

五年来，哲学社会科学领域的专家学者对社会主义核心价值观的研究成果颇为丰富。他们从不同视角、不同侧面、不同维度梳理了社会主义核心价值观的深刻内涵，同时对践行社会主义核心价值观的方法、路径和策略各抒己见。可以说，对社会主义核心价值观的研究已经构成个多学科、多视角的研究体系。因此，我们有必要在这样一个时间节点对社会主义核心价值观的研究进行全面梳理，形成社会主义核心价值观的多维视域。

本书综合了哲学、伦理学、政治学、教育学等多个学科的最新研究成果，从多个视角分析社会主义核心价值观，试图为理解社会主义核心价值观提供跨学科的视野。在书中，笔者提出了认识社会主义核心价值观的文化之维、价值之维、道德之维和教育之维。首先，本书从文化的角度透视社会主义核心价值观，分析了社会主义核心价值观的文化渊源、文化内涵和文化意义。其次，本书从价值的角度透视社会主义核心价值观，提出了要由价值观念向价值标准转换，且应该始终以社会主义核心价值观作为衡量判断价值正确与否的标准。再次，本书从道德的角度透视社会主义核心价值观，提出践行社会主义核心价值观的逻辑起点是好生活。同时，社会主义核心价值观是指引当代中国社会发展的价值导向，更是影响社会关系调节的基本内容。最后，本书从教育的角度去透视社会主义核心价值观，提出要把握个人与社会两个维度，要将社会主义核心价值观贯穿教育教学的全过程。

从研究者的角度，本书尝试进行理论创新和方法创新，提出新观点和新思路。总体而言，本书尝试从以下三个方面进行创新性研究。首先，本书突破了以往从单一学科视角去讨论社会主义核心价值观的局限，改变了单一学科研究的狭隘性。其中涉及哲学、伦理学、政治学、教育学等多个学科的理论观点和研究方法，力图构建出社会主义核心价值观的全景视图，为后续研究社会主义核心价值观提供了借鉴和参考。其次，本书为践行社会主义核心价值观的两大难点提供了解决思路。一是从价值观念到价值标准的转换，这也是实现社会主义核心价值观从理论到实践的关键节点。本书从文化路径和价值路径两方面入手，力图给出社会主义核心价值观的价值标准。二是如何将社会主义核心价值观内化于心，外化于行。本书从日常伦理与学校教育两方面进行分析，努力设计一套社会主义核心价值观“落地生根”的可行性方案。最后，本书既注重理论探讨，又注重现实关照，试图搭建理论与现实之间的对话桥梁。在对社会主义核心价值观的价值之维、道德之维的分析中，本书触及到了不少哲学、伦理学的重要命题，分析了社会主义核心价值观的价值判断、认识纲要等重要话题。在对社会主义核心价值观的文化之维、教育之维的分析中，本书又探讨了诸如国家意识形态安全、学校价值教育、大学生价值观培育等重要的现实话题。

当然，不管是从实践角度还是从理论角度，对于社会主义核心价值观的研究尚未完成。希冀本书的出版，能够启发更多的后续研究，引起更多的分析探讨。

编 者

2017 年 11 月

目　录

第一章　社会主义核心价值观的文化之维 / 001

第一节　文化视野中的社会主义核心价值观 / 001

一、社会主义核心价值观的文化渊源 / 002

二、社会主义核心价值观的文化内涵 / 004

三、社会主义核心价值观的文化意义 / 008

第二节　传统价值观与社会主义核心价值观 / 010

一、儒学为主干的传统价值观的核心理念 / 010

二、儒学为主干的传统价值观的现代价值 / 015

第三节　传统思维方式与社会主义核心价值观 / 018

一、“家国一体”的传统思维方式与倡导国家、社会和个人三个层面要求一体化 / 019

二、“一多相容”的传统思维方式与体现一元性和兼容性相结合 / 021

三、“循序渐进”的传统思维方式与重视青少年核心价值观的养成 / 024

四、“知行合一”的传统思维方式与强调“培育”和“践行”相统一 / 027

第四节　践行社会主义核心价值观的文化路径 / 029

一、社会主义核心价值观实质就是中国特色社会主义文化灵魂的体现 / 030

二、社会主义核心价值观培育践行应当在以文化人中实现 / 032

三、以文化人的核心在于以社会主义核心价值观塑造当代人的

中国精神 / 033
第五节 社会主义核心价值观与国家意识形态安全 / 035
一、社会主义核心价值观本质规定的逻辑解读 / 035
二、社会主义核心价值观维护国家意识形态安全的价值分析 / 037
三、社会主义核心价值观维护国家意识形态安全的策略思考 / 040
第六节 社会主义核心价值观与大学生文化自觉 / 043
一、用社会主义核心价值观铸魂是大学生文化自觉的着眼点 / 043
二、把握社会主义核心价值观的基本要求是大学生文化自觉的落脚点 / 046
三、在实践中践行社会主义核心价值观是大学生文化自觉的关键点 / 048

第二章 社会主义核心价值观的价值之维 / 051
第一节 论社会主义的核心价值 / 051
一、社会主义核心价值的根源 / 052
二、社会主义核心价值的实质 / 055
三、社会主义核心价值观的弘扬 / 059
第二节 社会主义核心价值观与增强价值判断力 / 065
一、价值判断力的内涵、特征及作用 / 065
二、价值判断力存在被削弱甚至被逆转的危险 / 067
三、增强价值判断力的标准、路径与重点 / 068
第三节 社会主义核心价值观的认识纲要 / 071
一、社会主义核心价值观的层次 / 071
二、核心价值观比较研究 / 072
三、培育和践行社会主义核心价值观的对策 / 075
第四节 社会主义核心价值观的理论与实践价值 / 076
一、社会主义核心价值观的内涵 / 076
二、社会主义核心价值观的理论价值 / 078

三、社会主义核心价值观的实践价值 / 081
第五节 社会主义核心价值观的来源与层次 / 084
一、社会主义核心价值观的来源与意义 / 085
二、社会主义核心价值观与社会主义核心价值体系的关系 / 088
三、社会主义核心价值观的三个层次及相互关系 / 090
第六节 中国梦与社会主义核心价值观 / 093
一、社会主义核心价值观的系统结构 / 094
二、中国梦践行场域的系统机制 / 099
三、社会主义核心价值观培育对中国梦践行的系统推进 / 102

第三章 社会主义核心价值观的道德之维 / 107
第一节 社会主义核心价值观的道德基础 / 107
一、社会主义核心价值观的道德基础 / 107
二、社会主义核心价值观的道德内涵 / 110
三、社会主义核心价值观的道德价值 / 112
第二节 社会主义核心价值观践行的逻辑起点 / 116
一、人之道德行为动力始点的利益与道德之争 / 117
二、现代社会利益变迁与道德生活的批判性回归 / 120
三、好生活与社会主义核心价值观的践行 / 123
第三节 互联网时代社会主义核心价值观的践行 / 126
一、有关案件及其影响 / 127
二、微博及微博环境下的法律 / 128
三、法律的社会作用 / 130
四、互联网时代的法律与道德 / 131
五、注重法律的社会价值有助于核心价值观确立 / 133
第四节 社会主义核心价值观的日常生活化 / 134
一、关于社会主义核心价值观日常生活化的理解 / 135
二、社会主义核心价值观日常生活化的三个逻辑 / 136
三、社会主义核心价值观日常生活化的效用 / 139
四、社会主义核心价值观日常生活化的形成机制 / 141

第四章　社会主义核心价值观的教育之维 / 145
第一节　社会主义核心价值观的制度化 / 145
一、社会主义核心价值观制度化的重要意义 / 145
二、社会主义核价值观制度化的科学把握 / 149
三、社会主义核心价值观制度化的有效推进 / 151
第二节　大学生社会主义核心价值观培育原则 / 155
一、以人为本、双向互动的原则 / 156
二、内容丰富、方法创新的原则 / 158
三、注重实践、知行统一的原则 / 160
第三节　高校社会主义核心价值观宣传教育的实效性 / 161
一、广东高校大学生社会主义核心价值观宣传教育的调研概况 / 162
二、广东高校社会主义核心价值观宣传教育的现状 / 162
三、高校社会主义核心价值观宣传教育现状的原因 / 165
四、加强高校社会主义核心价值观宣传教育实效性的对策 / 167
第四节　社会主义核心价值观与学科德育 / 171
一、正视学科德育的力量 / 171
二、学科德育的实践原则 / 173
三、加强教师的自觉意识 / 176
第五节　学校价值教育有效性基础及实现途径 / 178
一、经验：价值观教育的有效性基础 / 179
二、重塑学生经验世界：学校价值教育的着力点 / 182
三、管理变革：优化学生价值经验的前提 / 184
四、教师以身作则：学生价值经验的直接来源 / 187

参考文献 / 191
后记 / 198

第一章　社会主义核心价值观的文化之维

文化作为社会生活的重要内容，不仅是价值观产生的源泉，更是透视价值观的重要维度。社会主义核心价值观根植于我国优秀的传统文化之中，同时又反映了当代社会最重要的文化要素。

从文化的角度透视社会主义核心价值观，需要分析社会主义核心价值观的文化渊源、文化内涵和文化意义，更需要把握历史和现实两个视角。从历史的视角来说，作为一个历史悠久的国度，中国的文化有着深厚的历史根基，需要从传统文化出发，了解传统价值观的重要内容，理解传统思维方式的重大意义。特别是以儒家为主干的传统价值观，在现代社会中依然有其存在的现实意义。从现实的角度来说，我们有必要构建一条践行社会主义核心价值观的文化路径，有必要上升到维护国家意识形态安全的高度去认识社会主义核心价值观的重要性。同时，从文化自觉的角度来说，应当用社会主义核心价值观引领大学生实现成才报国的人生追求，自觉践行社会主义核心价值观。这也是文化指向未来的重要向度。

第一节　文化视野中的社会主义核心价值观

社会主义核心价值观是一个政治概念，更是一个文化概念。它渊源于中华传统优秀文化，继承和弘扬了中华传统价值观的精髓，创造性地指出了新世纪中国特色社会主义国家发展和精神文明建设的目标和方向，对于促进社会主义文化现代化具有重要意义。

一、社会主义核心价值观的文化渊源

我国是文明古国，以礼仪之邦著称于世。其根源在于我们拥有源远流长、博大精深的中华优秀传统文化。它积淀着中华民族最深层的精神追求，包含着中华民族最根本的精神基因，代表着中华民族独特的精神标识，同时也是社会主义核心价值观的深厚渊源。社会主义核心价值观从中华优秀传统文化中获得丰富的思想营养，增强其生命力，既使中华民族最基本的文化基因与当代社会相适应、与世界文化相协调，又让社会主义核心价值观产生并健康成长于中华优秀传统文化，充分发挥以文化人、以文育人的功能。

1. 对中华传统价值观核心内容的吸取

社会主义核心价值观吸取了中华传统价值观的核心内容。中华传统价值观是中华传统文化中最基本的道德规范，为构建社会主义核心价值观提供了重要的思想资源和文化基因。其核心内容，就是源于春秋、确立于汉代的“仁义礼智信”观念，它凝聚了我国人民在长期历史发展中形成的智慧和经验，具有高度概括性，是最根本最凝练的中华传统美德。

仁的本义是爱人、推己及人。我们所说的“仁者爱人”、“与人为善”、“己所不欲，勿施于人”、“己欲立而立人，己欲达而达人”，反映的就是“仁”的思想。义的本义是合情、合理、合法。义是人们利益和名誉过程中必须恪守的价值准则，所谓“君子喻于义”、“义然后取，人不厌其取”；“不义而富且贵，于我如浮云。”义是道德行为“当”与“不当”的试金石。礼是人们在家庭生活与社会交往中必须遵循的道德规范。礼在当时是立国的根本，所谓“礼，国之干也”；也是个人安身立命之本，所谓“礼，人之干也。”礼不仅体现为外在的礼仪，更要求人们从内心深处明礼、信礼，依礼而行，不悖于礼。智的本义是智慧、理智、明辨是非。孟子认为，“是非之心，智之端也。”认识自己、认识他人、认识社会，都离不开智。智是个人认识世界，安身立命的基础。人们要恪守仁、礼、义，就必须充分发挥才智，正确认识和把握仁、礼、义，正所谓“知之曰明哲，明哲实作则”。信的本义是讲信用、诚实不欺。儒家要求人们在社会生活中做到“诚实守信”、“视信如命”，“言而有信”，将诚信当作安身立命、行走于世的基本原则。同时，信也是“进德修身之门”、“立业之道”、“立足之本”，所谓“自古皆有死，民无信不立”，“信则人任焉”，讲的都是“信”对于个人立足社会所起的根本性作用。

2. 对中华传统价值观主要特点的借鉴

中华传统价值观在义利关系、国家与个人关系、人格追求、道德实践方面具有明显特点：

第一，注重整体利益和家国情怀。这是与西方价值观大相径庭的地方。在中华传统价值观中，国家利益、民族利益、社会整体利益占有特别重要的地位，始终把国家和民族利益放在首位，提出“大道之行也，天下为公。”主张先公后私、见利思义，看重国家、社会、民族对个人的价值，反对个人主义、自我中心，反对个体游离于群体之外；看重个体对国家、社会、民族的职责和义务，反对凸显个人利益，提倡集体主义，认为个人只有融入到群体之中，生存和发展才有保障，“大河有水小河满”就是这个道理。这一特点构成了中华民族爱国主义精神的核心要素。

第二，注重道德理想和完美人格。中华传统价值观高度重视道德理想和完美人格的追求，主张道德理想和完美人格相统一，希望从内心深处确立对道德的信仰，把道德理想和完美人格的统一作为人生追求的最高境界，如“天下兴亡，匹夫有责”、“贫贱不能移，威武不能屈，富贵不能淫”等崇高理想与道德人格。

第三，注重修身为本和践履力行。中华传统价值观主张格物致知、诚意正心、修身齐家，从而陶冶气行、成圣成贤、治国平天下。提倡慎独自省，尤其要从细节着手身体力行，“勿以恶小而为之，勿以善小而不为”，要求把道德信念落实在具体的行动中，而不停留在观念层面上，强调知为行之导，行为知之果，达到知行合一。

可见，中华传统价值观蕴涵了中华文化的思想精华和道德精髓，在长期的历史发展中发挥了巨大作用，一直是我国社会稳定和谐的精神支柱，是中华民族生存发展的道德根基，是中华民族文明进步的重要动力。但是，传统价值观是在小农经济、宗法社会和皇权政治土壤中孕育而成的，是为了适应当时自然经济和封建社会的需求，有其历史局限性。

二、社会主义核心价值观的文化内涵

党的十八大提出的“富强、民主、文明、和谐、自由、平等、公正、法治、爱国、敬业、诚信、友善”，一共24个字，分为国家、社会和个人三个层面，体现了社会主义核心价值观丰富的文化内涵。

1. 国家发展的价值目标：富强、民主、文明、和谐

富强是我们国家经济现代化的目标，就是要达到民富国强，是国家繁荣昌盛、人民幸福安康的物质基础。它包括两个方面的内容：国家强大和人民幸福。社会主义的本质就是要解放和发展生产力，实现共同富裕；“中国梦归根到底是人民的梦，必须紧紧依靠人民来实现，必须不断为人民造福。”富强作为国家的价值目标，就是要以经济建设为中心，实现“两个百年目标”，不断增强我国的综合国力，不断提高人民的物质生活水平，不断提高中国的国际地位，为实现中华民族伟大复兴中国梦奠定坚实的物质基础。

民主是我们国家政治现代化的目标，就是要让人民当家做主，是创造人民美好幸福生活的政治保障。民主的本义就是人民当家做主，其本质不在于具体的民主形式，而在于国家政权是否真正代表人民利益，是否真正为人民谋利益。正如习近平总书记指出的，鞋子合不合适，只有脚穿着才知道。中国共产党人在前人探索的基础上，走出了一条中国特色的社会主义民主之路，是一种“实质民主”，真正实现了人民当家做主。我们党把民主作为国家的价值目标，就是要把实现党的领导、人民当家做主和依法治国有机统一起来，不断发展和完善社会主义民主，不断推进国家治理体系和治理能力的现代化，切实保障和维护人民的民主权利。

文明是我们国家文化现代化的目标，就是要极大提高人民群众的文化程度和文明素养，是社会进步的标志。文明是社会进步的标志，作为国家价值目标的文明主要是指精神文明。把文明作为国家的价值目标，就是要加强社会主义核心价值体系建设，全面提高公民思想道德素质和

科学文化素质，继承和弘扬中华民族优秀传统文化，借鉴人类优秀文明成果，创新发展当代中华文明，提高国家文化软实力，建设社会主义文化强国。

和谐是我们国家社会现代化的目标，就是要做到学有所教、劳有所得、病有所医、老有所养、住有所居，是国家稳定、健康、持续发展的保证。主要包括人与人、人与社会、人与自然的和谐等方面内容。社会和谐是人类自古以来追求的价值目标，也是中国特色社会主义的本质属性。把和谐作为国家的价值目标，就是要把保障和改善民生放在更加突出的位置，团结一切可以团结的力量，最大限度增加社会和谐因素，最大限度减少不和谐因素，增强社会创造活力；就是要走以人为本、全面协调可持续的科学发展之路，建设环境优美、生态良好的“美丽中国”，确保中华民族永续发展。

2. 社会治理的价值取向：自由、平等、公正、法治

自由是指人的意志自由、存在和发展的自由，就是要确保宪法规定的公民自由权利，为每个公民全面而自由发展创造良好社会条件；是指在物质需要得到基本满足的情况下，人的创造性潜能迸发而个性张扬的状态。追求自由、保护自由，让每个人实现自由全面的发展，是社会主义现代化建设的最终目的，也是实现民族伟大复兴中国梦的根本要求。我们这里所讲的“自由”，与西方所谓“普世价值”的“自由”大不相同。在社会主义核心价值观中，自由作为社会层面的价值取向，就是要确保宪法规定的公民自由权利，鼓励公民追求自由，营造民主与集中、自由与纪律相统一，既生动活泼又井然有序的社会环境，为每一个人自由而全面发展创造良好氛围。

平等是指公民在法律面前人人平等，依法享有平等参与政治和社会生活的权利，是处理一切政治和社会关系的最基本准则，是人类永恒的价值追求，关系到每个人的权利和幸福。我们这里所讲的作为价值追求的平等，主要是指机会平等、权利平等和规则平等。在人类的历史长河中，平等在推动社会发展与变革方面发挥着无可替代的价值导向作用。社会历史表明，在存在着剥削制度和剥削阶级的社会形态里，不可能实现真正意义上平等；只有到了社会主义阶段，消灭了剥削制度和剥削阶

级，人民真正当家做主，才有可能实现真正意义上的平等。在社会主义核心价值观中，平等作为社会层面的价值取向，就是要建立起能够确保社会平等的政治和法律制度，形成和完善以权利公平、机会公平、规则公平为重要内容的社会公平保障体系，保证人人获得平等发展机会。

公正是指公平和正义，就是要让全体国民公平地分享国家建设与发展的果实。所谓公平，是指基于一定标准或原则，对人对事不偏不倚的态度；所谓正义，是指制度和行为结果中应该体现的原则。社会主义建设是一个不断奋斗和追求全面实现公平正义的过程。在社会主义核心价值观中，公正作为社会层面的价值取向，就是要建立公有制为主体、多种经济形式并存的经济制度和以按劳分配为主体、多种分配形式并存的分配制度；在经济上，就是要促进生产力的快速发展，使社会产品不断丰富，实现社会成员的共同富裕；在政治上，就是要让人民群众真正当家做主，在政治生活中享有最广泛的民主权利。总的来说，就是要实现改革发展的成果全民共享。

法治就是依法治理国家，就是要全社会学法、知法、守法、用法，坚决防止以权代法，是实现自由平等、公平正义的制度保障。法治建设就是要实现科学立法、严格执法、公正司法，在全社会范围内坚持学法、知法、守法、用法，确立法律的权威，防止以权代法。在社会主义核心价值观中，法治作为社会层面的价值取向，就是要完善社会主义法律制度，依法行政，做到法律面前人人平等，使遵法守法在全社会蔚然成风，让人民群众在社会生活中真正感受到公平正义。

3．个人修养的价值准则：爱国、敬业、诚信、友善

爱国是公民对祖国的深厚感情，是公民个人自觉维护祖国的利益和荣誉的意识与行为。它不仅是公民对祖国的自然情感，也是公民对祖国的基本义务，是任何一个国家的公民应有的社会公德。我们不仅要在情感上热爱自己的祖国，更要在行动上维护祖国的利益和荣誉。在社会主义核心价值观中，爱国作为公民个人的价值准则，就是要热爱祖国河山，捍卫国家领土完整和主权统一；热爱骨肉同胞，积极维护民族团结；热爱民族优秀文化，推进中华文化的创新发展；热爱社会主义制度，坚持走中国共产党带领人民开拓的中国特色社会主义道路，凝聚起实现中华

民族伟大复兴中国梦的强大正能量。[①] 虽然现在没有过去革命年代的场景和战争年代的环境，但仍需要有爱国意识和爱国行为。在和平年代学习好、工作好，自觉维护祖国的利益和荣誉，就是爱国的表现。

敬业是公民对待职业生活的态度，强调勤奋努力、恪尽职守、服务群众、贡献社会。敬业之“业”，涵盖了人们所从事的所有职业领域。敬业首先是一种对待工作和职业的敬畏态度和责任意识，其次要有全身心投入的专业精神和刻苦钻研、精益求精的品质。在社会主义核心价值观中，敬业作为公民个人层面的价值准则，就是要树立强烈的事业心和责任意识，做到干一行、钻一行、爱一行。

诚信是指诚实守信，是人们修身处事的行为准则，强调诚实劳动、信守承诺、讲求信誉。它是对从业者基本的道德要求，是市场经济存在和发展的道德前提，是一个社会赖以生存和发展的基石，是社会和谐稳定的必要条件。从行为主体来看，诚信主要包括个人诚信、企业诚信和政府诚信。在市场经济条件下，人无信不立，诚信对一个人来说，它是一种操守，一种人格；对于企业来说，它是一种信誉，一种品牌；对于政府来说，它是一种形象，一种民意。诚信是主体对自己的基本约束和规定，也是一种对主体间相互关系的道德约定和道德规范，通过主体的自我约束和主体间的诚信交往来建立社会的诚信体系和诚信环境。

友善是指像对待朋友一样友好和善，是社会交往的行为准则，强调人与人之间应互相尊重、互相关心、互相帮助、互相照顾。它是每个公民应有的基本道德品质，是社会交往的基本道德规范，是和谐、团结与合作的重要基础，是建立和谐社会的重要条件。在社会主义核心价值观中，友善作为公民个人的价值准则，就是要发扬互助精神，鼓励公民团结合作，形成友善文化；要在与他人交往中培育友善意识，在社会生活中学会宽容、忍让和友爱，形成助人为乐的良好社会风尚。

可见，社会主义核心价值观所蕴含的价值目标，正是在实现传统文化创造性转化和西方文化批判性扬弃基础上，所建设的社会主义新文化

---

① 邹瑾、郑中华：《论中国梦与社会主义核心价值体系的一致性》，《中共石家庄市委党校学报》2015 第 9 期，第 38 页。

的内核所在。

三、社会主义核心价值观的文化意义

社会主义核心价值观的提出本身就是文化发展的成果，是国民社会意识得以凝聚，社会主义精神文明建设目标得以确立的体现。它对于我国文化软实力的提升和国家文化现代化的推进具有重要指导意义。

1. 有利于凝聚社会共识

当前中国正处于社会转型和经济转轨的加速期，人们的生活方式、行为方式与价值观念发生了巨变。人们原有的价值观念受到了极大冲击，而新的价值观念还没有形成。在此背景下，各种观念层出不穷，各种思潮此起彼伏，不同价值取向相互碰撞，这就引发了道德危机、诚信缺失等现象。特别是在全球化浪潮与市场经济的冲击下，很多人迷失方向、无所适从，且社会上各种思潮暗流汹涌，意识形态领域的斗争异常激烈。因此，广泛开展社会主义核心价值观建设，有助于人们在价值观问题上找到价值认同的最大公约数。它既能引领与整合各种社会思潮，也能在各种利益矛盾与思想差异之上形成社会共识，有效避免利益格局变动可能带来的思想对立与混乱，增强民族凝聚力与向心力，形成积极向上的精神力量与团结和睦的精神纽带。①

2. 有利于提升文化软实力

文化是民族的血脉，是国民的精神家园，是民族振兴、国家昌盛的精神支撑。当今世界，文化的积极作用日益凸显，它逐渐成为综合国力竞争的重要因素，成为民族向心力、凝聚力与创造力的重要源泉。一个国家的硬实力包括基本资源、军事力量、经济力量、科技力量等；软实力包括文化建设、意识形态、外交政策、发展道路、制度模式等。② 文

---

① 杨振闻：《实现社会主义核心价值观认同的难题和对策》，《青海社会科学》2015 第 4 期，第 7 页。

② 骆郁廷：《论我国软实力的整体优化》，《江淮论坛》2012 第 5 期，第 158 页。

化软实力以核心价值观为灵魂，社会主义核心价值观是我国文化软实力建设的重点，是决定社会主义文化性质和发展方向的决定性要素。文化软实力的强弱取决于其核心价值观的生命力的强弱。没有社会主义核心价值观，我国的文化建设将失去灵魂。作为我国文化软实力建设的重点，社会主义核心价值观是中国特色社会主义精神文化的高度凝练，是中华民族思想道德和精神境界的集中体现，是中华民族独特的精神标识。因此，要振奋国民的精神、强化民族的纽带、提升国家文化软实力，就必须加强社会主义核心价值观建设。

3. 社会主义核心价值观有利于促进文化现代化

文化的产生、发展离不开一定的时间和空间，一定的文化总是在一定的历史阶段和区域产生、演变的。文化现代化是现代化一个重要的领域，它牵涉到文化的信仰、价值、社会习俗等问题，是最复杂、最深层、最艰难的一个过程。改革开放以来伴随着经济、政治改革而出现的文化讨论热潮中，无论是全盘西化论、彻底重建论、复兴儒学论，还是综合创新论，核心问题是文化的民族性与时代性之间的关系。如何处理这一关系是理解和推进中国文化现代化的关键。社会主义核心价值观较好地处理了这个问题。

社会主义核心价值观对文化现代化的促进作用，体现在三个方面：首先，文化现代化建设离不开主体对实践的认知和感悟，社会主义核心价值观的践行和培育激发文化主体的意识，自觉进行文化继承与创新。其次，社会主义核心价值观有助于实现文化现代化的目标，即维护国家和民族的文化权益，提高国民的文化生活水平和文化生活质量，提高文化创造力、文化竞争力和文化影响力。最后，二者最终目的的一致性，提升人们幸福感。一方面，人的自由解放和全面发展，既是现代化的一个总体目标，也是文化现代化和人的现代化的一个关键目标。另一方面，实现人的自由全面发展，是马克思主义价值哲学的核心所在，也是社会主义核心价值观的终极目标和实质，二者具有统一性。

第二节　传统价值观与社会主义核心价值观

中华文明以其持续性和包容性，造就了气度恢宏的文化景象，在中华民族的漫长发展历程中，儒家思想长期处于主导地位，成为国人精神与信仰的文化支撑。诚如牟宗三先生所说“知性尽性，开价值之源，树价值之主体莫若儒。”以儒学为主干的中国传统价值观虽在不同的历史时期有不同的阶段性表现形式，但其背后的具有很大一致性的哲学基础和价值理念。当前，我们面临生态危机、精神危机、道德危机和价值危机，这些传统的核心价值理念在许多方面对于现代社会的问题处理具有重要的价值和启示。

一、儒学为主干的传统价值观的核心理念

1. 以“仁义”为核心的德性价值观

“仁义”是儒学理论的基础性概念，是儒学解读人性和其他社会伦理规范的基本理念。儒学道德理论的基本逻辑是从内在的人性出发外推出一系列的社会秩序规范。所以，在儒学中，人性和伦理道德价值观念经常是合二而一的。例如仁、义、礼、智、信、孝、悌、忠、恕、勇等，它们一方面是人性的一种表征，另一方面也是一种道德规范要求，同时还都是仁义在社会生活不同层面的延伸。所以，在这些道德价值观念的概念中，尽管每个概念都有不同的指向和涵义，但是它们有一个共同的价值取向，这个共同的价值取向就是“仁义”。就其作用机制而言，仁义既是一种个体人格内在的道德精神境界，又是一种社会外在的道德理想状态。之所以将“仁义”作为儒学思想的核心价值观念，有如下的辨明：

第一，仁义构成儒学道德价值观念的根基。

儒学的创始人孔子、孟子和荀子极力推崇仁义理念，把仁义视为自己学说的根基。《论语》中有孔子对自己思想的自评：“子罕言利，与命

与仁”。《吕氏春秋》总结孔子的思想结论是“孔子贵仁”。孟子发展了孔子的仁学思想，将具有外在性的表征人际关系的“仁”重释成内在人性的善良本质，即良知良能，提出了著名的四端说的性善论，所谓“恻隐之心，仁之端也；羞恶之心，义之端也。”①，并从性善论推导出他的仁政治国学，奠定了中国长达两千年的“德政一体、以德统政”的道德政治即“德治”政治文化基础。与孟子性善论思路相反，另一儒学大师荀子从“性恶性伪”论出发，提出了以义进行德化，使之“化性起伪”，再以“明分使群”即分而制治从而达至王治。

秦以后的儒生们继承和发扬了仁义的思想，以仁义为道德教育和政治统治的基本理念，每个朝代都不断地把它细化到人们日常生活工作中去，形成了一整套系统而精致的伦理学说和道德规范。汉代董仲舒从“义重于利”的观点出发，提出了“三纲五常”的思想；隋唐时代的儒学大师王通把仁义作为最高的“王道”准则，主张以德治国，善和臣民；宋元时期，理学的开山鼻祖儒学大家周敦颐告诫统治者：“圣人之道，仁义中正而已矣。”②。同时代提出“灭私欲，则天理明矣”的程颐、程颢和后来的朱熹同样是把“理”的基础建立在仁义的基础上，及至元明陆王心学，无不将仁义视作其理论学说的基本价值观念，并以此为基础构建治国安邦、经世济民之策。可以说，儒学的思想创立于春秋战国时期，后世虽有发展，但是儒学的仁义核心思想并没有根本性的改变。

第二，仁义是最高的道德价值目标，也是礼、智、信等其他道德价值观念的依据。

孔孟创建儒学之始，就把人性道德的本源定义为仁义，使仁义成为最高的道德价值目标，并为其他的道德价值观念提供理论支持。孔子说：“君子义以为上。”③。孟子直接地说：“仁也者人也。”④。孔子、孟子看来，仁义不仅是人的道德本性，而且是人之为成为人的基本前提。正因

① 《孟子·公孙丑上》。
② 《通书·道第六》。
③ 《论语·阳货》。
④ 《孟子·尽心下》。

为如此，为了实现仁义的价值目标，孔子主张杀身成仁，孟子强调舍生取义。“生，我所欲也；义，亦我所欲也。二者不可兼得，舍生而取义者也”。[①] 仁义在这里成了人们行为选择的基本价值标准。

儒学除了树立以仁义为核心的价值观念外，还进一步提出了人性伦理的道德价值观念，其中有：礼、智、信、孝、悌、忠、恕、勇等。这些价值观念各自有其价值指向，内容上也有所侧重，路径上有所不同。但是，它们的思想基础却具有共同性，即都是仁与义。例如：孔子就把礼看作是仁的外在表现，他说：“克己复礼为仁。”[②]。孔子的弟子有若则以仁义解释孝和悌，所谓“孝悌也者，其为仁之本与。”[③]。另一个弟子孔子曾参也说过：“夫子之道，忠、恕而已矣。”[④]。对此问题，万俊人教授作过这样的评说：“孔子曾有‘知者不惑，仁者不忧，勇者不惧’之说。《中庸》将‘知、仁、勇’概括为‘三达德’。但与‘仁’相比，‘知、勇’仍然是次级的美德品质，它们与‘仁’的关系，实为一种体用关系：即所谓‘知者利仁’”此外，孔子还说过：“人而无信，不知其可也。”[⑤]。也就是说判断一个人是否讲信誉的问题，其判断的标准也是仁义。因为“可”的标准就是孔子仁义之道。

以上简单的思想梳理表明，仁义在儒家思想当中是具有核心地位，也是其他的价值观念的理论依据。

2. *以三纲五常为核心的社会价值观*

“三纲五常”是在西汉时代形成，对中国传统价值观念影响深远。“三纲”就是董仲舒所说的：“君为臣纲，父为子纲，夫为妻纲。”而“五常”是董仲舒在孔子、孟子的论述基础上，将仁义礼智信概括为“五常”。“夫仁、谊、礼、知、信五常之道”。其中“谊”是指“义”；“知”是“智”的意思。“三纲”为首，以“五常”为辅助，形成了封建等级社会近千年的道德准则和社会价值体系。从社会价值观的角度来

---

① 《孟子·告子》。
② 《论语·颜渊》。
③ 《论语·学而》。
④ 《论语·里仁》。
⑤ 《论语·为政》。

解读“三纲五常”，它至少包括了以下三个方面的重要内容。

第一，尊卑有序、等级分明的社会价值观。

董仲舒从对天人关系的考察出发，把自然之天改造为有意志之天，不仅支配自然界，而且还要主宰社会人事，才能沟通天人，给“王权神授”做出论证。他以天地、阴阳等比附人事，同时又创造出阳尊阴卑的学说。在这基础上，推论出尊卑有序、等级分明的“三纲”理论。“君臣、父子、夫妇之义，皆取诸阴阳之道。君为阳、臣为阴；父为阳、子为阴；夫为阳、妻为阴”[①]。也就是说，既然阳为尊、阴为卑，而君、父、夫属于阳，臣、子、妻为属于阴，那么臣、子、妻就是命中注定要无条件服从君、父、夫，于是以三纲为前提的等级社会的建立就具有了比较充分的理论基础。尊卑有序、等级分明的社会价值观念迎合了封建统治阶级稳定社会秩序的需要，因此在漫长的封建制社会中，发挥了其重要的社会价值的功能和作用。

第二，注重人伦五常的社会价值观。

儒学从创始就非常重视人与人之间的关系调整和对人性的规定。有不少学者甚至把儒学界定为以人本主义为中心的人伦道德学说。万俊人认为，儒学伦理的根本旨趣，是人的成德或人如何成其为人的问题。那么成己成人的路径是什么呢？儒学认为基本路径是自我与他人的伦理道德关系。孟子把这种伦理道德关系概括为五种基本形式，并提出了处理这五种关系的五种行为准则，并以此作为处理整个社会关系的基本准则，这五种关系是：父子、君臣、夫妇、长幼、朋友，史称“五伦”，基本准则则是：“使契为司徒，教以人伦：父子有亲，君臣有义，夫妇有别，长幼有序，朋友有信。”[②] 孟子认为，只要秉承这五种关系处理原则去面对社会生活中的各种人事关系，整个社会就会达致一个睦邻友好的和谐秩序状态。汉代大儒董仲舒在孟子“五伦”的基础上又将其精简为三纲，重点突出了“君臣、父子、夫妇”的社会关系，从而把成己成人的标准放在了君臣、父子、夫妇的关系中去考察，形成了有利于社会关系

---

① 《春秋繁露·基义》。

② 《孟子·滕文公上》。

稳定、讲究仁义礼智信的人际伦理关系。

第三，以重义轻利、重群轻己为核心的社会价值观。

重义轻利、重群轻己是中国传统价值观的重要观念。重义轻利是中国传统价值观念的理论基础，而重群轻己是在重义轻利的思想基础上形成的结果。两者有着内在的逻辑关系和理论上的承继关系。儒家学说从孔子提出了“君子义以为质”、“义以为上”，把义看成是人立身的根本后，孟子和荀子等人又有所发挥。孟子除了提出了舍生取义的观点外，还提出过“先义后利者荣，先利后义者辱”的主张；而董仲舒为了否定法家的重利去义的思想，更为深入地提出了：“正其谊（义），不谋其利；明其道，不计其功”的思想，并使得先秦儒家的重义轻利的思想得到光大和发展，成为了当时社会主流的价值观念。后来宋明理学家朱熹发展了董仲舒的观点，提出：“君子未尝不欲利也，但专以利为心则有害。惟仁义不求利而未尝不利也。”① 其要点是反对不顾道义去求利。儒家的重义轻利的价值观念经过一代代的儒家学者的发展和完善，已经成为中国传统价值观的核心观念之一。在重义轻利核心价值观念的基础上，重群体轻个体的精神就成为必然。这是因为：其一，义的所指首先是要符合儒家的人伦五常关系，而人伦五常关系是人与人联结成的人群。儒学历来强调强调个人对群体和社会的责任，如孔子提出过要“修己以安人”的理想，荀子更加明确提到了“明分使群、善群则和”等观点。其二，在君臣、父子、夫妇的三纲关系中，其内在的意蕴是：夫、父代表了家，君代表了国。对君、父、夫的服从就是对家、对国的服从。这就是说在处理个人和群体或个人与国家的关系上，必须要在“义”的基础上，把国家或群体的利益放在首要的位置，个人必须服从群体或国家的利益。否则，就是不仁不义。这种重群体轻个体的价值观念经过不断的发展，使得君权、族权和夫权成为压制和束缚个性和个体价值的藩篱。

3．以天人合一为核心的宇宙秩序价值观

先秦时期，曾出现过“天人合一”、“天人相分”的争论，还出现过儒学的“天人合一”思想和道学的“天人合一”的不同思想理路。孔子

---

① 《四书章句集注》。

尽管不语怪、力、乱、神，唯独信天、敬天。按照孔子的理解，天是指具有超强意志和认知能力、能赏罚善恶的人格神，它能知晓人事主宰万物。所以孔子断言："获罪于天，无所祷也。"

孔子没有直接提出天人合一的概念，而是在继承和发挥西周"以德配天"的思想基础上阐发了这一思想的。孔子认为天与人是相通的，所以人能够通过感悟生活中的人与事来知晓天。最早明确提出"天人合一"思想的是孟子。孟子从人的内省出发揭示天与人的相通性，所谓"尽其心者，知其性也；知其性，则知天矣。"（出自《孟子·尽心上》）。孟子认为天是高上的，是凌驾于自然和社会之上的主宰力量。但作为人，则可以"存心养性事天"。孟子还给予天命以道德的属性，认为："诚者，天之道也"；"仁义忠信，乐善不倦，此天爵也"。在孔、孟看来，天是一种非人力所能支配的力量。"天"通过选用"天子"来沟通与人的关系，而"天、地、人"三才是一致的。孟子还提出："天视自我民视，天听自我民听"的思想，把天拟人化，折射出对人是天地生成的，人与万物要共生共存的思想。孟子认为天的道德属性是在于人性之中，因此，当人一旦认识了自己的本性，也就可以认识天，从而达到天人合一。汉代的董仲舒提出"天人感应"理念，并构想了一套复杂繁琐的类比性感应物事序列，但仍然是天人合一的一种表现形式。

宋明儒学以"诚"、"生"、"仁"、"乐"等概念把天人之间的关系贯通起来的方式发展了天人合一。在宋明理学看来，天与人沟通的桥头在于人的诚心敬意，所谓心诚则灵。程颐、程颢还以天道人道本是一体的理路来说明天人合一。他们认为，"道未始有天人之别，但在天则为天道，在地则为地道，在人则为人道"，所以，"天人一也，更不分别"。也就是说，人是与宇宙自然合为一体的，本质上并无差别，当然是合一的了。

二、儒学为主干的传统价值观的现代价值

时至今日，以儒学为主干的中国传统文化及其价值观念仍具有深厚的民族文化凝聚力，影响着我国政治、经济、文化、思想道德等各方面

的发展。当前，我们面临生态危机、精神危机、道德危机和价值危机，这些传统的核心价值理念对于我们处理这些问题具有重要的价值和启示。

1. 帮助现代人追寻精神家园和人格塑造

儒家的道德价值十分重视个人的自我修养和自觉的反省。孔子是“吾日三省吾身”，还说“为仁由己，而由人乎哉”；宋明儒学家说儒家是“身心之学”。儒家的道德价值观念在整体上是追求人的内在价值，因此也可以说它是以人为中心的道德学说，是以人为中心，努力使人成为一个“圣人、仁人、君子”。尽管儒家的理想人格在内容的要求上与我们现代社会所需要的人才目标有所不同，但是在德性的培养和道德的教化等方面它可以提供宝贵的思想资源。

现代社会恰恰越来越缺少对人性的反省和对精神家园的寻找。由于现代社会的制度化和组织化的日益加强，现代社会的社会化扩张达到了空前的程度。来自于个人自身之外的制度和组织对于人自身的约束和限制越来越多。与此相反的是，个人人性和道德的内省以及精神生活养育的空间却变得狭小。甚至出现了因为生活的过度社会化，而导致现代人缺乏道德的自觉性，也丧失了人文精神。即丧失了道德识别和评价能力，精神家园失落。在这种情况下，现代社会的伦理道德规范设计无论如何周全、如何完美，由于缺乏个体的内在道德价值追求和对精神家园渴望，都难以发挥其应有的功能和效果。近代资本主义发展已经表明，即使经济不断发展，社会变得越来越富有，如果缺乏高尚严谨的精神生活和对崇高道德理想的追求，社会就会价值荒芜，丧失发展目标方向和进一步前进的动力，生活于其中的人也难觅幸福感觉。传统文化及其意蕴的至善的道德理想和道德追求，推崇人文关怀对于人的成长和人生的意义，强调人性的内省自觉等道德生活对于矫正和调适现代化文明带来的重物轻神、重利轻德而生发的意义困境，无疑具有穿越的意义。

2. 促进人与人、人与社会之间关系的和谐

市场经济本身要求以市场的方式配置资源，让参与市场的主体充分发挥自己的主动性，参与市场竞争、追求自身的利益。这样的经济运行模式是当今世界经济发展过程中获得了巨大成功的。但是这种以市场和资本为主导，通过竞争获得利益的市场经济，只能够给人带来如马克思

所说的“冷冰冰的人际关系”。西方发达的市场经济国家的经历说明，如果人们在市场经济中角逐利益没有自制、理性和诚信等价值取向，没有博爱、公平和遵守法制文明，这样的经济发展就是残缺的，它必然会导致人与人和人与社会紧张的关系。而儒家的道德价值观念能够提供一些有益人际关系的思想资源。如：儒家的群己观念、义利观念尽管有其封建糟粕的一面，但是也有积极的借鉴作用。儒家提倡人际关系要在不同的关系中遵守不同的义务和责任，主张人伦的道义和规范，如父子有亲、长幼有序、朋友有信等，客观上能缓和因对利益的追求而导致人际关系的紧张程度，维护家庭和社会的伦理关系。儒家还强调与人交往的时候要讲究忠恕之道，讲究“己欲立而立人，己欲达而达人”、“己所不欲，勿施于人”，其目标是追求人与人之间的和谐。这对于已被市场经济推进过程中处于利益不断分化、传统乡土血缘纽带对人际关系逐渐衰减的当代中国，重建和谐的各种社会人际交往关系，是一种重要的思想资源。

3．推动现代生态伦理价值的构建

在西方科学主义思想的指导下，人类近两百多年期间大规模地向自然界不断征服、改造和掠夺，把人与自然的关系推向了对立面，结果是受到了自然界无情的惩罚。气候的恶化、水土的流失、资源的浪费使人们已经深受其害。进入 21 世纪人们重新对人与自然的关系进行审视和反思。生态环境问题已经成为现代人必须共同面对和处理的全球性问题。这个问题的关键不在于保护生态环境的技术或工具，而在于人类对于生态环境的认识问题，在于人心。人和自然应该怎样相处？现代生态对于人具有什么意义？这是现代化文明过程带给现代人必须反思和认真面对的重大问题。

以儒学为主干的中国传统文化提出的天人合一的宇宙价值观念给予当代的我们许多有益的启示。在中国传统文化中，天人合一既是一个存在论命题，也是一个价值论命题。作为价值论命题，它把追求和谐作为其最高的目标。由于中国传统文化具有由内而外的方法论特征，所以，这种和谐目标的追求首先是一种人生的使命召唤。李约瑟说过，“中国人的世界观依赖于另一条全然不同的思想路线。一切存在物的和谐合作，并不是出自他们自身之外的一个上级权威命令，而是出自这样一个事实，即他们都是构成一个宇宙模式整体阶梯中的各个部分，他们所服从的乃是自由本性的内在诫命。”儒学认为人与自然一体，是相通相合的，因为人是天地生成的，所以，天道、地道和人道是共生同处的。老庄道学强调无为而治，道法自然，人自一体，所谓“天地与我并存，而万物与我为一”。这些具有混沌整体性的自然宇宙观内含着深邃的人生智慧、宇宙智慧。这对于由于科学理性主义兴起和技术发明日新月异带给人类在自然面前的狂妄自信是一个很好的哲学理性规劝和观念上的澄明。现代科学技术武装起来的工业文明促成了生产劳动效率的显著提高和物质财富的极大增长，人们物质生活水平得到了过去时代人们想象不到的突变，但这种文明进步却带来人类自然生存环境的日益恶化，造成了人类可持续发展严重困境，即生态环境问题。这当然是一个技术问题，但要解决这个问题，首先需要当代人在观念上进行革命性改变，即抛弃绝对的随心所欲的人类中心主义观念，这种观念只求征服自然，向自然无止境地索取和掠夺，并以此表证人对自然主宰和决定性胜利。以人与自然和谐共处的生态学价值观来引领当代的自然宇宙观。而以儒学为主干的中国传统文化中的天人合一观念，就像是尘封了两千余年思想宝藏，在今天焕发出化解现代化发展难题的时代价值，值得当代人深入地研究和借用。环顾当今世界，现代西方的生态主义所主张的“自然是有内在价值”、“环境保护”等思想，跟儒家的天人合一的观念具有相同之处，更加彰显了儒家自然价值观念的现代价值。

第三节 传统思维方式与社会主义核心价值观

习近平总书记在2014年2月24日中共中央政治局第十三次集体学习时强调，“培育和弘扬社会主义核心价值观必须立足中华优秀传统文化”，“努力用中华民族创造的一切精神财富来以文化人、以文育人。”中国传统思维方式中蕴含着丰富的培育和践行核心价值观的经验，尽管它有一定的局限性，但其中所蕴含的合理内核，对于我们今天培育和践行社会主义核心价值观仍然具有重要启示，值得深入研究和挖掘。

一、"家国一体"的传统思维方式与倡导国家、社会和个人三个层面要求一体化

"家国一体"的传统思维方式与中国古代社会的伦理政治是紧密联系在一起的。中国古代社会的一个显著特征就是政治伦理化或伦理政治化，统治者将基于血缘关系的家庭伦理牵引至政治领域，建立起一套"礼制宗法"、"忠孝一体"的伦理规范。中国古代政治对国和家的理解，就是家是小国，国是大家，家国同构，即家庭、家族与国家在组织结构方面有共同性，以血缘——宗法关系来管理，父权在家庭、家族中最大，王权在国内是至尊。家与国的紧密关系最初可以追溯到先秦时期，西周采取分封制："天子建国，诸侯立家，卿置侧室，大夫有二宗。"① 周天子将部分土地划给宗室和臣子，取得他们的拥护，以维护周王朝的统治。此时的"家"既指小家，也指诸侯国，家和国都是依靠血缘关系联系起来的，这是最初的家国治理模式。《礼记·大学》中说："古之欲明明德于天下者，先治其国；欲治其国者，先齐其家；欲齐其家者，先修其身……身修而后家齐，家齐而后国治，国治而后天下平。"孟子也说："人有恒言，皆曰，'天下国家。'天下之本在国，国之本在家，家之本在身。"② 从而，明确指出了家国与个人的关系是紧密相连的。到宋朝时，宋徽宗说："内外家国，理当一体，则有条而不紊。"③ 进一步表达出了古代中国治国理政的"家国一体"思想。明朝时期王阳明主张："亲吾父以及人之父，以及天下人之父，视天下为一家，中国犹一人。"（《大学问》）也就是说，善待自己的父母还能扩展到善待别人的父母，把天下人都当成自己的家人，那么中国所有人都可以团结成一个人一样了。这些思想都体现了把个人、家庭与国家紧密结合起来的家国一体观。中国古代政治中的"家国一体"特征也被西方学者所认同，如黑格尔认

---

① 杨伯峻：《春秋左传注》，中华书局 2009 年版，第 94 页。
② （宋）朱熹：《四书集注》，岳麓书社 1987 年版，第 399 页。
③ 司义祖：《宋大诏令集》，中华书局 1962 年版，第 101 页。

为，“东方主义的一个普遍命题，就是认为古代中国的国家形态是家国一体，国家就是扩大了的家庭，皇帝就是大家长，人民都是皇帝的儿女，所以没有西方那种个人主义，没有个人的自觉意识。”① 历史上无数仁人志士“鞠躬尽瘁，死而后已”，“匈奴未灭，何以家为”，“王师北定中原日，家祭无忘告乃翁”，“国家兴亡，匹夫有责”等忧国忧民的情怀，深深表达了在家国一体的文化脉络中，中国人民始终保持着的对国家的高度责任感和与国家休戚与共的民族感情。

当然，中国传统的“家国一体”思想放到现代人的眼光下来审视，是有一定的局限性和弊端的，比如模糊了家和国的概念和界线，在一定程度上忽视了个体利益等，但是这一传统思维中的精华之处是值得吸收和借鉴的。传统社会的“修齐治平”价值观，体现了由个人到家庭，由家庭到社会，由社会到国家，由国家到天下的中国传统家国逻辑。每一个个体首先加强自我修养，完善个人的道德品质，注重个人道德实践，然后推广到家庭，在家庭生活中注意行为礼节，形成良好的家庭伦理关系，再推广到社会，在全社会范围内形成一套严密的道德行为规范，不做超出社会道德体系容忍范围的事，最后推及国家，正如“国有国法，家有家规”，依靠这套社会道德体系实现国家道德秩序的稳定。

中央办公厅印发《关于培育和践行社会主义核心价值观的意见》将24字的社会主义核心价值观分成三个层面：富强、民主、文明、和谐，是国家层面的价值目标；自由、平等、公正、法治，是社会层面的价值取向；爱国、敬业、诚信、友善，是公民个人层面的价值准则。三者有机统一起来成为培育和践行社会主义核心价值观的整体要求，这与传统的“家国一体”思维方式是一脉相承又具创新意味的。习近平总书记在阐述中国梦时反复强调国家梦与个人梦的有机统一，他指出：“实现中华民族伟大复兴的中国梦，就是要实现国家富强、民族振兴、人民幸福”，“实现中国梦必须走中国道路、弘扬中国精神，凝聚中国力量”，“中国梦归根结底是人民的梦”，“中国人民共同享有人生出彩的机会，共同享

---

① ［德］黑格尔著，王道时译：《历史哲学》，三联书店1956年版，第164－165页。

有梦想成真的机会，共同享有同祖国和时代一起成长与进步的机会”等。这些思想同样体现了国家、民族、社会、个人的有机统一。

培育和践行社会主义核心价值观同样可以遵循“家国一体”的线索。首先，个人层面价值准则，是国家层面价值目标和社会层面价值取向的基础。每一个社会成员应立足于自己，努力提高自身修养，热爱祖国，对国家和民族有责任感、有担当，在社会分工中恪尽职守，在社会交往中诚信、友善；进而推及社会，遵从现代文明的价值观念，追求社会的自由、平等、公正、法治；最终把我国建设成为富强、民主、文明、和谐的社会主义现代化国家，实现个人追求与民族和国家发展融为一体，共同发展。

同时，国家层面价值目标，是社会层面价值取向和个人层面价值准则的根本保障。正如习近平总书记所说：“国家好，民族好，大家才会好。”有学者认为，“只有国家富强起来了，才能为社会自由、平等、公正、法治提供强大的物质基础，才能为广大公民爱国、敬业、诚信、友善提供力量支撑；只有建设好社会主义的高度民主，才有可能为社会自由、平等、公正、法治提供根本政治条件，保障人民群众当家做主的权利；只有建设好高度的社会主义精神文明，自由、平等、公正、法治才具有强大的精神动力和智力支持，我们每个人生活得才更有尊严、更加体面，爱国、敬业、诚信、友善才会真正成为每一个公民的自觉行动；只有建设好社会主义和谐社会，才会有安定团结有序的社会生活，才能为实现自由、平等、公正、法治创造有利环境，才能使每一个人在安居乐业基础上实现爱国、敬业、诚信、友善的价值追求。”①

二、“一多相容”的传统思维方式与体现一元性和兼容性相结合

中国传统思维中很早就将“一”和“多”作为一对对应的范畴来使

① 唐洲雁：《全面把握社会主义核心价值观三个层面的关系》，《光明日报》2015年7月15日。

用，“一多关系”指的是一般与个别、统一性与多样性之间的关系。中国传统哲学中关于“一”与“多”关系的探讨非常丰富，用词也很多。老子曰：“道生一、一生二，二生三，三生万物。”阐明了万事万物的繁衍和发展都源于同一始源。孔子说：“巍巍乎唯天为大”（《论语·泰伯》），“今夫天，斯昭昭之多，及其无穷也，日月星辰系焉，万物覆焉。”（《中庸》）。认为“天”包含“日月星辰”和“万物”，表达了“一”包含“多”的观点。王弼推衍了老子的一多理论，认为万物之生皆由一而来，故一是多的主宰。他说：“万物万形，其归一也。何由致一？由于无也。由无乃一，一可谓无。”（《老子》四十二章注）又说：“一，数之始而物之极也。各是一物之生，所以为主也。”（《老子》三十九章注）所以，一和多的关系也是“主宰与万物”的关系。最早指出“一多相容”的是佛教华严宗的“一多相容不同门”思想。华严宗认为，“无有不多之一”，也“无有不一之多”。（《华严经探玄记》）一是多的一，所以才称为一；而多又是包容一的多，所以才称为多。也就是说，一与多互相包容而为一体。宋明理学时期，程颢和程颐认为天下只有一个理，“万物皆是一理”，所以“一物之理即万物之理”；朱熹也说：“万物各具一理，万理同出一原。”① 这些对于“一”与“多”关系的论述均表达了一与多相统一的思想，逐渐形成中国传统思维模式中“一多相容”的观点。概言之，“一”通常指的是一般、整体、主导、一元，表现为始源、真理、规律、权威等；“多”指的是个别、特殊、多样、多元，通常表现为感觉、现象、差异等。“一多相容”指的是“一”与“多”并不是对立存在的，事物的主导性、统一性、整体性和事物的多样性、差异性、特殊性可以同时并存，主导性、一元性占据领导和统摄地位，不可替代，多样化和多元性也伴随存在，事物的发展体现了一元性与兼容性的结合。

传统思维中“一多相容”的理念对当前我国培育和践行社会主义核心价值观也是适用的。“一多相容”，以“一”为主导，与“多”并存，“一”为核心，领导和统摄“多”的发展。在培育和践行社会主义核心

① 《朱子语类》卷十八。

价值观时，应当坚持社会主义核心价值观的主导地位不动摇，这是首要原则。尤其是在现有形势下，“在公共领域出现价值观的多样化时，寻求价值共识就变得非常必要，只有在价值共识中才能有效地化解价值观的分歧和冲突，保持社会内部的和谐。”① 社会主义核心价值观的“三个倡导”，即体现了鲜明的社会主义意识形态性质和要求，具有明确的主导性和一元性，又体现了与中国优秀传统文化的承接和对世界优秀文明成果的吸收借鉴，具有一定的兼容性，体现了一元性与兼容性相结合的思维方法。

中共中央办公厅印发《关于培育和践行社会主义核心价值观的意见》指出：“社会主义核心价值观是社会主义核心价值体系的内核，体现社会主义核心价值体系的根本性质和基本特征，反映社会主义核心价值体系的丰富内涵和实践要求，是社会主义核心价值体系的高度凝练和集中表达。”在社会主义核心价值观中的“核心”指的是主导和支配，社会主义核心价值观是在多元的价值观念中居于主导和统领地位的社会价值观，是社会主义价值体系的灵魂。它就处于“一多相容”中“一”的位置，引领着社会各种价值观念、价值标准和价值判断的方向。习近平在中共中央政治局第十三次集体学习时指出：“核心价值观是文化软实力的灵魂、文化软实力建设的重点。这是决定文化性质和方向的最深层次要素。一个国家的文化软实力，从根本上说，取决于其核心价值观的生命力、凝聚力、感召力。培育和弘扬核心价值观，有效整合社会意识，是社会系统得以正常运转、社会秩序得以有效维护的重要途径，也是国家治理体系和治理能力的重要方面。历史和现实都表明，构建具有强大感召力的核心价值观，关系社会和谐稳定，关系国家长治久安。”当前中国特色社会主义的建设和发展必须把社会主义核心价值观作为精神旗帜。

同时，当前社会主义核心价值观主导之下的多样价值观共存的状态已经形成，这也是一个社会发展进步、文明开放的表现。“中国经几千年生产、生活实践而形成的社会价值系统之一家为主、多元并存特性的内

---

① 兰久富：《倡导社会主义核心价值观的理论前提》，《哲学研究》2014 年第 8 期。

涵是，在社会价值系统中，既不能没有一个主导者，也不能没有多元并存。”① 各种多元化价值观不可能完全对立，其中也有与社会主义核心价值观的共通之处，多元价值观之间的交流、对话和碰撞会对社会主义核心价值观的主导引领作用提供肥沃的土壤。坚持社会主义核心价值观作为主导价值观的一元性与允许多元价值观共存的兼容性相结合，用社会主义核心价值观引领多元价值观的良性发展，实现“一多相容”的价值观体系，也是与我国社会主义初级阶段经济、政治和文化体制的多样性形态相适应的。

三、“循序渐进”的传统思维方式与重视青少年核心价值观的养成

“循序渐进”的思维方式在我国由来已久，主要体现在学习知识和教育方法等方面的思想之中。《老子》第六十四章讲到“合抱之木，生于毫末；九层之台，起于累土；千里之行，始于足下。”比喻做事情要踏踏实实地从第一步开始，实现远大的理想要从眼前的点滴下功夫，逐渐开展，不能苛求一蹴而就，否则理想只能成为空谈。孔子在讲述自己学习和修养过程时说：“吾十有五而志于学，三十而立，四十而不惑，五十而知天命，六十而耳顺，七十而从心所欲不逾矩。”表达了人的思想境界和道德修养是随着年龄的增长而逐步提高的，不能突击完成，不能勉强。荀子《劝学篇》中有“不积跬步，无以至千里；不积小流，无以成江海。”就是说，行千里之路，必须依靠一步半步的积累，大江大海的形成依靠的是一条条小河流的汇聚，这里表达了做事情的过程中积累的重要性。这些表述里面都隐含了循序渐进的思想。宋朝朱熹在注孔子《论语·宪问》中的“不怨天，不尤人，下学而上达，知我者其天乎”时，指出“但知下学而自然上达，此但自言其反己自修，循序渐进耳”，正式总结出了“循序渐进”这一至理名言。后来的王守仁教育思想中也包含

① 王处辉：《论中国社会价值系统的一主多元特性》，《江海学刊》2008 年第 5 期。

了循序渐进的思想，他主张儿童的教育应当从基础开始，逐步推进，必须按照“精气日足，筋力日强，聪明日开”的顺序展开，否则就像用一大桶水浇灌在幼苗上，是有害的。如此众多古代思想大家的循序渐进思想，形成了现代汉语中“循序渐进”这一成语，循即遵循、按照，序即次序、规律，渐指逐渐，成语表达的含义是学习或者工作要按照一定的顺序、步骤逐渐的递进、深入，尊重事物的发生发展规律，既强调良好开端的重要性，也强调积累的过程。

“循序渐进”的思维方式对当前培育和践行社会主义核心价值观有重要启示。在全社会实现人民大众对一种主导价值观念的认同和践行不是一朝一夕能完成的，必须遵循“循序渐进”的思维方式。从纵向的时间轴上来看，首先它需要尽早开始普及人们对社会主义核心价值观的认知；然后通过长期地积累，逐步深化，使人们从认知上升到认同再外化到践行；同时培育和践行社会主义核心价值观是党和国家在思想上确立的重要战略决策，是一项必须长期坚持的历史任务。按照“循序渐进”的思维方式，重视培育和践行社会主义核心价值观的起点、积累和持续性缺一不可。

遵循“循序渐进”的思维方式，特别要重视培育和践行社会主义核心价值观过程中的青少年这一群体。青少年是祖国的未来，民族的希望。重视青少年的社会主义核心价值观教育是确保我们的社会主义事业兴旺发达、后继有人的客观需要。我党历来重视对青少年的核心价值观教育。毛泽东曾经从思想政治工作的角度强调指出：“不论是知识分子，还是青年学生，都应该努力学习。除了学习专业之外，在思想上要有所进步，政治上也要有所进步，这就需要学习马克思主义，学习时事政治。”[①] 邓小平在谈到教育问题时说：“教育要从娃娃抓起。”2004 年《中共中央国务院关于进一步加强和改进未成年人思想道德建设的若干意见》中指出，对青少年的思想道德建设要“从未成年人抓起，培养和造就千千万万具有高尚思想品质和良好道德修养的

① 中共中央文献研究室编：《毛泽东文集》（第七卷），人民出版社 1999 年版，第 223 页。

合格建设者和接班人，既是一项长远的战略任务，又是一项紧迫的现实任务。”2013 年中共中央办公厅印发的《关于培育和践行社会主义核心价值观的意见》中指出“培育和践行社会主义核心价值观要从小抓起、从学校抓起。”① 2014 年习近平在北京大学师生座谈会上的讲话《青年要自觉践行社会主义核心价值观》中强调指出：“青年的价值取向决定了未来整个社会的价值取向，而青年又处在价值观形成和确立的时期，抓好这一时期的价值观养成十分重要。这就像穿衣服扣扣子一样，如果第一粒扣子扣错了，剩余的扣子都会扣错。人生的扣子从一开始就要扣好。”② 这都表明了培育和践行社会主义核心价值观过程中关注青少年的重要性。

而且，青少年时期心理尚不成熟，价值观念还没有完全形成，并不稳定，容易受到各种外界因素的影响，产生波动甚至反复，有时候还会产生逆反心理，因此，在青少年中培育和践行社会主义核心价值观是一个长期的过程，必须按照青少年的心理特点、接受能力和思维习惯循序渐进，在培育的过程中必须遵循人的思想品德形成和发展规律以及价值观教育的规律，提高青少年社会主义核心价值观养成的有效性。

同时，正如习近平总书记所说：“核心价值观的养成绝非一日之功，要坚持由易到难、由近及远，努力把核心价值观的要求变成日常的行为准则，进而形成自觉奉行的信念理念。”③ 培育和践行社会主义核心价值观正是实现全体社会成员对社会主义核心价值观内化于心、外化于行的过程，这必然需要一个从入脑到入心再到践行的循序渐进、不断提升的过程。只有循序渐进、坚持不懈地培育和践行，才能使社会主义核心价值观真正成为国家、社会和公民的主导价值观。

---

① 中共中央办公厅：《关于培育和践行社会主义核心价值观的意见》，《人民日报》2013 年 12 月 24 日。

② 习近平：《青年要自觉践行社会主义核心价值观——在北京大学师生座谈会上的讲话》，《人民日报》2014 年 5 月 5 日。

③ 习近平：《青年要自觉践行社会主义核心价值观——在北京大学师生座谈会上的讲话》，《人民日报》2014 年 5 月 5 日。

四、“知行合一”的传统思维方式与强调“培育”和“践行”相统一

知和行的关系问题在中国古代思想史上是个讨论热烈的话题。早在《尚书·说命中》中就有“非知之艰，行之惟艰”的语句，意思是懂得道理并不难，将道理付诸实践就比较难了，在知与行的关系中用“非艰”和“惟艰”来比对“知”与“行”，从难易的角度说明行比知难。在知与行的重要性问题上，古代思想家对道德知识的习得是非常重视的。孔子曰：“君子学以致其道”（《论语·子张》），并表示出“朝闻道，夕死可矣”的虔诚（《论语·里仁》），用以强调认知和悟道的重要性。《荀子·劝学》中有：“君子博学而日参省乎己，则知明而行无过矣。”《礼记·学记》中有“玉不琢，不成器，人不学，不知道。”两大论学名篇都强调了学习知识的重要性。在论证学习和道德知识重要性的同时，思想家们也重视将道德知识付诸于道德实践，孔子说“始吾与人也，听其言而信其行。今吾与人也，听其言而观其行。”（《论语·公冶长》）考察一个人，除了听他说话，还要观察他的行为，强调了他对行的重视。他不喜欢人们夸夸其谈，言过其实，奉劝“君子讷于言而敏于行”（《论语·里仁》）。荀子《儒效》里有：“不闻不若闻之，闻之不若见之，见之不若知之，知之不若行之。学至于行之而止矣。”《修身》又强调：“道虽迩，不行不至。事虽小，不为不成。”宋明理学时期，二程在知行关系中从多个角度做了分析，程颐说：“故人力行，先须要知。非特行难，知亦难也。《书》曰：‘知之非艰，行之惟艰。’此固是也，然知之亦自艰。”① 由此可见在难易方面他们认为“行难知亦难”；在知行的先后问题上，认为知是行的前提，如果没有知，就不知道如何行。朱熹对知与行的关系有较为完整的论述：“致知、力行，用功不可偏，偏过一边，则一边受病。”② “致知、力行，论其先后，固当以致知为先；然论其轻重，

---

① 《二程遗书》第十八。
② 《朱子语类》卷九。

则当以力行为重。”① 朱熹认为知和行是两件不可混淆的事情，但又互相依赖，辩证统一，两者都要重视，但是论先后，知先于行，论轻重，行重于知。王阳明反对知行关系中的先后轻重之分，是第一个提出“知行合一”概念的思想家。他反对将知与行分开，认为知和行是一个过程的两个方面，他从“心即理”、“性即理”的思想基础出发，指出“外心以求理，此知行之所以二也。求理于吾心，此圣门知行合一之教。”② 又说“知是行之始，行是知之成。圣学只一个功夫，知行不可分作两事。”（《传习录》）也就是说，知与行是同时共存并在实践中相统一的，不能割裂开来。他的“知行合一”思想虽带有一定的历史和阶级局限性，但它表达的重视认知、重视实践的辩证思维已经达到了一个历史的高峰。从中国古代思想中传承下来沿用至今的知行合一思想，指的是认识事物的道理、学习科学知识和将知识运用于实践，二者密不可分，不能互相代替，而应当统一起来。在思想道德上面，知和行指的就是道德修养和道德实践必须统一起来，共同实现道德素质的升华。

党的十八大报告在阐述社会主义核心价值观问题是，首次明确地把“培育”和“践行”相统一，这与“知行合一”的传统思维方式具有内在的一致性。培育和践行社会主义核心价值观的目标实际上强调了两个方面的要求。一方面要在全体成员中培育社会主义核心价值观这一主流价值观念，另一方面就是使全体社会会成员身体力行这一价值观念，将其外化为自身的自觉行为。“培育”和“知行合一”思维中的“知”相呼应，从道德认识出发，内化并认同作为自身的道德准则；“践行”与“知行合一”思维中的“行”相呼应，归宿点为将道德认识外化为道德实践。“知”是思想引领，“行”是实践转化。二者不分先后，不能截然分开，必须统一起来，共同推进，才能达到道德教育的目的。习近平同志指出：“道不可坐论，德不能空谈。于实处用力，从知行合一上下功

① 《朱文公文集》卷五十。
② 吴光等编注：《王阳明全集》，上海古籍出版社 2006 年版，第 41 页。

夫，核心价值观才能内化为人们的精神追求，外化为人们的自觉行动。”① 刘云山同志也指出：“核心价值观的培育贵在知行统一，而知是前提、是基础，内心认同才能自觉践行，春风化雨才能润物无声。培育和践行核心价值观，一定要在增强认知认同上下功夫，使其家喻户晓、深入人心。”②

强调社会主义核心价值观的培育和践行，同“知行合一”的思维方式一样，二者在实现过程中也是有机统一的，要把培育和践行看成一个整体要求，而不能简单地强调那一方面的先后轻重。在培育和践行社会主义核心价值观的过程中，要在既重视培育又重视践行的基础上，增强“知行合一”意识，既要注重在培育中践行，又应注意在践行中培育，培育和践行要同时并举、相互促进。在全体社会成员中培育和践行社会主义核心价值观，需要将习得道德知识、培养道德情感、增强道德意志三者协调进行，最终外化为道德行为。在获得知识、增进情感认同、锻炼道德意志的同时可以进行核心价值观的践行，而践行的主体现实体验又可以促进对核心价值观的深刻理解和价值认同。因此，既要注重培育社会主义核心价值观过程中实践活动设计，又要注重在实践活动中进行社会主义核心价值观教育，实现二者的有机统一。同时，根据“知行合一”的理念和要求，要不断研究和探索把培育和践行有机统一起来的方式、方法、途径和机制，切实提高培育和践行的实效。

第四节　践行社会主义核心价值观的文化路径

社会主义核心价值观是国家强盛的精神动力，是民族文明发展的价值支撑，凝聚人们思想共识和引领人们精神文化生活水平提升的精神核

---

① 习近平：《青年要自觉践行社会主义核心价值观——在北京大学师生座谈会上的讲话》，《人民日报》2014 年 5 月 5 日。

② 刘云山：《着力培育和践行社会主义核心价值观》，《党建》2014 年第 2 期。

心。社会主义核心价值观是中国特色社会主义文化的灵魂，是中国特色社会主义文化的集中体现和最大公约数，社会主义核心价值观来源于社会主义人民大众，根植于社会主义人民大众，也必将转化为培育人民大众，被人民大众所践行。社会主义核心价值观要融入中国特色社会主义文化建设的伟大实践，并引领中国特色社会主义文化建设，以文化人是实现社会主义核心价值观培育践行主要途径。

一、社会主义核心价值观实质就是中国特色社会主义文化灵魂的体现

社会主义核心价值观本身就是一种文化的形态，是广大人民群众在伟大社会实践中所形成的一种具有中国特质的文化新形态。它来源、根植于中国特色社会主义文化，也必将为广大人民群众所掌握和运用。它将使广大人民群众凝聚共识，形成合力。

“文化是人化，文化在于化人”。马克思认为，劳动使人产生了意识，而意识具独立性和反作用于物质的特性，实践不仅仅包含着物质生产活动，而且包含着体现精神生产活动的层面。“意识一开始就是社会的产物，而且只要人们存在着，它就仍然是这种产物”① 人们通过后天的生产劳动和社会实践习得或生产文化，使之内化，成为人们相对稳定的、普遍的生活方式。系统的价值体系构成了文化的内核，从文化与价值关系的维度上说，人们习得、生产文化的过程，其本质也就是习得和生产价值观的过程，是对已有的价值体系适应与超越相统一的过程。人的文化存在，就是在给定的文化当中适应和创造新的价值的过程。社会主义核心价值观本身是在中国特色社会主义现代化建设过程中，继承中华民族优秀传统，吸收世界先进文明成果中，在人民大众实践中产生，并且经验总结和理论提升，成为引导人们生活，指引人们实现中国梦的中国特质的文化新形态。

社会主义核心价值观是中国特色社会主义文化灵魂的体现。马克思

① 《马克思恩格斯文集》（第1卷），人民出版社2009年版，第533页。

认为，实践活动在生产和生产的社会历史运动的层面展开，并在此基础上，随着意识在后来的分工中逐渐生成相对独立的意识形成，实践活动分化成为经济基础和文化等上层建筑，形成现实的社会结构。文化是社会的灵魂，价值观是文化的核心。中国共产党既重视中华优秀传统文化的继承和弘扬，又倡导和发展中国先进文化。改革开放以来，特别是党的十六大以来，党在中国特色社会主义现代化实践中始终高度重视文化建设，在坚持物质文明和精神文明两手抓，形成和发展了中国特色社会主义理论体系，凝练并积极倡导培育和践行社会主义核心价值观，走出了中国特色的社会主义文化发展道路。“社会主义核心价值体系是兴国之魂，是社会主义先进文化的精髓，决定着中国特色社会主义发展方向。”① 中国特色社会主义核心价值观是作社会主义核心价值体系的内核、高度凝练和集中表达，是中国特色社会主义文化灵魂的体现。坚持培育和践行社会主义核心价值观，使之在大众中内化于心，外化于行，是从灵魂深处对中国特色社会主义本质的坚持与践行的发展必然。

中国特色社会主义文化是中国大国强国的软实力，也是民族的血脉、人民的精神家园。党的十八大报告指出：“全面建成小康社会，实现中华民族伟大复兴，必须推动社会主义文化大发展大繁荣，兴起社会主义文化建设新高潮，提高国家文化软实力，发挥文化引领风尚、教育人民、服务社会、推动发展的作用。”② 社会主义先进文化的发展方向在于服务人民，建设中国特色社会主义文化强国的落脚点在于满足人民精神文化生活需要，走中国特色社会主义文化发展道路的原则在于贴近人民，为了人民、依靠人民和人民共享，促进人的全面发展。社会主义核心价值观源于人民的实践探索与发展需求，也必然要以服务人民为方向，以人民为主体，在大众化中，实现化人的核心作用。在以文化人中，实现社会主义核心价值观的大众化，实现核心价值观塑造人、发展人的核心作

① 《中共中央关于深化文化体制改革推动社会主义文化大发展大繁荣若干重大问题的决定——2011 年 10 月 18 日中国共产党第十七届中央委员会第六次全体会议通过》，《人民日报》2011 年 10 月 26 日。

② 胡锦涛：《坚定不移沿着中国特色社会主义道路前进　为全面建成小康社会而奋斗》，《人民日报》2012 年 11 月 18 日。

用，是社会主义核心价值观培育践行的新视角、新切入点。

二、社会主义核心价值观培育践行应当在以文化人中实现

社会主义核心价值观通过借助文化载体，融入文化，引领文化创新，实现社会主义核心价值观的大众化、普及化，成为中国软实力的价值支撑，成为民族复兴的精神力量。文化即“人化”，文化的价值在于“化人”，两者是以价值观为核心达到“人化”与“化人”的目的。人的价值观是社会价值观影响、习得与个体价值认知、判断、选择和践行相互作用的结果。从社会价值观影响和内化为个体的价值观的角度来看，价值观不是一种生理遗传的综合体，无法通过先天的遗传获取，而是在后天的社会习俗、传统、规范和信仰等文化的传承与习得。社会要求、期待个体传承和形成某种价值观，主要是通过风俗习惯、道德规范和法律法规等文化途径，以其中内隐的价值观去影响和塑造个体的思想观念。文化是个体培育和践行社会价值观最为主要和重要的途径。

文化在决定人的存在方式方面具有的特殊作用，使得以文化人在塑造个人的价值观中起着独特和重要的作用。文化的本质规定是人的生存方式。哲学生物学家格伦认为，由于人天生生理的“非专门化”的缺陷，使得后天的“社会本能”的习得成为了人生存发展的重要方式，决定了人类生存的文化特征。哲学人类学家兰德曼提出了相似的观点，并进一步指出人既是文化的创造者，也是文化的产物。由此进一步强调了“人是文化的存在”，被文化所决定的观点。文化哲学对文化对人的决定性影响作用的进一步研究结论认为，文化只要一经形成，就会像血液一样，潜移默化地存在着个人生活的方方面面，像空气一样无处不在、无时不有，成为人的一种生存方式，在深层上决定着人的价值观与生活方式的形成，对人的思想行为起着“预制性”的作用。“‘观乎天文，以察时变；观乎人文，以化成天下。’文化的特殊作用和独特功能就是对个人和社会的‘教化’，从而塑造个人，引导社会。”① 正是由于文化在人的

① 杨耕：《文化的作用是什么》，《光明日报》2015 年 10 月 14 日。

思想观念和生活方式，特别是价值观的形成方面有着如此独特的作用，使得其在培育和践行社会主义核心价值观当中，成为最为主要、重要的途径，而且是在促进社会主义核心价值观培育践行大众化方面有着独特的作用。在全社会大力弘扬和践行社会主义核心价值观，使之像空气一样无处不在、无时不有，成为全体人民的共同价值追求，成为我们生而为中国人的独特精神支柱，成为百姓日用而不觉的行为准则，必然要求将社会主义核心价值观涵养于文化建设当中，以发挥以文化人的重要途径与关键作用。

以文化人是实现社会主义核心价值观培育践行的基本方式，是将社会主义核心价值观涵养于中华优秀传统文化的继承和发扬当中，涵养于中国特色社会主义先进文化当中，以社会主义核心价值观引领文化的发展与创新。社会主义核心价值观的培育践行有其文化传统的血脉和基因，"中华优秀传统文化是中华民族的精神命脉，是涵养社会主义核心价值观的重要源泉，也是我们在世界文化激荡中站稳脚跟的坚实根基。增强文化自觉和文化自信，是坚定道路自信、理论自信、制度自信的题中应有之义。"① 中国共产党始终代表中国先进文化的前进方向，始终把文化建设放在党和国家全局工作重要战略地位，坚持物质文明和精神文明两手抓，牢牢把握先进文化的前进方向，推动社会主义文化的发展繁荣。当前中国特色社会主义文化建设中，以满足人们日益增长的精神文化生活需要，提升人们的精神生活质量为目的，切实把社会主义核心价值观融入精神文明建设全过程，成为人民自觉的价值理念和信念信仰。

三、以文化人的核心在于以社会主义核心价值观塑造当代人的中国精神

价值观是文化的核心，以文化人的核心在于以价值观塑造人的精神。从社会主义核心价值观培育践行的角度来说，以文化人的核心在于以社会主义核心价值观塑造当代人的中国精神。以文化人实现社会主义核心

① 《习近平在文艺工作座谈会上讲话》，新华网 2015 年 10 月 14 日。

价值观培育践行的必然要求，也是促进人的现代化应当牢牢把握的方向标。

当代中国经济飞快发展，人民物质生活水平得到了显著提升，同时也由于市场经济、社会价值多元化的负责影响，使得人们出现了精神贫瘠、精神疲劳等精神生活问题。价值观构成了人的精神世界的核心内容，甚至在理想、信仰层面上根本性地决定着人的精神状况。当代中国人的精神状况需要社会主义核心价值观来提升、引领。通过以文化人，将社会主义核心价值观细化为人民的基本价值规范、价值取向标准，以及理想和信仰追求，以作为价值观根本的底线共识和根本导向，有助于人们形成协调、稳定的价值观体系，提升人们的精神境界。

中华民族在五千多年的历史进程中，塑造出了中华民族独特的精神气质和精神品格，形成了崇尚精神的优秀传统。“为什么中华民族能够在几千年的历史长河中生生不息、薪火相传、顽强发展呢？很重要的一个原因就是中华民族有一脉相承的精神追求、精神特质、精神脉络。”“一个民族的复兴需要强大的物质力量，也需要强大的精神力量。没有先进文化的积极引领，没有人民精神世界的极大丰富，没有民族精神力量的不断增强，一个国家、一个民族不可能屹立于世界民族之林。”①[6] 当代中国要实现民族复兴的中国梦，离不开中国精神的兴国之魂，实现当代中国“四个全面”战略布局的大国强国目标，离不开中国精神的价值支撑。当代人民精神的提升，精神的培养中最深层、最根本的是以爱国主义为核心的民族精神和以改革创新为核心的时代精神的培养。人的精神的硬支撑在于价值观，精神的力量在于价值观的力量。核心价值观不仅是一个民族赖以维系的精神纽带，是一个国家共同的思想道德基础，也是个体精神的“钙”。为此，以社会主义核心价值观引领文化的建设，用社会主义核心价值观培育当代人的中国精神，提升中国人的精神境界是必由之路。

① 《习近平在文艺工作座谈会上讲话》，新华网 2015 年 10 月 14 日。

第五节　社会主义核心价值观与国家意识形态安全

社会主义核心价值观是社会主义核心价值体系的内核，是社会主义意识形态本质的集中体现，增强社会主义意识形态安全，必须从社会主义核心价值观的培育与践行做起。党的十八大报告明确提出：“倡导富强、民主、文明、和谐，倡导自由、平等、公正、法治，倡导爱国、敬业、诚信、友善，积极培育和践行社会主义核心价值观。牢牢掌握意识形态工作领导权和主导权，坚持正确导向，提高引导能力，壮大主流思想舆论。”① 这为深入推进社会主义意识形态安全研究提出了重要而紧迫的任务。增强中国特色社会主义意识形态安全，必须深刻理解社会主义核心价值观的本质规定，正确把握其根本要求及培育和践行策略，为提升中国特色社会主义意识形态的吸引力和战斗力而服务。

一、社会主义核心价值观本质规定的逻辑解读

正如我们所熟知，社会主义核心价值观主要包括三个层次的内容，即富强、民主、文明、和谐是国家层面的价值目标，自由、平等、公正、法治是社会层面的价值取向，爱国、敬业、诚信、友善是公民个人层面的价值准则。从体系构成的逻辑结构来看，社会主义核心价值观体现了主流意识形态与社会伦理规范的统一，它从高到低构成了一个解决人们“价值导向→价值取向→价值准则”的逻辑体系，使中国特色社会主义主流意识形态的内容规定性由国家、社会层面逐步转向公民个人层面，由共性、抽象逐步转向个性、具体，由关注奋斗目标的方向引导性转向行为规范的价值选择性，是一个具有层次性、科学性和先进性的意识形态话语体系，体现了中国特色社会主义建设的“理想意图”。

第一，富强、民主、文明、和谐是国家层面的价值目标，反映了国

① 《十八大报告辅导读本》，人民出版社 2012 年版，第 32 页。

家建设的价值诉求与价值导向，解决的是“国家到底要怎样发展”的问题。20世纪八九十年代以来，我国意识形态安全面临前所未有的挑战，东欧剧变、苏联解体的客观现实，极大地削弱了国际共产主义运动的凝聚力、向心力和引导力，中国特色社会主义的建设和发展面临前所未有的压力和质疑，不少学者对社会主义的前途和命运表示担忧，社会主义中国究竟应当如何发展成为人们关注的核心问题。邓小平指出：“国家的主权、国家的安全要始终放在第一位，对这一点我们比过去更清楚了。西方的一些国家拿什么人权、什么社会主义制度不合理、不合法等做幌子，实际上是要损害我们的国权。”① 邓小平的论述，为我们指明了加强意识形态安全的重点在于保障国家的主权、国家的安全，从意识形态建设上来讲，就是要提炼出与我国社会主义初级阶段相适应的建设目标，解决“国家到底要怎样发展”的问题，以反映国家建设的价值诉求与价值导向。正是在这个意义上，党的十三大提出了建设富强、民主、文明的社会主义强国的基本路线，党的十七大将其完善调整为建设富强民主文明和谐的社会主义现代化国家，用这个作为国家层面的价值目标，引领中国发展进步、引领人们的价值认同，本身就是社会主义核心价值观建设的重要内容。

第二，自由、平等、公正、法治是社会层面的价值取向，就是以社会的名义提出的价值要求，又以社会的名义引导个体认同的价值要求，解决的是“我们到底要什么”的问题。一般而言，社会价值取向与人民群众价值追求的高度一致性，是确保国家意识形态安全的基本保证。马克思明确指出：“意识一开始就是社会的产物，而且只要人们存在着，它就仍然是这种产物。”② 自由、平等、公正、法治作为中国特色社会主义社会层面的价值取向，反映了中国特色社会主义建设过程中的价值理想与价值诉求，在当代中国，自由、平等、公正、法治的价值取向，集中体现了广大人民群众努力奋斗的价值目标、价值认同和价值选择，是维系中华民族致力于中国特色社会主义建设的精神纽带，它集中反映了人

① 《邓小平文选》（第3卷），人民出版社1993年版，第348页。
② 《马克思恩格斯选集》（第1卷），人民出版社2012年版，第161页。

民群众的基本价值追求问题，显然，社会主义核心价值观社会层面的价值取向与人民群众的价值追求具有高度一致性，有利于引导人民群众对中国特色社会主义的价值认同与践行，有利于保障我国的国家意识形态安全。

第三，爱国、敬业、诚信、友善是公民个人层面的价值准则，解决的是个体最基本的行为规范问题。按照一定的行为规范参与社会实践、参与社会生活，这是由人的本质决定的。马克思指出："人的本质不是单个人所固有的抽象物，在其现实性上，它是一切社会关系的总和。"① 随着全球化进程的不断推进和社会主义市场经济体制在我国的逐步确立，人们的社会交往方式、行为方式和生活方式都发生了很大的变化，传统的伦理道德机制因滞后于时代发展要求而逐渐被人们摒弃，与社会主义市场经济相一致、与社会主义法律规范相协调、与中华民族传统美德相承接的道德实践机制尚未真正形成，一些人在社会实践中出现了行为失范现象，权钱交易、权学交易、权色交易的事件社会上时有发生，强化爱国、敬业、诚信、友善的价值准则，反映了当代中国社会的基本伦理道德要求，也是形成良好道德风尚与和谐社会秩序的精神基础，为人们进行价值选择和道德判断提供了基本准则。一旦爱国、敬业、诚信、友善的价值准则被广泛接受，则意味着社会主义核心价值观为维护国家意识形态安全提供了基本的切入点和契合点，有利于在此基础上深入推进国家意识形态安全建设。

二、社会主义核心价值观维护国家意识形态安全的价值分析

培育和践行社会主义核心价值观，不仅仅是为了彰显中国特色社会主义意识形态的体系科学性与价值优越性，关键是用来指导人们的社会实践，使人们确立"与当代社会相适应、与现代文明相协调，保持民族性，体现时代性"的生活方式与价值追求。换句话来说，培育和践行社会主义核心价值观，本身就蕴含着增强我国意识形态安全的逻辑内涵。

---

① 《马克思恩格斯选集》（第 1 卷），人民出版社 2012 年版，第 135 页。

党的十八届三中全会报告明确提出："建设社会主义文化强国，增强国家文化软实力，必须坚持社会主义先进文化前进方向，坚持中国特色社会主义文化发展道路，培育和践行社会主义核心价值观，巩固马克思主义在意识形态领域的指导地位，巩固全党全国各族人民团结奋斗的共同思想基础"① 可以说，社会主义核心价值观的培育和践行，主要是通过为人们认识和分析多样化社会思潮与拨开意识形态迷雾提供有力的理论武器，为人们追求理想生活与建构意义世界提供精神动力与价值准则，实现其维护国家意识形态安全的价值旨趣。

第一，培育和践行社会主义核心价值观，有助于引导人们正确认识多样化社会思潮，确立马克思主义信仰。所谓社会思潮，是指"一定时期内反映一定阶级、阶层的利益和要求，得到广泛传播并对社会生活产生一定影响和作用的思想倾向、思想潮流。"② 开放的社会生活场域和我国社会经济成分、组织形式、就业方式、利益关系和分配方式的多样性，决定了我国必然存在多样化的社会思潮，社会主义核心价值观是反映当代中国社会发展规律和人民群众价值追求的主流意识形态，必须用社会主义核心价值观引领各种社会思潮。具体来说，就是要以社会主义核心价值观为参照系，认真分析与甄别当前我国社会发展过程中各种社会思潮的运行规律，揭示社会思潮形成和传播的社会基础，在预测社会思潮发展趋势、演变规律和表现形式的前提下，增强人民群众对社会主义核心价值观的认同感、践行度，并在此过程中引导人们确立对马克思主义的信仰，从而在实质上保障国家的意识形态安全。邓小平曾经指出："如果我们不是马克思主义者，没有对马克思主义的充分信仰，或者不是把马克思主义同中国自己的实际相结合，走自己的道路，中国革命就搞不成功，中国现在还会是四分五裂，没有独立，也没有统一。对马克思主义的信仰，是中国革命胜利的一种精神动力。"③ 毫无疑问，以社会主义

① 《〈中共中央关于全面深化改革若干重大问题的决定〉辅导读本》，人民出版社2013年版，第38－39页。

② 中央宣传部理论局：《2005理论热点面对面》，学习出版社2005年版，第147页。

③ 《邓小平文选》（第3卷），人民出版社1993年版，第63页。

核心价值观引领多样化社会思潮只是手段和路径，目的在于引导更多的人认同并践行社会主义核心价值观，在确立对马克思主义的信仰中确保国家意识形态安全。

第二，培育和践行社会主义核心价值观，有助于引导人们树立尊重差异、包容多样的价值理念。恩格斯指出："每一历史时代的经济生产以及必然由此产生的社会结构，是该时代政治的和精神的历史的基础。"①当代社会多样化的社会思潮，是由生产力水平的多层次性以及由此产生的社会结构决定的，社会主义核心价值观多层次的逻辑结构，本身为其引领多样化的社会思潮提供了现实可能性。但是，我们应当清醒地看到，社会思潮的多样化和指导思想的一元化是两个不同层次的问题，"一个是指现实社会中各种思想的存在状态，一个是指这个社会占支配地位的思想是什么。"正是因为存在多样化的社会思潮，才需要占支配地位的主流意识形态去引领，以实现我国意识形态领域的有序化、安全性。而要引领多样化的社会思潮，就必须坚持尊重差异、包容多样的理念，只有承认与尊重社会思潮之间的差异性，采取包容多样的原则与策略，才能进一步巩固与完善社会主义核心价值观的主导地位，从而激励我们进一步加强和培育社会主义核心价值观，不断践行社会主义核心价值观，为促进社会和谐发展与人的自由全面发展提供源源不断的精神动力。

第三，培育和践行社会主义核心价值观，有助于人们抵制各种错误和腐朽思想的影响。在全面建设小康社会的伟大历史进程中，既要允许多样化的社会思潮存在，也要不遗余力地加强和培育社会主义核心价值观。正如有的学者所指出，任何一个"核心价值观阙如的民族绝对不可能是强大的民族。然而，随着跨国资本主义的全球扩张，传统价值受到了冲击和解构，以至于传统意义上的民族性与国家意识正在逝去。认知方式、价值观和审美取向的趋同使年轻一代逐渐丧失了民族归属感和认同感。"② 在多元文化的激荡与西方意识形态的强力渗透下，承载着中华

---

① 《马克思恩格斯选集》（第1卷），人民出版社2012年版，第252页。

② 陈众议：《文学"全球化"背景下的学术史研究》，《新华文摘》2012年第11期。

民族情感与价值、审美与认知的优秀传统文化正在丧失其原有的价值引领优势，社会主义主流意识形态也因缺乏有效传播载体而影响价值彰显的力度，如何从我国的现实国情出发创造性地培育和践行社会主义核心价值观，以维护我国意识形态安全，是摆在广大理论工作者面前的一项重要任务。党的十八大报告明确提出："要深入开展社会主义核心价值体系学习教育，用社会主义核心价值体系引领社会思潮、凝聚社会共识。推进马克思主义中国化时代化大众化，坚持不懈用中国特色社会主义理论体系武装全党、教育人民，深入实施马克思主义理论研究和建设工程，建设哲学社会科学创新体系，推动中国特色社会主义理论体系进教材进课堂进头脑。广泛开展理想信念教育，把广大人民团结凝聚在中国特色社会主义伟大旗帜之下。大力弘扬民族精神和时代精神，深入开展爱国主义、集体主义、社会主义教育，丰富人民精神世界，增强人民精神力量。倡导富强、民主、文明、和谐，倡导自由、平等、公正、法治，倡导爱国、敬业、诚信、友善，积极培育和践行社会主义核心价值观。"① 党的十八大报告从三个层面分析和解读了社会主义核心价值观，强调社会主义核心价值观在社会主义核心价值体系中的核心作用，培育和践行社会主义核心价值观，必然为人们抵制各种错误和腐朽思想的影响提供有力武器，必然有利于维护我国的意识形态安全。

三、社会主义核心价值观维护国家意识形态安全的策略思考

通过培育和践行社会主义核心价值观以维护我意识形态安全，关键在于社会主义核心价值观的理论完善与深入人心的问题。自从"社会主义核心价值观"这一命题提出以来，关于这一问题的争论一直客观存在，学者们争论最多的不是这一命题的名称，而是其内容的逻辑体系。因此，如何进一步完善其理论体系，增强其价值认同并真正深入人心，是增强中国特色社会主义意识形态安全性建设的核心内容。培育和践行社会主义核心价值观，就是要着眼于增强人民群众的价值认同，着眼于实现优

① 《十八大报告辅导读本》，人民出版社 2012 年版，第 32 页。

秀传统文化的当代转化，着眼于创新解释世界与改造世界的话语系统。尽管西方学者不遗余力地宣传“意识形态终结论”，培育和践行社会主义核心价值观还是要为人们证明，“主义仍然是凝聚共识、形成合力的主导力量；理论及共同理想所激发出的政治热情、参与共同体生活的积极性仍然是当代人类精神追求不可替代的有效方式；历史并没有终结，社会主义仍然是当代人类进步发展的时代旗帜。”① 因此，培育和践行社会主义核心价值观问题，关系到我国的意识形态安全以及党和国家的形象问题，执政党及理论界必须对此问题予以高度重视。

第一，社会主义核心价值观的培育和践行，应当着眼于增强人民群众的价值认同。人民群众是社会实践的主体，也是维护国家意识形态安全的基本力量，关注人民群众的价值判断与价值认同，是培育和践行社会主义核心价值观的基本出发点。与注重客体本然状态的理论体系不同，培育和践行社会主义核心价值观要“从主体的需要同满足需要之客体对象的关系出发，在实践中建立人与现实世界的价值联系”②，即培育和践行社会主义核心价值观，既要实现理论自身发展的需要，也要为中国特色社会社会主义制度的巩固与完善提供理论指导、价值导向和精神支撑。因此，培育和践行社会主义核心价值观，应当从广大人民群众的现实生活世界出发，着眼于引导人民群众的价值判断与价值追求，在人民群众能动的社会实践中确立符合主体发展需要的道德善恶评判和价值认同标准，确立指向未来意义世界的“理想意图”，并激励自身通过合目的性的实践使“理想意图”转化为客观现实，从而增强人们对社会主义核心价值观的认同感，从而在客观上强化我国意识形态安全。反之，则容易出现对社会主义核心价值观认同感的消解或淡化，而“认同感的消解或淡化将直接影响核心价值观的生存。正所谓‘皮之不存，毛将焉附’，民族认同感或国家意识的淡化必将釜底抽薪，使资本逻辑横行、拜金主

① 侯惠勤：《马克思的意识形态批判与当代中国》，中国社会科学出版社 2010 年版，第 9 页。

② 张晓东：《社会主义核心价值体系的理论内涵与实践特质》，《马克思主义研究》2008 年第 3 期。

义泛滥，使中国特色社会主义核心价值体系的构建成为巴比伦塔之类的空中楼阁"[①]，这显然不利于维护我国的意识形态安全。

第二，社会主义核心价值观的培育和践行，应当着眼于实现优秀传统文化的当代转化。文化是传承民族价值准则和行为规范的重要基因，它对民族心理的形成与意识形态安全的维护具有不可估量的价值。有学者所指出："社会——文化先验是一般的，但生活在其中的每个人都会以自己的方式整合已存在的社会习俗、规则等，这体现了特殊性特征。"[②]培育和践行社会主义核心价值观，要求我们全面认识优秀传统文化，整合传统文化的一般性与特殊性，取其精华，去其糟粕，实现中国优秀传统文化的当代转化。特别是爱国、敬业、诚信、友善等公民个人层面的价值准则培育和践行过程中，尤其需要实现优秀传统文化的当代转化。当然，在重视优秀传统文化的同时，培育和践行社会主义核心价值观也要积极吸收、大胆借鉴世界其他民族发展过程中形成的优秀文化，为我所用，正如毛泽东所指出："对于中国和外国过去时代所遗留下来的丰富的文学艺术遗产和优良的文学艺术传统，我们是要继承的，但是目的仍然是为了人民大众。对于过去时代的文艺形式，我们也并不拒绝利用，但这些旧形式到了我们手里，给了改造，加进了新内容，也就变成革命的为人民服务的东西了。"[③] 积极先进的价值元素被人民群众广泛认同和践行，客观上有利于维护国家意识形态安全。

第三，社会主义核心价值观的培育和践行，应当着眼于创新解释世界与改造世界的话语系统。社会主义核心价值观首先是一种具有意识形态特征的文化形态，而"文化本身是为人类生命过程提供解释系统，帮助他们对付生存困境的一种努力。"[④] 作为一种解释系统，它要解释人的

---

① 陈众议：《文学"全球化"背景下的学术史研究》，《新华文摘》2012 年第 11 期。

② 王秀敏：《个性道德与理性秩序：赫勒道德理论研究》，黑龙江大学出版社 2011 年版，第 27 页。

③ 《毛泽东选集》（第 3 卷），人民出版社 1991 年版，第 855 页。

④ ［美］丹尼尔·贝尔著，赵一凡等译：《资本主义的文化矛盾》，三联书店 1992 年版，第 24 页。

生命存在的意义和价值，引导人们在面对生存困境时不断超越自我，这种超越不能依赖宗教的“自我麻醉”，而要在改造现实世界的过程中实现人生价值。作为“社会主义”的核心价值观，它要求人们在建构意义世界或确立“理想意图”时既不能立足于个人主义立场，也不能屈从于资本的逻辑，因为“全球资本的主要支配者所追求的利润、所奉行的逻辑、所遵从的价值和去民族化意识形态色彩，显然与各民族的传统文化不可调和地构成了一对矛盾”①，而“反对个人主义不仅是我们构建社会主义核心价值体系的需要，也是经典作家为我们指明的一条屡试不爽的成功之路。”② 因此，培育和践行社会主义核心价值观，必须为满足人民群众的社会实践与自由全面发展的需要提供话语系统，这种话语系统既能够为人们认识世界提供科学的逻辑引导，也能够为人们改造世界提供源源不断的精神动力，从而为维护国家意识形态安全提供话语支撑。

第六节　社会主义核心价值观与大学生文化自觉

大学生的文化自觉是指大学生对自身发展与成才规律的自觉认识与把握，在当代中国，主要体现在自觉地用社会主义核心价值观引领自己实现成才报国的人生追求。自觉践行社会主义核心价值观，不仅有利于大学生自身的发展与成才，也是大学生文化自觉的要求和体现。

一、用社会主义核心价值观铸魂是大学生文化自觉的着眼点

社会主义核心价值观是建立在社会主义经济基础之上，反映社会主

① 陈众议：《文学“全球化”背景下的学术史研究》，《新华文摘》2012 年第 11 期。

② 陈众议：《文学“全球化”背景下的学术史研究》，《新华文摘》2012 年第 11 期。

义基本制度要求，体现社会主义发展趋势的核心思想意识和价值观念，是我国人民对社会主义价值理念的性质、构成、标准和评价的根本看法和态度。它鲜明地回答了建设中国特色社会主义的希望何在以及靠什么建设中国特色社会主义的问题，也告诉我们，当代中国的大学生如何做人、如何成才的道理。社会主义核心价值观蕴含着一个基本思想，这就是中国人靠马克思主义铸魂，靠民族精神和时代精神为动力，靠建设中国特色社会主义的理想信念和价值理念为支撑，始终保持着昂扬向上、开拓进取的精神状态，进而推动着国家的快速发展，推进中国梦的实现。一个国家的发展是这样，一个大学生的发展同样如此。

大学生之所以要用社会主义核心价值观铸魂，是人生发展规律的客观要求，也是由社会主义核心价值观的内在价值决定的。

首先，从人生发展规律看，人生发展实际是一个追求美好人生的过程，这个过程是通过价值人生、造美人生与平安人生三个环节同时实现的。价值人生，就是追求自我价值的实现，基本要领是劳动创造与奉献，关键是如何把自身的潜能挖掘出来并转换成对社会有益的物质财富或精神财富。受个人能力与社会因素的影响，虽然现实生活中真正能做到有大成就的人不多，但只要尽心尽力，有所作为、有所奉献也是实现了人自身的价值。特别是中国特色社会主义建设的伟大实践为广大青年提供了众多的出彩机会，因而完全有可能在中国梦的推进中实现自我价值。造美人生，就是在改造社会并为之创造、奉献的过程中，通过人的生活美与自身美的塑造，包括塑造自己的人格美、心灵美、身体美和关系美，来造就和享受美好生活，并将自身的发展提升到一个境界，从而使自己与社会与自然和谐相处。在这个过程中，有一个环节不可缺少，这就是平安人生的实现。平安人生，就是要防范人的成长风险，避免人的发展悲剧，包括防范人的政治风险、经济风险与腐败风险等。规避人生风险、造就美好人生的关键是摆正利他与利己的关系，确立正义心、利他心和克制心。而这就要克服盲目性，增强规律性，学会顺应社会规律，顺应社会潮流，顺应社会发展的历史趋势，社会主义核心价值观正是当代中国社会规律与社会发展趋势对人的发展提出的基本要求。因此，用社会主义核心价值观为大学生铸魂，并用其凝聚力量，鼓舞斗志，引领风尚，从而为大学生提供一种理想和信仰，形成一种先进的“国魂”和“民族魂”，使他们获得永不枯竭的精神动力与精神支撑，[①] 恰恰是大学生文化自觉的着眼点。

其次，从社会主义核心价值观对大学生的发展价值看，人的发展首先要立足社会、面对现实，然后才有目标追求、价值理念与人生动力的选择问题。我国正处在社会主义初级阶段，先进的社会制度决定了我们的社会是一个主张公平公正共建共享的社会，是一个主张靠劳动靠人民自己创造美好世界的社会，也是一个倡导奉献为民的社会，崇尚自由、平等、公正、法治是这个社会的共同追求。虽然，我们还处在社会主义初级阶段，各方面还有许多不完善之处，但国家在发展，社会充满活力与希望，富强、民主、文明、和谐的共同理想正在成为社会的现实，而这个现实也使当代大学生找到了个人理想追求的立足点，说明大学生把个人的目标追求落实到职业劳动中，融汇到国家和社会的发展中，就会有自己的美好前程，就会有自己出彩的机会。因此，当代大学生要想求得自己的发展与成才，就应当立足这个现实，不仅应对自己的祖国充满信心，更重要的是要有当今时代的思想意识和精神风貌，努力投身幸福家园、美好中国的建设，并在推进中国梦实现的实践中谋得自身的发展。

人的发展离不开科学理论的指导，马克思主义就为当代大学生提供了一种基本的生活理念与价值理念，提供了基本的价值追求和基本的时代思维。基本的生活理念是：人的命运靠我们自己把握，人的幸福靠我们自己创造。世界上没有救世主，一切全靠我们自己。基本的价值理念是：人的发展要以求真务实的意识和奉献为民的思想为依托，对社会对人民要有正义心、利他心和服务心。基本的价值追求就是实现人的自由全面发展，不断摆脱消极的物质枷锁和精神枷锁，逐步克服由分工造成的人的片面畸形发展和人的异化，在物质生活和精神生活两大领域全面

① 辛鸣：《社会主义核心价值观的构建》，《学习时报》2010 年第 5 期。

发展，使人回归“人”的本性，成为真正意义上的“人”。① 这是社会主义的要义所在，也是中国特色社会主义的根本价值原则。基本的时代思维就是要有立足实践、着眼现实的辩证思维，承认周围的一切事物都是现实的、运动的、变化的，运动变化的原因在于事物内部的矛盾。因此，要善于分析矛盾，善于找出事物内部的联系，寻求事物发展的规律，并用其指导我们的工作和生活。以马克思主义做指导，就是要在应用这些科学理念的实践中，去抗争和改变不合理、不公正的现实，去丰富自己的思想文化宝库，从而开拓和创新自己的生活。

人的发展需要基本的人生动力，中华民族的民族精神和时代精神就为我们提供了“天行健，君子以自强不息；地势坤，君子以厚德载物”的动力，使当代中国人无论在任何艰难困苦的场合，始终保持着斗志昂扬、奋发向上与吃苦耐劳、改革创新的精神状态和精神风貌，而这一点恰恰是当今以独生子女为主体的当代大学生最需要的。

在社会主义市场经济条件下，人的发展同样充满风险，大学生在成才的过程中必须学会防范发展风险，社会主义核心价值观则为人的风险防范提供了“护身符”。社会主义核心价值观作为马克思主义道德观同中华民族传统美德及我国社会主义道德建设具体实践相结合的重要成果，揭示了一个基本道理：人虽然有利己心，但生活在社会主义中国的大学生不能太自私，要有基本的羞耻心、荣辱心和克制心，要有基本的正义心、责任心和利他心。人人都献出一点爱，社会就会变得更美好，更和谐。相反，只顾自己不管他人的极端利己行为，是不受人民欢迎的，必然会遭到社会的唾弃。

二、把握社会主义核心价值观的基本要求是大学生文化自觉的落脚点

成才报国是当代大学生共同的内在需求，也是社会主义核心价值观

① 张利华：《试析中国特色社会主义核心价值体系的结构与内涵》，《中国特色社会主义研究》2007 年第 4 期。

对当代大学生的基本要求。而把这一要求落实到大学生的成才发展中，就要努力培养大学生的三种情怀，提升四种基本素质，这是当代大学生文化自觉的落脚点。

培养三种情怀，就是要着意培养大学生的平民情怀、君子情怀和天下情怀。平民情怀，就是不忘人民的养育，时刻把自己置身于平民百姓之中，经常想到造福人民，为人民群众做实事做好事，这是党的宗旨的要求，也是社会主义核心价值观的内容。但在对外开放的条件下，在生活水平不断改善的环境下，缺乏国情体验的青年学生很容易淡泊与人民群众的感情，因此，平民情怀的培养始终是践行社会主义核心价值观不可缺少的内容。君子情怀，就是自强不息、厚德载物，文雅自信、博学实干。君子立于天地之间，就要“天行健，君子以自强不息；地势坤，君子以厚德载物”，这是中华民族传统美德的要求，也是社会主义核心价值观的具体体现，当代大学生应当成为有马克思主义信念有社会主义涵养的现代君子。天下情怀，就是要心怀天下，时刻想着用自己的知识与智慧回报社会回报人民，推进中国特色社会主义共同理想的实现。如同青年毛泽东在《民众的大联合》一文中所说：“天下者我们的天下，国家者我们的国家，社会者我们的社会，我们不说，谁说？我们不干，谁干?”[①] 激扬文字中，视天下为己任的豪情，喷涌而出，这种“天下情怀”是中国知识分子的传统美德，也是当代大学生应有的报国情怀。三种情怀的塑造实际上是提升当代大学生的精神境界，把社会主义核心价值观融汇到大学生的思想灵魂中。

三种情怀的落实必然要落实在大学生基本人生信念、基本人生态度、基本公民意识和基本发展技能等四种基本素质的塑造上。基本人生信念，指的是大学生要有自信自强、勇于追求真理、追求美好社会的基本信念。按照平民情怀的要求，造福人民，就要努力推进中国特色社会主义事业，推进全面小康社会的建成。因此，大学生不仅要对自己充满自信，更要对自己从事的伟大事业充满自信，尽管美好事业的追求总是充满艰辛，

---

① 转引自徐淑贞：《毛泽东的生死观及其现代启示》，《毛泽东思想研究》2012年第1期，第24－27页。

但马克思主义告诉我们一个基本道理，人类社会是由低到高走过来的，总的趋势是走向进步，走向文明，走向美好。而美好社会的建成需要我们自己去建设去完善。同样，大学生要实现自己的成才发展，也要发挥自己的主观能动性，在改变现实的过程中去改变自己的命运，实现自身的发展。而这就是大学生对马克思主义和中国特色社会主义应有的信念。

按照君子情怀和天下情怀的要求，大学生必然要确立积极进取、报国为民的基本人生态度，形成当今社会应有的权利意识、责任意识、法纪意识等基本意识，掌握能用科学理论分析解决实际问题的基本技能。因为君子情怀最核心的内容是自强不息、博学实干，天下情怀最核心的内容是报国为民，其实质是要解决当代中国的大学生应当为谁做事、怎样把事做好的问题，这些是社会主义核心价值观对大学生基本要求的深化，也是当代大学生实现成才发展必须面对的问题，是大学生文化自觉应把握的核心内容。

“四基”素质中最重要的是确立对马克思主义和中国特色社会主义的基本信念，因为马克思主义最本质的东西就是要依靠人民自己的奋斗来认识和把握社会规律，来建设美好幸福社会，最终求得自身的解放。建设中国特色社会主义实际上就是在中国共产党的领导下，通过全国各族人民的努力来建设中华民族自己的美好家园。自己的家园和美好生活当然要靠自己来建设，尽管这是一个艰难长远的过程，但充满希望，很有生命力。因此，我们要充满必胜的信心。有了这种信念，才能正确看待世界看待人生，也才能正确处理现实中的矛盾与问题。

三、在实践中践行社会主义核心价值观是大学生文化自觉的关键点

按照建构主义学习理论的观点，学习是一个积极主动的建构过程，应围绕实际生活展开。同样，大学生的成才发展过程也是一个完整的建构过程，离不开学习知识与实践感悟两个主要环节。特别是科学理论的接受与内化是一个由感性到理性，再由理性到知行的过程，其中蕴含着一个特殊的“内化”过程，需要通过实践来强化。在这个过程中，离不

开认识主体的实践参与，离不开一定的情境感悟。① 因此，大学生在追求成才发展的过程中，一定要积极参与社会实践，在践行核心价值的实践中体悟社会主义核心价值观的精神实质，感受其理论魅力，而这恰恰是大学生文化自觉的关键点。

从大学生的成才发展看，走出课堂、走向社会是大学生践行社会主义核心价值观的主要环节，但由于各种条件的限制，大学生走向社会很不容易，因此可以通过校内校外三个实践环节，围绕增强“五心”，即增强自信心、进取心、服务心、责任心和奉献心来培育和践行社会主义核心价值观。

第一个环节是情境感悟实践，就是要选择具有一定历史文化背景或现实背景的实践环境，让学生在这种情境中通过讲座、读物、图片、影像或实物的参观和先进模范的宣传与演说，得到某种信息，获得对社会主义核心价值观的感受，并在传播先进文化，弘扬主旋律，唱响正气歌，抵制庸俗、低俗、媚俗之风的过程中，保持旺盛持久的进取心和荣辱心。这个环节主要在校内进行，甚至可以通过课堂实践进行，有条件时也可以走出校门。

第二个环节是情境体验实践，包括志愿服务活动、素质拓展活动、社团活动、在岗操作以及基层挂职等，主要是让学生作为实践主体置身于某种真实或虚拟的社会环境中参与服务实践，让学生从内心体会到某种价值，产生认同、敬畏、信任或拒绝的情感，进而使其道德素质获得提升的过程。这种模式的特点是直接体验，主动感受，全息感悟。即实践主体重视与外界之间的信息交流与人际互动，直接感受来自社会各方面的信息，从而体验社会活动的丰富多彩与艰辛，获得深刻的人生体验，给人以道德的自觉性和内生性，特别是提倡学生互助互爱，积极参与学雷锋的志愿服务活动，有利于增强学生的服务心、责任心、坚韧心和奉献心。这个环节可以在校内进行，也可在校外操作，特别是假期回到家乡进行。

---

① 曾学龙：《“知行结合、德美渗透”的思想政治理论课教学新模式探析》，《学校党建与思想教育》2009 年第 9 期。

第三个环节是情境提升实践，是指学生作为实践主体在老师的指导下，以课题或个案研究的方式，走出校门、深入社会开展调查研究，形成研究性成果，最终促进大学生综合素质提升的实践活动。其特点是，实践内容与形式的全方位，综合素质提高的全面性，能够通过某个问题的研究比较全面的了解社会，感受社会，获得的人生体验也比较深刻，成就感也明显，有利于把学生对社会的认识提升到理性层面，也有利于增强学生的成就感与自信心和责任心。从大学生的安全考虑，主要应利用假期开展返乡实践。

第二章　社会主义核心价值观的价值之维

作为一种价值观，社会主义核心价值观是统领当前社会发展的最为重要的价值原则。我们有必要从价值的角度审视社会主义核心价值观在培育过程中的具体发生机制，有必要从价值的角度审视社会主义价值观在践行过程中的实际作用原理。

理解社会主义核心价值观，最重要的是实现核心价值观由价值观念向价值标准的转换，始终以社会主义核心价值观作为衡量判断价值正确与否的标准。在践行社会主义核心价值观的过程中，应当将增强价值判断力作为核心任务来抓。同时，要加强对社会主义核心价值观的正确认识，尤其是敢于和善于用社会主义核心价值观辨析和引领不正确价值倾向。既要认识到社会主义核心价值观在批判与设计、凝聚与整合、目标与导向上的理论价值，同时也要认识到其在构建民族精神家园、提升文化软实力、推进国家现代化上的实践价值。将社会主义核心价值观放在社会主义价值体系中去理解，认识到社会主义核心价值观包含的三个层级及其相互关系。在实现中华民族伟大复兴的道路上，应当发挥社会主义核心价值观的精神引领和价值整合作用，激发全国人民的精神动力，践行伟大中国梦。

第一节　论社会主义的核心价值

当前，加强社会主义核心价值体系建设，必须深入研究社会主义核心价值体系、社会主义核心价值观与社会主义核心价值的关系。社会主义核心价值体系蕴含着社会主义核心价值观，核心价值观是社会主义核心价值体系中的一组核心的观念群。社会主义核心价值观蕴含着社会主义核心价值，社会主义核心价值是社会主义核心价值观中最根本、最核心的价值。所以，我们不仅要在构建社会主义核心价值体系的基础上凝练出社会主义核心价值观，还要在凝练社会主义核心价值观的基础上凝练出社会主义的核心价值。这是在价值认知与践行上逐步深化的过程。只有深刻揭示社会主义核心价值的根源，把握社会主义核心价值的实质，大力弘扬社会主义核心价值，才能不断深化社会主义的核心价值体系建设，培育、践行和弘扬社会主义核心价值观，奠定全国人民团结奋斗的共同思想基础。

探索、把握和弘扬社会主义核心价值，最重要的是要探讨清楚三个问题。

一、社会主义核心价值的根源

深入凝练社会主义核心价值，是深化社会主义核心价值体系建设和培育、弘扬社会主义核心价值观的重要任务。科学凝练社会主义核心价值，固然要研究和借鉴古今中外价值观的理论、思想和观点，但不能局限于此，更重要的是要立足于实践，立足于社会，立足于人们生活的社会关系特别是经济关系，始终以我国当代社会实践和现实经济关系为基础。只有这样，才能深刻揭示社会主义核心价值的根源，科学凝练社会主义核心价值。

1. 一切价值观念都根源于经济关系

按照马克思主义的观点，人们的价值观念实际上总是产生于人们社会地位所依据的经济关系，人们总是从自己所处的经济关系特别是所有制关系中，提出和形成自己的伦理观念和价值观念。恩格斯在《反杜林论》中指出："如果我们看到，现代社会的三个阶级即封建贵族、资产阶级和无产阶级都各有自己的特殊的道德，那么我们由此只能得出这样的结论：人们自觉地或不自觉地，归根到底总是从他们阶级地位所依据的实际关系中—从他们进行生产和交换的经济关系中，获得自己的伦理观念。"① 这就告诉我们，人们的价值观念总是一定社会经济关系和社会

① 《马克思恩格斯选集》（第9卷），人民出版社2009年版，第99页。

地位的反映，人们的价值观念总会随着一定的经济关系的产生而产生，也会随着一定经济关系的变化而变化，离开了一定的经济关系就不可能形成一定的价值观念。

在原始社会，只有原始公有制，没有私有制，因而原始社会的人们也就只能产生出一种维护氏族部落利益的朴素的公有观念，而没有私有观念。达尔文在环球考察中曾经发现，处于原始生活状态的部落成员，即使抓到一条鱼，捡到一块布，也不会据为己有，而会交给部落共同分配。奴隶社会、封建社会和资本主义社会则是以私有制为基础的社会，因而只能形成反映这种私有制为基础的经济关系的价值观念，这种价值观念最集中的就是一种私有观念，所谓“人不为己，天诛地灭”就成了私有制社会共同的价值准则。由于历史上私有制的形式及其产生的经济关系有所不同，因而产生的私有的价值观念也就有所不同，分别打上了奴隶社会、封建社会、资本主义社会私有制及其经济关系的烙印。

社会的核心价值观和核心价值，根源于一定社会的经济关系，凝练、概括和总结一定社会的核心价值观和核心价值，也只能立足于一定的社会实践，立足于一定社会实践基础上的社会经济关系。正确的路径应该是：立足于社会实践，立足于社会经济关系，同时参考和借鉴关于价值观念的思想资源，来凝练社会的核心价值观和核心价值。

2. 社会主义核心价值源于社会主义公有制为主体的经济关系

社会主义核心价值从根本上来源于社会主义社会生产力发展基础上的经济关系，这种经济关系最根本的是公有制为主体的所有制关系。社会主义核心价值，实质上是社会主义公有制为主体的经济关系的反映。正如邓小平所说：“社会主义的经济是以公有制为基础的，生产是为了最大限度地满足人民的物质、文化需要，而不是为了剥削。由于社会主义制度的这些特点，我国人民能有共同的政治经济社会理想，共同的道德标准。”[①] 以公有制为基础的社会主义经济关系是社会主义社会人们共同理想和共同道德形成的经济基础，也是社会主义社会人们共同的价值追求形成的经济基础。既然社会主义的经济关系是以公有制为主体的经济

① 《邓小平文选》（第2卷），人民出版社1994年版，第167页。

关系，那么它在价值追求上必然要以维护和实现“公有”价值为核心和主导。社会主义的核心价值来自社会主义的经济关系，要提炼社会主义核心价值，就必须以社会主义公有制的经济关系为基础，这是最根本的一条。事实上，经济关系的不同，决定了人们在所有制关系中实际地位的不同，决定了人们经济利益的不同，也决定了人们价值观念的不同。对于一个社会来说，社会的核心价值总是来源于一定社会的经济基础中特别是整个社会最根本、最基础的所有制关系。社会主义社会的核心价值也是这样。我们固然要从各种思想资源包括从社会主义的核心价值体系中凝练社会主义的核心价值观，从社会主义的核心价值观中凝练社会主义核心价值，但是，最根本的是要遵循从经济关系中凝练价值观念的路径，从社会主义公有制为主体的经济关系中凝练出社会主义的核心价值。况且，社会主义的核心价值体系与社会主义核心价值观，归根到底也是来源于社会主义以公有制为基础的社会经济关系。因此，我们在凝练、概括社会主义的核心价值时，既要吸取各种价值观念的思想资源，尤其是社会主义核心价值体系与核心价值观的思想资源，更要始终坚持以社会主义社会公有制为基础的经济关系为根本，从中发掘、总结、概括、凝练出社会主义的核心价值。

3. 社会主义核心价值的凝练基于社会主义经济关系的发展和完善

社会主义核心价值的凝练不仅要立足于现实，而且要着眼于长远，把握社会主义经济关系即公有制为主体的经济关系的本质，还要体现社会主义经济关系特别是所有制关系发展的必然趋势和客观要求。

有人会说，我国社会虽然是公有制为主体，但我国实行的是公有制为主体、多种所有制经济共同发展的基本经济制度。现实社会中存在着多种经济成分，多种经济成分就必然产生多种经济关系、特别是多种所有制关系。既然有多种经济成分，多种所有制形式，就必然有多种所有制基础上的经济关系，也就必然会产生反映多种经济成分、多种所有制形式和多种经济关系尤其是经济利益关系的多种价值观念。是否在价值观上非要坚持某种主导价值观呢？这就涉及一个问题，就是主导与从属的经济关系问题。在一定的经济关系、经济结构、经济基础中，占主导地位的经济关系特别是占主导地位的所有制形式，决定着一定经济关系、经济结构、经济基础的性质，也决定着一定社会占主导地位价值观念的本质，甚至决定着反映这种占主导地位所有制性质的价值观念上升为社会占主导地位的核心价值观念。所以，我们既要看到社会主义社会多种经济成分对人们价值观念形成的影响，更要看到占主导地位的经济关系特别是公有制为主导的经济基础对人们价值观念形成的决定性影响。否则，我们就会在主导价值观产生的根源及其性质上，产生曲解。

同时，社会主义公有制为主体、多种所有制经济共同发展的基本经济制度，还要在实践中不断地改革、发展和完善，这种改革、发展和完善的根本依据是生产力发展的实际状况，生产关系特别是所有制关系总是要随着生产力的发展而不断发展的，社会主义公有制也会随着生产社会化和社会生产力的发展而不断发展。因此，我们凝练社会主义核心价值观既要从现实的经济关系，特别是所有制结构入手，把握现实所有制结构和现实经济关系的本质，还要依据社会主义社会基本矛盾运动的规律，从经济关系特别是所有制关系的发展趋势入手，把握社会主义社会经济关系特别是所有制关系的发展趋势，把握这种发展趋势对社会主义核心价值的本质要求。只有这样，才能真正把握社会主义核心价值产生的根源，科学地总结、概括和凝练出社会主义的核心价值。

二、社会主义核心价值的实质

深入探究社会主义核心价值，不仅要揭示社会主义核心价值形成的根源，透析社会主义核心价值同社会主义公有制为基础的经济关系之间的本质联系，还要深刻揭示社会主义核心价值的内涵，把握社会主义核心价值的实质，弄清社会主义核心价值同西方社会所谓“普世价值”的本质区别。这是牢固确立社会主义核心价值的关键。

1. 集体主义是社会主义的核心价值

社会主义核心价值实质上是集体主义，这种集体主义是公有制为主导的经济关系的本质反映。公有制把大家的利益联结到了一起，形成一个利益共同体，即具有共同利益的集体。反映这种具有共同利益的集体的根本价值观念，就是一种集体主义的价值取向，而这种集体主义正是社会主义的核心价值。党的十四届六中全会的决定明确指出：社会主义道德建设要以为人民服务为核心，以集体主义为原则。党的十六大报告进一步指出：认真贯彻公民道德建设实施纲要，弘扬爱国主义精神，以为人民服务为核心，以集体主义为原则，以诚实守信为重点，加强社会公德、职业道德和家庭美德教育。

为什么说集体主义是社会主义的核心价值呢？

一是集体主义反映了社会主义公有制的本质要求。社会主义生产资料公有制是与生产资料私有制完全不同的所有制形式，是适应现代社会化大生产发展的需要而建立起来的、与现代社会生产力发展相适应的先进的生产资料所有制形式，是高于资本主义私有制的新型的社会经济制度。社会主义生产资料公有制表明了生产资料属于人民和集体共同所有，不是哪一个个人的私有财产，而是全体社会成员或集体成员共同拥有的财产，是“公有”，而不是“私有”。在社会主义生产资料公有制为基础组成的集体中，每一个人除了依靠自己的劳动谋生之外，不可能依靠其他的手段来获得自己的生活资料。这种集体是每一个集体成员共同组成的真实的集体，是每一个个体生存和发展的基础。每一个成员必须与其他成员相互合作、相互支持、相互扶助，才能在集体中生存和发展，获得共同生存和自由发展的条件。离开了集体，个人就丧失了生存的基础和发展的自由。

二是集体主义反映了社会成员的共同利益。个人主义往往反映和维护的是个人的利益，集体主义反映和维护的则是社会或集体成员共同的利益。私有制使社会成员的利益相互分离、分裂和对立，少部分人拥有众多的财产和利益，多数人拥有极少的财产和利益，甚至缺乏维持劳动力再生产的起码条件，社会两极分化严重，社会矛盾尖锐。公有制使社会成员的利益相互联结、结合和融合，逐步消除了阶级、阶层和社会成员利益分化、分裂和对立、冲突的基础，使生活在公有制为基础的社会共同体的成员的利益成为社会共同体的共同利益，使大家成为一个密切互动、利益攸关的利益共同体，使社会成员走向共同富裕逐步由可能变为现实，集体主义则反映了这种社会共同体成员的共同利益的本质和利益融合的趋势。

三是集体主义凝聚了社会成员的价值共识。在不同所有制为基础的社会里，人们形成的价值观念和价值追求是不一样的。在私有制为基础的社会里，与人们的利益分化、分裂和对立相一致，人们的价值观念、价值追求和价值目标也是分化、分裂和对立的。“人人自扫门前雪，休管他人瓦上霜”、“宁可我负天下人，休叫天下人负我”、“人人为自己，上帝为大家”，就成了这种价值观念和人生信条的真实体现。公有制为基础的社会则与此完全不同。在公有制为基础的社会里，与人们的利益相互联结、融合、共生相一致，人们的价值观念、价值追求和价值目标也是联结、融合与共生的，形成了一种反映集体成员共同利益、凝聚集体成员价值共识的核心价值观念，即集体主义的价值观念。这种价值观念的实质，不是从个人利益出发，而是从集体利益出发，形成一种“人人为我、我为人人”，团结协作、共同富裕的价值观念和价值追求。只有集体主义才能从反映和实现社会共同体成员的共同利益和价值诉求出发，凝聚社会共同体成员的价值共识，聚集社会共同体成员的整体力量，形成社会共同体成员的社会合力，增强推动社会实践的强大的精神力量，实现社会成员共同富裕的共同利益。

2. 集体主义的精神实质是集体利益与个人利益的结合

集体主义体现的是一种社会主义核心价值，实质上是个人利益与集体利益相结合。

这是毛泽东在中国农村的社会主义高潮一书的按语中早就明确指出的。毛泽东在《〈中国农村的社会主义高潮〉按语选》中写道：“反对自私自利的资本主义的自发倾向，提倡以集体利益和个人利益相结合的原则为一切言论行动的标准的社会主义精神，是使分散的小农经济逐步地过渡到大规模合作化经济的思想的和政治的保证。”① 在这一讲话中，毛泽东明确指出，小农经济基础上产生的“自私自利”，是一种资本主义的自发倾向；集体利益和个人利益相结合是一种社会主义精神；这种集体主义的社会主义精神是衡量人们一切言论行动的标准；坚持和提倡以集体利益和个人利益相结合的原则为核心的社会主义精神，是实现分散

① 《毛泽东文集》（第6卷），人民出版社1999年版，第450页。

的小农经济向合作的集体经济转变的思想基础。今天，重温毛泽东的讲话，对于我们了解生产资料社会主义改造特别是农村社会主义集体经济建立和发展的历史，把握个人利益和集体利益相结合的社会主义社会集体主义精神的实质，指导和推动中国特色社会主义事业的发展，增强“道路自信、理论自信、制度自信、文化自信”，坚持走共同富裕的中国特色社会主义发展道路，发挥社会主义制度的优越性，实现“国家富强、民族振兴、人民富裕”的中华民族伟大复兴的中国梦，无疑具有重大价值。

理解和坚持毛泽东关于“社会主义精神”的这一重要讲话，关键是要把握以下几点。

一是提倡集体利益与个人利益相结合。注意找准个人利益和集体利益的结合点，把个人利益融入集体利益，在实现集体利益的过程中实现个人利益，保障和实现集体成员的共同利益，也就是要做到共同富裕。这是社会主义社会集体主义精神的实质，是社会主义精神的实质，是社会主义的核心价值。

二是反对集体利益和个人利益相对立。在集体利益和个人利益的关系上，要始终反对两种“错误倾向”：既要反对以集体利益否定个人利益的倾向，更要反对把个人利益凌驾于集体利益和国家利益之上的倾向。在公有制为基础的社会主义社会里，集体利益和个人利益虽然存在着差异，但从根本上来说是一致的，所以不能把两者简单对立起来，甚至相互否定。要把集体利益同“整体至上”划清界限，也要把个人利益同“个人主义”划清界限。在维护和实现集体利益的过程中，维护和实现正当的个人利益，不仅是必要的、正当的，而且是社会主义社会共同富裕的本质要求，是社会主义社会集体主义精神的题中应有之义。

三是区别虚幻的集体和真实的集体。集体有虚幻的集体和真实的集体之分，这是马克思恩格斯在《德意志意识形态》中明确提出来的，马克思恩格斯指出，“只有在共同体中，个人才能获得全面发展其才能的手段，也就是说，只有在共同体中才可能有个人自由。在过去的种种冒充的共同体中，如在国家等等中，个人自由只是对那些在统治阶级范围内发展的个人来说是存在的，他们之所以有个人自由，只是因为他们是这一阶级的个人。从前各个人联合而成的虚假的共同体，总是相对于各个人而独立的；由于这种共同体是一个阶级反对另一个阶级的联合，因此对于被统治的阶级来说，它不仅是完全虚幻的共同体，而且是新的桎梏。在真正的共同体的条件下，各个人在自己的联合中并通过这种联合获得自己的自由。”①

社会主义公有制基础之上的集体是建立在共同利益基础上的真实的集体，在这种真实的集体的基础上，每个集体成员才有可能获得个人自由，才能维护和实现集体成员的共同利益，也才可能真正倡行和弘扬集体主义的核心价值。

三、社会主义核心价值观的弘扬

社会主义核心价值观是国家之魂、民族之魂、集体之魂，也是社会主义之魂。只有坚持和弘扬社会主义核心价值，才能达成共识，凝聚人心，增强团结，聚集力量，维护稳定，促进发展，奠定全国人民团结奋斗的共同思想基础，增强我国社会主义现代化的精神动力，实现中华民族伟大复兴的中国梦。当前，弘扬社会主义核心价值观，着重应抓住以下几个关键环节。

1. 深入凝练社会主义核心价值观

社会主义核心价值观的凝练是社会主义核心价值弘扬的前提，是社会主义核心价值建设的重要内容。社会主义除了通过生产力来体现自身的优势外，还应发掘社会主义内在的价值诉求，凝练社会主义的核心价值观，发挥核心价值观在社会主义建设中的导向和推动作用。目前我国正处于社会转型的关键时期，社会利益分配格局和社会利益结构出现重大变动，社会利益主体出现分化，这种变化必然带来价值观念的差异化，加上西方的价值渗透，导致人们价值选择与价值认同出现多样化趋势。在这种情况下，凝练社会主义核心价值观显得尤为重要。

凝练社会主义核心价值观要把社会主义公有制为基础的经济关系作

① 《马克思恩格斯文集》（第1卷），人民出版社2009年版，第571页。

为凝练社会主义核心价值观的基础，分清本质与现象，分清主导与多样，分清核心与边缘。在一定的经济关系、经济结构、经济基础中，占主导地位的经济关系特别是占主导地位的所有制形式，决定着一定社会占主导地位价值观念的本质。只有反映占主导地位所有制性质的价值观念才能上升为社会占主导地位的核心价值观念。社会主义社会同样如此。我国尚处在社会主义初级阶段，尽管有多种经济成分和多种经济关系存在，对人们价值观念的形成具有重要影响，社会上也自然会形成反映多种经济成分的价值观念，包括个人主义乃至极端利己主义的价值观。但是，我国社会实行的是以公有制为主体、多种经济成分共同发展的基本经济制度，社会主义公有制是我国经济关系的基础，它决定着我国经济关系的性质和方向，也决定着我国社会价值取向的根本性质和方向，决定着我国社会的核心价值要与社会主义公有制为主体的经济关系相适应，这种核心价值只能是反映社会主义公有制本质要求的核心价值观。

因此，我们凝练社会主义核心价值观要立足于现实，从现实的经济关系，特别是所有制结构人手，既要看到多种经济成分对人们价值观念形成的客观影响，更要看到占主导地位的公有制经济关系对人们价值观念形成的决定性影响，自觉遵循从经济关系中凝练价值观念的根本路径，始终坚持从社会主义公有制为主导的经济关系中凝练出社会主义的核心价值观。我国社会主义社会初级阶段实行的社会主义公有制为主体、多种经济成分共同发展的基本经济制度，是与我国社会现阶段的生产力发展水平相适应的，公有制之外的多种经济成分，对我国社会生产力的发展来说，固然有其产生的根源和存在的价值，但它们都是建立在社会主义公有制的基础之上的，社会主义公有制是我国当前社会主义基本经济制度的主体，它不仅主导和制约着多种经济成分的发展，而且决定着整个社会主义基本经济制度的性质和方向。社会主义公有制是适应现代社会生产社会化的要求而产生发展起来的，并且是与生产社会化的发展状况和趋势相适应的，生产社会化的程度越高，生产关系社会化特别是生产资料所有制形式公有化的程度也会相应提高，社会主义生产资料公有制的发展水平和实现程度也会不断提高。因此，只有始终坚持从在社会主义经济关系中占主体地位的社会主义公有制出发，才能把握社会主义公有制为主体的经济关系的本质要求，科学地揭示社会主义核心价值，这种核心价值只能是社会主义的集体主义。邓小平指出："社会主义的本质，是解放生产力，发展生产力，消灭剥削，消除两极分化，最终达到共同富裕。"① 集体主义正是这种社会主义本质的集中体现，而共同富裕又是集体主义这一社会主义核心价值的生动表达。所以，无论是从我国社会主义基本经济制度的本质还是发展趋势来看，我们都要始终不渝地把集体主义作为我国社会主义社会的核心价值。

2. 精心培育社会主义核心价值观

凝练社会主义核心价值观不是目的，凝练的目的是培育和弘扬社会主义核心价值观。社会主义核心价值观凝练出来以后，还要进行培育，只有精心培育，才能得到有效弘扬。培育的过程是将核心价值观转化为人们的价值认同和本质力量的过程。人们作为社会主义的价值主体，其对核心价值观的认同程度决定了社会主义核心价值观弘扬的成效。社会主义核心价值观被认同，需要一个"培育和内化"的过程，也就是说一个国家主导价值被社会接受，往往有一个从被动到主动、从自发到自觉、从了解到认同、从认同到弘扬、从少数人认同和弘扬到多数人认同和弘扬的过程。核心价值观的培育和内化，既受社会现实经济关系的制约，又受人的主观能动性的制约。核心价值观的培育、内化和形成是客观性与主观性相统一的过程，客观存在的社会环境特别是经济关系对人们的价值取向的形成具有决定性的作用。但个人作为价值主体，在培育、内化和形成自己的价值取向的过程中，具有巨大的能动作用。在价值多元时代，一个人选择、接受、形成什么样的价值取向在很大程度上取决于其价值判断能力的高低。培育既是有组织地通过改变外部环境对人们的主观认识施加价值影响的过程，又是有组织地教育人们能动地认识和适应环境，主动建构自己的价值理念的过程。培育的意义在于提高人的价值判断、选择和建构能力，使人从感性认识逐渐上升到理性认识，提高价值认知、认同和内化的自觉性，形成坚定的价值立场和创造性的价值实践活动。

---

① 《邓小平文选》（第3卷），人民出版社1993年版，第373页。

社会主义核心价值观的培育，有赖于广泛深入的思想政治教育，特别是价值教育。价值教育是社会主义核心价值观从理论形态走向实践形态不可或缺的环节，是实现核心价值观传播与培育的重要方式。培育社会主义核心价值观，要把社会主义集体主义的核心价值观纳入国民教育全过程，纳入社会各个方面。只有将社会主义核心价值观与中国特色社会主义的经济、政治、文化和社会建设等各项工作结合起来，与社会现实、人们工作和思想的实际结合起来，与培育、树立、宣传、学习各种体现社会主义核心价值观的先进典型结合起来，在分析培育社会主义核心价值观外部环境的基础上，引导人们把理论与实践结合起来，把学习全国先进典型和学习身边的典型结合起来，把实现中国梦和个人梦结合起来，深刻认识、理解和把握社会主义核心价值观的内涵，才能使社会主义核心价值观获得广泛的社会认同，并在潜移默化中确立、传播和实践社会主义核心价值，逐渐形成清晰、稳定、正确的社会价值共识，并自觉将集体主义作为人们追求的核心价值和行为准则。当然，培育并不是否定价值取向的多样性，而是要在尊重差异、包容多样的基础上，以人们能够接受的方式进行培育，在多元中突出主导，在多样中寻求统一，在多变中把握方向，牢固确立社会主义核心价值的主导地位。

3. 注重价值交锋中的价值引领

当今世界呈现出价值多元化的特征。社会主义市场经济的发展和经济全球化、社会信息化的相互交织，使价值的分化、差异、分歧和冲突不断加大，现实社会尤其是互联网上不同价值的激荡和交锋日趋激烈，社会主义核心价值的弘扬不能忽视各种价值相互碰撞和相互激荡的现实。马克思主义认为，人的一切观念的形成和变化，都与其所处的社会环境有直接关系。人们的社会存在决定人们的社会意识。当前人们处在全球化、信息化的社会环境中，现代网络技术的发展，改变了人类交往实践活动的形式，拓展了人们活动的空间，建立了一种新的社会秩序，形成了没有地理国界范围的空间，冲击了国家的核心价值主导能力。网络空间是各种价值碰撞和思想交锋的主要阵地和新型平台，价值存在不再止于地理疆域，而取决于“信息疆域”，也就是价值存在的空间取决于国家信息传播力和影响力所能达到的无形空间。“信息边界”的安全，关系到一个民族、一个国家在信息时代的兴亡。[①] 当代社会，没有一个国家会忽视价值引领和思想领导的先导作用，“掌握思想领导是掌握一切领导的第一位”[②]。社会主义与资本主义在思想领域的斗争从未停止过，并已将这种斗争延伸至网络空间。网络对人们的思想价值的影响越来越凸显，在一定意义说，谁掌握了网络主导权，控制了网络话语权，谁就取得了价值传播的制高点。

社会主义核心价值观引领必须能够适应各种思想、价值激烈碰撞的现实，在承认多种价值存在的现实性的同时，重视网络的社会表达所包含的思想、价值与情绪，敏锐地感受和把握由社会各种矛盾引发的种种社会事件背后的价值问题，特别要警惕西方打着信息自由、网络自由的幌子，利用自己的技术优势、传媒优势和话语优势，传播西方资产阶级的所谓普世价值和拜金主义、享乐主义、极端利己主义的价值观念。列宁曾指出，无产阶级思想政治工作的首要任务“就是用我们的真话来揭穿资产阶级的‘真话’，并使人们承认我们讲的是真话”[③]。毛泽东指出：“正确的东西总是在同错误的东西作斗争的过程中发展起来的。真的、善的、美的东西总是在同假的、恶的、丑的东西相比较而存在，相斗争而发展的。”[④] 因此，在现实社会存在价值冲突，特别是互联网成为价值交锋的主战场的情况下，培育中国特色社会主义核心价值的过程，将不可避免地与资本主义的价值渗透展开交锋，我们要勇于面对和积极参与这种价值交锋，与西方社会的价值渗透及干扰社会主义价值认同的各种思想观点，开展积极的、针锋相对的思想斗争和价值交锋，并在这种交锋中自觉进行价值比较、判断和引领，从而在与各种错误价值思潮的鉴别和批判中牢固确立和巩固社会主义核心价值的主导地位。

4. 大力践行社会主义核心价值观

社会主义核心价值观不仅要内化于心，形成对社会主义核心价值观

---

① 何精华：《网络空间的政府治理》，上海社会科学院出版社 2006 年版，第 66 页。

② 《毛泽东文集》（第 2 卷），人民出版社 1993 年版，第 435 页。

③ 《列宁专题文集·论社会主义》，人民出版社 2009 年版，第 170 页。

④ 《毛泽东文集》（第 7 卷），人民出版社 1999 年版，第 230 页。

的自觉认同，更要外化于行，形成践行社会主义核心价值观的自觉行为。弘扬社会主义核心价值的意义在于践行，而只有真正践行，才能切实有效地弘扬社会主义核心价值观。践行社会主义核心价值观，关键是要坚持以集体主义的社会主义核心价值观为指导，引导人们正确处理个人、集体和国家的利益关系，正确处理个人价值和社会价值的关系，坚持实现自我价值与服务祖国人民相统一，在服务祖国人民、实现社会价值的过程中，实现自己的人生价值。

社会主义核心价值观的践行动力来自两个方面。一方面是对于核心价值的自觉认同，另一方面是制度的约束。通过价值自觉与价值约束的结合，实现价值践行效果的最大化。在践行社会主义核心价值的过程中，既要激发人们价值自觉的作用，同时也要发挥制度在价值矛盾和冲突解决中的规范作用和价值选择行为的养成作用。价值自觉使得人们的价值实践活动具有更大的主动性和能动性。人们作为价值的主体，因其所处的地位、受教育的程度及其认识水平的不同，价值自觉的程度不同，践行社会主义核心价值的实际表现也不同。因此，践行社会主义核心价值观，要把先进性和广泛性结合起来，用社会先进分子践行社会主义核心价值观的示范作用，带动广大群众共同遵循和践行社会主义核心价值观。

共产党员尤其是领导干部在践行社会主义核心价值观方面须自觉发挥引领带动作用。马克思在《哥达纲领批判》中指出：一步实际运动胜过一打纲领。邓小平曾反复强调："领导干部，特别是高级干部以身作则非常重要。群众对干部总是要听其言、观其行的。"① 古人云："其身正，不令而行；其身不正，虽令不从。"培育和践行社会主义核心价值观，是兴国铸魂的战略工程。共产党员尤其是领导干部，是否能在践行社会主义核心价值观中知行统一，以身作则，直接关系到这项战略工程的成败。共产党员和领导干部只有自己率先垂范，身体力行，才能让大多数人们信奉并践行社会主义核心价值观。因此，当前弘扬社会主义核心价值观，最重要的，就是要发挥党员领导干部的引领示范作用，团结和带领广大人民群众，自觉遵循和深入践行社会主义核心价值观。

① 《邓小平文选》（第2卷），人民出版社1994年版，第124页。

第二节　社会主义核心价值观与增强价值判断力

实现中华民族伟大复兴的中国梦、推动全社会和每个成员的全面进步，必须有中国特色的社会主义核心价值观引领，并坚持以这一核心价值观作为全社会形成和增强价值判断力的标准，这是推动社会主义核心价值观不断转化为社会群体意识和人们自觉行动的必由之路。

一、价值判断力的内涵、特征及作用

简言之，这里所说的价值判断力，是由社会主义核心价值观决定的、评判和鉴定社会或人生价值的综合能力。一方面，社会主义核心价值观在人们评判社会生活中的事物与行为时，它是最重要的价值标准，决定着全社会共有的区分是非、评估优劣的价值判断力水平；另一方面，价值判断力直接作用于国家价值目标、社会价值取向和人们价值准则的稳定性，制约社会生活中的事物发展和人们的言行举止，维护着全社会都在培育和践行的社会主义核心价值观的威严。

1. 综合三种能力的内涵

一是以社会主义核心价值观为标准的价值识别能力，它不仅可以识别社会事物和行为有没有价值存在，还可用于人们对真假、善恶、美丑的价值鉴别。在实际生活中，同样对待财富、权力和法纪，干部中有两种不同的做法，存在明显的价值冲突。事实表明，谁确立了社会主义核心价值观，谁就能形成与之相适应相符合的价值识别能力，进而正确决定自身行为。二是以社会主义核心价值观为标准的价值坚守能力，也就是打造知行合一的价值坚守者的能力。在人们处于“钱不是万能的，但没有钱是万万不能的”市场经济大潮中，谁能够坚持“君子爱财，取之有道”的行为准则，能够恪守社会效益重于经济效益的判断利害得失的价值准则，谁就具备了价值坚守能力。三是以社会主义核心价值观为标准的价值提升能力，这是价值识别能力与价值坚守能力的升华，是价值判断力的最优化。因此，价值提升能力应当以价值标准的日益精确细化为基础，有赖于自我完善机制的营造，有赖于持续向上文化的培育和发展。当人们能够自觉从战略高度，系统地审视和处理国家、社会与公民核心价值观的三个层面要求，能够解放思想，实事求是，在实践中提升全社会创造价值能力，我们社会主义核心价值观要求体现的价值就一定会最大化、最优化。

2. 主观判断受客观制约的特征

首先受经济与社会发展环境的制约：显而易见，改革开放之前我国经济社会在计划经济体制下运行，当时人们的价值判断受到那个特定的历史条件制约；现在，我国已经建立并不断完善着社会主义市场经济体制，国家综合实力、社会治理能力、人民生活水平全面提升，价值判断标准也随着客观环境的变迁而发生变化，这完全符合历史唯物主义逻辑。其次受主流价值观尤其是核心价值观的制约：过去工厂没有私营的，农村没有个体户，吃的是“大锅饭”、干活“大呼隆”，“一大二公”成为价值观的主流，左右着人们的价值判断；而今人们通过自主择业或创业获得发展，各级各类经济体在法治环境下展开竞争，“自由、平等、公平、法治”作为社会主义核心价值观已经成为价值判断导向。再次是受概念向信念转化过程的制约：社会主义核心价值观源于客观却不会完全被动地反映客观，它可以在人们的实践中能动地转化为改变现实、改造世界的精神力量，这是将社会主义核心价值观的理论概念转化为坚定信念的过程，更是社会主义核心价值观的培育和践行过程，对属于主观范畴的价值判断力产生直接影响。

3. 能够“保值”、“增值”的作用

其一，最根本的“保值”作用是有利于巩固社会主义核心价值体系：党的十八大报告指出，“社会主义核心价值体系是兴国之魂，决定着中国特色社会主义发展方向”，而体现我们指导思想、共同理想、民族精神和时代精神、社会主义荣辱观的价值判断力，发挥着引领社会思潮、凝聚社会共识的作用，促使社会主义核心价值体系更加牢固。其二，最过硬的“保值”作用是排除各种不良因素干扰：当人们对社会上出现从未遇过的新事物、新现象拿捏不准时，以社会主义核心价值观为标准的价值判断力，就是“思想的压舱石、价值的定盘星”，可以帮助人们排除各种干扰。其三，最普遍的“增值”作用是实践越多则判断越准：价值判断力的生命力在于实践，每个社会成员都要从身边小事做起、从一点一滴做起，把社会主义核心价值观的三个层面要求变成日常的行为准则；通过日积月累的价值判断力实践养成，必然使人们的价值判断日益精准。

我们力求增强以社会主义核心价值观为标准的的价值判断力，其最重要的作用在于促使人们坚定立场、明辨是非、激浊扬清、彰显主流。

二、价值判断力存在被削弱甚至被逆转的危险

当今中国，人们思想解放、价值多元、经济发展、社会进步，中华民族万众一心走向繁荣富强。与此同时，一些领域和一些人当中，却出现了价值迷失、道德失范、以丑为美、以耻为荣，理想淡化、信念动摇。例如，一些人特别在意令人惊奇、令人惊喜、令人震惊的事件或传闻，于是肆无忌惮的雷人雷语时有出现，搅乱人们的核心价值观，冲击人们的价值判断力。

1. 有人在追逐令人惊奇的“真相”中颠覆真实历史，质疑公正的价值判断力

2015 年是中国人民抗日战争暨世界反法西斯战争胜利 70 周年，在开展纪念活动前，有人通过包括微信在内的各种媒体，对中国共产党在中国人民抗日战争中的历史地位和作用提出质疑。他们打着“重新认识历史”的旗号，列举所谓“真相”，提出一些似是而非的说法和观点，企图颠覆这样的事实：（1）当国民党并未组织抵抗而丢掉东北三省时，中国共产党及其领导下的武装力量成为中国人民奋起反抗日本帝国主义侵略的最早宣传者、动员者和抗击者；（2）当国民党大批官员、军队向日本投降成立伪政府、伪军时，中国共产党积极倡导、促成、维护了抗日民族统一战线，成为团结凝聚全民族抗战力量的杰出组织者、鼓舞者和坚强政治核心；（3）当国民党军队丢失的国土成为日本侵略者的“后方”时，中国共产党制定实施了全面抗战路线和持久战战略总方针，并

领导八路军、新四军深入敌后建立抗日根据地，开展人民战争，成为全民抗战正确战略的提出者、指导者和引领者。用事实说话是秉持公正的价值判断力基础，是人们客观评价历史和历史人物的正确做法，对此毋庸置疑。

2. 有人在期盼令人惊喜的“大礼”时蔑视诚实劳动，动摇敬业的价值判断力

在市场经济大潮冲击下，有不法分子极尽玷污“创业”、“创新”之能事，利用手机、互联网等媒介，玩弄高科技手段行骗，频频得手，不愿收手，受骗者“前赴后继”令人痛心。究其现象背后的根本原因，无非是利欲熏心所致，是一些人对于付出辛勤汗水的诚实劳动不感兴趣，悄然丢掉了敬业、诚信的价值判断力。

3. 有人在轻信令人震惊的“内幕”后误判进步社会，抹黑法治的价值判断力

中国经济快速发展，社会不断进步，局部呈现治理手段跟不上的现象是难免的，反腐败斗争也不会一蹴而就。身处这样的时代，有识之士忧国忧民，洞察问题，挖掘根源，提出治理良策令人钦佩；可是，也有一些人可能是忧患到了过于悲观的境地，或许原本就喜欢兴风作浪唯恐天下不乱：当负面新闻出现后，爆料“内幕”，编造谣言，诋毁法治和正能量所做的努力与作用，不让世人个个震惊进而群情激愤、情绪失控决不罢休。侵犯个人隐私，抓住某人过失就穷追猛打，发动“人肉搜索”，置人于死地；有人借部分执法人员违规执法之题，发挥为攻击政府机构和执法人员的骚乱，并通过媒体放大负面影响，消耗大量公共资源，损害人民利益。当前应当注意的是，政府处置灾难性突发事件必须及时、准确，掌握主动权，以法治手段造就高效的社会治理成果，堵塞可能惑众的舆情漏洞，助力人们坚持法治的价值判断力。

三、增强价值判断力的标准、路径与重点

培育和践行社会主义核心价值观，是推进中国特色社会主义伟大事业、实现中华民族伟大复兴中国梦的战略任务。中共中央办公厅印发的

《关于培育和践行社会主义核心价值观的意见》指出："面对世界范围思想文化交流、交融、交锋形势下价值观较量的新态势，面对改革开放和发展社会主义市场经济条件下思想意识多元、多样、多变的新特点，积极培育和践行社会主义核心价值观，对于巩固马克思主义在意识形态领域的指导地位、巩固全党全国人民团结奋斗的共同思想基础，对于促进人的全面发展、引领社会全面进步，对于集聚全面建成小康社会、实现中华民族伟大复兴中国梦的强大正能量，具有重要现实意义和深远历史意义。"

在培育和践行社会主义核心价值观的伟大实践中，增强价值判断力是一项基础性工程。增强价值判断力就是以强有力的价值引导提高判别能力，通过价值取舍彰显社会主义核心价值观的真善美特质，为全社会提供醒目的价值坐标，进而把每个人心底蕴藏的善良道德意愿、道德情感焕发出来，提升上去。增强价值判断力是规范性和实践性都很强的工程，在实施标准、路径和重点诸方面必须有明确要求。

1. 始终坚持以社会主义核心价值观为标准增强价值判断力

党中央指出："社会主义核心价值观是社会主义核心价值体系的内核，体现社会主义核心价值体系的根本性质和基本特征，反映社会主义核心价值体系的丰富内涵和实践要求，是社会主义核心价值体系的高度凝练和集中表达。"因此，社会主义核心价值观作为我国人民价值判断力的最高标准，是最精确、最直观的，它确立了判断是非、善恶、美丑的公正尺度。价值判断力的水平高低，取决于运用社会主义核心价值观这把标尺的坚定程度，始终坚持运用这个标尺，才能逐步实现国家、社会和公民三个层面的价值目标，才能切实把行为褒贬和行为取舍统一起来。坚持以社会主义核心价值观为标准，在实践中不断增强价值判断力，才能使价值评价机制转化为人们的行为机制，使价值评价标准成为人们行为的自觉准则。

2. 培育和践行社会主义核心价值观是全社会增强价值判断力的必由之路

积极培育和践行社会主义核心价值观，具体内容就是落实党的十八大提出的"三个倡导"，即："倡导富强、民主、文明、和谐，倡导自由、平等、公正、法治，倡导爱国、敬业、诚信、友善”。第一个倡导提出的“富强、民主、文明、和谐”是国家层面的价值目标，第二个倡导提出的“自由、平等、公正、法治”是社会层面的价值取向，第三个倡导提出的“爱国、敬业、诚信、友善”是公民个人层面的价值准则，这“三个倡导”的24个字是社会主义核心价值观的基本内容，为培育和践行社会主义核心价值观提供了基本遵循，也为增强全社会价值判断力指明了方向。我们要紧紧围绕“三个倡导”这一基本内容，从宣传教育入手，注重示范引领，注重实践养成，注重政策保障、制度规范、法律约束相衔接，使社会主义核心价值观融入人们生产生活和精神世界，走出一条有中国特色的增强价值判断力之路。

刘云山2014年1月4日在培育和践行社会主义核心价值观座谈会上的讲话，对着力培育和践行社会主义核心价值观作出了深入的理论阐述，提出了全面的推进路径。讲话强调，培育核心价值观，重要的是增强人们的价值判断力和道德责任感，这就抓住了培育核心价值观的关键。在增强价值判断力的漫长道路上，我们要把培育和践行社会主义核心价值观融入国民教育全过程，把培育和践行社会主义核心价值观落实到经济发展实践和社会治理中，大力开展涵养社会主义核心价值观的实践活动，让培育和践行社会主义核心价值观、增强价值判断力的道路越走越宽广。

3. 增强价值判断力是培育和践行社会主义核心价值观的重要着力点

培育和践行社会主义核心价值观，要做的事情很多，其中最重要的是增强人们的价值判断力和道德责任感。换言之，要把增强全社会的价值判断力和道德责任感作为培育和践行社会主义核心价值观的重要着力点，引导人们辨别什么是真善美、什么是假恶丑，自觉做到常修善德、常怀善念、常做善举。增强价值判断力，需要把正面教育与舆论监督结合起来，把热点问题引导与群众道德评议结合起来，旗帜鲜明地弘扬真善美、贬斥假恶丑，树立正确导向、澄清模糊认识、匡正失范行为，形成激浊扬清、抑恶扬善的思想道德舆论场，引导人们自觉做良好道德风尚的建设者、社会文明进步的推动者。

将增强价值判断力作为培育和践行社会主义核心价值观的重要着力点，是因为形成风清气正的舆论环境，要求我们在价值认知层面毫不含糊。形成万众归心的价值共识，需要我们在对接现实方面不遗余力。总而言之，将增强价值判断力作为培育和践行社会主义核心价值观的重要着力点，有利于引导人们树立和坚持正确的历史观、民族观、国家观、文化观，增强做中国人的骨气和底气；有利于培育廉洁价值理念、开展道德实践活动，营造崇尚廉洁、鄙弃贪腐的良好社会风尚；还有利于完善市民公约、村规民约、学生守则、行业规范，强化规章制度实施力度，在日常治理中鲜明彰显社会主流价值，使正确行为得到鼓励、错误行为受到谴责。如此等等，不一而足。

事实已经并将继续证明，将增强价值判断力作为培育和践行社会主义核心价值观的重要着力点，能够更好地培养全社会的价值判断力。有了以社会主义核心价值观为标准的价值判断力，人们就能够自觉地求真抑假、扬善祛恶、趋美远丑，自觉为夺取中国特色社会主义新胜利而不懈奋斗。

第三节　社会主义核心价值观的认识纲要

一、社会主义核心价值观的层次

1. 社会主义核心价值观的丰富内涵

体现以人为本、为人民服务的根本价值取向；蕴涵消除两极分化，达到共同富裕现实价值追求；包含促进人的自由全面发展的最高价值目标；坚持以中国特色社会主义核心价值体系为主体的基本价值规范。

2. 社会主义核心价值观的实质

习近平总书记指出：社会主义核心价值观实际上回答了我们要建设什么样的国家、建设什么样的社会、培育什么样的公民的重大问题；社会主义核心价值观就是指有中国特色的社会主义核心价值观；社会主义核心价值观的根本：是中国特色社会主义经济、政治、文化、社会关系的价值反映，是中国特色社会主义道路、理论体系、制度的价值表现，是与社会主义核心价值体系相一致、相协调的价值表达。

3. 社会主义核心价值观的层次与贯通

“富强、民主、文明、和谐”是实现民族复兴伟大梦想的国家目标，是全社会和全体中国人的价值追求，是中国特色社会主义“五位一体”总目标的价值概括，反映了社会主义核心价值体系的根本取向，居于最高层次，统领其他层次价值理念；“自由、平等、公正、法治”是马克思主义的社会理想，也是社会主义的价值目标，体现了市场经济的共性特点（如自由、平等）和社会主义个性要求（如公正、法治）的辩证统一，是社会组织和群体必须遵循的最基本价值观，对其他社会价值观起制约、引领作用；“爱国、敬业、诚信、友善”是个人层面的价值准则，是公民处理国家与个人、单位与个人、个人与他人等主要社会关系时的基本价值遵循，涵盖了社会公德、职业道德、家庭美德、个人品德各个方面，是中国特色社会主义对公民的基本道德要求，也是公民的立身之本、成事之基，是社会主义核心价值观的公众取向。

核心价值观的三个层次相互依存：国家层次价值观既是国家宏伟目标，又是广大人民的共同愿望；社会层次价值观既是社会理想，又是个人诉求；个人层次价值观既是社会需要，又是公民所需。

二、核心价值观比较研究

1. 不同社会、国家的核心价值观

中国古代社会核心价值观是“礼义廉耻，国之四维”。“一维绝则倾，二维绝则危，三维绝则覆，四维绝则灭。倾可正也，危可安也，覆可起也，灭不可复错也”。美国人的核心价值观是个人主义（实用主义）和自由、民主、法制，核心是个人主义。自由、平等、博爱都是从个人主义引申出来的。北欧国家（丹麦、挪威、瑞典等）的核心价值观是民主社会主义的自由及平等与民主的价值观体系，是资本主义核心价值观的历史延续。新加坡的核心价值观——“亚洲价值观”具有下面几重含义：国家至上，社会为先；家庭为根，社会为本；关怀扶持，同舟共济；求同存异，协商共识；种族和谐，宗教宽容。

2. 古今中外各个国家都有并都需要核心价值观的根本原因

习近平总书记指出：人类社会发展的历史表明，对一个民族、一个国家来说，最持久、最深层的力量是全社会共同认可的核心价值观。核心价值观，承载着一个民族、一个国家的精神追求，体现着一个社会评判是非曲直的价值标准；核心价值观是社会的稳定器，国家长治久安的法宝

3. 社会主义核心价值观的本质特征

阶级性与人民性的统一。社会主义核心价值观是反映现阶段我国广大人民“最大公约数”的价值观，是体现中国特色社会主义根本性质的价值观；是社会主义价值的集中展现与发展，是我国人心所向、众望所归的价值诉求；是与其他社会、国家根本不同的价值观，具有鲜明的阶级性与人民性；

民族性与世界性的统一。社会主义核心价值观既继承、弘扬了我国优秀文化传统，又面向世界借鉴了人类历史发展进程中进步的价值观念，具有价值的延续性与广泛性。习近平总书记指出：中华优秀传统文化已经成为中华民族的基因，植根在中国人内心，潜移默化影响着中国人的思想方式和行为方式。今天，我们提倡和弘扬社会主义核心价值观，必须从中汲取丰富营养，否则就不会有生命力和影响力。比如，中华文化强调“民为邦本”、“天人合一”、“和而不同”，强调“天行健，君子以自强不息”、“大道之行也，天下为公”；强调“天下兴亡，匹夫有责”，主张以德治国、以文化人；强调“君子喻于义”、“君子坦荡荡”、“君子义以为质”；强调“言必信，行必果”、“人而无信，不知其可也”；强调“德不孤，必有邻”、“仁者爱人”、“与人为善”、“己所不欲，勿施于人”、“出入相友，守望相助”、“老吾老以及人之老，幼吾幼以及人之幼”、“扶贫济困”、“不患寡而患不均”，等等。

现实性与超越性的统一。习近平总书记指出：不同民族、不同国家由于其自然条件和发展历程不同，产生和形成的核心价值观也各有特点。一个民族、一个国家的核心价值观必须同这个民族、这个国家的历史文化相契合，同这个民族、这个国家的人民正在进行的奋斗相结合，同这个民族、这个国家需要解决的时代问题相适应。

4. 社会主义核心价值观与传统社会、资本主义社会核心价值观的性质区别

我国传统社会核心价值观是社会主义核心价值观的来源之一，如以民为本、以和为贵、以公为先、以新为道、以德为基构成传统社会核心价值观的主要内容。社会主义核心价值观对其进行了扬弃、批判、继承，实现了价值观的超越。

社会主义核心价值观否定和超越了以个人主义、利己主义、功利主义为主要内容的资产阶级核心价值观，实现了人类价值观念的根本变革；

关于“自由”价值观的性质区别，资本主义的自由：美国哈佛大学政府学院在提供给全美大学使用的教科书《美国政治文化》中，将美国定义为“天生自由”国家。美国开国元勋杰弗逊说：“上帝在赋予我们生命的同时，也赋予了我们自由”。华盛顿在告别演说中说：“你们是美利坚人，你们酷爱自由，你们身上的每一个细胞都充满了自由”。美国2002年发表的国家安全战略报告称：“自由是我们生活的基本要素……”。美国定义：“自由是这样的原则，个人应当按照自己的意愿自由地行动和思考……”。总之，资产阶级的自由价值观是天赋的、唯心的、自由主义的。

马克思主义的自由：人类在“文化上的每一个进步，都是迈向自由的一步。”① “自由就在于根据对自然界的必然性的认识来支配我们自己和外部自然界。”②

马克思提出了人的自由而全面发展的最高目标。恩格斯说：“自由不在于幻想中摆脱自然规律而独立，而在于认识这些规律，从而能够有计划地使自然规律为一定目的服务。”③ 自由：本意指没有阻碍的状况；一般指由宪法或根本法所保障的一种权利或自由权；自由是在法律的框架内，自主地做自己想做的事。

社会主义自由：解决了资本主义自由无法解决的广大劳动人民群众

---

① 《马克思恩格斯选集》（第3卷），人民出版社1995年版，第154页。
② 《马克思恩格斯选集》（第3卷），人民出版社1995年版，第154页。
③ 《马克思恩格斯选集》（第3卷），人民出版社1995年版，第153页。

实际行使自由权利的问题。劳动人民当家做主，政权在人民手中，这是最大的政治自由；公有制为主体，从经济基础上消除金钱对自由的束缚。与此同时，以马克思主义为指导的社会主义文化建设，开辟了人类自觉创造历史的新时代，使人们在思想上获得了自由。

三、培育和践行社会主义核心价值观的对策

1. 充分认识培育和践行社会主义核心价值观的意义

培育和践行社会主义核心价值观是集聚社会正能量、增强民族凝聚力的需要，推动我国改革开放和社会科学发展的需要，是促进人们健康、全面发展的需要，是抵制错误价值观、引领多样价值观的需要。

2. 帮助青年学生树立和培育社会主义核心价值观

一是要勤学，下得苦功夫，求得真学问；二是要修德，加强道德修养，注重道德实践；三是要明辨，善于明辨是非，善于决断选择；四是要笃实，扎扎实实干事，踏踏实实做人。核心价值观的养成绝非一日之功，要坚持由易到难、由近及远，努力把核心价值观的要求变成青年学生日常的行为准则，进而形成自觉奉行的信念。

3. 社会主义核心价值观培育和践行的载体融入

融入理论教育，发挥社会主义核心价值体系在社会主义核心价值观教育中的主导力；融入文化建设，增强社会主义核心价值体系在社会主义核心价值观教育中的渗透力；融入管理服务，拓展社会主义核心价值体系在社会主义核心价值观教育中的影响力；融入新兴媒介，提升社会主义核心价值体系在社会主义核心价值观教育中的传播力。

4. 要敢于和善于用社会主义核心价值观辨析和引领不正确价值倾向

（1）重物质轻精神的价值倾向：

梳理物本价值倾向的表现：官场重形象、数字工程轻教育、灵魂工程的功利行为；市场假劣伪冒、敲诈勒索的缺德行为，学场教学科研成果、评估、职称、创收等直接与金钱兑换行为。认识物本价值倾向的后果：败坏社会风尚；污染社会与自然环境；导致一些人急躁、浮躁、烦

躁、焦躁的“心躁”状况；精神疾病与自杀增多。分析物本价值倾向的成因：市场经济的价值规律泛化导致钱权交易、缺德交易、钱学交易；社会竞争导致一些人价值比较失衡。

（2）重科技轻人文的价值倾向：

梳理器本价值倾向的表现：重科技轻人文、重智育轻德育倾向；考核、评估的业务指标化、数字化倾向；个体业务重负、信息强迫状况。

认识器本价值倾向的后果：业务上投机、弄虚作假、剽窃舞弊；学术、学业浮泛；影响创新成果涌现。

分析器本价值倾向的成因：利益相关；科技压力。

（3）信仰宗教迷信倾向滋生：

梳理神本价值倾向的表现：宗教信仰（非少数民族宗教信仰）、迷信活动扩大。

认识神本价值倾向的后果：信仰转移、淡漠现实、消解意志。

分析神本价值倾向的成因：主体目标的缺失导致对超现实力量的依赖。

第四节　社会主义核心价值观的理论与实践价值

在着眼于推进中国特色社会主义伟大事业、实现中华民族伟大复兴中国梦战略考量的基础上，中国共产党提出了社会主义核心价值观。要想积极、有效地培育和践行社会主义核心价值观，必须理清社会主义核心价值观的价值。其一，厘清社会主义核心价值观的内涵；其二，理清社会主义核心价值观作为理论观念的价值；其三，理清社会核心价值观作为实践观念的价值。

一、社会主义核心价值观的内涵

价值是指主客体之间关系的一种内容，即客体是否满足主体的需要，是否为主体服务。[①] 价值反映的是客体对主体的有用性，而价值观与价值不同。价值观可从广义和狭义两种角度来理解。广义上的价值观相当于哲学基础理论中的价值论，与自然观、历史观相类似，是以价值为特定对象的理论学说。狭义上的价值观则是指价值观念，即人们关于好坏、得失、善恶、美丑等具体价值的立场、看法、态度和选择。[②]

社会主义核心价值观是基于中国特色社会主义实践，将社会主义文化的价值理念、中国传统优秀文化和西方现代文明的价值理念有机融合的核心价值规范，具体可表述为：

1. 国家层面的价值目标："富强、民主、文明、和谐"

"富强"是指经济富强，主要表现为生产力的提高，这就要求进一步推进工业化，提高自主创新能力，转变经济发展结构，由工业大国向工业强国转变。"民主"是指政治民主，其实质和核心是人民当家做主，包括了民主形态（国家制度）和民主权利（即意志和行为的自由度），它要求我们继续深化政治体制改革，充分尊重、保障人民群众在具体的政治活动、政治事务中应有的权利。[③] "文明"主要指精神文明，它要求我们在全社会大力弘扬文明理念，培育文明风尚，广泛开展群众性精神文明创建活动，使人们明是非、知荣辱、讲文明、树新风，革除各种陋习。"和谐"是指关系和谐，包括人与人、人与社会、人与自然之间的关系和谐。为实现关系和谐，则必然要求尽量避免冲突。一方面，我们努力做到民主决策、科学决策，减少利益冲突的可能性；另一方面，我们要允许不同利益的存在，更重要的是拓宽利益诉求的渠道，提高解决利益冲突的能力。

2. 社会层面的价值取向："自由、平等、公正、法治"

自由是人性的本质，人人都想在自己生活的环境里自由地呼吸、自

---

① 王泽应：《社会主义核心价值观之本质规定性及路径选择》，《湖南师范大学社会科学学报》2007 年第 5 期，第 43 页。

② 韩华：《全球化背景下中国共产党人价值观研究》，光明日报出版社 2010 年版，第 14 页。

③ 张华青、孙嘉明：《政治民主的内涵及现实条件》，《复旦学报》（社会科学版）1998 第 6 期，第 109 页。

由的生活，因此它要求我们确保公民自由权利，鼓励公民自由奋斗，为每一个人健康成长和全面发展创造良好社会环境。平等则是要求社会有这样一个平台，让人人都有机会通过自己的努力来取得成功，让每个人的人生都有出彩的机会，因此它要求我们通过平等的社会机制和价值引导，保障公民既享有平等的权利，同时也保障每个人基于其社会贡献所要求得到的权利和尊重。公正是一种价值取向，一切道德律令和法律的制订首先要从公正出发，它要求我们建立以权利公正、机会公正、规则公正为主要内容的社会公平正义保障体系，努力营造公平正义的社会环境。法治是社会运行的规则，对公民个人行为起着巨大的保护作用，对一切违背公民利益和公众意志的行为起着巨大的制约作用。因此，它要求我们完善法律制度，切实坚持法律面前人人平等，让人民群众在法治社会中享受到公平正义。

3. 公民个人层面的价值准则：“爱国、敬业、诚信、友善”

爱国是指认同、爱戴国家，包括热爱祖国的大好河山，捍卫国家领土完整、主权统一；热爱我们的人民大众、骨肉同胞，积极维护民族团结；热爱中华民族灿烂的历史文化；积极投身中国特色社会主义建设事业；维护我们的国家荣誉、国家形象和尊严。敬业是指忠于职守，勤劳爱岗，它要求我们对一切推动着中国特色社会主义事业的劳动给以尊重，尊重人才、尊重知识。诚信即诚实守信，它不仅是公民道德的底线，也是单位组织、社会国家凝聚力得以确认的重要前提。友善则是指宽以待人、与人为善，它要求以友善的方式建立和谐的人际关系和社会关系，凝聚力量，共同建设中国特色社会主义。爱国、敬业、诚信、友善，不仅仅是口号，而是要求公民个人将这些价值准则外化为日常生活中的自觉行为和共同习惯，从而营造一个和谐进取的社会环境。

二、社会主义核心价值观的理论价值

价值来自客体属性，取决于主体需要。从客体属性看，社会主义核心价值观的价值，即它本身的价值，主要表现为作为理论观念的价值。从主体需要的角度看，社会主义核心价值观的主体即是国家与个人，它的价值也就表现为实践观念的价值。

从广义上看，社会主义核心价值观是以价值为特定对象的价值观理论，[①] 因此它具有作为理论观念的价值，具体表现为以下三点：

1. 批判与设计价值

在现实生活中，必然存在着已经落后于社会发展的客观要求的价值观念，这些观念会有形或无形的方式影响人们的心理、思想和行为，阻碍着人们价值观念的与时俱进。而社会主义核心价值观是从否定态度出发，对现实的价值关系作出审视和批判。一方面，它是通过对落后于时代的价值观念的扬弃，取其精华、去其糟粕而确立的新的价值观。中国近现代史就是一部中华民族追求民族独立、国家富强的历史，“富强”就是在追寻近代以来先烈们为之抛头颅、洒热血的未竟事业；另一方面，它是顺应时代发展需要，能够与旧价值观争夺人们的思想阵地，解放人们的思想的新价值观。“自由、平等、法治”这些现代理念正是对中国两千多年封建社会的“专制、等级、人治”观念的批判，是适应世界现代化发展潮流、推动社会发展的新价值观。

一种理论必然是在建构中对另一种理论的解构，或者说是在对另一种理论的解构中建构自身，每一种理论都有自身的追求，价值观也一样。社会主义核心价值观的设计价值主要表现为理论设计价值和实践设计价值。一方面，社会主义核心价值观在理论上回答了“要成为什么样的国家”、“要什么样的社会”、“要培育什么样的公民”这三个问题，“富强、民主、文明、和谐”是对国家发展价值目标的理论设计，“自由、平等、公正、法治”是对社会发展价值取向的设计，“爱国、敬业、诚信、友善”则是对公民培育价值准则的设计。另一方面，社会主义核心价值观设计价值也表现在实践方面。在经济方面，我国在建党 100 周年之际，要达到全面小康，在建国 100 周年之际，我国人均 GDP 要达到中等发达国家水平。在政治方面，扩大社会主义民主，加快社会主义法治国家建设，发展社会主义政治文明。在社会建设方面，加快健全基本公共服务

---

① 韩华：《全球化背景下中国共产党人价值观研究》，光明日报出版社 2010 年版，第 14 页。

体系，加强和创新社会管理，推动社会主义和谐社会建设。

2. 凝聚与整合价值

凝聚与整合价值，即凝聚价值共识、调控价值冲突的功能。社会主义核心价值观正是从全局出发凝聚价值共识，整合现实多种价值观念的结晶：一方面，凝聚价值共识，造成一种气氛，在人们认同的基础上，共享社会主义核心价值观；另一方面，提升符合社会最新发展要求的价值观念，摒弃了与之不一致的旧的价值观念，努力确立体现社会共同利益的核心价值观，使不同的价值观念达到较高的一致性，形成社会发展的合力，从而保持社会稳定和促进社会发展。

社会主义核心价值观凝聚共识主要有两种方法：一是通过解放思想，达成共识。解放思想的过程就是统一思想的过程，解放思想的目的是为了更好的统一思想，思想统一了，才能调控价值冲突，凝聚价值共识。经济富强、政治民主、精神文明、关系和谐这些理念顺应世界现代化潮流，是现代社会的价值追求，而“爱国、敬业、诚信、友善”是现代公民个人价值准则，二者都有利于人们认清保守落后思想，在解放思想的过程中统一思想认识，凝聚价值共识。二是在实践中凝聚共识，共识来自实际成效。既然有社会主义核心价值观，就必然还有“非核心”价值观，在两方面认识不一致的情况下，则只能在实践中进行检验、在实践中取得共识、在实践中化解矛盾和解决问题。

3. 目标与导向价值

社会主义核心价值观的目标和导向价值主要表现在国家和个人两个层面。

在国家层面上，社会主义核心价值观的导向作用是宏观的、全方位的，一个国家的经济发展方式、政治制度、文化政策、国际形象等都可以看到其中蕴涵着深深的价值烙印，它的价值标准和价值目标不仅渗透到路线、方针、政策的宣传和教育过程中，更蕴涵在具体的制度设计、法律法规以及社会发展方式中。

在个人层面上，社会主义核心价值观只有建立在接受和认同基础之上，才能有效地发挥导向作用。而社会主义核心价值观只有在坚持贴近实际、贴近生活、贴近群众的原则下，才能“占领思想文化的道德制高点，掌握话语制造权和舆论领导权”[①]，才能获得人们的接受和认同。同时，一定的社会的主流观念，常常对一定的个体和社会群体的思想和行为产生外在的约束和规范的作用。当个体价值观的目标与社会主义核心价值观相一致时，似乎感觉不到外在的核心价值观的约束与强制，但当人们的个体价值观与社会主义核心价值观目标相背离时，来自社会主义核心价值观的约束与强制性力量就会比较明显和突出。这种约束与强制性力量通常以两种方式展现出来：一是通过社会舆论。社会舆论是一种公开的社会评价，对公众行为具有鼓励或约束作用。当个体价值取向与社会核心价值取向不一致时，个体会面临着社会舆论的压力。例如舍己救人、见义勇为的行为是符合社会公德、受到舆论赞扬的。相反，损人利己、见利妄为的行为则会受到公众的指责，在舆论或他人的否定态度的压力下，促使个体反思自身的价值取向，中止这一行为。二是个体的自我利益衡量。人是理性的动物，当个体价值取向和行为偏离社会核心价值观念时，这可能会影响他在社会组织中的地位或引起周围人的不解和自我良心上的谴责。个体考虑到其行为得不偿失时，将会遵从社会核心价值规范，以此寻求社会的认可。

三、社会主义核心价值观的实践价值

从狭义上看，社会主义核心价值观表达的是人们关于好坏、得失、善恶、美丑等具体价值的立场、看法、态度和选择，[②] 因此它具有作为实践观念的价值。具体表现为以下三点：

1. 构建民族精神家园

中国正处于社会转型的关键时期，社会矛盾复杂多样。首先是人与自然之间的矛盾。改革开放以来，生产力固然取得了巨大的发展，但消

---

① 韩震：《公平正义的和谐社会与核心价值观念》，《中国社会科学》2009 年第 1 期，第 50 页。

② 韩华：《全球化背景下中国共产党人价值观研究》，光明日报出版社 2010 年版，第 14 页。

耗了大量的资源，生态遭到了严重的破坏，泥石流、雾霾、酸雨、沙尘暴等灾害频发，人与自然的矛盾日益尖锐。其次是人与社会、人与人之间的矛盾。一方面，中国贫富差距日益悬殊，各阶层的劳动条件、工资收入、生活方式、社会地位差别明显，强拆事件、食品安全、官员腐败等社会事件频发，社会矛盾尖锐。另一方面，一部分人自私欲望膨胀，“钓鱼执法”、“毒奶粉”、“碰瓷”等各种坑蒙拐骗的现象大量出现。最后是人的身心矛盾。一方面，在市场经济条件下，强烈的竞争在一定程度上破坏了人与人之间的和谐气氛，造成一些人精神的高度紧张和失落。另一方面，一部分人在基本的物质欲望得到满足后，却在精神上感到空虚，在追逐名利中失去了自我，失去了道德底线，如官员包二奶、明星吸毒等。

精神家园是与人的精神活动相依存的复杂系统。从主体角度看，精神家园依托于主体的现实生活，存在于主体的心理感受之中，蕴涵了主体心理世界对真、善、美的价值追求。社会主义核心价值观有利于构建民族精神家园，主要体现在三个方面：其一，精神家园的构建必须建立在和谐的基础上，“和谐”作为国家层面的核心价值观，有利于转变发展理念和发展方式，正确处理经济发展与自然之间的关系，预防因人与自然关系恶化而产生的生态危机、资源危机，促进人与自然的和谐发展。同时，处理社会利益冲突时，和谐理念也起到重要作用，否则因人与社会关系恶化而导致的精神空虚、道德堕落、坑蒙拐骗等社会问题必将严重影响危害到人的日常生活，更谈不上民族精神家园的构建。其二，民族精神家园的构建有赖于精神文明建设。民族的精神家园意味着生活其中的人们有着自己的精神追求和寄托，社会主义精神文明建设的根本任务是适应我国现代化建设和改革开放的需要，培养有理想、有道德、有纪律的社会主义公民，公民素质的提高是改变文明风貌、建立文明社会的基础，也能防止人们在日益丰富的物质文明中感到极度的精神空虚、身心失衡。其三，民族精神家园构建的关键是人与人之间的友善。精神家园是一种心理感受，而个体在日常生活中感触到的人与人之间的关系很大程度上决定着对精神家园的看法。社会主义核心价值观所倡导的友善，要求我们在人际交往过程中摆正人我关系，宽以待人，与人为善，有利于增进人际和谐，营造和谐的社会气氛。

2. 增强文化软实力

社会主义核心价值观有利于增强文化软实力。民族文化，凝聚着民族对世界和生命的历史认知和现实感受，更积淀着民族最深层的精神追求和行为准则。文化软实力既讲文化的国际吸引力，更是讲文化的内部凝聚力，是文化的内部凝聚力和外部吸引力的统一。①

一方面，社会主义核心价值观有利于增强文化的内部凝聚力。凝聚力主要是在价值共识的基础上，大家朝着同一目标劲往一处使。首先，在国家层面上，经济富强、政治民主就是中华民族一直追求的目标，由于30多年的经济发展，生态环境日益恶化，贫富差距悬殊，社会矛盾较为尖锐，因此生态文明与关系和谐更多的是反映当下社会矛盾，也是人们价值共识的提炼。其次，在社会层面上，“自由”、“民主”、“法治”正是对中国几千年封建社会的“专制”、“独裁”、“人治”的摒弃，这些现代观念早已深入人心，也是人们对公平正义的社会追求。最后，“敬业”、“诚信”、“友善”表达的是人民对安居乐业的生活的向往。不管古今中外，最值得称赞的政治成就就是安居乐业，这也是中华民族一直向往并追求的美好生活，而爱国主义精神则更是中国民族精神的核心。因此，社会主义核心价值观对内起到价值共识的作用，增强内部凝聚力。另一方面，社会主义核心价值观也有利于提高文化的国际吸引力。社会主义核心价值观是在中国特色社会主义实践的基础上，吸收了中国传统优秀文化，融合了西方现代文明理念而提出的。首先，“和谐”思想、“爱国”精神代表了中国传统优秀文化的精华，在世界的舞台上散发着迷人的魅力。其次，社会主义核心价值观与西方“普世价值”有共通的地方。“民主”“自由、平等、公正、法治”与西方的“自由、平等、博爱”是人类现代化过程中追求的价值理念，是对美好生活的向往，是对真、善、美的追求，因此能得到国际社会的认可和支持。

① 骆郁廷：《文化软实力：基于中国实践的话语创新》，《中国社会科学》2013年第1期，第21页。

3. 推进国家现代化

现代化是传统社会向现代社会多层面、全方位的转变过程，不只是经济发展，也是政治发展，同时又是文化发展和精神发展，因此现代化应该包括经济现代化、政治现代化、社会现代化以及人的现代化。

社会主义核心价值观的内涵及其要求有助于推进国家现代化。首先，富强是国家现代化的基础。我国社会的主要矛盾，即人民日益增长的物质文化需要同落后的社会生产之间的矛盾，决定了以“富强”为首要价值目标，且经济上的富强，是社会主义存在和发展的物质基础，是解决改革开放过程中各种困难的物质前提，是推动国家现代化的中间力量。其次，政治民主是国家现代化的保障。人民当家做主是社会主义民主的本质与核心，它不仅能够保障公民的政治权利，还给经济发展、社会建设提供一个稳定的环境，从而促进国家现代化的发展。再次，文明是灵魂。社会现代化主要目标是建设一个健康和谐、成熟向上的文明社会，文明是人类文化发展的积极成果，它与精神上的愚昧、文化上的落后相对应。社会精神文明能够为多元的社会提供价值目标与导向的作用，培养社会文明行为风尚，为国家现代化沿着正确的方向前进提供保证。最后，人是根本。社会是由无数社会成员构成的，没有个人，也就没有社会。人永远是社会和社会变迁中的一个基本因素。因此，在国家现代化的进程中，如果没有人的现代化，现代制度是不可能很好运行的。一个社会只有那些在政治、经济和各种组织中工作的人，都获得了与现代化一致的现代性，这样的社会才可以说是一个真正的现代社会。“爱国、敬业、诚信、友善”等公民个人层面的价值准则在日常生活中的践行，有助于提高公民意识和素质，适应国家现代化对人的要求，从而推动国家现代化。

第五节　社会主义核心价值观的来源与层次

任何社会都有自己的核心价值体系。社会主义核心价值体系是社会主义意识形态的本质体现。中国特色社会主义事业的健康发展要求我们必须加强社会主义核心价值体系建设。党的十六届六中全会以来，社会主义核心价值体系建设在全社会广泛开展，取得了显著的成绩。但一些调查表明，对社会主义核心价值体系的内容，一些人把握的不够全面，甚至理解片面。因此，深化对社会主义核心价值观的认识则更有利于社会主义核心价值体系的建设。

一、社会主义核心价值观的来源与意义

党的十八大报告首次提出“倡导富强、民主、文明、和谐，倡导自由、平等、公正、法治，倡导爱国、敬业、诚信、友善，积极培育社会主义核心价值观。”

1. “富强、民主、文明、和谐”来源于党的基本路线，是我国社会主义初级阶的奋斗目标，具有政治性、根本性与长远性，实际上是统领全局的政治价值目标

初级阶段是特指我国生产力落后、商品经济不发达条件下建设社会主义必然要经历的特定阶段。建设“富强、民主、文明、和谐的社会主义现代化国家”是我党在社会主义初级阶段的奋斗目标，体现了社会主义社会的经济、政治、文化、社会全面发展的要求。“富强”是经济方面的目标和要求；“民主”是政治方面的目标和要求；“文明”是思想文化方面的目标和要求，“和谐”是社会方面的目标和要求。如果把文明理解为人类文明的进步、社会进步和发展状况的标志，那么富强、民主、文明、和谐的奋斗目标就表现为物质文明、政治文明、精神文明与和谐社会建设的统一。

强调培育“富强、民主、文明、和谐”的社会主义核心价值观，说明我们对基本国情的认识更加深化，对现代化建设的认识更加全面，理论更加成熟，实践更加理性。“富强、民主、文明、和谐”体现了在现阶段我国社会主义经济建设、政治建设、文化建设、社会建设、生态文明建设五位一体总体布局。初级阶段的生产力状况，决定了我们必须把发展发展生产力放在首位，把实现经济上富强作为激发全国人民努力奋斗的现实目标；决定了我们必须坚持公有制为主体、多种所有制经济共同发展，按劳分配为主体、多种分配方式并存以及多元文化交汇的发展

格局；必须大力发展社会主义民主、自由，形成社会生活和意识形态领域丰富多彩的发展局面；必须坚持坚持物质文明和精神文明“两手抓，两手都要硬”的方针；必须坚持科学发展观，尊重自然、保护自然，把生态文明建设放在突出地位，实现永续发展、和谐发展。“富强、民主、文明、和谐”是统领全局的政治价值目标，对中国特色社会主义事业而言，具有政治性、根本性与长远性的深刻内涵。

2. “自由、平等、公正、法治”既来源于中国特色社会主义政治内容，也借鉴人类发展的文明成果，体现了社会科学发展、建构和谐社会的基本要求

“自由、平等、公正、法治”是人类共同追求的理想和目标。“自由、平等”是人全面发展的前提，也是人类进行创新的基础和源泉。要推动中国特色社会主义事业的健康发展，必须发挥全体人民群众的积极性，特别要鼓励人民的创新精神。“公正”是中国特色社会主义的内在要求。是在全体人民共同奋斗、经济社会发展的基础上，建设社会保障制度，逐步建立以保障权利公平、机会公平、规则公平为主要内容的社会保障体系，努力营造公平的社会环境，保证人民平等参与、平等发展权利。在经济的发展的同时，实现人的自由平等、全面发展和整个社会的进步。“法治”就是坚持依法执政、依法治国、建设法治国家。通过法治，动员和组织人民依法管理国家事务、管理经济和文化事业，积极投身社会主义现代化建设，不断提高司法公信力，更好保障人民权益。

“自由、平等、公正、法治”，是我们在对外开放、经济全球化、社会信息化条件下建设社会主义和谐社会的政治内容。经过 30 多年的改革开放，人们所面对的社会环境，再不是过去封闭、相对单一、变化缓慢的状况，而是大量的、多样的、多重的影响因素。这些影响因素，容易使一些人从自身利益的角度做出判断和取舍而限于自发性。对此，我们就要从制度上对保障公民的合法权益，营造良好的社会环境。马克思指出：“理论在一个国家的实现程度，取决于理论满足这个国家的需要程度”。[①] 邓小平也强调：“我们要想一想，我们给人民究竟做了多少事情

① 《马克思恩格斯选集》（第 1 卷），人民出版社 1995 年版，第 11 页。

呢？我们一定要根据现在的有利条件加速发展生产力，使人民的物质生活好一些，使人民的文化生活、精神面貌好一些。”① 因此，我们必须着力于建立以权利公平、机会公平、规则公平为主要内容的社会保障体系；着力于营造公平的社会环境，保证人民的平等权利；着力于实现人的自由平等、全面发展和整个社会的进步；着力于通过法治方式保障人民权益。通过努力，引导人们的价值观从自发走向自觉，使社会主义核心价值观内化为人们自身的追求，把自己融合到社会主义和谐社会建设中去。

3. “爱国、敬业、诚信、友善”既源于我国优良传统，又反映我国现实需要，是个体生存与发展的价值追求与行为准则

“爱国”是中华民族的优良传统，反映了社会主义国家的公民与祖国之间应有的关系，是衡量个人与国家价值关系的准则。“敬业”就是以负责的态度对待自己的工作，与爱岗紧密联系在一起，是职业道德最基本、最起码的要求。朱熹认为“敬业”就是“专心致志，以事其业”。就是说，敬业的核心要求是严肃认真，精益求精，尽职尽责。古人提倡的这种工作态度今天仍然适用，也是个体应遵循的最基本的职业道德。“诚信”是在公共交往中最起码的道德行为规范。古人云：“人无信不立”，“人而无信，不知其可也”，说的都是诚实守信对于个体为人处世的重要性。它既是一种道德品质，也是一种公共义务。“友善”也是中华民族的优良传统，强调要友好、友爱，与人为善，这是人与人之间的和谐；对各个年龄段的个体都具有普遍适用性和基础性的价值观。

“爱国、敬业、诚信、友善”是社会主义核心价值观中个体生存与发展的价值追求与行为准则。倡导“爱国、敬业、诚信、友善”，培育社会主义核心价值观，涵盖了社会公德、职业道德、家庭美德、个人品德等各个方面，是中华民族传统美德、中国共产党人革命道德和社会主义新时期每个个体的价值追求和行为准则，具有高度的概括性和全面的系统性。

总之，社会主义核心价值观既有理论延续，又有现实针对；既有目标追求，又有行为准则，是人心所愿、众望所归。

---

① 《邓小平文选》（第 2 卷），人民出版社 1994 年版，第 128 页。

二、社会主义核心价值观与社会主义核心价值体系的关系

首先，二者是有密切联系的。社会主义核心价值体系是社会主义核心价值观的基础与统领，对所有社会主义价值观具有统摄和支配作用。社会主义核心价值体系是党的十六届六中全会首次明确提出的一个科学命题。社会主义核心价值体系在我国整体社会价值体系中居于核心地位，决定着整个价值体系的基本特征和基本方向。《中共中央关于构建社会主义和谐社会若干重大问题的决定》指出："马克思主义指导思想，中国特色社会主义共同理想，以爱国主义为核心的民族精神和以改革创新为核心的时代精神，社会主义荣辱观，构成社会主义核心价值体系的基本内容。"① 这四个方面的基本内容相互联系、相互贯通，共同构成一个有机的整体。建立社会主义核心价值体系，必须坚持马克思主义在意识形态领域的指导地位，牢牢把握社会主义先进文化的前进方向，为构建社会主义和谐社会提供精神动力和智力支持。党的十七大报告进一步明确指出："建设社会主义核心价值体系，增强社会主义意识形态的吸引力和凝聚力。"社会主义核心价值体系是对中国社会的一般价值观进行扬弃的基础上形成的，因此对所有社会主义价值观具有统领作用，自然对社会主义核心价值观也起着统摄和支配作用。社会主义核心价值体系反映中国特色社会主义事业健康发展的内在要求以及全国人民根本利益，具有高度的科学性与广泛的适应性，反映了不同层次群众的思想状况，能够代表不同社会群体和社会阶层的利益诉求，是正确的和科学的价值体系。

社会主义核心价值观是社会主义核心价值体系的体现，丰富、充实社会主义核心价值体系。自提出以来，社会主义核心价值体系建设在全社会广泛开展，取得了显著的成绩，公民文明素质和社会文明程度明显提高。但一些调查表明，对社会主义核心价值体系的内容，一些人把握的不够全面，甚至理解片面。党的十八大报告首次提出"倡导富强、民

---

① 《中共中央关于构建社会主义和谐社会若干重大问题的决定》，人民出版社 2006 年版，第 22 页。

主、文明、和谐，倡导自由、平等、公正、法治，倡导爱国、敬业、诚信、友善，积极培育社会主义核心价值观。”从报告中可以看出，社会主义核心价值观是社会主义核心价值体系中最基础、最核心的部分。社会主义核心价值观是社会主义核心价值体系的提炼，体现着社会主义核心价值体系的本质，丰富充实着社会主义核心价值体系。“富强、民主、文明、和谐”来源于党的基本路线，是我国社会主义初级阶的奋斗目标。“自由、平等、公正、法治”既来源于中国特色社会主义政治内容，也借鉴人类发展的文明成果，体现了社会科学发展、建构和谐社会的基本要求。“爱国、敬业、诚信、友善”既源于我国优良传统，又反映我国现实需要，是个体生存与发展的价值追求与行为准则。

因此，社会主义核心价值体系与核心价值观紧密联系、辩证统一，他们都是社会主义意识形态的本质体现，统一于中国特色社会主义和谐社会的建设之中。其中，社会主义核心价值体系起着基础与统领的作用，没有社会主义核心价值体系就不可能产生社会主义核心价值观。同时，社会主义核心价值观是社会主义核心价值的体现，丰富、充实着社会主义核心价值体系，加强社会主义核心价值观建设能够更好地发挥社会主义核心价值体系对各种社会思潮的引领作用。

其次，二者是有区别的。社会主义核心价值体系是主体以其需求系统为基础，对主客体之间的价值关系进行整合而形成的观念形态，集中体现主体的愿望、要求、理想、需要、利益等。社会主义核心价值体系建设作为一种内部驱动的力量调节和支配着主体的社会行为，是主体按照自己的需要对社会主义的各种价值关系进行整合而形成的观念形态。建设社会主义核心价值体系，就是要在中国共产党领导下，走中国特色社会主义道路，实现中华民族的伟大复兴。这就把国家的发展、民族的振兴与个人的幸福紧密联系在一起，把各个阶层、各个群体的共同愿望有机结合在一起。社会主义核心价值体系是对人类社会发展的经验总结，是从提升文化软实力以适应飞速发展的社会主义经济建设的必然要求。社会主义核心价值体系是整体系统，包含四个方面互相影响、互相作用的内容，形成一个统一整体，是一系列价值观点的系统综合。在社会主义核心价值体系中，马克思主义指导思想是灵魂，中国特色社会主义共同理想是主题，以爱国主义为核心的民族精神和以改革创新为核心的时代精神是精髓，社会主义荣辱观是基础。社会主义核心价值体系的提出，是我党对社会主义社会全面进步和发展的规律、人和社会的关系深化认识的结果。

社会主义核心价值观既表现为价值取向、价值追求，凝结为一定的价值目标；又表现为价值尺度和准则，成为判断人和事物有无价值及价值大小的评价标准。从切入点来说，社会主义核心价值观是从观念入手，倾向于价值理念的建构，侧重于对社会主义的认识有一个更加深入准确的理解和把握。党的十八大报告指出："确立什么样的核心价值观、弘扬什么样的核心价值体系，是一个政党、一个民族、一个国家精神旗帜的直接展现、发展道路的重要标识，也反映着一个政党、一个民族、一个国家追求发展进步过程中的自觉自信程度。"从实践来看，核心价值观的培育是一个长期的过程。我国古代"仁、义、礼、智、信"的价值观从春秋战国时提出到明清时成熟，经历了将近 2000 年的时间。西方资产阶级的核心价值观则可以追溯到古希腊时期，但直到工业革命时期才真正形成完整的体系。社会主义核心价值观是在既来源于中国特色社会主义政治内容，也借鉴人类发展的文明成果；既源于我国优良传统，又反映我国现实需要，因而具有稳定性与持久性的统一；历史性与选择性的统一。

因此，社会主义核心价值体系与社会主义核心价值观是有区别的。一是基础不同。社会主义核心价值体系体现为主体以需求为基础，对主客体之间的价值整合；社会主义核心价值观则体现为对我国社会的重要性的看法和评价，侧重于价值追求，体现为价值目标。二是表现形态不同。社会主义核心价值体系是一系列经过整合的观念形态；社会主义核心价值观表现为价值尺度和准则，成为判断人和事物有无价值及价值大小的评价标准。三是地位不同。社会主义核心价值体系是社会主义核心价值观的基础与统领，对社会主义核心价值观具有统摄和支配作用

三、社会主义核心价值观的三个层次及相互关系

社会主义核心价值观分三个层次：国家层次的社会主义核心价值观、

社会层次的社会主义核心价值观、个体层次的社会主义核心价值观。“富强、民主、文明、和谐”是国家层次的社会主义核心价值观；“自由、平等、公正、法治”是社会层次的社会主义核心价值观；“爱国、敬业、诚信、友善”是个体层次的社会主义核心价值观。

国家层次的社会主义核心价值观体现了国家的主要价值目标与价值准则。对国家而言，就是要继续以经济建设为中心，解放和发展社会生产力，建设社会主义市场经济、社会主义民主政治、社会主义先进文化、社会主义和谐社会和社会主义生态文明，促进人的全面发展，逐步实现全体人民共同富裕，坚定不移的沿着中国特色社会主义道路前进，为全面建成小康社会而奋斗。“富强”既包括国家综合实力的壮大，也包括人民生活的富裕与幸福。目标是要继续提升我国的生产力发展水平，改善人民群众的物质生活条件，逐步摆脱“物的依赖关系”的状况，实现人民共同富裕，为“人的自由而全面的发展”创造物质条件。“民主”是社会主义的生命，人民民主是我们党始终高扬的一面旗帜。目的是建立更为完善的社会主义政治体系，创造比资本主义更高的民主制度、建设更高水平的政治文明，让人民群众享有更充分的自由和当家做主的权利。“文明”意味着在不断创造出高度物质文明的同时，创造出高度的精神文明，以消除以往剥削社会的种种弊端。通过发展科技、教育与文化事业，不断提升人民群众的科学文化素质和思想道德素质，让人民群众享有更丰富、更健康的精神文化生活，真正实现人的全面自由发展和社会的全面发展。“和谐”作为国家主导价值观，意味着要实现的是种人与社会、自然以及人与自身之间全面和谐的状态。主要表现坚持社会主义基本经济制度和分配制度，着力解决收入分配差距较大问题，使发展成果更多更公平惠及全体人民，创造使全体人民各尽所能、各得其所而又和谐相处的社会局面。面对资源日趋匮乏、环境污染日益严重、生态系统退化的严峻形势，要把生态文明建设放在突出地位，融入经济建设、政治建设、文化建设、社会建设各方面和全过程，努力建设美丽中国，实现中华民族永续发展。

社会层次的社会主义核心价值观体现了社会的主要价值目标与价值准则。“自由”是人类共同的价值追求，是人类共同价值观中最具魅力的核心价值。对于我们今天来说，就是要尊重人民的首创精神，保障人民各项权益。通过对自由的保障，克服“道德人”、“经济人”、“工具人”的局限，真正按照人的属性实现人的物质与精神、科技与人文、政治与道德、生理与心理、知识与能力等方面的全面发展，真正成为“完整的人”。“平等”就是要逐步建立权利公平、机会公平、规则公平为主要内容的社会保障体系，努力营造公平的社会环境，保证人民平等参与、平等发展权利，让广大农民平等参与现代化进程、共同分享现代化成果。保证各种所有制经济依法平等使用生产要素、公平参与市场竞争、同等受到法律保护。“公正”就建设公平正义的制度，在经济发展的同时要关注民生，建立更加公平的社会权益分配体系，促进社会公平正义，让人民群众享有更广泛、更充分的平等权利。“法治”则是党治理国家的基本方略。党的十八大报告中，论述全面推进依法治国时特别指出：“党领导人民制定宪法和法律，党必须在宪法和法律范围内活动。任何组织和个人都不得有超越宪法和法律的特权，绝不允许以言代法、以权压法、徇私枉法。”首次提出要“提高领导干部运用法治思维和法治方式深化改革、推动发展、化解矛盾、维护稳定能力”；要求用“法治思维”、“法治方式”而不是“人治思维”、“人治方式”来处理改革发展稳定问题，这是我党执政治理理念的升华。“法治体系”是包含民主、人权、宪政等价值评价标准在内的制度运行过程，目标是实现国家生活和社会生活的全面法治化；意义在于充分保障公民权利、提升公共决策绩效、建设和谐社会、维持国家长治久安。

个体层次的社会主义核心价值观体现了个体的主要价值目标与价值准则，主要规范个体的实践取向。“爱国”是个体与国家之间的应有之意，个体的前途和命运，始终与国家、民族的前途和命运息息相关，密不可分。为了国家利益和民族尊严，放弃个人利益，甚至牺牲生命，从来就是中国人民最宝贵的思想品格，是爱国主义精神的具体体现。每个个体都要牢固树立起中华民族的意识和国家利益的意识，要自觉地维护祖国的尊严和利益。“敬业”是最基本的职业道德规范；对于每个个体来说，爱国更多体现在各自的岗位上，辛勤工作，默默奉献，为社会主义的现代化建设做贡献。“诚信”是公共交往中最起码的道德行为规范。

我国有几千年的历史发展，素有“礼仪之邦”的美称，是一个道德资源十分丰厚的国家。古人常说“不信不立，不诚不行”、“诚者，天之道也；思诚者，人之道也”。市场经济体制赋予社会主体以个体自主性、竞争性以及获取自身利益的正当性。这一方面激发了社会主体与个体的积极性与创造性。另一方面，在竞争压力下，有些个体往往容易陷于自发性与只顾自身眼前利益，而忽视、漠视、甚至损害法规、道德。当前的诚信危机，并不是市场体制的原因，而是价值规律对道德机制、道德规范的僭越。十八大报告指出“一些领域存在道德失范、诚信缺失现象”。报告根据道德存在的突出问题，要求“深入开展道德领域突出问题专项教育和治理，加强政务诚信、商务诚信、社会诚信和司法公信建设。”“友善”强调要友好、友爱，与人为善。这就要个体能够尊重和平等对待他人；在发生问题时，个体之间态度要友善，互谅互让，使矛盾很快解决或消弭于无形。友善还可以形成个体良好的人际氛围，促进整个社会风气的改善。从个人层面培育社会主义核心价值观，其基本目标是构建民间社会的底线伦理，倡导爱国、敬业、诚信、友善，其实包括两个方面，一是确立公民的本分，法治只是道德的最后堤坝，一旦道德决堤，法治也不能有效治理社会。因此，对个体来说，在守法的同时，还要继承、转化、弘扬我国传统道德资源，加强自身思想道德修养。二是提倡基本的职业道德。体现了社会主义价值追求和公民道德行为的本质属性，是人们明辨是非、善恶、美丑的基本标准。

总之，三个层次价值观实际上是三个主体的主要价值目标与价值准则。但三个层次的核心价值观是内在关联、相互渗透的，其中国家层次的核心价值观起主导作用，社会层次的核心价值观起中介作用，个体层次的核心价值观起基础作用。

第六节　中国梦与社会主义核心价值观

实现中华民族伟大复兴是中国梦一以贯之的理想愿景和奋斗目标。作为观念形态价值表达的物化诠释，中国梦的实现意味着中华民族的价值体认和价值追求由认识向实践、由理想向现实、由精神向物质的转化。换言之，中国梦的实现是中国梦价值内涵践行的结果，而中国梦践行的标的聚焦于中国梦价值追求的实现。以“三个倡导”为主要内容的社会主义核心价值观，是中华民族全体成员的共同价值目标、价值取向和价值规范，是中国梦践行和物化的精神要求和物质承载。社会主义核心价值观在中国梦践行场域中的培育，以客观关系系统、力量关系构型、主观见之于客观的中介，为中国梦的实现提供目标支撑、共识凝聚和精神动力，系统推进了中国梦价值物化的对象性活动。由此出发，分析社会主义核心价值观的系统结构，完善中国梦践行场域的作用机制，以社会主义核心价值观的培育推进中国梦的践行，格外具有理论和现实意义。

一、社会主义核心价值观的系统结构

价值具有双重性，表现为功用价值和内在价值的统一。在功用维度上，价值是在社会实践基础上形成的客体属性满足主体需要的效用关系，它以真善美为最高境界。价值范畴“是从人们对待满足他们需要的外界物的关系中产生的”[①]，既不是实体范畴，也不是属性范畴，而是关系范畴，它表征着客体属性对于满足主体各方面合理需要、促进主体本质力量对象化和推动主体全面发展的积极效用、积极影响和积极意义。在内在维度上，价值是指人类本身具有的优异性质与能力。新实在论者穆尔（G. E. Moore）认为：“说一类价值是内在的，仅仅意谓一物是否具有它，在何种程度上具有它，单独依靠该物的内在性质。”[②] 受此影响，价值更多地指向功用维度。价值主体、价值客体和价值介体的相互联系和相互依存，构成了价值范畴的系统结构。价值主体是价值的实际承担者，同时是实践活动和认识活动的主体；价值客体是价值的客观物质基础，同时是实践活动和认识活动的作用对象；价值介体——实践

① 《马克思恩格斯全集》（第19卷），人民出版社1963年版，第406页。
② 张岱年：《文化论》，河北教育出版社1996年版，第119页。

关系和认识关系，是价值主体和价值客体相互联系、相互作用的纽带和桥梁。价值具有客观性、主体性、社会历史性和多维性。价值的客观性在于价值主体的需要、价值客体的属性、价值实现过程和结果均具有客观性；主体性在于同一价值客体对于不同价值主体具有不同价值；社会历史性在于价值主体需要、价值客体属性和价值实现过程都同社会关系及其历史变迁紧密相连；多维性在于价值主体和价值客体的内在结构和规定性都具有全面性、立体性和复杂性，从而构成多维度的价值关系。作为主体尺度与客体尺度、真理原则与价值原则、合目的性与合规律性的有机结合和辩证统一，价值是人类实践活动和认识活动的动机和归宿。

价值要求上升为观念形态，是主体在实践活动和认识活动中形成的关于价值的理性认识，是系统论和理论化的价值认知和价值体验，其实质是价值主体关于实践客体和认识客体对自我、他人和社会的意义的自觉认识，其核心是价值主体对人生目的的认识、对人类社会的态度和对生活道路的选择,[①] 是一定价值目标、价值取向和价值准则的集合体。作为价值主体实践活动和认识活动的价值指向,[②] 价值目标是价值观的动力系统，是价值取向和价值准则的目标和方向；作为价值主体在价值判断和价值选择中表现的一以贯之的倾向性,[③] 价值取向是价值观的图式系统，以特定的价值预设引领具体的价值选择，是价值目标的具体表现和价值准则的理论升华，也是价值目标和价值准则双向互动和相互贯通的纽带和桥梁；作为规范价值主体实践活动和认识活动的行为准则，价值准则是价值观的规范系统，以具体规范和明确界限指引价值活动，表现为特定的价值标准、价值尺度和价值要求，是价值目标和价值取向的实践形态。古往今来的价值观大致分为：以上帝为价值源泉的宗教价值观、以物欲为价值追求的庸俗价值观和关于价值问题理论思考的哲学

① 金炳华：《马克思主义哲学大辞典》，上海辞书出版社 2002 年版，第 272 页。
② 李德顺：《价值学大词典》，中国人民大学出版社 1995 年版，第 283 页。
③ 李德顺：《价值学大词典》，中国人民大学出版社 1995 年版，第 286 页。

价值观。[①] 受此影响，价值观更多地侧重于哲学层面。价值观具有理想性、相对稳定性、社会历史性、阶级性和民族性。理想性是指价值观将价值目标融入价值判断，表现为现实与理想、实然与应然的有机统一[②]；相对稳定性是指价值观一经形成就在特定情境下发挥持续影响；社会历史性是指价值观在一定社会历史条件下形成和发展；阶级性是指，不同阶级的意识形态差异集中表现为价值观的分殊，“占统治地位的思想不过是占统治地位的物质关系在观念上的表现，不过是以思想的形式表现出来的占统治地位的物质关系”[③]；民族性是指，基于不同民族历史底蕴和文化基因的价值观相互区别，表现为独具民族特质的价值目标、价值取向和价值准则。作为开放系统，价值观在同价值主体的实践和认识系统交换物质、信息和能量过程中，表现其动力功能、导向功能、评价功能和规范功能。价值观的动力功能，是指价值观能激发、调动和维护价值主体的思想动机和主观能动性；价值观的导向功能，是指价值观为价值主体的实践和认识活动进行价值定位和价值定向；价值观的评价功能，是指价值观为价值主体的实践和认识活动提供评价标准；价值观的规范功能，是指价值观能调节价值主体的实践和认识活动，使之符合特定价值目标、价值取向和价值准则。作为文化体系的精神内核，价值观分为进步、积极、正面的价值观和落后、消极、负面的价值观。作为社会价值观体系的有机组成部分，价值观分为核心价值观和非核心价值观，前者居于支配地位、起主导作用，后者居于从属地位、起辅助作用。

核心价值观是指在社会价值观体系中处于中心地位、起着主导作用、构成主要部分的价值观。核心价值观是对一定民族文化传统的继承和发展，也是对一定思想体系、社会形态和社会制度的集中概括和综合反映，表现为在社会系统运行中起主导作用的价值目标、价值取向和价值准则的集合体，它贯穿于社会价值观体系的各领域、各方面和各环节，受到

---

① 张岱年：《文化论》，河北教育出版社 1996 年版，第 120 页。

② 张友谊：《培育和践行社会主义核心价值观读本》，济南出版社 2014 年版，第 4 - 5 页。

③ 《马克思恩格斯选集》（第 1 卷），人民出版社 1995 年版，第 98 页。

全体社会成员的普遍认同和持续遵循。作为价值观的从属范畴，核心价值观具有价值观的共有特征和功能；与此同时，作为社会主导价值观，核心价值观亦具有区别于一般价值观的特征和功能。从特征看，核心价值观具有统摄性、共识性和建构性。统摄性是指，核心价值观具有磅礴的凝聚力、感召力和引导力，整合、协调和引导其他社会价值观，使之契合核心价值观的价值要求；共识性是指，核心价值观是"绝大多数人的、为绝大多数人谋利益的"① 价值观，因而受到绝大多数人的承认、认可和赞同，是社会价值观体系的"最大公约数"；建构性是指，核心价值观并非自发形成，而是自觉建构的结果，而且建构核心价值观并非一蹴而就、一劳永逸，需要不断建构和重构。这是因为，随着经济体制的深刻变革、社会结构的深刻变动、利益格局的深刻调整以及思想观念的深刻变化，核心价值观需要不断丰富、完善和发展，正所谓"人们的意识，随着人们的生活条件、人们的社会关系、人们的社会存在的改变而改变。"② 从功能看，核心价值观具有主导功能、凝聚功能和维护功能。核心价值观为引领各种社会思潮、抵御"他者"意识形态的侵蚀渗透、推动国家治理和社会管理赋予共同价值目标、价值取向和价值准则，即核心价值观的主导功能；核心价值观的吸引力、向心力和亲和力使之成为全体社会成员的黏合剂，在尊重差异、包容多样的基础上确立主导价值观，为经济、政治、文化、社会和生态发展谋求价值共识、凝聚精神力量，即核心价值观的凝聚功能；核心价值观从价值维度为坚持和维护经济基础和上层建筑论证合法性，为改革和创新经济基础和上层建筑提供精神支撑，即核心价值观的维护功能。③

社会主义核心价值观，从国家性质的本质要求上揭示了中国特色社会主义在国家、社会和个人三个层面的价值目标、价值取向和价值准则，构成了有机的系统结构。国家层面的价值目标是国家整体发展的顶层设计，它从宏观层面集中回答了"建设什么样的国家"的价值要求；其

---

① 《马克思恩格斯选集》（第1卷），人民出版社1995年版，第283页。
② 《马克思恩格斯选集》（第1卷），人民出版社1995年版，第291页。
③ 季明：《核心价值观概论》，人民日报出版社2013年版，第202－203页。

中，富强、民主、文明、和谐的价值目标，代表了中国特色社会主义对未来经济、政治、文化、社会和生态发展模式的勾画与描绘，是在物质基础、政治保障、精神动力和社会环境等方面的规划和设计，构成了确立社会层面价值取向和个人层面价值准则的总体依据，离开国家层面的价值目标，社会层面的价值取向和个人层面的价值准则将迷失方向；因此，在社会主义核心价值观系统中，国家层面的价值目标处于统领地位、发挥主导作用。社会层面的价值取向是社会总体发展的战略部署，它从中观层面集中回答了“构建什么样的社会”，是对社会发展愿景的规划和设计；其中，自由、平等、公正、法治是对中国特色社会主义社会本质属性的综合反映，分别构成社会层面价值取向的终极目标、基础条件、社会秩序和制度保证，形成国家层面价值目标向个人层面价值取向转化的中间环节，离开社会层面的价值取向，国家层面价值目标和个人层面价值取向之间的相互贯通将无从实现；因此，在社会主义核心价值观系统中，社会层面的价值取向处于支柱地位、发挥中介作用。个人层面的价值准则是个人实践和认识活动的道德规范，从微观层面集中回答了“培育什么样的公民”，是对个人对象性活动的引导和规范。其中，爱国、敬业、诚信、友善是中国特色社会主义的社会公德、职业道德、家庭美德和个人品德规范的集中概括，是个人层面价值准则的主题主线、实践基础、人格基石和心态条件，构成了落实国家层面价值目标和社会层面价值取向的具体要求，离开个人层面的价值准则，国家层面价值目标和社会层面价值取向将陷入空洞抽象；因此，在社会主义核心价值观系统中，个人层面的价值准则处于基础地位、发挥主体作用。简言之，国家层面、社会层面和个人层面的价值要求紧密关联、整体共生，为社会主义核心价值观赋予了目标指引、明确了价值导向、提出了实践要求。由国家层面向个人层面的转化过程，表现为社会主义核心价值观的价值要求由抽象向具体、由宏观向微观、由理论向实践的逐步落小、落细和落实，三个层面相互渗透、相互依存、相互融合。①

---

① 左亚文：《社会主义核心价值观的凝练和深化》，《江西社会科学》2013 年第 1 期，第 10 页。

二、中国梦践行场域的系统机制

场域是客观事物普遍联系观点的具体表现。集相对独立性、作用必然性和特有逻辑性于一体的客观关系系统[①]，场域构成了力量关系和旨在改变场域斗争关系的构型[②]，这种关系的构型同时也是实践主体作用于社会条件的联系纽带和中介环节。[③] 就此意义而言，场域的本质就是关系。由此出发，“根据场域概念进行思考就是从关系的角度进行思考。”[④] 站在普遍联系的立场，“当我们深思熟虑地考察自然界或人类历史或我们自己的精神活动的时候，首先呈现在我们眼前的，是一幅由种种联系和相互作用无穷无尽地交织起来的画面。”[⑤] 践行，是将一定的思想观念、理想目标、道德规范付诸实践的对象性活动，其中，价值观念与价值活动的结合、价值内涵主观见之于客观的构型、认识形态由理想向现实的转化，往往意味着主体客体化的完成。中国梦，承载着中华民族的共同理想和发展愿景，中国梦价值内涵由认识向实践形态的转化导引了中国梦践行的对象性活动，价值观念与价值活动的结合，使主观见之于客观的物化得以进行，进而表征精神变物质的现实物化。中国梦践行的场域，就是这一转化过程中客观关系的独立性、必然性和特有逻辑性系统作用的“场”，其力量关系的结构、斗争关系的构型，以及主体与社会条件联系的中介，共同指向中国梦践行要素的生成和发展，指向系统和关系结合的方式和运作。

客观关系系统是中国梦践行场域的顶层设计。系统，相对于要素而

---

① ［法］皮埃尔·布迪厄、［美］华康德著，李猛、李康译：《实践与反思——反思社会学导引》，中央编译出版社 2004 年版，第 133 – 134 页。

② ［法］皮埃尔·布迪厄，［美］华康德著，李猛，李康译：《实践与反思——反思社会学导引》，中央编译出版社 2004 年版，第 142 页。

③ ［法］皮埃尔·布迪厄，［美］华康德著，李猛，李康译：《实践与反思——反思社会学导引》，中央编译出版社 2004 年版，第 144 页。

④ ［法］皮埃尔·布迪厄，［美］华康德著，李猛，李康译：《实践与反思——反思社会学导引》，中央编译出版社 2004 年版，第 133 页。

⑤ 《马克思恩格斯选集》（第 3 卷），人民出版社 1995 年版，第 359 页。

言，是指由若干相互联系和相互作用的要素组成、具有一定结构和功能的有机整体。[①] 中国梦践行场域之客观关系系统，是由若干相互联系和相互作用的客观关系要素组成、具有特定结构和功能的有机整体。中国道路、中国精神和中国力量的相互联系和相互作用，共同生成中国梦践行的客观关系系统，使之具有推动中国梦价值内涵由认识形态向实践形态转化的特定结构和功能。中国道路就是中华民族经历五千年的光荣与梦想、曲折与沉沦、反思与建构后而选择的独具特质的社会主义道路，是中华文明与世界文明交融的结晶与出路，不仅是中国精神和中国力量的外显与凝练，也进一步升华了中国精神、汇聚了中国力量；中国精神是中华民族的灵魂，也是中华文化的精髓，构筑和导引着中国道路的路径与方向；中国力量是中华民族成员力量的汇聚，不仅是中国道路与中国精神发生的基础，为中国精神和中国道路提供系统性动力，而且受到中国精神和中国道路的规制与引领，形成独具特质的力量疏导与运作系统。由中国道路、中国精神和中国力量三者构成的客观关系系统，在交互转化关系中，促成了中国梦从观念形态向物质形态、从认识形态向实践形态的飞跃，同时形成了承载中国特色社会主义道路自信、理论自信、制度自信、文化自信的场。

力量关系构型是中国梦践行场域的协调机制。“构型”是指事物的结构和造型，是由相互交错的诸多要素构成的网络。中国梦践行场域之力量关系构型，是指中国梦践行之力量关系的结构和造型，是由相互交错的力量关系要素构成的网络。在中国梦践行场域中，各种行为主体根据构成中国梦践行场域的规则，以各自不同的强度、力度和效度不断斗争和博弈，旨在控制中国梦践行场域的主导权和话语权。[②] 中国梦践行是建构与解构相互斗争、相互博弈的过程，建构强调实践主体形成图式和改变图式的主观能动作用；解构即消解结构，目的在于揭露某种形而上学的观念及其内在矛盾和冲突，颠覆和推翻某种形而上学的等级和秩

---

① 金炳华：《哲学大辞典》，上海辞书出版社 2007 版，第 949 页。

② ［法］皮埃尔·布迪厄、［美］华康德著，李猛、李康译：《实践与反思——反思社会学导引》，中央编译出版社 2004 年版，第 140 页。

序。对于中国梦践行而言，建构力即推动中国梦价值内涵由认识形态向实践形态转化的力量，解构力即阻碍中国梦价值内涵由认识形态向实践形态转化的力量，建构力和解构力相互斗争、相互博弈，构成中国梦践行场域的力量关系构型。中国梦践行场域中的建构力，来源于力量关系构型中所形成的价值共享意识与利益共享机制，进而外化为多维力量整合与协同，形成具有整合意义的向心力与凝聚力，推动中国梦价值内涵由观念形态向物质形态、由认识形态向实践形态的转化。中国梦践行场域中的解构力，来源于力量关系构型中失衡的斗争关系，利用既有的、固化的结构模式来拒斥流动与转化，自发形成局部力量的扩张而限制和忽视整体力量的激发与凝聚，从而消解中国梦践行的系统力量。中国梦践行场域的建构力与解构力是中国梦践行力量关系构型的一体两面，二者是在交互的斗争、结合、转化与共生的博弈中进行中国梦的对象性活动。

主观见之于客观的中介是中国梦践行场域的实践基础。“中介”是指客观事物相互联系和相互转化的中间环节。中国梦践行的中介环节，是指中国梦实践主体同社会经济条件相互联系和相互转化的中间环节。作为一种共同理想，中国梦的实现“要有使用实践力量的人”①。中国梦的实践主体是一个多维的、多层次的主体系统，不仅包括单个的民族成员，而且包括不同民族、层次、地区的政府部门和社会民间组织，不仅有盈利性质的企业组织，而且囊括了非营利性质的公益组织，既具有区域性质的组织主体，也兼容了跨国的世界性组织主体，是一个多维交叉的主体系统。中国梦践行的客体，不仅包括物质技术方面的对象性提升与变革，而且包括交往关系、思维模式以及利益关系的结构性调整与发展。在中国梦践行的主体客体化过程中，对中国梦主体力量的整合与协同，对中国梦价值内涵的理解与认同，对社会经济条件、关系模式、利益分享机制的变革与创新，共同构成中国梦践行的中介环节。

中国梦践行场域，是中国梦践行之客观关系系统、力量关系构型以及中介环节的有机结合和辩证统一。一方面，中国梦践行场域的三个方

① 《马克思恩格斯文集》（第1卷），人民出版社2009年版，第320页。

面各有侧重、自成系统。中国梦践行的客观关系系统，强调中国梦践行的现实路径、思想支柱和实践主体三种客观关系的结构和功能，从整体上确立中国梦践行场域的理论框架，在中国梦践行场域中处于支配地位、起着引领作用；中国梦践行的力量关系构型，凸显中国梦践行中建构力与解构力的相互博弈和相互斗争，通过不断博弈和斗争，提升建构力，消减解构力，实现中国梦践行力量关系的动态调整，在中国梦践行场域中处于支柱地位、起着协调作用；中国梦践行的中介环节，强调中国梦践行的实践基础，从精神物化的对象性活动维度推动中国梦践行的现实路径、精神支撑和实现主体付诸实践、见之于客观，在中国梦践行场域中处于基础地位、起着变革作用。另一方面，中国梦践行场域的三个方面相互依存、融会贯通。中国梦践行的客观关系系统，是中国梦践行场域的顶层设计，引领中国梦践行的力量关系构型和中国梦践行的中介环节科学运行；中国梦践行的力量关系构型，是中国梦践行场域的动态协调机制，保障中国梦践行的客观关系系统结构稳定和功能健全，保证中国梦践行的中介环节按照顶层设计的方向有序运行；中国梦践行的中介环节，是中国梦践行的客观关系系统和中国梦践行的力量关系构型协调作用的实践基础，从实践层面发挥中国梦践行的客观关系系统和中国梦践行的力量关系构型的结构功能，保证中国梦践行的客观关系系统和中国梦践行的力量关系构型可持续运行。

三、社会主义核心价值观培育对中国梦践行的系统推进

中国梦话语的提出是中华民族站在新的历史节点上的时空定位与现实畅想，为中华民族在特定历史境遇下引领方向、明晰目标和抉择路径。中国梦的价值内涵植根于中华民族文化的深层基因，是中华民族成员思维习惯和思维规律的外显和表现。中华民族成员对中国梦价值内涵的体认、归属与认同，是中华民族成员进行价值整合、共享价值观念、生成与凝聚价值共识的心理机制。在中国梦价值认同基础上形成的道路自信、理论自信和制度自信，从国家、民族和个人三个层面为中国梦的践行、家国梦想的实现整合观念、激发动力和积聚力量。中国梦价值内涵的实

质是社会主义核心价值观在理想愿景与奋斗目标上的具体化。社会主义核心价值观不仅具有精神引领、价值整合和动力激发的功能属性，而且与中国梦践行在目标支撑、价值共识和精神动力上高度契合。在中国梦践行场域中培育社会主义核心价值观，不仅能达到价值目标、价值取向和价值准则的系统结合，促进社会主义核心价值观的传播与认同，而且通过目标支撑、价值共识和精神动力对中国梦践行场域之系统、构型和中介的拓展，推进中国梦的价值认同与理性自觉，进而促进中国梦价值内涵由认识形态向实践形态、由观念形态向物质形态的转化，践行和实现中国梦。

社会主义核心价值观具有精神引领的功能属性。每个时代、每个民族都有与之相对应的时代精神和民族精神。一个民族历史文化的形成过程是民族成员改造自然、改造社会和改造自身的奋斗历程，印记着民族历史发展的源与流，民族成员在“从哪里来、到哪里去”的民族记忆、历史记忆中定位自身，进而明确民族国家发展的历史使命、价值目标与前进方向，建构民族国家独具民族特质的价值追求和精神引领，构成一个民族核心价值体系的核心组成部分。社会主义核心价值观是中华民族经历光荣与梦想、曲折与沉沦后的反思与建构，在国家、社会与个人的不同层面描绘出具有时空意义的价值向导。

社会主义核心价值观具有价值整合的功能属性。一个民族最深层、最本质的精神特征、思维习惯和行为方式来源于一个民族文化内核中的价值观念体系。民族文化中的价值观念体系是民族成员思维习惯、思维规律与思维特点的核心内容。民族文化认同的本质是价值认同。社会主义核心价值观是中国特色社会主义价值观、人生观和道德观的高度凝练，是中华民族道德情操和文化信仰的集中反映，是中华民族独特的精神标识，它不仅与中国特色社会主义的发展要求相契合，而且与中华优秀传统文化和现代人类优秀文明成果相承接，是稳定社会、抵御干扰、符合民族成员心理特点的共享价值理念。因此，对社会主义核心价值观的认同，源于对中华民族文化价值内核的理解认同。社会主义核心价值观在民族文化认同基础上形成价值研判，进而整合价值观念、生成价值共识。

社会主义核心价值观具有激发精神动力的功能属性。社会主义核心价值观是中国社会共同认可的主流价值观念体系，承载着中华民族独具特质的精神追求，不仅体现中国社会评判是非曲直的价值标准，而且是中华民族最持久、最深层的力量源泉。社会力量的激发、聚散与整合，来源于对核心价值观念认同力的内向维度。主导推崇的价值观念是凝聚、激发全体民族成员的激情与热情，是动员全国各种族、各群体、各组织以及所有个体的源泉，也是招致反对、抵触、分离与对立的基础。“历史是这样创造的：最终的结果总是从许多单个的意志的相互冲突中产生出来的，而其中每一个意志，又是由于许多特殊的生活条件，才成为它所成为的那样。这样就有无数互相交错的力量，有无数个力的平行四边形，由此就产生出一个合力，即历史结果，而这个结果又可以看作一个作为整体的、不自觉地和不自主地起着作用的力量的产物”①；“激情、热情是人强烈追求自己的对象的本质力量”②。事实上，对价值观念的认同过程，是同时诉诸心理意识的理性因素与感性因素交织作用产生的认知、赞同、体验与归属的过程。只要主体认同共同的信仰和价值观，那么符合该价值观与信仰的行为、政策与制度就会得到认可与支持，并且能够激发主体为之探索与行动的激情、动力与能量。在此基础上，各个社会团体、各种社会力量形成力的平行四边形的正向度发挥到最大，促进价值观念由认识形态向实践形态转化。社会主义核心价值观不仅反映中华民族成员的共同信仰与价值诉求，代表共同的物质利益与精神利益，同时也反映了时代发展要求。因此，对社会主义核心价值观的普遍认同，构成了社会主义核心价值观动力激发功能的基础和源泉。

社会主义核心价值观培育所提供的目标支撑，拓展中国梦践行场域之客观关系系统。中国道路、中国精神和中国力量所构成的中国梦从认识到实践、从理想到现实、从精神到物质转化的客观关系系统，在中华民族的历史传统、思想启蒙、价值体认、世界意义中生成与拓展，赋予中华民族以时空定位，使民族成员深刻省悟和明晰国家、民族和个人“从哪里来、要到哪里去”，“我们之所以是我们的本质所在”，不仅是具

---

① 《马克思恩格斯选集》（第 4 卷），人民出版社 1995 年版，第 697 页。
② 《马克思恩格斯全集》（第 42 卷），人民出版社 1979 年版，第 169 页。

有现实性的价值追求，也是具有世界性的民族标识。民族文化的精髓是民族精神，民族精神的内核是一个民族的价值观念体系。社会主义核心价值观作为中华民族历史与记忆、文化与思想的沉淀与过滤，是融汇传统精神与时代精神的优秀文化精华，也是对中华民族的历史传统、思想启蒙、价值体认、世界意义的深刻凝练与彰显。其价值内核所具有的精神引领功能，不仅为中国梦践行从认识到实践、从理想到现实、从精神到物质的转化提供目标支撑，而且这种目标支撑会进一步通过意义感的生成与研判，为中国道路、中国精神、中国力量所构成的客观关系系统抉择路径、设计目标、定位价值，赋予中国梦以民族价值特质，由此构成对中国梦践行场域之客观关系系统的拓展。

社会主义核心价值观培育所提供的价值共识，拓展中国梦践行的力量关系构型。社会主义核心价值观植根于中华优秀传统文化的土壤，是祛除了糟粕的文化精髓，也是民族文化传统与时代潮流的交融与结晶，反映了中华民族对利益关系、价值追求、价值目标独具特质的价值研判方式，是对民族成员具有规律性的思维共通的抽象凝练与深刻表达。社会主义核心价值观认同的实现，源于民族成员对中华民族优秀传统文化的深层皈依与理解认同。中国梦的价值认同是指民族成员对中国梦价值内涵与精神实质的承认、认可和赞同，形成对中国梦的归属意识，进而产生理解认同基础上的理性自觉。中国梦与社会主义核心价值观在价值凝聚功能上的高度契合，不仅使得社会主义核心价值观认同导引着中国梦的价值认同，而且，社会主义核心价值观培育所提供的价值共识成为平衡与协调中国梦力量关系构型的内在动力源泉。在中国梦践行场域建构力与解构力相互交织的力量关系构型中，价值共享与利益求解共同构成了社会主义核心价值观价值整合的基础，进而形成的对社会主义核心价值观的深层认同与归属，不仅是对建构力主体力量的有效充实与拓展，而且使自发的、失衡的、板结化的关系网络得到结构性的流通与平衡。此外，建构力与解构力的相互斗争与相互博弈的关系构型，其整体同样需要保持在由价值共识所规制的限域之内和底线之上，而这种价值共识只能由一个国家、民族的主导社会价值观念体系提供。

社会主义核心价值观培育所提供的精神动力，拓展中国梦主观见之于客观的中介。中国梦作为昭示世界、凝聚国民的民族标识和精神旗帜，是国家软实力的重要组成部分。中国梦话语的提出，作为主导政治推崇，不仅参与建构国际话语体系，引领国际话语，而且通过社会主导价值观念体系的培育所提供的同类价值定向与价值共识，形成国家软实力之凝聚力、感召力、吸引力及物化力生发、汇聚、整合的源泉与导向。民族成员主观见之于客观的对象性活动，往往伴随着实践行为的意识化与意识观念的实践化。意志自由是对象性活动的前提，也是个体成员对民族国家产生责任的基本条件。作为整体社会力量的价值感知，社会主义核心价值观代表了中华民族代际相承的基本精神，与中华民族成员的根本利益相一致，符合个体成员共同的思想观念和心理定势，并提供休戚与共的群体互动关系。在此基础上形成的认同力是贯通个体成员与民族国家责任关系的必经途径，对民族成员的情感和意志具有强大的激发和统摄效用，进而生成稳定的理想信念和精神动力。这种具有精神引领与价值整合功能属性的精神动力，会直接催生自由意志对中国梦价值内涵的理性投射与归属，主体力量的整合、凝聚与外化以及对社会经济条件、关系模式、利益分享机制的变革与创新，形成对中国梦践行场域之中介系统的拓展。

第三章　社会主义核心价值观的道德之维

社会主义核心价值观是指引当代中国社会发展的价值导向，更是影响社会关系调节的基本内容。社会主义核心价值观有其存在的道德基础，即以广大人民的现实需要为依归和以实现人的自由全面发展为目标。理解社会主义核心价值观，同样需要考虑其道德的维度。所谓道德维度，即是从社会关系调节的角度去分析社会主义核心价值观的重要意义。

社会主义核心价值观是以维护广大人民的根本利益为出发点，是以实现广大人民的幸福生活为归宿点。社会主义核心价值观以现代社会和当代中国为时代背景，理解社会主义核心价值观必须要从社会发展的现实条件出发。若使广大人民群众对社会主义核心价值观做到真知、真懂、真信，就必须把社会主义核心价值观融入到广大人民群众的日常生活中，使社会主义核心价值观日常生活化。

第一节　社会主义核心价值观的道德基础

一、社会主义核心价值观的道德基础

社会存在决定社会意识，社会主义核心价值观属于社会意识形态，以人们的需要为依据，而生产力和生产关系的发展决定着人们的需要和利益。因此，社会主义核心价值观的道德基础表现为两个方面：一方面，它的形成以当下人们现实需要为依归，符合广大人民的价值选择；另一

方面，它的实质和终极目标是要实现人的自由全面发展，是为人们提供精神信仰，帮助人们获得幸福。

1. *以广大人民的现实需要为依归*

社会主义核心价值观的形成有着深刻的现实基础，符合不同主体、不同层次的需要。

社会主义核心价值观在国家层面倡导“富强、民主、文明、和谐”，彰显了国家之德。简而言之，国家之德在于使人民安居乐业，安居乐业则须满足两个方面：一是良好环境，包括自然生态环境、社会环境以及经济环境，涉及经济发展与生态环境保护之间的和谐；二是人民的民主权利的享有，涉及人们意志和行为的自由度，这也是幸福感的重要来源。“富强”是指经济富强，但已不再是扩大经济规模，而是调整经济发展结构，转变发展方式，正确处理经济发展与环境保护之间的关系，实现人与自然的和谐发展。“民主”其实质和核心是人民当家做主，包括了民主形态（国家制度）和民主权利（意志和行为的自由度），它要求深化政治体制改革，调整上层建筑和生产关系，使之适应不断发展的生产力，即政治发展与经济进步协调，深化改革开放，使得广大人民享受到改革开放的成果。

社会主义核心价值观在社会层面倡导“自由、平等、公正、法治”，其实质在于彰显社会之德。社会之德首先在于能为每一个社会成员创造自由呼吸、自由生活的环境；其次，在市场经济条件下，每一个参与的个体地位都是平等的，相互联系的个人，需要对对方有相应的尊重，且对对方的尊重也是对自身的尊重，并由此产生的相应的礼仪，即与市场经济相适应的道德规范；再次，法治是社会运行的带有强制性的制度规则，对公民起着巨大的保护作用，让公民在法治社会中享受自由、平等、公正，享受和谐的社会关系。社会主义核心价值观正是通过倡导“自由、平等、公正、法治”，调节社会主体之间的利益关系，使社会成员在自由、和谐中感受到生活的幸福，从而彰显其道德的合理性。

社会主义核心价值观在个人层面倡导“爱国、敬业、诚信、友善”，其实质在于彰显公民个人之德，协调人与人之间的利益关系，营造和谐社会环境。幸福是现实生活境遇与人生目的实现相一致的状态。[①] 一个人幸福与否，幸福感的强弱，取决于生活境遇和人生追求的目标之间的契合度。爱国、敬业、诚信、友善，不是口号，而是道德规范，规范着人们追求幸福的手段和方法，是人们获得幸福的必要条件。公民把这些价值准则外化为现实生活中的自觉行为和共同习惯，以调节人际关系，获得自身幸福。

2. *以实现人的自由全面发展为目标*

实现人的自由全面发展，是马克思主义价值哲学的核心所在，也是社会主义核心价值观的终极目标和实质。人的道德存在是最深层次的本质，当下中国人的全面发展更多表现为对精神生活的需求，和谐社会的关键是让人们过上一种有道德的生活，而道德生活是超功利的精神生活，具体表现为人际和谐与人的身心和谐。

社会主义核心价值观落脚点在于提高人们的价值判断力和增强道德责任感，最终目的是帮助人们获得幸福，它不仅是作为内在的道德观念，也规范着人们外在的道德行为，二者对于个体的幸福的实现至关重要。一方面，人作为社会性动物，每个人的生存与发展都与他人息息相关，个人的一切，脱离了社会，便无从谈起。因此，个体的道德观念，稳定化为人格品性，能否得到社会的肯定和他人的赞许尤为重要，如果其人格品性受到赞扬，那么也就有助于其现实生活境遇的改善和人生目的的实现，从而获得自身的幸福。另一方面，社会主义核心价值观也引导、激励着人们投入实践活动，通过实际的道德行为，发挥道德完善的社会意义，每一个小小的善举，给他人带来都是现实境遇的改善，或大或小，正是这些不起眼的行为，营造着社会和谐的氛围，使人们生活在道德的社会环境之中，不仅获得个人幸福，也帮助他人获得幸福，而且同时实现自我完善。

---

① 刘志山、李卫英：《道德及其生活意义》，《北京师范大学学报》（社会科学版）2008 年第 3 期，第 91 页。

二、社会主义核心价值观的道德内涵

社会主义核心价值观是社会主义核心价值体系的内核，是社会主义核心价值体系的高度凝练。作为社会主义意识形态的核心价值观，也是一种道德价值观，是对各种现象中道德价值的看法，其中蕴含着丰富的道德内涵。

习近平总书记在北京大学师生座谈会上指出："核心价值观，其实就是一种德，既是个人的德，也是一种大德，就是国家的德、社会的德。国无德不兴，人无德不立。"社会主义核心价值观融合了国家之德、社会之德、公民之德，三者互为支撑，架构起一个完整的道德体系大厦。

1. 富强、民主、文明、和谐是国家之德

一个有道德的国家应该是怎样的？在中国古代，国家强盛，百姓安居乐业，社会风气清明，便是人们向往的有德之邦。若再进一步，夜不闭户，路不拾遗，则是理想的大同社会。而今，"富强、民主、文明、和谐"则是对现代道德国家的阐释。"富强"是道德国家的基础。富强意指经济现代化，是促进社会进步、实现人的全面自由发展的物质基础。经济的发展对道德将会产生一些积极的影响。首先，经济的繁荣将促进公共生活中某些直接与物质生活水平有关的道德规范得到改善。其次，经济发展，人们物质生活水平得到提高，体面地生活可以撤去直接的生存压力对道德的威胁，防止造成道德与社会生活的崩溃。"民主"是道德国家的本质。"民主"意指政治现代化，人民当家做主是中华民族的百年梦想，是全国人民的美好追求。健全的民主制度，丰富的民主形式，通达的民主渠道以及高效的民主监督，是实现人民幸福生活的政治保障，也是道德国家的制度保障。"文明"是道德国家的象征，它主要指精神文明，它要求我们在全社会大力弘扬文明理念，培育文明风尚，广泛开展群众性精神文明创建活动，使人们明是非、知荣辱、讲文明、树新风，革除各种陋习，发达的文明铸造国民的精神家园。"和谐"是道德国家的主题。"和谐"的总要求是"民主法治、公平正义、诚信友爱、充满活力、安定有序、人与自然和谐相处"。这就要求我们必须坚持以人为本，处理好个人身心和谐，个人、社会与自然之间的和谐以及整个国家与外部世界的和谐。

2. 自由、平等、公正、法治是社会之德

一个道德的社会又是怎样的呢？传统社会中，一个社会的思想道德和意识形态往往是统治阶层的思想道德和意识形态。奴隶社会的自由是奴隶主的自由，奴隶毫无人格可言。封建社会等级森严，男尊女卑，人与人之间及其不平等。真正意义上的道德社会应该是追求和实现每个人的自由、平等和全面发展的社会。“自由”是道德社会最高的追求。人获得全面自由发展的“自由人联合体”是马克思描绘的理想社会状态，在这个联合体中，阻碍自由得以实现的各种外在和内在障碍，即人与人、人与社会、人与心、人与自然的矛盾都得到消除，因此用于调节人们利益关系的道德就像血液一样流淌在人们血管中，而不是存在于身体之外。“平等”是道德社会的基石。在传统社会，面对道德观念的差异，统治者往往是抑制和消解这些差异，用其主流道德观念来规范和约束人们的行为。但在现代社会，其平等倾向使得它在底线伦理的基础上，必须接受和承认道德观念的差异，以平等和沟通的姿态对待其他道德观念，而不是用一种道德观念战胜另一种道德观念，以一种生活方式统一其他生活方式。“公正”是道德社会的本质。公正是现代社会的基本价值取向，其核心是正义。以权利公正、机会公正、规则公正为主要内容的社会公平正义保障体系，是一个道德社会的体现。公正力求确保每一个人的合法利益，在利益不能兼顾时，应以最大多数人的最大利益为宗旨。中国共产党所主张的“要实现好、维护好、发展好最广大人民的根本利益”，是追求社会公正的时代最强音。“法治”是道德社会的保障。法治是落实自由、平等、公正的必要条件，法治是对社会底线伦理的坚守，是促进和保障社会主义道德健康发展的根本。法治要求重视法律规则本身的公正性、正当性，追求善法，为公众之间的道德关系调节提供准绳。

3. 爱国、敬业、诚信、友善是个人之德

一个道德的人又应该是怎样的呢？“爱国、敬业、诚信、友善”是公民层面的价值目标和准则，是个人道德修养的指导方针。“爱国”是个人与国家之间的道德关系，是一种道德义务。作为这个国家的公民，爱国是其义不容辞的社会责任。“敬业”是对个人职业道德的核心要求。国家的发展与进步，需要每个人踏实肯干，精益求精，努力追求事业上的卓越和成功，竭尽所能的服务于社会和他人。“诚信”是中华民族的传统美德，也是社会主义道德建设的重点内容。公民个人的诚信，是个体安身立命的方式。个人诚信就是做到不自欺、不欺人；言必信，行必果；反对弄虚作假。“友善”是一种态度。与人友善，关爱他人，宽容待人，有助于建立良好的人际关系，改善不良风气，维护社会稳定，促进社会和谐。

三、社会主义核心价值观的道德价值

价值来自客体属性，取决于主体需要。从客体属性看，社会主义核心价值观的道德价值，即满足人们对不同层面道德需要的属性，主要表现为理论观念的价值。从主体需要的角度看，社会主义核心价值观的主体是国家、社会与个人，它的价值也就表现为实践观念的价值。

1. 作为理论观念的道德价值

社会主义核心价值观是以价值为特定对象的思想理论，其蕴含着丰富的道德内涵，也是一种道德价值观，因此它具有作为道德理论观念的价值，具体表现为以下三点：

（1）提高道德判断力。

道德价值观是影响个体道德心理和道德行为的重要变量。在实际生活中，个体追求何种道德生活，做出何种道德判断和道德评价，都会受到其道德价值观的支配、调节和控制。社会主义核心价值观作为一种道德价值观，为人们的道德判断提供了观念基础与评价标准。一个道德的国家、一个道德的社会及一个道德的人是怎样的，社会主义核心价值观给出了最好的诠释，有利于提高人们的道德认知与判断能力。

如何评判一个国家是否道德？我们可以从一个道德国家的基础、本质、象征及主题来认知。“富强”是一个道德国家的物质基础，但一个国家的经济发展水平并不起决定性作用，还需要看这个国家是为哪些人服务的，“民主”是道德国家的保障。社会的精神文明活动及文明风尚是一个道德国家的具体表现，是国家之德内涵的外显。“和谐”则代表着国家发展过程中所追求的道德价值目标，只有协调好人与国家、人与人们之间的利益冲突，才会有和谐的道德关系。这些标准和观念，为人们提供了道德判断的根基，帮助人们做出合理的、正确的判断。

（2）调节道德关系。

道德价值必须通过道德关系才能得以体现，没有具体、现实的道德关系，就不会存在道德和道德价值。社会主义核心价值观协调的是个人之间、个人与社会之间、社会集团之间（国家、民族之间）的道德关系。“诚信”是中华民族优秀道德传承下来的诸多美德中的核心价值，在对个人品德的要求中，居于核心地位，是个人道德的根本。民无信不立，“诚信”是人与人之间交往的基本道德要求，也是社会道德的基础，对于社会道德关系的调节具有核心价值。个人的诚信是与市场经济的良性发展和社会和谐息息相关的，与国家的强盛紧密相连。如果个人有了诚信的品格，就不会在市场中欺诈谋私，如果亿万中国公民都有着诚信的品格，中华民族将成为文明礼仪之邦并得到世界的尊重。

（3）规范道德行为。

道德的规范性作用通常是通过带有命令性质介入人们思想和行为方式的过程来实现的。社会主义核心价值观的提出，其本身就是一个明其规范的过程，即把人类历史中形成的理想人格具体化为道德规范的过程。规范既反映了普遍的道德理想，又反映了一定历史时期的社会需要。明其规范需要将德性化为具体领域的道德条目，即社会主义核心价值观所反映的道德价值观细化的过程，弘扬社会主义核心价值观需要继续完成从道德条目到规范的环节，把社会主义核心价值观有关的道德要求体现为市民公约、乡规民约、职业规范等具体的行为准则。只有将社会主义核心价值观进一步转化为道德规范，才能展现出其对道德行为的规范与约束功能，社会成员才能有所依循，才能在复杂的社会中明理、正身。

2．作为实践观念的道德价值

社会主义核心价值观，蕴含了对道德本质、道德现象等具体价值的看法，作为实践的道德观念，对人们的道德信念、文化品质及道德理想都有着重要影响。

（1）培养道德信念。

现代社会的平等趋向与信仰自由意味着价值取向的分化，人们的价值追求、道德观念也就越来越多样化。到底是不是只需要个人准则即可，而不需要普遍的规范？然而，不仅在一个人生活面对的行为境遇中存在着许多类似点，不同人的行为境遇也同样存在许多类似点，正因此，我们需要根据这些类似点建立一些一般规范，否则易导致道德相对主义和道德虚无主义。

自改革开放以来，中国在经济发展上取得了较大成绩，但亦面临着“道德冷漠”的窘境，即当前中国社会道德水平参差不齐的现状。这种现状涵盖的内容包括：社会个体道德问题（如“药家鑫”、“马加爵”事件等）、社会整体道德问题（如“老人跌倒不扶”、“小悦悦”事件等）。人们不经问自己：道德在哪里？道德还有没有用？因此，人们急需重树道德信念，需要一定的道德共识来处理在谋取利益过程中与他人的利益矛盾问题。

在这个意义上，社会主义核心价值观所蕴含的道德原则与规范给人们照亮了前行的道路。首先，“自由、平等、公正、法治”是面向社会所有人的，而不是仅仅要求其中的一部分，而且这些要求是同等的，并不因人而异，不因每个人的出身、贫富、地位的差别而有差异。法律面前人人平等，每个人都是自由的，但都以损害他人自由为边界。其次，“诚信”是社会主义核心价值观的道德基础。一个富强的中国应当是一个道德文明的国家，离不开道德个体的支撑。诚信是个人道德的根本，也是社会道德的基础，是培养人们道德信念的关键所在。总之，在人们对道德产生怀疑时，对社会失德现象见怪不怪时，内心道德信念动摇时，社会主义核心价值观就像一座灯塔，坚定着人们心中的道德信念，指引人们前行。

（2）提升文化品质。

道德具有“实用性”的一面，也有非功利的一面。人们不仅在获取物质资料、谋求生理满足、分配产品等功利性目的时，需要道德调节关系，而且在情感生活、自我实现、追求创造和理想等更为高级的意志活动时，也需要道德。但后者是提升文化品质的关键。正如康德所说：“只有道德以及与道德相适应的人性，才是具有尊严的东西。工作上的灵巧和勤奋有市场价值；聪明和活跃的想象力富于情趣，有欣赏价值；相反，信守诺言、坚持原则并非出于本能的宽厚才具有内在的价值。”① 道德是尊严的、崇高的。文化品质更多体现于后者。

习近平总书记强调，“我们提出的社会主义核心价值观，把涉及国家、社会、公民的价值要求融为一体，既体现了社会主义本质要求，继承了中华优秀传统文化，也吸收了世界文明有益成果，体现了时代精神”。②[3] 社会主义核心价值观的三大思想来源决定了其内容所包含的政治诉求、社会理想、道德规范、精神气质等都代表着这个时代的先进文化。“自由、平等、法治”这些现代理念正是对中国两千多年封建社会的“专制、等级、人治”观念的批判，是适应世界现代化发展潮流、推动社会发展的新价值观。“文明”意指精神文明，由文化精神品质所体现。生活中的人们有着自己的精神追求和寄托，公民素质的提高是改变文明风貌、建立文明社会的基础，也能防止人们在日益丰富的物质文明中感到极度的精神空虚、身心失衡，这些都有助于提升社会文化品质，构建民族的精神家园。

（3）构建道德理想。

道德理想是人们对社会道德生活应然状态的观念建构，当前中国社会的道德理想，是与社会主义的生产关系紧密联系在一起的。以全心全意为人民服务为核心内容，主体是广大人民群众，价值取向是为人民服务，价值标准是集体主义。但改革开放以来，特别是随着社会主义市场经济的建立和发展，我国社会的道德生活和人们的道德价值观念发生了新的重大变化。一方面，在以追求最大限度的利益为目标的市场经济的冲击下，过去在我国社会生活中盛行的某些的经济社会发展的要求不相适应的道德价值观念受到了挑战，个人的正当利益、要求及个人价值日

---

① ［德］康德著，苗力田译：《道德形而上学原理》，上海人民出版社 2005 年版，第 55 页。

② 习近平：《青年要自觉践行社会主义核心价值观——在北京大学师生座谈会上的讲话》，《人民日报》2014 年 5 月 5 日。

益受到社会的尊重和社会道德舆论的支持。另一方面，出现了唯利是图、见利忘义的现象，拜金主义和享乐主义的思想日益膨胀。从总体上来说，我国社会正处于一种多元道德理想并存、主流道德理想缺失的状态。

社会主义核心价值观作为一种强有力的道德价值向导，其基本理念和基本要素彰显着社会主义道德的内涵，因此，它的培育与践行有利于构建社会主义道德理想。首先，从国家层面来看，“文明”是我们国家文化现代化的目标，就是要极大提高人民群众的文化程度和文明素养，是社会进步的标志，是社会主义道德理想在国家形象中的体现。在中华大地上，在快速的城市化和工业化过程中，出现的“中国式过马路”、“中国式挤公交”、“中国式大声喧哗”、“中国式乱丢垃圾”等不文明现象，说明我国公民的整体文明素养还需要进一步提高。其次，从社会层面看，“平等”是指公民在法律面前一律平等，人人依法享有平等参与、平等发展的权利，是社会主义道德理想在社会关系中的体现。它要求所有社会成员，包括不同地区的人、不同民族的人、不同行业的人、不同地位的人、城市人与农村人，都能享受平等的权利，包括平等的劳动权、平等的生存权、平等的发展权、平等的分配权。最后，从个人层面看，“诚信”是指诚实守信，是人们修身处事的行为准则，强调诚实劳动、信守承诺、诚恳待人，是社会主义道德理想在个人行为中的体现。它要求人们在社会生活中诚实劳动，合法经营，信守承诺，讲求信誉。

第二节　社会主义核心价值观践行的逻辑起点

在当前世界范围内思想文化交流交融交锋和价值观激烈较量的新态势下，有效整合和引领人们多元多样多变的思想意识和价值观念，大力推进实现中华民族伟大复兴中国梦的战略任务，要求我们必须在全社会努力践行社会主义核心价值观。这些年，社会各行各业在践行社会主义核心价值观的实际工作中也采取了许多措施，取得了明显成效，但问题也不少存在。同时，对于如何进一步取得社会主义核心价值观践行的实效和长效，也需要我们继续思考与探索。这里，存在一个深层次问题需要解决，这就是社会主义核心价值观践行的逻辑起点问题。这个问题实际上是回答践行社会主义核心价值观究竟应从何处出发的问题。深入思考和清楚回答这一问题，有助于社会主义核心价值观践行过程中的目标指向、实践内容和方式方法等一系列问题的解决，从而增强社会主义核心价值观践行的实效性和长效性。

一、人之道德行为动力始点的利益与道德之争

习近平总书记说，核心价值观其实就是一种德，是国家的德、社会的德，也是个人的德，它是一种上层建筑。践行社会主义核心价值观是一种价值教育活动，是道德践履。

关于价值教育或道德实践活动的逻辑始点，历来存在着利益和道德之争。一种主导的观点认为，人之道德行为的原始性动力就是人对物质利益的追求。其理论根据在于：马克思主义唯物史观的基本观点是社会存在决定社会意识，道德归根到底是由人们的物质生活条件和社会的经济状况决定的，并随之变化而变化。恩格斯指出："人们自觉地或不自觉地，归根到底总是从他们阶级地位所依据的实际关系中——从他们进行生产和交换的经济关系中，获得自己的伦理观念。"① 人是一个多重性的存在，首先是物质性的存在。"人类历史的发展规律，即历来为繁芜丛杂的意识形态所掩盖着的一个简单事实：人们首先必须吃、喝、住、穿，然后才能从事政治、科学、艺术、宗教等等。"② 一切人类生存的第一个前提就是首先要解决人们物质生活的基本需要。无论是马克思恩格斯本人还是马克思主义的后继者们，都无不强调物质利益追求对于历史活动和人类活动的最基本作用。利益的驱动，对物质利益的追求，这是人类活动最朴素、最简单的事实，也是一条极为浅显而又极为深奥的道理。"'思想'一旦离开'利益'，就一定会使自己出丑。"③ 利益是触动人的

① 《马克思恩格斯选集》（第3卷），人民出版社2012年版，第470页。
② 《马克思恩格斯选集》（第3卷），人民出版社2012年版，第1002页。
③ 《马克思恩格斯选集》（第13卷），人民出版社2012年版，第286页。

最敏感的神经。在实践活动中，人民群众最关心的主要不是一种理论本身有多么完美，辞藻有多么华丽，而是理论能否带给人以看得见的实惠。因此，利益被理所当然地视为人们践行社会主义核心价值观最基础、最基本和最初始的出发点。不断满足人们的利益需求，践行社会主义核心价值观也就有了源源不断的动力。

社会主义市场经济确立并实践以来，人们的利益需求不断被激发，也不断被满足，这一激发和满足的过程不断推动着社会向前发展。然而遗憾的是，我们却并没有发现经济增长与道德提升同时同步，相反却出现了各种诚信缺失、假冒伪劣、欺诈勒索等不文明不道德现象，严重危害社会正常生产和人们安定祥和的日常生活。在西方，近代资本主义的发展与进步使得“资产阶级在它的不到一百年的阶级统治中所创造的生产力，比过去一切世代创造的全部生产力还要多，还要大。”[①] 物质与金钱对人们具有无限的魅力，然而其最终的结果是人与人之间赤裸裸的金钱关系和冷冰冰的人际情感，物质与金钱崇拜换来的是西方社会对精神贫乏和道德沦丧的无能为力，并因此铸成了其社会现代化进程中的现代性困惑。由此可见，以经济和物质利益追求为践行社会主义核心价值观的逻辑起点，这表面上看是“在意识形态方面最保险的预设”，但“它可能将人们的道德生活和社会的道德教育导入一个‘安全’的误区”。[②]

经济与精神发展与实践的背离使得另一种道德行为之动力的观点同样响亮，这就是德性价值抑或说道德法则。这种观点认为，“道德和道德教育的对象是人及其行为，道德的主体是人的德性，道德教育的基本目标是人的德性的培育。道德和道德教育的价值始点，也就是德性的价值始点。而价值始点的核心，就是德性的价值动力。”[③] 这种观点合乎道德教育的实质，它是对康德的道德理论的合理引申。在康德看来，人们对于道德法则的“敬重”和对遵循和履行道德法则的“职责”是人们行为

① 《马克思恩格斯选集》（第1卷），人民出版社2012年版，第405页。

② 樊浩：《道德教育的价值始点及其资源性难题》，《教育研究》2003年第10期。

③ 樊浩：《道德教育的价值始点及其资源性难题》，《教育研究》2003年第10期。

的“灵魂驱动力”。这里，道德法则是“纯粹的、脱尽一切利益的道德法则”，[①] 敬重是一种情感，是一种“我们对于功业不得不表示的礼赞，无论我们愿意与否；我们至多可以在外表上抑制它，但却不能提防在内心感受到它。”[②] “对于道德法则的敬重是唯一而同时无可置疑的道德动力，并且这种情感除了仅仅出于这个根据的客体之外就不能指向任何客体。”[③] 同样，“职责的尊严与生活的享受毫无干系；它有它的特殊的法则，也有它特殊的法庭；无论人们仍然多么想把它们搅拌一番，从而将它们的混合物当作药剂递给有疾的心灵，它们却随即彼此分离，并且如果它们不分离，前者就毫无作用；而如果物质的生活因此就强劲起来，那么道德的生活就会无可挽救地委靡下去。”[④] 可见，康德所言的道德动力旨在道德的神圣感和人们对之具有的神圣职责。以利益诱导或损失威胁为驱动，尽管可以为人的心灵提供强大动力，但是不能持久，也难以造就真正的德性，而且还容易产生伪善，并且“在源头上污染了道德的意向”。[⑤] 康德认为，只有将纯粹道德的动机完全导入人的心灵，才能产生行善的最深层最持久和最强大的动力。道德动力的观点切中了今天的时弊，也昌明了社会主义核心价值观践行的内在人文本性，因而也得到许多人的认同。但是，实践证明，如果完全不顾人们的利益需求实际而要求人们普遍践行高尚的道德，同样也是存在问题的。回溯历史，我国古代以道德为主导的价值取向和行为取向在为今天建设中国特色社会主义，增强国家文化软实力提供丰厚的道德资源的同时，其历史弊端也显露无遗。由此可见，过于强调对道德法则的“敬重”也是不可取的，最

---

① ［德］康德著，韩水法译：《实践理性批判》，商务印书馆 1999 年版，第 86 页。

② ［德］康德著，韩水法译：《实践理性批判》，商务印书馆 1999 年版，第 84 页。

③ ［德］康德著，韩水法译：《实践理性批判》，商务印书馆 1999 年版，第 85 页。

④ ［德］康德著，韩水法译：《实践理性批判》，商务印书馆 1999 年版，第 96－97 页。

⑤ ［德］康德著，韩水法译：《实践理性批判》，商务印书馆 1999 年版，第 96 页。

终产生不了人们的“职责”意识。

二、现代社会利益变迁与道德生活的批判性回归

马克思主义认为，道德作为一种上层建筑，它从根本上要反映社会经济基础的要求，并为之服务。因此，人们的道德观念与道德养成在归根结底的意义上是由社会的经济基础决定的，是随社会的生产方式、交换方式和人们的生活方式、交往方式，即社会存在的变化发展而变化发展的。因此，今天我们思考探究社会主义核心价值观践行的逻辑起点，必须以今天社会存在的变化为背景，用发展的眼光去看待。

在经济全球化、社会开放化、市场化、信息化、科技化的时代境遇下，人们的生产与生活方式都发生了翻天覆地的变化。社会利益格局的调整使得现代社会的利益关系已经发生了深刻变迁。利益主体呈现多元化。党的十六大报告指出：“在社会变革中出现的民营科技企业的创业人员和技术人员、受聘于外资企业的管理技术人员、个体户、私营企业主、中介组织的从业人员、自由职业人员等社会阶层，都是中国特色的社会主义事业的建设者。……对他们的合法权益都要保护。”① 利益内容也日益多样化。在计划经济条件下，由于当时赤贫的生活条件，人们的利益追求比较单一，主要是物质利益的追求。社会主义市场经济的发展大大提高了人们的物质生活水平，人们的利益追求已经明显多样化，比如对政治参与的追求，对公平正义的追求，对长远利益的重视，对持续性利益的关注，等等。利益主体多元，利益追求多样，必然使得利益关系复杂化。利益关系的复杂化，又必然导致各种利益矛盾频发和多发，具体表现在个体与个体之间、个体与群体之间、社会各阶层之间、公共利益与私人利益、眼前利益与长远利益等的矛盾。同时，我们也要看到，在社会利益格局深刻调整的过程中，由于自然的需要被历史地形成的需要所代替，一些人的一些利益追求是非正当的，不合理的，这种过分的追

---

① 江泽民：《全面建设小康社会　开创中国特色社会主义事业新局面——在中国共产党第十六次全国代表大会上的报告》，人民出版社 2002 年版，第 15 页。

求已经变成了“欲求”，是人的虚假需要，它是漫无止境的。丹尼尔·贝尔指出：“心理的‘需求’取代了生理的‘需求’，成为寻求满足的基础。……用亚里士多德的话来说，欲求已经取代了需求——所谓欲求在本质上就是漫无限度和无法满足的。”① 如果我们对这种欲求和虚假需要不加分辨地予以满足，是根本起不到任何动力作用的，相反会污染人们的灵魂。因此，在谈论利益动力时，我们必须注意两个方面：一是，尽管践行社会主义核心价值观直接或间接地都离不开利益，但并非所有的利益追求都可以成为动力，只有那些符合人的本真发展要求的利益才可能成为人们行为的推动力。二是，对利益不能作狭隘理解。利益既有物质利益，也有精神利益。当物质利益的追求有所得，当物质生活水平达到一定程度的时候，人们必然会更加关注精神利益。精神利益的追求就是人们期望人格受到尊重、活得有尊严、更少精神负担、没有心理障碍，精神文化生活更加丰富，理想、信念得以实现，社会更加公平正义，良善的思想品德和行为得到认可等。进入新世纪，人们的精神文化需求日趋强烈，对精神生活发展更加重视。放眼世界，无论国家、民族还是个人，精神文化软实力对于发展进步的作用都愈来愈明显，愈来愈重要。推进社会主义核心价值观的践行，要看到人民群众对于精神文化价值的需求，要通过不断满足人们的精神利益来提高实效、促进长效。特别是在面临和处理人们的利益冲突时，我们不能仅仅用传统的方式方法简单地对待和处理，或者只看到人们对物质利益的需求，或者只要求人们注重精神利益，要明白，今天的利益冲突比过去复杂得多、深刻得多，应当根据当代社会变化了的生活条件和利益关系，把人们对物质利益和精神利益的需求，共同利益与个体利益、全局利益与局部利益、长远利益与近期利益结合起来，去设计践行社会主义核心价值观的内容、方法和路径。

社会利益关系的复杂反映的是社会关系的深刻变化。社会关系的调整与规范，又诉求社会道德规范的运用和道德水平的提升。经济与道德，

① ［美］丹尼尔·贝尔著，赵一凡、蒲隆、任晓晋译：《资本主义文化矛盾》，生活·读书·新知三联书店 1989 年版，第 280 页。

是社会发展的两轮与两翼。践行社会主义核心价值观，实际就是践行社会要求的道德准则，提升道德水平。但是，将纯粹理性的道德准则推行于社会，在理论上是错误的，在实践中是有害的。因为它扭曲了人性，遮蔽了生活。“生活意义的存在是伦理学的逻辑前提。”① 我们不能忽略现实的人首先需要吃喝住穿，而去妄谈纯而又纯的道德践履。只有循着马克思主义的思想观点去正确看待和处理利益与道德的关系，才能为社会主义核心价值观践行寻找到真正的动力。

然而，在现实生活中，对马克思主义道德观点的运用也难免偏颇和片面。按照社会惯常的理解，道德就是一种规范，是为了保护一定利益而制定出来的调节人与人之间行为规范的理论准则。道德生活对于大多数人来讲，在很大程度上就是“合乎规范地生活”。在规范性的道德生活中，一方面，人失去了主体性，只能被动地认同和服从。另一方面，“规范是利己主义的产物，它总是使得某一社会共同体的成员能够保险地各自获得某些利益。”② 我们必须承认，在社会存在着利益争夺并且利益争夺是破坏性的情况下，规范作为一种利己主义的利益让步形式，是必要的和值得的。但是，如果我们对道德生活的理解和践行就仅仅限定在“规范意义”的层面上，那势必会导致人们在日常生活和道德践履中不再去追问深刻的道德问题和德性完满，而就此满足于那些简单粗浅的道德教条，由此注定了精神生活的浅表化和简单化。因此，规范性道德生活的结果是掩盖了道德生活对人的发展作用，同时也限制了道德生活应有的超越性。

现代社会的深刻变革已经促进了社会道德关系的深刻变化，即由以血缘、姻缘和地缘交往为基础形成的熟人道德关系向以业缘、趣缘和信息交往为基础形成的生人道德关系转变。由面对面的人—人直接关系为主的道德向人与自然的生态道德转变，实质是向在场与不在场的人—人道德关系、网络虚拟道德关系等人—物—人的间接道德关系转变，由比较简单和相对固定性为主的道德关系向流动性和短暂性为主的相对变动

① 赵汀阳：《论可能生活》，中国人民大学出版社 2004 年版，第 14 页。
② 赵汀阳：《论可能生活》，中国人民大学出版社 2004 年版，第 42 页。

性道德关系转变。[①] 这种转变，要求现代社会“必须尽快建设一种主动性的、动态性的、开放性的道德生活，通过道德主体自觉能动性的发挥才能全面协调人一物关系、人一人关系以及人一己关系，形成和谐的社会关系”。道德生活作为人的一种精神生活，它本质上是属人的，只有坚持以人为本，把人身上蕴藏的丰富的道德资源开发出来，才能促进道德生活的健康与持久，促进社会的进步与繁荣。因此，现代社会的道德践履需要着眼于人的本质回归，要着力于建设一种发展性的道德生活。“这种道德生活的优越性就在于它突出了人的主体性和能动性，通过提高人的德性和道德境界，既能起到道德的社会规范作用，又能使人从‘工具意义’上的人转变成为作为‘人’的人而生存和生活，同时还能使道德生活作为真正人的生活的一部分面向未来发展”[②]，从而真正使人体验到坚持和发展道德生活的价值，感悟并提升生活的意义。这正是我们倡导培育和践行社会主义核心价值观的深刻蕴意之所在。

三、好生活与社会主义核心价值观的践行

利益驱动是践行社会主义核心价值观的基础动力，但不是也不能被当作唯一动力。当欲望被误当作利益需求对待时，利益驱动可能成为万恶之渊薮。道德规范是践行社会主义核心价值观的内在规定，但不是最终目的。当遵循各种体制、标准和规范成为人们一种盲目的机械行为时，生活就在社会规范中被遗忘了。因此，单一的利益驱动导致物的价值在人的价值之上，片面理解的道德践履则将是社会的成功与人的失败。唯有建立在正确理解的利益和道德之上的，从人的发展和人的生活出发的一种“好生活”，才可能是践行社会主义核心价值观的逻辑起点。

为何“好生活”能成为践行社会主义核心价值观的逻辑起点？因

① 廖小琴：《发展性的道德生活：21 世纪人的道德生活新选择》，《探索》2005 年第 1 期。

② 廖小琴：《发展性的道德生活：21 世纪人的道德生活新选择》，《探索》2005 年第 1 期。

为，从理论上讲，好生活是人们所知道的并且不需要再问为什么的东西。亚里士多德在谈到始点或本原时指出："柏拉图提出了一个很好的问题，研究的途径到底是来自始点或本原，还是回到始点或本原？……最好是从所知道的东西开始，而所知道的东西有双重意义，或者是为我们所知道的，或者是在单纯的意义上所知道的。对我们来说，研究还是从我们所知道的东西开始为好。……始点或本原是一种在其充分显现后，就不需要再问为什么的东西。"① 好生活是人人都知道的，没有人再去问为什么，只要他是在生活而不只是活着，就总是希望自己的生活越来越好，充满意义。从实践上讲，好生活既是人们行为的出发点也是落脚点。好生活就是"生活优裕、行为良好"② 的生活，是将利益与道德有机统一于一体的生活。"人们追求利益是为了最终获得自身的幸福，是为了把时间变成有意义的历史。"③ 如果人们追求利益无助于自己拥有好生活，那么利益是没有任何价值的。即便有的人为了他人和社会的利益而作出牺牲，那他也在精神上或人格上获得了某种利益，完全对自己没有任何好处的事情是没有人去做的。同样，"如果我们不在乎生活是好是坏，那么生活的规范和秩序又有什么意义？如果不明白生活的目的或意义，又怎么能够知道什么是应该和不应该的？"④ 人之需要道德，并不仅仅是为了约束和限制自己，更是为了肯定和发展自己。人对道德规范的遵循和道德理性的追求都是为了能过一种好生活。亚里士多德说："人的一切技术，一切规划以及一切实践和抉择，都以某种善为目标。"⑤ "如若在实践中确有某种为其自身而期求的目的，而一切其他事情都要为着它，而且并非全部抉择都是因他物而作出的……那么，不言而喻，这一为自身

---

① ［古希腊］亚里士多德著，苗力田译：《尼各马科伦理学》，中国人民大学出版社 2003 年版，第 5 页。

② ［古希腊］亚里士多德著，苗力田译：《尼各马科伦理学》，中国人民大学出版社 2003 年版，第 4 页。

③ 赵汀阳：《论可能生活》，中国人民大学出版社 2004 年版，第 127－128 页。

④ 赵汀阳：《论可能生活》，中国人民大学出版社 2004 年版，第 35 页。

⑤ ［古希腊］亚里士多德著，苗力田译：《尼各马科伦理学》，中国人民大学出版社 2003 年版，第 1 页。

的目的也就是善自身，是最高的善。”① “只有最高的善才是某种最后的东西”，“只有这个东西才有资格作为幸福，我们为了它本身而选取它，而永远不是因为其他别的什么。”②

好生活是幸福的生活。幸福对不同的人来说有不同的理解，但是能够得到一致认同的幸福必然是某种好的生活和好的行为的和谐统一。幸福不等于利益。利益是工具性的，是实现幸福的条件和手段，是生活幸福的中转方式。幸福不是快乐。快乐是消费性的，也是短暂的，每一次短暂的快乐被消费掉后，并不会给生活的意义留下任何东西。幸福也不是简单的遵从道德规范。遵从规范在很大程度上不是出于本心而是非自愿的，一个处处遵守规范循规蹈矩的人不见得就愿意做好事。所以，规范的行为只不过就是合乎规范而已。幸福是合乎德性的人的灵魂的现实活动。但是，它必须以一定的物质生活作为基础。亚里士多德说，只有热爱美好事物的人才有真正的快乐，只有崇尚美好行为的人才是真正的善良，只有践行合乎德性的行为的人，才是最美好、最善良的人。只有把最美好、最善良、最快乐三者密不可分地结合在一起，才是幸福的。柏拉图也指出，人的灵魂的三个部分，即欲望、激情和理性应该和谐地集于一身，才可能拥有好的幸福的生活。一个人不许可自己灵魂里的各个部分各做各的事，或者相互干涉，起别的部分的作用。“他应当安排好真正自己的事情，首先达到自己主宰自己，自身内秩序井然，对自己友善。当他将自己心灵的这三个部分合在一起加以协调，仿佛将高音、低音、中音，以及其间的各音阶合在一起加以协调那样，使所有这些部分由各自分立而变成一个有节制的和谐的整体时，于是，如果有必要做什么事的话——无论是在挣钱、照料身体方面，还是在某种政治事务或私人事务方面——他就会做起来。”③

---

① ［古希腊］亚里士多德著，苗力田译：《尼各马科伦理学》，中国人民大学出版社 2003 年版，第 2 页。

② ［古希腊］亚里士多德著，苗力田译：《尼各马科伦理学》，中国人民大学出版社 2003 年版，第 10 页。

③ ［古希腊］柏拉图著，郭斌和、张竹明译：《理想国》，商务印书馆 1986 年版，第 172 页。

好生活是一种“过”出来和“做”出来的生活效果和状态。好生活是存在于人的行动中，是人必须身体力行才能感悟和获得的一种生活状态。它具有亲身性，需要亲自“过”生活和“做”事情，不是任何身外之物能够替换的。因此，一个人越是积极地创造自己的生活，他就越可能过上好的生活、幸福的生活。而人的创造性，并非都是天才式的伟大，社会生活中的大多数人，其生活都是平凡的日常生活，因此他们的创造，实际就体现在日常生活中的创造。“人的创造性可以渗透在生活的每一方面之中，无论是爱情、友谊、家庭生活、养育子女还是劳动、交往、说话和工作，这些能够充满生活空间的日常创造才是最重要的（那些伟大的艺术和思想多一些或是少一些并不真正要紧）。”也正因为此，我们说好生活是践行社会主义核心价值观的逻辑起点。因为要过好生活就必须去实践生活和创造生活。践行社会主义核心价值观，必须扎根于人们的日常生活实践中。只有把社会主义核心价值观落实到日常生活的普通细节中，在落细、落小、落实上下功夫，通过营造日常生活情景和社会氛围，使核心价值观的影响像空气一样无所不在、无时不有，让人们在实践中感知它、领悟它，最终才能达到社会大众对于核心价值观的知行合一并自觉践行。

第三节　互联网时代社会主义核心价值观的践行

不可否认，网络技术的兴起和发展，使处于不断转型和重构当中的社会变化加剧，传统价值和伦理已经和正在遭受巨大冲击，处于这样发展阶段的社会，道德及各种社会问题必然特别突出，整个社会心理表现出浮躁和迷茫的特征。在这样的阶段，法院在对那些有巨大社会影响力的案件的法律判决必须公正、负责，不仅须严格依法判决和执行，且判决须充分体现法律维护正义的本质，应该充分考量法律除规范作用以外的社会作用。法律的社会作用在此类案件的判决中表现为对整个社会的心理和社会价值的导向和影响作用。在价值真空或价值重构的时期，人们的目光会紧盯着这些案件及其判决结果。尤其在网络时代，信息传播特别快，微博已向我们显示出网络传播和影响的力量。法律的判决对整个社会迅速起到类似于风向标的作用，司法判决应该力拨浮躁和迷茫之云雾，而不是相反。换言之，在传统价值备受冲击而导致价值相对真空的阶段，法律的社会作用，其对社会的价值导向和影响作用会特别明显。2006 年的南京彭宇案及其后遗症已然对此给出了最好的注脚。

一、有关案件及其影响

简单回放当时南京彭宇事件经过有助于展开以下的讨论。据媒体报道，2006 年 11 月 20 日上午 9 点 30 分左右，年轻的彭宇下公共汽车，看到不远处跌倒的徐寿春老太，他走上前去扶起，当时气氛和谐。徐老太家人到达后彭宇被邀一同协扶老太太去了医院，但到了医院医生诊断徐老太为重伤且需要换人造股骨头后，形势直转急下。徐老太一口咬定是彭宇撞倒她，并于 2007 年 1 月 4 日向南京市鼓楼区人民法院提起诉讼，以彭宇将其撞倒在地致其受伤为由，索赔 13.6 万余元。经过多次庭审，最后鼓楼区人民法院作出如下判决“从常理上分析，其（彭宇）与原告相撞的可能性较大，如被告是见义勇为做好事，更符合实际的做法应是抓住撞到原告的人，而不是仅仅好心相扶。如被告是做好事，根据社会情理，在原告家人到达后，其完全可以在言明事实经过并让原告家人将原告送往医院，然后自行离开，但被告未做此等选择，其行为显然与情理相悖”。由此认定彭宇当时是与徐寿兰相撞，虽然双方均无过错，但应按照公平责任合理分担损失的原则，彭宇补偿徐寿兰损失的 40%，共计 4.5 万多元。这立刻引发公众极大反应和舆论哗然，网民们一如既往地投入了为寻求真相和捍卫正义的人肉搜索大战中，徐老太一家成了人肉搜索的对象和舆论攻击的靶子。出手相助却反被讹诈不说，又被所谓以维护正义为名的法院判决赔偿四万多元。但凡正常人都接受不了这样的结果，网民的愤怒实属情有可原。最后彭宇案虽然神秘地以双方的和解撤诉退出公众的视野，在双方都一再缄其口的情况下个中缘由我们自然无法知晓，但笔者仍可大胆推测的是，网络传播及其形成的舆论压力显然对本案起到了比较正面的积极性作用。

以戛然而止的方式结束的彭宇案，虽然已过去多年，但网民们对此无不记忆犹新，其对人心的打击及道德的减损及影响，可以说迄今仍在，恍如昨日，人们难于遗忘。直到今天当人们说起南京彭宇案，当时关注此案件进展的所有人对该案件判决对社会造成的不良影响无不痛心疾首，而当时未关注但后来听闻此案件的人也深受影响，传播的效果和力量在这部分人身上显露无遗，导致他们直接得出的结论，再也不能出手帮助和救人、特别是老人。“碰瓷”一词于是开始流行并有了特指意义。所以，彭宇案后来虽然戛然而止，却留下无可挽回的悬念与毒害。

二、微博及微博环境下的法律

微博已然成为我们社会重要的不可忽视的传播媒介，“传播就是力量”这句话，在博客特别是微博时代得到进一步验证。微博打拐、微博打假、宜黄强拆、郭美美事件等微博事件风起云涌，微博之战捷报频传。2010 到 2011 年可谓中国的微博之年。微博把网络传播及其影响力推到了极致。最新资料显示，截止 2012 年底微博用户已达 5 亿。可见微博等新媒体互动平台正改变着互联网以致整个社会的舆论格局，也改变着整个中国。下面笔者将从微博和博客的比较中发掘微博所形成的法律和社会环境。

首先，相比博客，微博更社会化，或更具社会性。因为登录微博后，页面首先显示的是你的关注者最新发的及他们转发的微博，如果你觉得有价值你会立刻转发，一传十，十传百的效应瞬间显现。所以微博不像博客那样私人化，而是更为社会化、更为开放的媒介。李开复总结说微博是高度社会化的传播平台，它集中了我们熟悉的三种沟通方式——电子邮件、即时通讯工具和媒体的优点，又分别赋予了它们社会化的特征。[①] 法律无疑必然处于这样的微博环境当中。

其次，微博更具有公共性。同样，博客表达的是比较私人的东西，

---

① 李开复：《微博改变一切》，上海财经大学出版社 2011 年版，第 48 页。

而微博却驱使你关注、表达、转发那些涉及公共事务和公议的大家都关心的东西，因为这样你才能获得更多关注，吸引更多粉丝。所以可以说微博使个人走出自己狭小的私人领域转向宽泛的公共领域。微博更加造就了人们的公民性，引导人们关注公共事务和公共领域，一定程度上培养了人们的公共精神。法律作为现代人公共生活不可或缺的一个部分，恰恰和微博的公共性不谋而合。

再次，微博更为切合网络技术分享和自由的性质和精神。微博主们一般更为注重分享，包括信息、思想和图片等的分享。那些纯粹刷微博的人也一样，刷微博的目的其一就在于分享他人的东西。而博客的分享性远弱于微博。显然，人们绝对不会放过利用微博关注和分享法律事件这个绝佳平台和空间。

总之，微博使得人人都成为新媒体，成为媒体中心和消息发布者，这样从小小的微博那里发出的影响就随时随地都在且被放大，也随时随地会发生作用。向善、向恶，向好、向坏的影响皆有可能。包括法律实践在内的几乎所有人类活动都成为微博主们发布的对象，从而也自然而然地成为刷微博的人以致整个社会共同关注的对象和话题。

鉴于此，法律及其运作也不可避免地处于微博的环境当中，法律的社会作用，其对普通人价值的影响或引导作用借助微博平台快速爆发，前所未有。这种影响和作用有时会如钱塘潮般壮观，有时虽如秋水般平静但湖底却可能暗流涌动，对此任何人都不可忽视。如果立法者和法律工作者未能意识到这点，其结果将不仅是自己名声被毁，而且会连带损坏人们的法律精神和对法律的信仰。

南京彭宇案案发之时，微博尚未勃兴，关注的帖子主要来自猫扑、天涯论坛等，由于南京法院的荒唐判决，彭宇只好借助于网络空间，但也一样引发的网民的极大关注，假设在微博时代，可以预见其关注将更为迅速和广泛，影响将更为迅速和巨大。

一段时间以来媒体报道各地为挽救彭宇案的恶劣影响，相继出台了各种补救措施，比如有的地方政府承诺说救人被讹者直接由政府出钱奖励或解救，又如有的地方法院明确规定，不接受老人类似的起诉案件，等等，但收效与恶劣影响比起来简直微乎其微。

三、法律的社会作用

学界对法律的作用形成的共识是，法律的作用可分为规范作用和社会作用。笔者前文所说的法律除处罚和威慑的功能之外，同时具有社会价值的导向作用，一定程度上可以理解为是对这一共识观点的具体解释。现代社会法律的这两个主要功能大多通过法律的制订、颁布和具体执行亦即案件的判决体现。笔者以为在不同的社会发展时期，法律的处罚和威慑作用类似，但法律的社会作用及其表现却有所不同，或者说会呈现出不同的特点。网络时代的环境下法律的社会作用更为凸显，即对其社会价值的影响或导向作用特别显著，其主要原因前文已述。所以，这个时代的立法者和执法者在行动的时候应特别关注法律的社会作用。

虽然说法律会受传统、文化和当下社会环境的影响，但同样，法律也会反过来影响文化和当下的社会环境包括人们的心理和价值，尤其在特定的时期，法律的这种影响会出乎人们意料地明显和深远。笔者可以大胆地假设，当时彭宇案的法官绝对想象不到彭宇案会有如此恶劣的深远的社会影响，同时也根本无人能估计到此案对人心和社会道德的摧毁之深。如今你只能感叹传播就是力量。

任何时候，法律的精神和一个社会对法律的信仰，不仅要依靠立法本身的公正和正确，同时也与包括法官在内的所有法律工作者的具体工作密切相关。在具体的司法环节中未能使用陪审团制度的社会，法官及各种法律工作者不仅承担了维护法律秩序的作用，而且几乎承担了树立法律信仰和维护正义的责任。但遗憾的是却鲜有法官及法律工作者意识到他们自己所担负的这一社会重任。

毋庸置疑，真正的法治秩序或法治社会应该是建立在人们对法律同时最终也是对法律所赖于存在的道德价值的信仰的基础之上。“法治秩序主要不是来自它的外在的强制力，而是来自它被信仰，成为社会生活的基本价值信念。社会成员的道德自觉、自律是法治秩序的基础与归宿。”[①] 威尔逊法官（Justice Wilson）说道：法律要求民众服从法律，这些民众的同意……我认为是人类法之强制力的真正渊源。[②] 因此，立法者不应该沉浸在不断制定法律的喜悦当中，而应该检讨所立之法是否基于最基本的规范和价值。注意所立的法律和出台的法律解释最终会对整个社会产生的价值导向作用。这样才能提醒人们认识到立法的根本目的和最终归宿。立法者应该考虑到，给人们的内在良知（内在法庭）留出空间。使人们在日常的生活中能更多地以内在规则来约束自己，最大限度地发掘人的道德自觉或内在的良知。也就是说人们对法律的服从应该是自愿的。如果说法律本身是一种社会秩序，那么，“至少对于维护自身的法律秩序而言，每一个社会均依赖于社会成员充分程度上自愿符合规范，也就是依赖于其事实上的道德。”[③]

四、互联网时代的法律与道德

法律与道德的关系被法学界大腕比喻为法学理论中的好望角。笔者认为这一方面说明这是法学理论研究不可回避的问题之一；另一方面说明它们之间的关系复杂和抽象，即并不似人们平常常说的，法律维护道德，或法律是道德的底线那样简单。所以笔者在此也须先声明在本文仍然无法完全厘清这一问题。但笔者想说，虽然我们没有理由要求法律为道德服务，但至少它不应该对道德起到减损作用。也就是说法律的正常运作即使不能增益社会道德，但它也不应该打击人心而减损社会道德，至少法律与道德必须体现出某种一致性。但为什么我们的法律在执行时却屡次出现损害和减损社会道德的现象？希望以下的分析有助于我们理

---

① 李文彬：《道德自律是法治秩序的最高实现形式》，《现代哲学》2000 年第 2 期，第 71 页。

② ［美］罗斯科·庞德著，陈林林译：《法律与道德》，中国政法大学出版社 2003 年版，第 127 页。

③ ［德］米歇尔·鲍曼著，肖君、黄承业译《道德的市场》，中国社会科学出版社 2003 年版，第 2 页。

解个中缘由，引发我们的思考，并促动逐步对现有司法制度的思考与改革。

首先，现有法律、法规必然滞后于社会现实的发展。哈特把法律的滞后性称为法律的空缺结构。现有法律即具体法规和法条滞后于社会发展是必然不可回避的现实。网络技术、经济等塑造和影响着人类社会，使社会处于急剧变迁中，网络信息时代有的新法尚未颁布就显得已经过时，更别说那些已经沿用和实施多年的法规和条例了。"人类立法者根本不可能有关于未来可能产生的各种情况的所有结合方式的知识。"① 对此进行过多的论证会显累赘，因为事实胜于雄辩。法律工作者应该有充分的认识。"法律的空缺结构意味着的确存在这样的行为领域，在那里很多东西需留待法院或官员去发展，他们根据具体情况在相互竞争的、从一个案件到另一个案件分量不等的利益之间作出平衡。"②

其次，法官缺乏自由裁量权。各基层法院和各高院的法官都缺乏审判的自由裁量权，法官没有自由裁量权，这是目前我们司法制度本身的历史和现状，或者说是我们司法制度本身带有的缺陷。这种状况必然造成案件的审判局限于现有法规（而其所依据的法律可能是滞后的），亦即，法官只能拘泥于现有法律法规对案件进行审理和判决。即使有作为的法官也难于越过法规做出审判上的突破。

再次，法官素质有待提高。南京彭宇案的法官审判决词尽管冗长，看似在理和依法，但却丝毫没有显示出法律人应有的睿智和勇气，观其判决书只见拘泥于文字上的死板的法律判断表达，丝毫不见任何对真正法律的敬畏和信仰，更别说对传统文化和道德及其已经内化为个人的品质的那一部分的了解了。特别是其言之凿凿号称基于常理、常情的判断却让人觉得既缺乏常理又毫无逻辑，因为其首先无视扶老携幼的优秀传统和社会向来坚守的良好行为习惯，所以该法官的素质广遭网友质疑和

---

① ［英］哈特著，张文显等译：《法律的概念》，中国大百科全书出版社 2003 年版，第 134 页。

② ［英］哈特著，张文显等译：《法律的概念》，中国大百科全书出版社 2003 年版，第 128 页。

取笑。窥一斑可见全貌，整体法官素质状况令人担忧。

最后，应建立陪审团制度。推行陪审团制度能有效弥补以上缺陷的良方。第一因为来自现实生活的普通个体深切明了和理解现实社会和生活，可弥补立法的法律滞后于现实的缺陷。第二法官缺乏自由裁量权是我们司法制度本身具有的缺陷，一时难于改动或克服。而在民事案件中实行陪审团制度，能够替补法官的自由裁量权造成的不足，西方陪审团制度的发展已然证明普通人并不比专业的法律人士缺少法律意识和法律观念。第三所谓三个臭皮匠一个诸葛亮，由 7 到 9 个人构成的陪审团成员显然可以补救法官知识和理智不足的缺憾。在现有司法制度难于一下子全面改变的情况下，在审判领域特别是民事案件领域逐步试行陪审团制度应是可行的做法。我们社会的经济改革已进行了 30 多年，法律和法律制度必须改革，才能跟上经济改革的步伐。否则审判落后和混乱、法律伤及人心和减损道德的情况会愈演愈烈，如若诸如南京彭宇案这样的审判不断发生，笔者以为其造成的恶劣社会影响和后果将不堪设想。

总之，互联网时代传播的效应使得法律与道德的关系更为敏感和复杂，法律对社会人心的影响更为凸显，法律的社会价值导向作用即法律的社会作用将更为明显。这是立法者不可回避的事实。同时具体的法律工作者的思维再也不应停留在前网络时代，以为自己审起案来只是在法律的小屋子里闭门造车。须不知网络瞬间已把案件和审判传遍天下而不管你是否愿意。

五、注重法律的社会价值有助于核心价值观确立

在各种因素日益相互联系和影响的网络环境下，哪怕是不起眼的案件审理都会在社会和公众当中掀波澜，更不要说那些事关公道良知和普遍价值观念的案件了。法官的一呼一吸之间都事关世道人心，网络时代法律的社会作用比以往任何时候都更为明显。审判不可仅拘泥于现有的法律条文，而应该根据行为的正义规则和心中的道德感和良知，有所担待地做出最后的审判。才能做到最高法院院长周强指出的“让民众在每

个案件中都感受到公平正义”。①

总之，法律任何时候都必须与人们道德感相一致，与人们道德感相违背的法律条文最终必将形同虚设；与人们道德感相违背的法律判决则必然引发法律甚至道德信仰的危机。因为法律、制度、政治、民众、道德等，这始终是一个密切不可分的整体。这也是德沃金在《法律帝国》里揭示的政治与法律的整体性原则。

无疑，24 字的核心价值观表达和传递了美好的愿景，凸显着我们一直追求和向往的价值，但它不应该成为空中楼阁。毋庸置疑，核心价值观之阁楼不可能平地而起，而需立于坚实的社会心理、道德和文化环境和基础之上，需要社会全体成员的共同努力。在这个过程中社会中的立法者、执法者等有话语权的那一部分无疑担当着比较重要角色和作用，即他们都应为核心价值观的确立添砖加瓦，戮力工作，而不是相反。

第四节　社会主义核心价值观的日常生活化

社会主义核心价值观是社会主义核心价值体系的精髓，是中国特色社会主义制度的内在精神和本质体现。党的十八大明确从国家、社会、个人三个层面对社会主义核心价值观作了最为精确的阐述，突出了社会主义核心价值观的建设是事关党兴衰成败和国家长治久安的大事，决定着中国特色社会主义发展的未来走向。但是，对许多基层群众而言，他们对核心价值观的理解和接受仍处于表面的、外在的和浅层次的层面，尚未融入他们改造客观世界的实践活动之中。因此，欲使社会主义核心价值观真正为广大人民群众所理解、认同和践行，做到真知、真懂、真信，就必须把社会主义核心价值观融入到广大人民群众的日常生活中，使社会主义核心价值观日常生活化。

---

① 周强指出，党的十八大明确提出全面推进依法治国的要求，而且明确提出了提升司法公信力的要求。最高人民法院正在认真学习，研究进一步推进公正司法，提升司法公信力，努力让人民群众在每一个司法案件中都感受到公平正义。

一、关于社会主义核心价值观日常生活化的理解

作为一个哲学概念，“日常生活”是二十世纪中叶在抽象的思辨世界向现实的生活世界返回的背景下由列斐伏尔提出的。列斐伏尔认为：“日常生活与一切活动关系密切，它涵盖了有差异和冲突的一切活动；它是这些活动会聚的场所，是其关联和共同基础。正是在日常生活中才存在着塑造人类——亦即人的整个关系……也正是在日常生活中，那些影响现实总体性的关系才得以表现和得以实现”。[①] 进而他又对“日常生活”和“非日常生活”的概念进行了较为详述的区分。在此基础上，赫勒对“日常生活”的内涵作了进一步阐述，明确地将“日常生活”界定为“那些同时使社会再生产成为可能的个体再生产要素的集合。”[②] 这一论述受到了诸多学者的青睐，对学界影响深远。深受这一思想的影响，我国学者从诸多学科的视角对“日常生活”理论进行了较为深刻的探讨。其中，最具代表性的是衣俊卿的观点。他指出，“日常生活”是指“以个人的家庭、天然共同体等直接环境为基本寓所，旨在维持个体生存和再生产的日常消费活动、日常交往活动和日常观念活动的总称。”[③] “非日常生活”则是作为“同社会整体或人的类存在相关，它是旨在维持社会再生产或类的再生产的各种活动的总称”。[④] 可见，日常生活彰显的是个体生存和再生产是一切社会活动和社会关系的前提和基础，是个体最基本的活动领域，是非日常生活领域的生长点。而非日常生活则是包含以科学、艺术、文化、哲学等自觉的精神生产的领域以及政治、经济、管理事务等有组织的社会活动领域。鉴于此，我们不难发现，作为

---

① Henri Lefebvre, *Critique of Everyday Life*, London: Verso, 1991: 97.

② ［匈牙利］阿格妮丝·赫勒著，衣俊卿译：《日常生活》，黑龙江大学出版社 2010 年版，第 3 页。

③ 衣俊卿：《现代化与日常生活批判》，黑龙江教育出版社 1994 年版，第 32 页。

④ 衣俊卿：《现代化与日常生活批判》，黑龙江教育出版社 1994 年版，第 21 页。

理论化、系统化、抽象化的社会主义核心价值观显然是属于非日常生活的范畴。

而从人们的价值观形成的规律来看，主体的现实需要是价值的内在尺度。换言之，人们对价值观的理解和认同，多半是从自身日常生活的经验来理解的，主要是在现实生活或生产的实践中根据个体自身阅历、祖辈遗留的经验、民族习俗、传统道德理念等的变化来掂量其核心价值观是否可信、可行，对于与自身需求和利益没有直接联系的他物而言，则不会自发和自觉地去关注。而对于既源于人民生活又高于人民生活的价值观而言，一方面与人民群众的现实生活存在一定的距离。另一方面又可融入到人民群众的日常生活，这就为价值观的日常生活化提供了深厚的土壤。因此，作为非日常生活领域的社会主义核心价值观要发挥其引领、统摄的功能，就必须面向日常生活、贴近日常生活、融入日常生活，让人们在日常生活中去感受它、理解它和评价它，并"不断从日常生活中提炼现实经验的营养，关注和回答人们日常生活中提出的现实问题，向日常生活渗透，把社会理想与社会现实结合起来，"① 实现社会主义核心价值观的日常生活社会化。而究其内涵而言，日常生活化是社会主义核心价值观传播和发展的重要理论维度，是实现社会主义核心价值观被广大人民群众所认同和践行的立足点，是中国特色社会主义最新理论的发展和生成的过程。它既是理论发展的结果，也是达到理论发展的必然途径。其一，日常生活是社会主义核心价值观理论产生和发展的基础环境。其二，日常生活是检验社会主义核心价值观强大生命力的环境。其三，社会主义核心价值观是对日常生活进行合理提炼和凝聚的理性精神。

二、社会主义核心价值观日常生活化的三个逻辑

日常生活化是社会主义核心价值观转化为广大人民群众改造世界的

① 刘耀霞：《日常生活世界与社会主义核心价值体系的感性化》，《兵团党校学报》2010 年第 4 期，第 57 页。

巨大物质力量的可靠途径，而日常生活化的内在逻辑是由社会主义核心价值观的固有特性所规定的。

1. 社会主义核心价值观的生成性是其日常生活化的理论逻辑

社会主义核心价值观是我国各族人民在长期的社会生活实践中不断形成和发展的价值观念，它凝聚着几千年来的文化精髓，体现着人们对国家富强、民族复兴的决心，对社会和谐的珍爱，对自由、民主生活的期待，表达着对祖国的情感，对社会主义事业无私奉献的情怀。这一价值理念的形成是根植于人民群众的日常生活的，是对人民群众日常生活中价值观念的理性提炼和凝结。而日常生活中的价值观的形成则主要来源于经验的传承和个体的实践，也就是说，就个体而言，“日常生活环境是既定的，一个人出生在怎样的日常生活中不是个人选择的结果，因此，作为多少年来一直被前辈们所遵守的日常生活传统、习惯和风俗、常识作为价值评判的标准和尺度”①，具有先验性和继承性，因而人们难免会习以为常地在日常生活中相互接受和运用，而这种经验的传授则往往是在无意中完成的，是在潜移默化中自发而形成的。

另外，就个体的实践而言，不同个体所进行的实践不同，同一个个体在不同阶段所从事的实践也不同，实践的不同决定了对价值的认识不同，从而致使价值观也必然存在差异。而实践中的个体最大的特征是重复，即是个体在日常生活中所维持生活所从事的实践活动是重复进行的，这种重复性的生活实践就决定了个体的某种价值观一旦形成，就会根深蒂固，难以转变。这种在日常生活中形成的价值观具有其自发性、自然性和实用性的特点，带有明显的自然主义、经验主义和实用主义的浓厚色彩的烙印。因而，只有在非日常生活领域的精神精英们对其加以批判的改造和实践的凝练，才能形成对某一价值观的共识。从这个意义上讲，日常生活的价值观是社会主义核心价值观的基础，社会主义核心价值观的生成在其日常生活，二者之间有着天然的紧密联系。

---

① 孟迎辉、邓泉国：《社会主义核心价值观与日常生活的内在逻辑》，《社会主义研究》2015 年第 1 期，第 65 页。

2. 社会主义核心价值观的实践性是其日常生活化的现实逻辑

"全部社会生活在本质上是实践的。凡是把理论引向神秘主义的神秘东西，都能在人的实践中以及对这个实践的理解中得到合理的解决。"① 社会主义核心价值观之所以具有强大的生命力，能够引领社会主义道路的发展走向，成为人们价值观的风向标，就在于它具有极强的实践性，能够被人们所践行，而不是其他高高在上的神秘主义的东西。就个体而言，社会生活实践一方面是个体在公共领域之外的空间为个体的再生产创造各种条件，实现其再生活或再生产。另一方面，个体又属于社会中的个体，个体的社会生活实践又脱离不开公共领域的实践，必然要在非日常生活的公共领域从事为社会再生产创造条件的实践活动。换言之，个体实践活动具有双重的实践性，这就决定了社会主义核心价值观理论的发展必须对个体的日常生活实践给予全方位的关照。只有在此基础上，才能对社会生活的实践有较为全面的把握，理论的发展才能较为准确地反映社会的发展规律和现实需要，增强其理论的说服力，"理论只要说服人，就能掌握群众；而理论只要彻底，就能说服人。"② 而理论的彻底性就在于对日常生活和非日常生活实践的科学判断和正确反映。因而，社会主义核心价值观的实践性就决定了它必须对被遗忘的日常生活空间给予关注，使其作为社会主义核心价值观实现日常生活化的必然要求。

3. 社会主义核心价值观的生活性是其日常生活化的形式逻辑

社会主义核心价值观的生活性是建立在实践活动基础上的现实的社会生活，是社会主义核心价值观产生的基础和源泉，社会主义核心价值观之所以能够统摄社会的价值走向，就在于对人民群众现实生活的深切关注和重视，是对人民生活和切身利益诉求的反映，是对人民价值观念的提炼和凝结。恰如马克思所说："人们为了能够'创造历史'，必须能够生活。但是为了生活，首先就需要吃喝住穿以及其他一些东西。因此第一个历史活动就是生产满足这些需要的资料，即生产物质生活本身，而且这是这样的历史活动，一切历史的一种基本条件，人们单是为了能

① 《马克思恩格斯选集》（第1卷），人民出版社1995年版，第60页。
② 《马克思恩格斯选集》（第1卷），人民出版社1995年版，第9页。

够生活就必须每日每时去完成它，现在和几千年前都是这样。"① 可见，物质生活的基础地位使得社会主义核心价值观要想真正地被人民群众所广泛的认同，就必须关注人们的生活，而日常生活则是人们生存和发展的重要组成部分，是最原始的生活空间，是个体在公共生活之外存在的单个场所。社会主义核心价值观作为引领社会大众的价值取向，具有普遍性。而只注重在公共领域或公共生活空间对社会主义核心价值观的传播和宣传是远远不够的，还需要在非日常生活领域之外寻找个体自愿接受的空间，即在个体的日常生活空间中渗透和引领，融入到日常生活中去。只有这样，个体才能在生活中保持价值观念的平衡，从而在无意识的状态中接受和认同社会主义核心价值观。因此，社会主义核心价值观的生活性成为了社会主义核心价值观日常生活化的本质体现。

三、社会主义核心价值观日常生活化的效用

就效用层面而言，社会主义核心价值观日常生活化是透过一个个生动的个体的具体实践活动而展现其图景的，且对参与其中的个体起到整体把握、具象反映和价值引领的效用。

1. 对个体日常生活的整体把握

社会主义核心价值观是在非日常生活的驱动下建立起来的价值体系，是作为国家对整个社会发展的价值取向的引领。但在新常态的背景下，日常生活领域已有了相对独立的空间，对个体的生活和再生产发挥着重要作用。另外，由于日常生活领域与非日常生活领域之间的思维、价值观念、价值取向等的差异较大，日常生活领域的自然、自发状态使得个体的价值观念仍处于经验的生存环境中，与自觉的理性、艺术、文化等非日常生活领域缺乏天然的同质性，因而造成了日常生活领域与理论形态之间存在着一定程度上的差距。从而在生活世界发生分离的状态下，社会主义核心价值观本身就处于对非日常生活领域的关注和把握，其价值导向的理论热情仍停留在非日常生活领域，而对个体的日常生活状况

① 《马克思恩格斯选集》（第1卷），人民出版社1995年版，第88页。

缺乏了解。从而致使社会主义核心价值观的传播难以融入人们的内心深处，仅仅依靠行政命令手段和媒体无数遍的宣传有悖价值观形成和发展的规律，只能使人们被动地接受和遵循，难以真正地内化为自身的价值观念，达不到实际的效果。而实现社会主义核心价值观的日常生活化，建立健全日常生活化的机制，则有利于增强对个体日常生活的及时把握，从而更好地了解个体的价值诉求和价值取向，更好地开展社会主义核心价值观培育活动，充分发挥好社会主义核心价值观的统领作用。

2. 对日常生活中多元利益诉求的具象反映

在社会生活实践中，“人们奋斗所争取的一切，都同他们的利益有关。”① 利益是人与人之间交往的纽带，是人们价值观念形成的基础。尤其是在新形势下，改革开放的春风吹去了传统理念下的利益观，取而代之的是与经济社会发展向匹配的利益观和价值观。经济的飞速发展，产业的迅速崛起，整个完整系统下的传统世界生活被逐步地分离开来，人们在非日常生活中也被分流成多个领域，在非日常生活中所体现的价值取向也呈现多样。在日常生活领域，人们所从事的实践和所创造的再生产也深受多元利益的影响，不再是以往单纯的为再生存创造生活条件，而是在此基础上的多种利益的追求。而在过去，我们过于强调集体的利益，把主要的精力和重心放在人们的非日常生活领域，而忽视和冷落了人们在日常生活中的多元利益的诉求，从而致使社会转型中的各种利益难以平衡，各种复杂矛盾凸显，难以协调。进而导致价值观念的多元化、多层次发展。金钱主义的价值观、官僚主义的价值观、自由主义的价值观等不断涌现，这些价值观的发展，完全有悖于社会主流的价值观。因此，加强社会主义核心价值观的日常生活化，把重心落脚在人们的日常生活领域中，有助于加深对人们多元化利益诉求的了解，从而正确地反映人们的利益诉求，实现人们利益的正确引导与平衡，减少社会矛盾。反过来又有利于人们正确价值观的形成，促进人们对社会主义核心价值观的认同和信仰。

---

① 《马克思恩格斯全集》（第1卷），人民出版社1956年版，第82页。

3. 对日常生活中混乱取向的价值引领

随着经济全球化的加速前进，互联网的飞速发展，智能手机的普及，人们每时每刻都深受多种价值理念的冲击，与此同时，再加上西方敌对势力对我国人民的价值观渗透，各种鱼龙混杂的价值观侵蚀着人们的思想。在人们的日常生活中，各种物质利益的诱惑，各种不良社会之风的熏染，人们原本在日常生活中形成的相对稳定的单一的价值观，难免会受到冲击而动摇，进而转向追寻与主流价值相悖的价值观。因为对于个体而言，日常生活中形成的价值观缺乏自觉理性的指导和引导，其价值观往往会带有一定的惰性和消极的理念，对复杂多样的价值观缺乏正确判断，对西方价值观的渗透缺乏免疫力。而集体性的单一价值观仅注重在非日常生活领域中的引领，因而在个体日常生活空间中缺乏说服力和引导力。这就急需要把作为引领全社会发展的社会主义核心价值观融入到日常生活中去，抢占先机，引导人们对各种价值观的正确判断，抵御西方不良价值观的侵蚀。因为社会主义核心价值观虽然是属于非日常生活领域的范畴，但却又是根植于日常生活，在根本上体现了人民的最根本利益，并不是高高在上的抽象理论，因而容易被人们所接受。也就是说，在日常生活中充满着各种混乱的价值取向，作为个体的人们不知价值所向，需要有一股能够体现大众利益的价值取向来引领，而社会主义核心价值观就是引领日常生活中混乱价值取向的决定力量。而实现社会主义核心价值观的日常生活化，把社会主义核心价值观置身于个体的日常生活中，则更有助于对各种混乱价值观的引领。

四、社会主义核心价值观日常生活化的形成机制

社会主义核心价值观的传播、功能的有效发挥，无论是在日常生活中还是在非日常生活领域都是极其复杂的，因而必须形成长效的机制来保障其日常生活化。这里，我们主要从社会制度保障机制、协商对话机制和传播同化机制等方面来讨论。

1. 建立以法律、政策为导向的制度规范保障机制

通过上述的探讨，我们深知社会主义核心价值观既属于非日常生活

领域的范畴，又属于思想道德建设的范畴。而社会主义核心价值观的培育实质上就是要引导社会成员的思想发展，纠正偏离社会主义建设轨道的思想价值理念，树立与社会主义发展要求相符合的主流价值观，为社会主义事业的发展服务。实践表明，任何思想道德的建设和价值观念的形成，都是自律和他律相互作用的结果，而对于社会主义核心价值观而言，在日常生活中仅仅依靠个体的自律往往是不够的，必须将自律与他律结合起来，才能够产生理想的效果。所谓他律，就是指“用各种政策、法律、纪律、教育等来规范人们的行为，使人们的行为尽可能对社会有利。”① 因而，我们可以说，社会主义核心价值观的培育，同样离不开法律、政策等他律的作用来保障实施，尤其是在新常态下，我国“社会经济结构发生深刻变化，利益格局深刻调整，思想观念深刻变化”②，各种思想价值理念相互渗透，自律的作用便显得有些疲惫。在这样的形势下，就更需要法律的保障、政策的引导、制度的健全来为社会主义核心价值观的引领保驾护航，只有这样，才能使社会主义核心价值理念深入人心。与此同时，我们还应该根据社会主义核心价值观所表现出的对人民利益的情怀，在日常生活中建立和完善各种保障人民利益诉求和表达的机制，以政策导向来调整各种不公，充分体现出法治、民主、平等、公正的价值理念，并形成长效机制作为制度保障，从而使社会主义核心价值观在日常生活中顺利推进，真正发挥其统领作用。

2. 形成现代治理结构下全社会共同参与的协商对话机制

社会主义核心价值观的建设是一项复杂的系统工程，涉及面广，工作难度大。更何况是要形成社会主义核心价值观日常生活化的机制，这就需要全体社会成员的共同参与，社会各方力量齐心协力，相互协商对话，才能实现社会主义核心价值观的日常生活化，并不断推进日常生活化的进程。那么，何为协商对话呢？协商对话是核心价值观日常生活化的重要机制，是相对于强制、威权的核心价值观传播机制而言的，协商

---

① 李建华：《多元化时代的价值引领——社会主义核心价值体系建设与社会思潮有效引领研究》，人民出版社 2012 年版，第 325 页。

② 《十六大以来重要文献选编》（下），中央文献出版社 2008 年版，第 649 页。

对话是现代社会核心价值观建构的鲜明特点，是当代人类处理价值关系的重要诉求。显然，与强制、威权下的一元主义的价值观不同，合理而合适的核心价值观日常生活化机制的建构应该是个体间的协商对话。而建立核心价值观日常生活化的形成机制的根本前提就是要承认个体间价值观的差异性和多样性，承认个体价值观多元化存在的客观事实，对不同价值观的个性、多样性予以尊重，才能为不同价值观的对话提供必要的基础，协商对话才有可能进行。社会主义核心价值观日常生活化的形成机制的构建之所以成为可能，就在于不论是从国家层面、社会层面还是个人层面来看，都能从多方面找到与个体间价值观相融通的地方，有天然的契合之处。甚至核心价值观的引领功能和作用的发挥，就是建立在尊重个体间多元价值理念的基础上，寻求其能够体现社会大众的最根本利益的价值观。而这种可融通的价值观的构建，多半都是通过社会成员的协商对话而达成的共识，从而构成了社会的核心价值观，诸如“富强、民主、文明、和谐”，体现的是人民对国家富强、人民民主、社会和谐的美好愿望和追求，这都是社会成员间通过协商对话而达成的价值共识，因而构成了国家层面的社会主义核心价值观。

3. 完善以大众文化为载体渗透核心价值观的传播同化机制

传播同化机制是社会主义核心价值观日常生活化的又一重要机制。这种机制不仅能够通过潜意识的传递对人们的思想发生潜移默化的作用，而且还可以借助于媒体发挥其作用。传播同化机制的无形传播作用更易于使个体在日常生活中主动接受和认同核心价值观，但在现实生活中，核心价值观的传播同化机制更多的是发生在有形的有目的的传播中，故而没有达到最佳的宣传效果。从同化传播机制的类型上看，同化传播机制大致可分为个人传播和组织传播，个人传播强调的是政治工作者、学者、专家等个人对核心价值观的解读、论述、传播等形成的同化机制，这种类型是生活中常见的传播类型。当然，这种传播与组织化传播相比就显得更加狭窄了，毕竟个体传播的面较小。组织化传播是指依靠政府、学校、社会团体、企事业单位、大众媒体等对核心价值观的传播而形成的机制，这是最重要的传播机制，也是当前最主要的传播形式。而社会主义核心价值观作为一种文化形态，过于抽象化的理论解释和宣传不利于群众的接受和认同，理论形态的价值观仅适合于受过高水平教育的人群，而将社会主义核心价值观渗透在大众文化中，浅显易懂，则更易于被日常生活中的个体所接受，尤其是在当下，虽然文化水平不高的大众也不占多数，但许多文化素质较高的个体也不愿意进行较深入的社会政治思考，因而核心价值观更多地需要通过大众文化来向多数的个体传播。基于此，我们则需要不断地完善已有的传播同化机制，以大众文化为载体，把社会主义核心价值观渗透在大众文化中，通过个人传播和组织传播相结合的传播机制，向日常生活中的人民大众传播核心价值观的理念，从而真正达到核心价值观引领、统摄社会价值取向的目的。

综上所论，社会主义核心价值观日常生活化，是马克思主义中国化最新理论成果大众化的过程，是社会主义核心价值观走进群众、深入群众和掌握群众的过程，是中华民族伟大复兴事业凝魂聚神的精神提振过程。这个过程将是一个长期的过程，需要我们认真对待并合理处置，切不可敷衍应对，贻误时机。尤其是“日常生活中一直暗含着对主流意识形态的冲突和抵触，表现出日常生活观念从‘泛意识形态’到淡化意识形态再到‘去意识形态’的变化”① 的动向值得我们注和探讨。

① 吴学琴：《日常生活化的意识形态与新中国流行语的变迁》，《马克思主义研究》2010 年第 3 期，第 82 页。

第四章 社会主义核心价值观的教育之维

传递价值，引导学生树立正确的价值观，是教育的应有之义。培育和践行社会主义核心价值观，重点在于年轻一代，因为他们关乎国家的当下与未来，应当让社会主义核心价值观最终要成为每一个体的行动指南。

从教育的角度去认识和理解社会主义核心价值观，就要把握个人与社会两个维度，就要贯穿教育教学的全过程。从社会的维度来说，有必要将社会主义核心价值观制度化、规范化，将外在约束和内在约束相结合，将规范自己与规范他人相结合，将内化于心与外化于行相结合。从个人的角度来说，就是要将社会主义核心价值观落实到每一个的思想观念中，这就需要注意方式和方法，要从学生的实际经验出发，才能够提高学校价值教育的有效性。同时，从学生的实际年龄阶段来看，不同学段的学生对价值观的认识程度和接受能力有所不同。中小学德育和高校德育在培育和践行社会主义核心价值观的过程中，有所侧重、有所差异，需要区别对待、有的放矢。

第一节 社会主义核心价值观的制度化

一、社会主义核心价值观制度化的重要意义

社会主义核心价值观的制度化，就是通过一定的制度设计、制度安排、制度推广，将社会主义核心价值观的基本理念、基本原则以制度的形式确立下来，使社会主义核心价值观为人民群众所掌握、所认可、所

追求，成为全体社会成员共同遵守的价值标准和行为准则。社会主义核心价值观的制度化，关键在于把核心价值观渗透到制度之中，化制度为核心价值观的有效载体，通过制度来引导、调节、规范人们的价值关系、价值观念和价值行为，使人们自觉遵守、服从、内化和践履社会主义核心价值观。社会主义核心价值观的制度化，既体现为社会主义核心价值观发展、成熟、完善的动态过程，又表现为社会组织规范化、有序化、正式化的变迁过程，既是社会层面价值体系、组织体系的发展和完善过程，又是个人层面的价值观念的养成和外化过程。

为什么要实现社会主义核心价值观的制度化？

第一，制度化是核心价值观建设的重要经验。无论革命、建设还是改革时期，我们党一贯重视通过制度建设来促进核心价值观的建设。如"民主"的核心价值观，在革命根据地是通过"三三制"的民主政权的政治制度来保证和落实的。延安抗战时期实行的"三三制"的政治制度，体现了延安抗战时期我党的民主政治原则和民主价值目标，可以说是民主核心价值观制度化的重要举措，是中国共产党在抗战时期对民主核心价值观建设的宝贵探索与实践。所谓"三三制"，就是"根据地抗日民族统一战线政权的原则，在人员分配上，应规定为共产党员占1/3，非党的左派进步分子占1/3，不'左'不右的中间派占1/3。"① "三三制"建立在对边区内部各阶级分析的战略和策略基础之上，这一制度从选举、经济、文化、司法等诸多方面贯彻推行，调整和改变了边区内部的阶级关系，使各党各派各界人士均有同等的说话机会，人民的民主参政意识普遍得到提高，从根本上保障了"民主"这一核心价值观的广泛传播和真正落实。新中国成立之后，我党积极探索适合中国国情的民主政治发展道路，创立更广泛、更丰富、更符合群众利益的基本政治制度。人民代表大会制度、多党合作和政治协商制度社会制度、基层群众自治制度、民族区域自治制度等构成了中国政治制度的核心内容和基本框架，寄寓了人民对社会主义民主的要求和愿望，使得人民广泛参与民主决策、民主管理、民主监督，有效地树立和弘扬了社会主义民主意识和民主价

---

① 《毛泽东选集》（第2卷），人民出版社1991年版，第741页。

值观。当然，中国特色社会主义民主诞生的时间还不长，要达到定型、成熟和完善仍需要一个长期的过程，党的十八大报告强调指出，“必须继续积极稳妥推进政治体制改革，发展更加广泛、更加充分、更加健全的人民民主”，而网络问政，听证会制等多种形式的民主政治参与，都在越来越深入广泛地把“民主”的价值理念以制度的形式日常化、程序化、规则化，进一步促进“民主”这一核心价值观的建设。

第二，制度化是核心价值观培育的根本保障。制度和价值观有着不可分割的内在的关联。马克斯·韦伯指出：“社会制度的构造与演进虽取决于历史赋予的技术、法律和行政管理制度等因素，但与特定时代的社会文化传统有着某种内在的渊源关系。”① 任何制度的设计、确立、安排总是在一定价值观指导下进行的，任何制度都蕴涵、体现、彰显着价值观念，而制度一旦形成和确立，又反过来对人的价值判断和价值行为起引导、约束和规范作用。社会主义制度与社会主义核心价值观相互影响、相互制衡、相互作用，二者统一于伟大的中国特色社会主义实践。社会主义核心价值观是社会主义制度的内在精神和灵魂，是社会主义制度在观念和价值层面的原则和规定。社会主义制度是社会主义核心价值观的现实凝结和有力保证，社会主义制度为社会主义核心价值观的培育提供了坚实的制度保障。社会主义核心价值观要想得到广泛认同、推广，保持稳定性、连续性和持久性，都必须以社会主义制度为载体和依托，从而使国家的法律法规、基本制度、方针政策、行政司法等诸多方面很好体现社会主义核心价值观的本质要求，使社会主义核心价值观渗透在具体制度的每一个方面、每一个环节、每一个过程之中，获得法规支持、制度保证和机制保障。核心价值观的培育和践行，要注重建立健全相关的社会政治、经济、文化等制度体系，把价值观念渗透到具体制度之中，使得社会主义核心价值观在制度安排中、政策法规中得到充分显现。通过规则、程序、规范来规定、形塑、导向、匡正、激励人们的行为，克服核心价值观培育、内化、践行过程中的任意性和随意性，推动整个社

① ［德］马克斯·韦伯著，于晓、陈维纲等译：《新教伦理与资本主义精神》，生活·读书·新知三联书店 1987 年版，第 114 页。

会形成统一的价值认识，从根本上保障社会主义核心价值观的贯彻执行。比如说诚信问题，就要通过实施信用制度，建立健全覆盖整个社会的诚信体系，不断完善诚信管理制度，推行诚实守信的奖励制度，把个人的诚信与信用状况挂钩，把信用与日常工作、生活、学习联系起来，有效阻隔违背诚信现象的出现，在全社会形成讲诚信、守诚信、不失信的良好氛围，把诚信价值观真正落入细节、落到实处。

第三，制度化是核心价值观践行的长效机制。社会主义核心价值观是全体社会成员的生产、生活、工作的价值准则，培育和践行核心价值观是一项长期的系统工程，要保证核心价值观取得认同、付诸行动，见诸成效，就要把核心价值观的价值取向同政策制度的制度导向结合起来，把确立、制定制度作为培育践行社会主义核心价值观的重要措施，将价值取向贯彻在政策、制度的制定、确立、执行之中，通过建立固化核心价值观的各项规章制度，保证和强化制度的长期性、稳定性、执行力和约束力，形成和建立核心价值观践行的内在的长效机制。培育和践行核心价值观的过程，就是把核心价值观的丰富内涵、精神实质和实践要求，融汇到规章、制度的制定过程，渗透到人们实践生活的方方面面，把核心价值观从思想观念转化为具体行动。社会主义核心价值观的培育践行，要紧紧围绕核心价值观的基本内容，注重理论宣传、价值整合、思想认同、实践养成、行为强化相贯通，注重制度保障、政策规范、法律约束、道德评判相衔接，使得制度真正取得实效。如社会主义核心价值观中的“公平”、“正义”，与其说是价值观念问题，不如说是社会实践问题。只有在教育医疗、择业就业、资源配置、利益分配、社会保障等问题上做到权力平等、机会均等、规则公平、程序公正，解决社会公平正义存在的不平衡、不协调、不公正等问题，如收入分配不公、司法不公、官员腐败等问题，并建立能够体现公平正义的规章、制度和规范，包括利益保障制度、收入分配制度、社会保障制度、法律制度、司法体制机制等相关制度，保障人民在政治、经济、文化、社会等方面的权利，切实维护权利公平、机会公平、规则公平，一方面，通过制度有效调节人与人之间、个人与群体之间的利益关系，调节个体的价值观念和行为模式，另一方面，通过制度解决各种社会矛盾和社会问题，切实维护和实现公平正义，才能使人们在实践中真正受到制度的熏陶、保护和教育，逐步认同、确立和深化公平、正义的社会主义核心价值观。

二、社会主义核价值观制度化的科学把握

社会主义核心价值观制度化，就是把社会主义核心价值观渗透到制度建设之中，把制度变成传播、培育、践行、弘扬社会主义核心价值观的重要载体，实现价值观念制度化，价值导向政策化、价值行为规范化，深刻认识和理解这一科学内涵，必须深入认识和把握社会主义核心价值观制度化的内在要求。

一是内在约束与外在约束相结合。社会主义核心价值观的制度化涉及的一个重要问题，就是内在约束与外在约束的关系问题，也就是自律与他律的关系问题。人民群众是培育和践行社会主义核心价值观的最终主体，核心价值观的培育和践行，自律是关键。培育践行社会主义核心价值观的最终目标，是使社会主义核心价值观的要求、规定和约束，转化为人民群众的内在要求，并最终转化成为人民群众自觉遵守和践履的行为。人民群众的核心价值观的形成和发展，是人民群众精神需求、个人品行、自我修养、内在反省的深化过程，这就要求在社会主义核心价值观的制度化过程中，要充分调动和发挥人民群众的主动性、积极性、创造性，积极引导人民群众以核心价值观作为衡量是非、美丑、善恶、正义与否的标准，反思和检验自身的言行，养成自省意识、自律观念，通过自我反省、自我评价、自我调整、自我控制，使自身的言行越来越趋近核心价值观的要求。社会主义核心价值观的培育和践行，他律是保障。核心价值观的践行，要注意通过制度建设积极营造社会主义核心价值观培育践行的良好政策导向和社会环境氛围，在不同价值观相互激荡、碰撞、交锋之中引领人们坚持运用核心价值观来判断是非、善恶、美丑等价值问题，通过制度规范使得人们认清是非、明辨美丑，使得符合社会主义核心价值观的思想和行为得到弘扬和提倡。社会主义核心价值观的制度化，要注意自律和他律的结合，将内在约束与外在约束统一起来，将内在要求和外在规范结合起来，切实保证社会主义核心价值观的培育

和践行。

二是规范自己与规范他人相结合。社会主义核心价值观是现阶段全国人民对社会主义核心价值观具体内容的最大公约数的表述，适用于中华人民共和国的所有公民和全部组织，是全体社会成员在参与社会活动中所应恪守的价值规范和行为准则，是每个公民经过努力和修为，都有能力可以做到的，具有普遍适用性、约束力、导向性、规范性，不是可有可无、高不可攀的。如果核心价值观只是适用于部分人、某些组织、只适用于特定的范围和场合，而其他人和组织可以搞特殊、讲形式，就不能称之为社会主义的核心价值观。社会主义核心价值观的制度化，是用政策法规的形式，将核心价值观转化为具有刚性、可操作的制度和体制，使得社会主义核心价值观得到普遍认同、普遍追求和普遍实践，形成的一种良好的社会舆论、社会风潮、社会氛围。就个体而言，践行社会主义核心价值观，首先要规范自己，将社会主义核心价值观转化为自己工作、生活、学习的价值标准，摆正义与利、己与他、个人与集体的关系，使自身符合核心价值观的思想和行为受到鼓励和支持，保证自身合理利益，纠偏不符合核心价值观的思想和行为，如只顾自己、不管他人甚至损害他人的利己主义价值观，构筑起巩固核心价值观效应的自我防线。同时，社会主义核心价值观的制度化，还要求通过制度保证社会主义核心价值观的规范、引领和主导作用的发挥，运用核心价值观来规范他人。亚当·斯密说："良好的社会制度和政治制度将能够给那些既有益于个人完善又有助于他人幸福的品质提供培养和发挥作用的环境，同时，又能够有效地控制那些损人利己的恶劣品质和行径。"① 社会主义核心价值观的制度化，要注重健全和完善有利于形成并弘扬优良道德思想和行为的评判机制、奖惩机制和监督机制，形成匡正祛邪、惩恶扬善社会风气和社会氛围。

三是内化于心与外化于行相结合。坚持内化于心与外化于行相结合，是社会主义核心价值观制度化的本质要求。核心价值观的制度化，重在

---

① ［英］亚当·斯密：《国民财富的性质和原因的研究》，商务印书馆 1972 年版，第 225 页。

实现认同，内化于心，最终要做到知行统一，外化为行，固化以制。社会主义核心价值观的制度化，首先要通过法律支持、政策保证和机制保障，动员各级组织、单位、机构，运用标语、报纸、杂志、户外广告、电视、广播、网络等多种载体，建立立体多维联动机制，运用鲜活生动的语言，从理论开掘、思想阐释、教育普及、宣传推广等方面持之以恒、坚持不懈地推进和强化，使人们将核心价值观 24 个字的牢记于心，使得个体或组织以核心价值观统领、驾驭、指导自身价值观，使核心价值观为人民群众深刻理解、高度认同，成为个体或组织的理想目标、人生追求、思想信仰。核心价值观内化的越自觉、越迅速、越深入，就越能统一人心、凝聚思想、达成共识。此外，社会主义核心价值观来源于丰富的社会实践，是对实践经验的理性升华，社会实践是核心价值观的生命源泉。我们不仅要将核心价值观内化、转化成为自己的价值观，内化于心，使价值导向与政策导向相一致，也要自觉履行核心价值观的基本要求，外化于行，坚持践行、矢志不渝，使社会主义核心价值观真正落入实践，使核心价值观培育与社会发展实践相一致。要避免和预防已经树立了正确的价值观，却在外在环境和条件的吸引和诱惑下把核心价值观的要求晾在一边，放松自我、明知故犯、知行不一，在行为上做出有悖于核心价值观的事情。社会主义核心价值观的制度化，要注意通过广泛深入开展形式新颖、内容丰富、喜闻乐见的实践活动，在实践中检验、分析、甄别不同的价值观，在行动中总结、反思、比较，褒扬符合核心价值观的行为，约束不符合核心价值观的行为，充分发挥核心价值观巨大的精神动力作用。

三、社会主义核心价值观制度化的有效推进

社会主义核心价值观的制度化，是一个理论问题，更是一个实践问题。在实践中积极推进社会主义核心价值观的制度化，可以从以下几个方面着手：

一是把价值引领和制度导向结合起来。价值观是制度规范的内在精髓，价值观的变化必然带来制度的变化。价值观是无形的，制度是有形

的，一定的制度总是体现和传递着一定的价值观念和价值倾向，一定的价值观要通过一定的制度体现出来，核心价值观如果不与制度相一致，获得制度保障，是难以得到坚持和践行的，制度缺乏正确价值观的引领，就难以体现社会主义的根本性质。价值观与制度二者相互协调、相互作用，相互契合，产生合力，而如果价值观和制度产生背离，处于“两张皮”的状态，社会发展脱离终极目标，整个社会就因缺乏精神凝聚和制度导向而人心涣散、混乱不堪。尤其是当前，由于经济社会成分的多样化，价值观也呈现出多元化、多样化的状态，个体的价值观存在着很大的差异性，要使核心价值观成为社会的支撑力量，必须实现核心价值观的制度化。“20 世纪理论家的任务就是，恰当地配置这些价值，并提出可以使这些价值得以调和的制度性手段。”① 推进社会主义核心价值观的制度化，要注重把价值引领和制度导向结合起来，在多样的价值观之中发挥核心价值观的引领、统驭作用，使制度内含核心价值观的精髓，通过有形的制度保证、体现、涵育核心价值观，把核心价值观中相互联系、相互支撑、相互作用的不同社会价值融入到制度之中，形成综合力量，在制度的灌输、执行、贯彻之中受到感化、熏陶、渲染，使个体价值观和组织的价值观向核心价值观转化和过渡，进而使社会全体成员在对价值观的认同上凝聚共识、达成一致，真正落实和弘扬核心价值观。

二是把正面激励与负面约束结合起来。社会主义核心价值观的制度化，要建立健全奖惩机制，通过奖优罚劣的制度，通过外在干预、刺激，引导和要求全体社会成员尊崇核心价值观，对建设践行社会主义核心价值观的先进力量、模范人物、优秀分子给予表扬、鼓励、支持和奖赏，发挥党员和领导干部的先锋带头作用，引领和带动全体人民积极参与核心价值观的实践，提高核心价值观的吸引力、影响力和辐射力，揭露、曝光、批评、惩罚有逆于社会主义核心价值观的言谈举止和不良倾向，通过正面激励和负面约束，引导矫正，一正一反，奖罚分明，发挥核心价值观培育和践行的效果。“一个社会赏罚分明，便会对社会大众起到良

① 龙静云：《治化之本市场经济条件下的中国道德建设》，湖南人民出版社 1998 年版，第 207 页。

好的督促作用。它犹如一种酵素，推动着人们按照社会所倡导的道德规范去严格要求自己，规范和约束自己的行为，并由此进一步推动社会道德欣欣向善。反之，如有一个社会奖罚错位，是非混淆、善恶颠倒，那么，它必然会扶邪驱正，推动着道德之风的腐败和堕落以及道德危机现象的蔓延。"① 在实施奖惩机制时，奖励的形式要丰富多彩，如报告会、集体学习、宣讲、专题报道、电视宣传、网络推广等，要侧重精神奖励，适度配合物质奖励，要发挥发挥党员和领导干部的先锋带头作用，要注重公众人物、演艺明星、网络大V、意见领袖的价值带动作用，通过奖惩体现一种价值导向，厚植培育核心价值观的土壤，为符合核心价值观实践创造良好的舆论氛围，引领和带动全体人民积极投身核心价值观的实践之中。惩罚要注重力度和尺度，注重惩罚中疏导沟通和心理建设，及时与落后分子进行沟通交流，深入分析不良思想和行为背后的深刻原因，以情感人、以理服人，情理相彰，引导其认清自己价值观上的错误倾向，避免其产生排斥逆反排斥心理。

三是把创立制度与执行制度结合起来。核心价值观的制度化，健全制度是基础，执行制度是关键。核心价值观的制度化，首先需要对现行的制度、体制、法律、法规进行全面考察、分析和检讨，这既包括创建创立与核心价值观的内在精神保持一致的新制度，又包括改革创新与核心价值观要求不相符合的体制机制，还包括贯彻推广已经建立起来的好制度，把创立制度与执行制度结合起来。邓小平指出："我们过去发生的各种错误，固然与某些领导人的思想作风有关，但是组织制度、工作制度方面的问题更重要。这些方面的制度好可以使坏人无法任意横行，制度不好可以使好人无法充分做好事，甚至会走向反面。"② 核心价值观的制度化，首先必须分析和梳理现有的制度、机制、法律、法规，对适应时代发展要求的、体现核心价值观本质内核的、经过实践检验卓有成效的制度，要坚持不懈地长期坚持，对于落后与时代发展的、背离核心价

---

① ［英］M. J. C. 维尔著，苏力译：《宪政与分权》，三联书店 1997 年版，第 334 页。

② 《邓小平文选》（第 2 卷），人民出版社 1994 年版，第 333 页。

值观要求的制度要加以修订纠正。其次，深入研究创立新的制度，集思广益，充分吸收专家学者和群众智慧，尊重人民群众的首创精神，把实践中的好经验、好做法归纳总结起来，畅通群众表达利益的机会和渠道，汇集各方声音、意见、诉求，使制度能够兼顾和反映不同群众的利益，固化而制，形成新的制度成果。此外，制度的创立重要。执行更重要，制度面前人人平等，有了制度就要严格执行，有了制度不作为、把制度“当摆设”，置若罔闻、形同虚设，当面一套、背地一套，钻制度的空子；有了制度乱执行，只管别人，不管自己，有选择性地执行，为小团体、小圈子大开制度“绿灯”，这都不符合核心价值观平等正义的要求，也会破坏和损耗制度的严肃性、公信力和权威性。制度一经确立和形成，就要严格执行，要建立相关的责任追究机制，明确责任主体，监督制度的执行，随机进行检查、定期进行反馈，做到执行制度始终如一、坚持不懈。

四是把严明党纪与遵守国法结合起来。十八届四中全会对我国法治体系的构造进行了深入的阐释，其中，“完善的党内法规体系”就是指党纪，“完备的法律规范体系”就是指国法。党纪与国法，构成了中国特色社会主义制度体系的重要内容。社会主义核心价值观的制度化，要把严明党纪与遵守国法结合起来。党的纪律是党为实现党纲而制定的党组织和党员必须要遵守的党内规矩和行为规则，各级组织和全体党员必须受到党规党纪的刚性约束，它涵盖了党员应该做什么、不应做什么的硬性要求。严密的组织纪律性，是我们党的一个鲜明特征和重要优势，我党历来高度重视纪律建设，在长期的革命、建设和改革实践中，党形成严明的纪律制度并日臻完善。党纪不得赋予党员和组织以特权，党的各级组织和全体党员要严格的党纪标准要求自己，每一个党员，无论党龄长短、职位高低，贡献大小，都必须严守党的纪律，任何人都不能开小灶，搞特殊，讲例外，凌驾于党纪之上。党纪要严明，法律也要遵守。国法适用于中国的全体公民和一切组织，具有普遍的适用性和约束力，每个人都必须严格遵守国家的法律规范，这是现代法治社会的基本要求，也是社会主义核心价值观的内在要求。党纪与国法都是宗旨上都是为人民服务的，党纪是在党内推行党的政策，国法是在全社会推行党的政策，两者都是党的决策与人民群众的意志相统一的集中体现。社会主义核心价值观的制度化，要求每个共产党员都要学习党规党纪，增强纪律观念，不断提高遵守党纪国法自觉性，切实提高社会主义核心价值观制度化的水平。

五是把管理制度与乡规民约结合起来。社会主义核心价值观的制度化，要在管理制度中凸显社会主义核心价值观，把社会主义核心价值观融入具体管理制度建立、建设和评价之中，使社会主义核心价值观日常化、生活化、常态化。比如，管理制度的制定要充分尊重和保证社会成员的利益，要建立自由、平等、开放的对话平台和舆论平台，深入了解群众利益和愿望，集思广益、积极鼓励群众参与管理制度的制定、监督之中，发扬民主意识，深化公民参与社会事务的程度，充分发挥人民群众的主体性。另外，乡规民约是我国现代乡村治理的重要补充工具，是我国人民为了维护社会治安和道德秩序自发制订的一些在某些区域范围内遵守的规则和俗约，它介于法律与道德之间，是一种“准法规”。乡规民约是我国法律制度和文化建设的组成部分，体现我国村民自我管理、自我教育、自我约束，在实际农村基层社会生活中具有广泛而深刻地影响，起到影响人们道德观念、调节人们社会行为的作用。比起正式的管理制度，乡规民约更有非正式性、属地性等特点，有着化民成俗、化解矛盾、维护社会稳定的作用。乡规民约和社会管理相互契合，社会主义核心价值观的制度化，要将社会管理与乡规民约结合起来，在社会管理中发挥乡规民约的积极作用，深入挖掘乡规民约的现代性价值，完善乡规民约，把乡规民约作为管理制度的有益补充，使其与社会主义核心价值观保持一致，与国家法律高度一致，在互动中实现相互合作和互相促进。

第二节　大学生社会主义核心价值观培育原则

在大学生中培育社会主义核心价值观是高校的重要工作，而培育工作的有效性在一定程度上取决于教师在培育过程中依据的原则，因为原则作为指导工作开展的根本依据和方向，对于大学生社会主义核心价值观培育工作具有规范和指导作用，显得尤为重要。因而，有必要探索在社会主义核心价值观培育的原则。

一、以人为本、双向互动的原则

从教育主体的角度，大学生社会主义核心价值观培育必须遵循以人为本、双向互动的原则。即要把学生作为主体和目的，关照他们的需要，尊重、理解、发展他们；要将学生视为培育活动的主体，充分尊重其主体地位，采取平等互动的方式。

马克思在《德意志意识形态》中明确指出："全部人类历史的第一个前提无疑是有生命的个人的存在"，"我们的出发点是从事实际活动的人"，应当"从现实的、有生命的个人出发"，研究"处在一定条件下进行的、现实的、可以通过经验观察的发展过程的人"。[①] 德育或思想政治教育是为了帮助学生树立科学的价值观，确立做人做事、实现社会价值与自身价值的取向与准则，是自身目的性、主体性的集中体现，是促进学生智力、体力发展的根本动力，是学生德、智、体、美全面发展的根本保证。如果没有德育，或者智育、体育、美育中没有德育的内容与要求，仅仅只有科学技术知识、技能、技巧的传授，实际上是一种以知识为本而不是以人为本的教育，是一种无目的的教育。

社会主义核心价值观属于人认定事物、判定是非的一种思维和取向，并不是仅仅靠教师单向灌输和强制压服就能够为大学生所理解和接受。社会主义核心价值观培育的对象是人，也靠人去实践，应当注重对大学生精神上的关怀和道德品质的培养，而非纯理论知识的获取。社会主义核心价值观培育过程是教师把一定社会的思想观念、价值取向、道德规范传递给学生，经过学生的理解、接受和认可，最终促使学生思想品德形成和发展的过程，是主体意识自觉活动的一个过程，这一过程必须要尊重大学生作为独立个体的主体性，重视教师与大学生之间的平等对话，

---

① 《马克思恩格斯选集》（第1卷），人民出版社1995年版，第67页。

只有实现良好的双向互动，才能使大学生从内心认同社会主义核心价值观。

多元文化的时代环境对大学生思想状况的影响甚大，各种社会思潮的泛滥以及互联网的发展打破了传统信息渠道的单一化，对社会主义核心价值观培育工作增加了一定的难度。这要求培育中要了解和尊重大学生的需求，在平等自由的双向对话过程中积极引导他们发挥主体性，自觉理解和接受社会主义核心价值观，进而提高自身的思想品德水平。

由于以上原因，大学生社会主义核心价值观培育要坚持以人为本、双向互动的原则。

坚持以人为本，就要以大学生的需要和思想品德发展规律为依据，选择能够满足大学生价值需求且与他们认知能力相匹配的教育内容和方式。教师必须下功夫分析和研究大学生的需要及其特点，对他们需要什么，需要到什么程度，为什么需要，以及通过怎样的方式和途径加以满足要有明确的把握。[①] 应当联系大学生的生活实际，把握他们的内在需求，比如求职就业、社会交往和体现人生价值等等，帮助大学生解决现实生活问题，让他们真正认识到社会主义核心价值观的价值和意义所在，从情感上认同它并自觉外化成实际行动。

坚持双向互动的原则就是要采取主体间交往的教育范式，实现师生之间的平等对话。以往，不少教师没有摆脱主客二元对立的思维方式，采取灌输式的教育，教师作为唯一的主体控制着教育的过程，学生则沦为被改造的物。文化多元化的时代背景改变了过去大学生盲目迷信某种价值权威的现象，给予他们更多的自由去选择能够满足自身发展需要的价值观念。与此同时，传统价值观教育中填鸭式灌输和被动式接受的教学模式已经不受学生待见，以往课堂“教师讲、学生听，教师写、学生抄，教师问、学生答”的情景也大大减少，相反更多是富有个性的学生与老师之间的热烈讨论甚至唇枪舌剑——“为什么它是正确的，老师您可以证明吗?”“这是哪里来的数据，我不这样看，因为我看到的现实不

① 张耀灿、郑永廷、吴潜涛、骆郁廷：《现代思想政治教育学》，人民出版社2006年版，第289页。

是这样的。”相比科学知识教育，价值观教育在思想活跃、观念碰撞、文化流动变化的时代，共识的达成比以往更加艰难。[①] 因此，必须改变价值观教育被异化为驾驭性、支配性、控制性的“对象化”活动，实现主体间教育的教育范式，构建其师生之间应有的围绕共同价值话题的自由的平等的精神交往。马克思在《德意志意识形态》一书中清晰地论述了主体—主体的关系，他认为人类活动除了人对自然的改造，还有人与人之间的作用，即“人们在生产中不仅仅影响自然界，而且也相互影响。他们只有以一定的方式共同互动和相互交换其活动，才能进行生产”。[②] 主体间性交往的教育范式超越灌输教育狭隘的、极端的主体性，把他人视作与我一样的另一个主体，实现对人的主体性的弘扬。教师应当理解学生的想法，倾听学生的心思，不要把他们看作是被动地接受的工具，而要视他们为讨论共同话题的对象，通过平等的交流、讨论、沟通、反馈、点评的过程拉近师生之间的心理距离，在共同参与学习的过程中培育社会主义核心价值观。

二、内容丰富、方法创新的原则

从教育内容和方法的角度，大学生社会主义核心价值观培育必须遵循内容丰富、方法创新原则。即要联系实际并结合具体的现实生活，丰富社会主义核心价值观培育的内容，同时要进行方法的创新。

社会主义核心价值观的培育就内容来说，首先体现了高度的抽象性和概括性，大学生要理解它的深刻含义和认识到它的重要性具有一定的困难，更谈不上身体力行去实践这二十四字所提倡的价值观念和道德规范；其次，具有鲜明特色和生动易懂的培育材料甚少，绝大部分材料往往千篇一律阐述概念和意义，内容单薄，理论与实际脱节，缺乏感染力和说服力，难以使调动大学生的学习动力，甚至产生抵触心理。对此，

---

① 韩震、石芳：《多元文化背景下核心价值观教育》，人民出版社 2014 年版，第 2 页。

② 《马克思恩格斯选集》（第 1 卷），人民出版社 1995 年版，第 344 页。

教师应当在价值观培育的过程中丰富教育内容，才能大大调动大学生的认识、理解和实践社会主义核心价值观的真谛。

社会主义核心价值观就培育方法来看，也面临着一定的挑战。社会主义核心价值观作为具有普遍性的理论，而大学生的价值观教育作为特殊性的实践活动，一般性的理论能解决特殊性的实践问题，靠的就是方法的创新性运用。社会主义核心价值观的培育主要是以大学生的思想活动为其工作对象和实践领域，比一般的实践活动更具有特殊性和复杂性。因此，对方法选择运用的创新性要求更高。

丰富社会主义核心价值观的培育内容主要做好三点。一是教育内容生活化。社会主义核心价值观高度凝练，在大学生眼中过于抽象，因此，只有在社会主义核心价值观培育过程中将教育内容与大学生的日常生活相结合，才能使教育内容更加丰满鲜活，消除大学生和教育内容之间的距离感。二是教育内容通俗化。社会主义核心价值观虽然只有短短的高度概括的二十四个字，但它是国家、党、人民群众多年社会实践所得出精髓，实质包含的内容丰富。因此，教师应把教育内容作为再认识的对象，用通俗易懂的语言和例子将其转化，有利于大学生接受和理解。三是教育内容层次化。教师必须从大学生思想状况变化发展的实际出发，根据学生的不同需求选择不同的内容，有针对性开展培育工作。同时，将培育内容分为主导性内容和基础性内容，丰富培育内容。主导性内容就是社会主义核心价值观所包含的内容，基础性内容就是价值观包括的理论内容，主要有政治的、道德的、人文的、科学的等各类价值观，通过基础性内容加深大学生对主导价值观的认同和内化。

在继承中不断创新培育方法主要要做到两点。首先要坚持在继承的基础上对培育方法进行改革和发展，克服经验主义和教条主义，剔除不合时代发展的传统方法，汲取有用部分并结合新情况加以创造性的改造，包括以马克思主义为指导的教育方针、特殊方法和一般方法，是在实践中经历了长时间的考验总结出来的，在现代依旧具有科学性。对于这类方法，要贴合时代的趋势，不断完善，使之更加贴合社会主义核心价值观培育的实际要求。其次，坚持在改革的过程中不断赋予培育方法以新的内容。西方关于道德教育的理论和方法十分丰富，在西方的道德教育实践中发挥了重要的作用，广泛学习和借鉴其他国家的方法能为社会主义核心价值观培育方法的创新带来诸多启发。与此同时，培育方法的创新还要把视野放在其他学科，包括心理学、社会学、传播学和管理学等等，通过借鉴相关学科的方法，创造性运用到对大学生社会主义核心价值观培育上，不断对培育方法注入新内容，才能更好地实现培育目标。

三、注重实践、知行统一的原则

从教育规律的角度，大学生社会主义核心价值观培育必须遵循知行统一、注重原则。即要注重实践层面的教育，帮助学生实现知行一致，以达到培育的目标。

社会生活在本质上是实践的，所有的理论源于实践，最终也要回归到实践之中。正如毛泽东指出“感觉到了的东西，我们不能立刻理解它，只有理解了的东西才更深刻地感觉它。感觉只解决现象问题，理论才解决本质问题。哲学问题的解决，一点也不能离开实践，无论任何人要认识什么事物，除了同那个事物接触，即实践于那个事物的环境中，是没有法子解决的”。①

由教育规律可知，知行统一的顺序是“认知——行为”，这是建立在受教育者的思想高度觉悟以及对核心价值观所提倡的规范认可和道德观念的基础之上。然而，并非所有大学生都能在教师的正面教育下自觉地践行社会核心价值观，即便他们获得系统的价值观知识，也难免会有相当一部分不能够理解，只是记住了社会主义核心价值观的概念，难以产生认同感，更不用说据此改变自己的行为习惯。因此，大学生社会主义核心价值观的培育应面向实践、结合实践，避免陷入知识化、抽象化和概念化的怪圈，才能促进大学生对社会主义核心价值观的认知和行为达成一致。

坚持注重实践、知行统一的原则，要求主要做好两点。

第一，坚持开展实践教育。实践教育是一种生成性、发展性的价值

---

① 《毛泽东选集》（第2卷），人民出版社1991年版，第5页。

观教育方式，可以克服社会主义核心价值观培育中言行不一、知行脱节的状况。教师要认识到社会主义核心价值观培育离不开实践，实践是大学生社会主义核心价值观培育的根本途径。要高度重视，认真规划，组织引导大学生参与社会实践活动，让学生深入到现实生活中参观、访问、调查、讨论，通过实践教育不断提高大学生价值判断、价值理解、价值选择和价值行为的能力，从而发自内心地认同社会主义核心价值观。值得注意的是，开展实践教育时要充分尊重大学生的主体性，根据大学生不同阶段的心理、品德发展的水平与结构确定实践活动的形式，还要针对教育内容的变化作出适当的调整，以达到培育效果的最优化。

第二，通过强化大学生的正确行为促成其知行统一。将教育动机外化为行为，并在多次反复强化中逐渐养成行为习惯，形成稳定的价值观念和行为模式，这是促进大学生价值认知转化为行为的关键。为此，对大学生正确的行为给予充分的鼓励和支持，使其认识到自己具有践行社会主义核心价值观的行为能力，更有思想动机去做符合社会要求的事情，经过多次的行为强化形成良好的习惯。洛克在《教育漫话》中指出："只有你给它良好原则与牢固习惯，才是最好的，最可靠的，所以也是最应该注重的。因为一切告诫与规则，无论如何反复叮咛，除非实行成了习惯，全是不中用的"。[①] 可见，只有在实践的基础上强化大学生的正确行为，促进其知行统一，才是社会主义核心价值观培育的归宿和落脚点。同时，对大学生错误的行为要及时指出，使其认识到自己的行为的负面影响，进而及时纠正。

第三节　高校社会主义核心价值观宣传教育的实效性

2014 年 5 月 4 日，习近平总书记在北京大学考察时指出："青年的价值取向决定了未来整个社会的价值取向，而青年又处在价值观形成和

---

① ［英］洛克：《教育漫话》，人民教育出版社 1985 年版，第 30 页。

确立的时期，抓好这一时期的价值观养成十分重要。”① 培育和践行社会主义核心价值观，认知是基础，认同是关键，践行是归宿。为更好地把握高校社会主义核心价值观宣传教育的现状，课题组开展了此次专题调研。

一、广东高校大学生社会主义核心价值观宣传教育的调研概况

广东高校大学生社会主义核心价值观宣传教育调研，采取抽样调查的方式，共选取了大学城5所高校，累计发放问卷750份，回收问卷743份，问卷回收率为99%。调研样本从性别比例看女性占48%，男性占52%；从政治面貌看，中共党员占比12. 5%，共青团员占比83. 7%，普通群众占比2. 8%；从年级来看，大一学生占比45%，大二学生占比23%，大三学生占比20%，大四学生占比12%。问卷调研的同时，配合以网络调研、小型座谈和个别访谈等，广泛以及较深入了解大学生对社会主义核心价值观的认知、认同和践行现状，了解社会主义核心价值观宣传教育的效果，运用SPSS19. 0软件对调研数据进行统计分析，提出结果分析。

二、广东高校社会主义核心价值观宣传教育的现状

调研数据显示，社会主义核心价值观宣传教育在高校中的效果是明显的，主要体现在大学生对社会主义核心价值观的认知和认同的主流积极健康向上，但也存在一些问题。

1. 高校社会主义核心价值观宣传教育效果总体良好

（1）大学生对社会主义核心价值观的总体认知良好。

调查显示，大学生对社会主义核心价值观的总体认知不错。当问及

---

① 《习近平在北京大学考察时强调：青年要自觉践行社会主义核心价值观与祖国和人民同行努力创造精彩人生》，《人民日报》2014年5月5日。

"你是否了解社会主义核心价值观的相关内容?"分别有21.8%的学生和61%的学生对此较为了解和一般了解，还有9.4%的同学非常了解，不太了解和不了解的学生累计百分比为5.5%和2.3%。当问及你认为"国家提出和大力推进社会主义核心价值观的培育和践行是否有必要时?"87%的同学回答非常有必要，4%的同学回答没有必要，9%的同学回答无所谓。当问及"你对社会主义核心价值观的了解主要是通过以下何种渠道?"学校、社会（街道、地铁等宣传栏）、手机网络和杂志报纸分别为61.3%、45.3%、42.5%和15.8%，由此可以看出学校是大学生获悉社会主义核心价值观的主要途径。

（2）大学生对国家和社会的发展充满信心。

调查显示，大学生对社会主义核心价值观引领下国家和社会的发展和建设充满信心。当问及"你对2050年中国将建成'富强民主文明和谐'的社会主义现代化国家即第二个百年目标的实现是否有信心"时，有89.7%的同学对此有信心。当问到"你对中国将逐渐建成一个'自由、民主、平等、公正'的法治社会信心如何"时，63%的同学表示有信心。

表4-1 大学生对"2050年中国将建成'富强民主文明和谐'的社会主义现代化国家"的信心指数

选项	有信心	无所谓	没信心
百分比（%）	89.7%	6.3%	4%

表4-2 大学生对"建成一个'自由、民主、平等、公正'的法治社会"的信心指数

选项	有信心	无所谓	没信心
百分比（%）	63%	22%	15%

2. 高校社会主义核心价值观宣传教育存在一些不足

调查显示，大学生对国家和社会的总体发展充满信心，宣传教育效果有一定成效。但由于宣传的手段和力度等各种原因，大学生对社会主义核心价值观的内容、意义、层次和本质等几个方面缺乏深度理解和认同。主要表现在几个方面：

（1）对社会主义核心价值观的内涵缺乏理性层面的理解。

调查显示，部分大学生对社会主义核心价值观的内容缺乏全面的了解，对社会主义核心价值观的三个层面缺乏深刻认知，对社会主义核心价值观的意义认识不到位，对社会主义核心价值观与西方核心价值观的区别不能做出理性判断。分别有5.5%和2.3%的同学对社会主义核心价值观的内容不太了解和完全不了解，78%的同学不能完全记住社会主义核心价值观的内容，84%的同学记住又忘记了。当问及社会主义核心价值观的意义时，有4.5%的同学认为“没什么意义”，有10.3%同学认为仅仅是一种形式。87%的同学认为国家提倡社会主义核心价值观的培育和践行非常有必要，但问及为什么有必要时，有些学生回答不上来。在问及学生“社会主义核心价值观”与西方“自由民主平等博爱”的核心价值观之间的是否有区别时？大多数同学知道两者有区别，但要其具体谈谈“有何区别”时，绝大多数回答是不清楚。当问及“你是否知道社会主义核心价值观是从国家、社会和个人层面阐述了价值目标、价值取向和个体准则。”46%的同学回答不大清楚，23%的同学表示不知道。

（2）对社会主义核心价值观缺乏深厚的情感认同。

调研组在对学生发放问卷和访谈时，会感到一些学生对社会主义核心价值观教育的冷漠和抵触。比如，在问及“你认为是否有必要进行社会主义核心价值观教育时?”有12%的表示无所谓，8%的表示没必要。当问及“你是否赞同我国提出的‘建设富强民主文明和谐的社会主义现代化国家’”，有9%的同学表示无所谓。当问及“你是否认可将‘爱国敬业诚信友善’作为个人的行动准则”时，17.9%的同学表示不太认可。还有部分学生对社会主义核心价值观的宣传有些抵触情绪。如当问及“你对现在国家提倡的社会主义核心价值观培育和践行的基本态度”时有11%的同学表示有点反感，有6%的同学表示明确反感，还有17%表示无所谓。

（3）社会主义核心价值观观念的宣传与实践相脱离。

通过问卷调查和访谈发现，少数大学生对社会主义核心价值观的认知和践行存在不统一的现象，也就是说大学生对社会主义的相关内容有大致的了解，对国家和社会的发展和建设充满信心，但在个体如何去做，一些大学生出现了茫然。对国家提出的社会主义核心价值观的培育和践行，绝大多数同学都了解，但国家和政府采取了哪些措施推行社会主义核心价值观的培育和践行，有41.6%的同学说不清楚。例如当问及“培育和践行社会主义核心价值观有必要吗?”78%的大学生表示有必要，但随后问及谁是“培育和践行社会主义核心价值观的主体”时，32.1%同学认为是国家和政府，有22%的学生认为社会主义核心价值观的培育和践行和自己没有关系。

三、高校社会主义核心价值观宣传教育现状的原因

1. 社会主义核心价值观宣传教育注重知识层面，缺乏对理论系统地和反复地宣传

社会主义核心价值观的认知是认同的前提，理性认知是对认识对象基本内涵的深刻把握，它具有抽象性和确定性，是情感认同的基础和实践的深层动因。增强理性认知就是要深化对认识对象内在结构和内在逻辑的科学把握。核心价值观宣传教育不仅要求学生知道核心价值观的24个字是什么，同时还要学生对社会主义核心价值观的科学系和真理性要有所理解。将核心价值观内化为学生的价值准则，这不是一朝一夕的，它是一个长期的过程。需要学校对其进行理论的系统地和反复地教育。只有这样社会主义核心价值观才能进入学生的头脑，成为行动的指南。但目前高校社会主义核心价值观宣传教育偏重于内容的知识了解层面，并没有将其系统纳入课程中，如当问及学生“学校对社会主义核心价值观的本质、指导思想、意义等进行过论述吗?”53%同学回答有，17%同学回答没有，30%记不清楚了。当问及学生“学校是否每个学期都定期举办和开展与社会主义核心价值观相关的宣传教育活动?”绝大多数同学回答是“举办过，但没有每个学期，主要是在十八大以后”，访谈中的一年级学生表示“学校没有开展过，只是从学校宣传栏有所了解”。对社会主义核心价值观的内在结构和内在逻辑缺少科学的把握，导致学生

对社会主义核心价值观缺乏理性的认知，大学生难以产生对核心价值观有着深厚的情感认同，也就难以使社会主义核心价值观内化为个体的价值观念，外化为个体的自觉行动。

2. 多样化的文化思潮学生面临价值观判断和选择的困惑

随着经济成分的多样化、社会信息化、文化多元化以及全球化，世界各国思想文化交流交锋交融日渐增强，意识形态领域的斗争日益尖锐。以“拜金主义、历史虚无主义、极端个人主义、享乐主义、普世价值”等西方不良社会思潮裹挟在各种社会思潮中冲击着当代大学生，尤其是这些错误思潮在形形色色的外衣遮蔽下，全方位的对我国进行渗透，这给正处于价值观形成和确立的大学生带来了思想上的混乱和困惑。

调查显示，当问及学生“你的人生目标是什么?”32.2%同学选择找个好工作，23%的同学找个好对象，45%的同学干出一番事业，功成名就，66%的同学认为过好自己的日子，家庭幸福。这反映了多元化的社会，学生的价值取向多样化，学生更加注重个体的感觉和体验。当问及对社会上盛行的一些现象和焦点事件的看法时，绝大多数同学认为可以接受，认为这是个人的选择，大家要尊重。如问及“你对‘宁可坐在宝马里哭，也不愿坐在自行车上笑’这种价值观的看法”时，41%同学表示接受、但不认同，12.6%的同学表示接受且认同，20.1%的同学表示不接受不认同，还有26.3%的同学选择是无所谓。当问及学生“你对原央视主持人毕福剑丑化我国伟大领袖毛泽东主席事件的态度”时，44%的同学认为做法不对，坚决抵制这种行为。31%的同学认为言论自由，无权干涉。多样化的价值观，学生分不清这些价值观背后的利益交锋，学生失去了主导价值观对其进行引导、判断和选择。此外，经济领域的贫富差距，政治领域的贪污腐败，文化领域的低俗媚俗，社会领域的不良风气，虚拟领域的虚假信息等都给社会主义核心价值观的宣传教育带来了阻力，也影响了大学生对社会主义核心价值观的认同。数据显示，在如何使“社会主义核心价值观深入人心”，有53%的同学认为加大力度惩治贪污腐败，65%同学认为要缩小贫富差距，43%同学建立社会的公平和公正，在访谈中问及“当前中国社会的主要问题是什么”时，84%的同学回答是社会不公平、不公正较为普遍。

3. 培育方式单一，社会主义核心价值观观念的宣传与学生的实践相脱离

调查还发现，当前社会主义核心价值观宣传教育存在的问题和阻力，主要表现为宣传教育脱离学生实际生活，存在着两张皮的现象。究其原因是培育方式单一，社会主义核心价值观没有深入融入到学生学习、生活的各个方面，没有内化为学生的价值准则指导他们的行为。身处信息化时代的大学生，互网络已经成为学生们的生活方式，微信、微博、QQ等成为他们主要的交流平台，每天他们花在网上的时间平均为三个小时以上，有些同学甚至上网的时间超过了上课的时间。但目前高校社会主义核心价值观宣传教育目前主要的方式是通过课堂和校园宣传栏，方式较为单一，对于传统的灌输方式，学生普遍比较反感。通过在与学生的访谈中问及学生“你对社会主义核心价值观宣传教育的方式和手段是否满意时”大多数同学表示不满意，且学生对“说教式”的灌输比较反感，认为学校社会主义核心价值观宣传教育形式大于内容，没什么实质性的作用。当问及学生“你的校园生活是否体现了‘平等、公正、诚信、友善”的价值观时，选择项排序是平等（43%）公正（34%）诚信（67%）友善（55%）。当问及“社会主义核心价值观培育和践行以来，你感觉到周围和社会有什么变化吗?”76%没什么变化，14%有点变化。当问及学生“如何履行和践行社会主义核心价值观”时，大多数同学回答的就是好好学习，管好自己，努力工作等抽象性的话。具体如何爱国，敬业，诚信和友善，同学们回答不上来，也不知道该具体怎么落实。高校社会主义核心价值观宣传要结合时代的特点，以学生为中心，不仅继续加强传统的“显性宣传”，同时也要采取多种方式和手段加强社会主义核心价值观的“隐性宣传”，即社会主义核心价值观融入到大学生的生活、学习和活动中。

四、加强高校社会主义核心价值观宣传教育实效性的对策

1. 要继续加强和深化高校社会主义核心价值观宣传教育

康德说过，人们知道什么是真理不等于人们知道为什么这是真理，

知道为什么是真理不等于知道怎么去做，知道怎样去做不等于愿意并真正去做。因此增强大学生对社会主义核心价值观的认知认同，宣传教育是非常重要的手段。要通过课堂、讲座、主题辩论、核心价值观宣传专栏、论文比赛等多种形式的宣传教育活动，运用各种有效的载体和传播方式如微课、微博、微信等，对社会主义核心价值观的时代背景、指导思想、内在逻辑和结构、与西方核心价值观的区别、现实和理论意义等进行详细的阐述和系统地梳理，把社会主义核心价值观讲清楚，讲明白，让学生知道社会主义核心价值观不是一种观念的游戏，而是人们在长期的实践中提炼出来的，他体现了人们的共识。要让学生明白，国家的富强民主文明和谐，以及社会的自由平等公平法治是需要每个同学身体力行。社会主义核心价值观只有被广大人民群众所掌握，就能产生巨大的力量。

习近平总书记在与北京师范大学生座谈时指出："核心价值观的养成绝非一日之功，要坚持由易到难、由近及远。"① 表明了价值观教育不能一蹴而就，需要日积月累，细水长流。高校社会主义核心价值观宣传教育不是一时的宣传，而是长久地、系统地、反复地宣传。长久的意味着要把社会主义核心价值观宣传教育贯穿到大学生四年的学习、生活和活动中，使之成为校园文化的一部分；系统的意味着宣传教育要有明确的目标，整体的设计，把热点新闻与专业课程知识相结合，把阐述西方国家社会优势与制度弊端结合起来，把分析我国社会问题与社会改革目标相结合，把介绍党史国史与优秀传统文化价值相结合。注意知识点的前后衔接，价值立场鲜明；反复地就是核心价值观的宣传教育不是宣传一次就可以了，对重要的内容，容易混淆的概念等需要采取多种形式反复的宣传和教育，加深学生对其理解。

2. 核心价值观宣传教育重要的是培养学生的价值判断和道德责任感

"培育核心价值观，重要的是增强人们的价值判断力和道德责任感。"当前，我国经济体制改革深刻变革、利益格局深刻调整，导致人们

---

① 《习近平在北京大学考察时强调：青年要自觉践行社会主义核心价值观与祖国和人民同行努力创造精彩人生》，《人民日报》2014 年 5 月 5 日。

价值取向的主体性、多样性、多变性日益明显。大学生是思想最为活跃，也是最容易受影响的群体，他们的价值观总体说来呈现多元化的特点。价值取向多样化，是价值观内容的丰富和发展，是社会更加进步、开放的标志，但多元化及差异性带来的价值观的冲突和交锋，使得学生面临多样化的价值观出现了判断的迷茫和选择的困惑。因此高校社会主义核心价值观宣传教育要注重培养学生价值判断和选择能力。在价值判断方面，要对多样化的价值观滋生的背景进行阐述，对主要常见价值观的表现形式和主要内容等进行深度剖析，通过一些国际社会中发生的事例引导学生如何运用核心价值观来判断各种价值问题，如讲述中西方在“自由、民主和平等”的价值观的区别时，以“阿拉伯之春”演变成今天的“阿拉伯之冬”为例，讲述以美国为首西方社会不顾各国文化宗教背景，披着普世价值外衣向非西方社会兜售以及渗透的西方核心价值观，结果导致这些国家水土不服，国家内乱不断，民不聊生。

核心价值观的宣传教育不仅要注重学生价值选择能力的培养，同时也要培养学生的道德责任感。引导学生处理好价值关系中的社会价值和自我价值之间的关系。社会主义核心价值观倡导“爱国敬业诚信友善”，规定了每个公民个体的行为准则，即告诉了大家如何处理个体与国家、个体与集体、个体与他人的关系，要求个体在处理与国家关系时对祖国和民族忠诚、热爱和奉献；在职业活动中遵守社会主义集体主义道德原则，正确调节个人与他人、个人与社会相互关系，做到热爱自己的工作岗位，尊重自己所从事的事业，努力工作，为社会做出积极的贡献；在处理与他人的关系时“诚实守信”“团结友善”，做到人与人之间相互信任、友善他人，和谐相处。“爱国敬业诚信友善”强调大学生个体与国家、社会和他人的共同利益关系和责任，有利于大学生对中华民族的认同感和归属感的培养和对国家、社会和他人的责任意识的提高。

3. 把社会主义核心价值观的培育和践行纳入高校治理体系中

习近平总书记指出：“一种价值观要真正发挥作用，必须融入社会生活，让人们在实践中感知它，领悟它……形成有利于培育和弘扬社会主义核心价值观的生活情景和社会氛围，使核心价值观的影响像空气一样无所不在，无时不有。[①] 高校社会主义核心价值观宣传教育首先是要将社会主义核心价值观纳入到高校治理体系中。也就是说高校治理体系要体现社会主义核心价值观的要求，社会主义核心价值观不仅是学校治理体系内在的魂，在规章制度，管理、在校园文化等方面体现出来，同时他也是个人的魂，是学生人格品德塑造的基础，因此社会主义核心价值观既是学校的价值基础，又是个人行为的价值准则。学校对于身处其中的学生来说就是个小社会，社会主义核心价值观不仅要成为学生的主导价值观，就是现代社会治理体系要体现社会主义核心价值观的要求。

让社会主义核心价值观成为高校治理体系的内在灵魂？高校治理体系就是一系列制度安排，制度安排的灵魂应该是社会主义核心价值观，如果学校能把社会主义核心价值观融入到学校治理的各个方面，社会主义核心价值观宣传教育就如鱼得水、顺理成章了。如果学校本身没有把社会主义核心价值观融入到治理体系中，宣传教育怎么可能有效果呢？学生怎么能将价值观内化为自己的价值准则呢？社会主义核心价值观的合理性和价值性最终也无法体现。社会主义核心价值观如何融入到高校治理体系中？首先在价值目标上，各个学校各个专业培养的目标不同，但所有高校都有一项共同目标就是引导学生树立为中华民族的伟大复兴的远大理想和坚定信念。其次价值取向方面，学校本身要积极将学校建设成为一个“自由、平等、公正、友善”的校园，学校的每个教职工都应该将爱国敬业诚信友善体现自己的工作中，对待自己的工作要认真对待，对待同事和学生要诚信友善，教职工以身作则成为学生的学习和践行的榜样。只有这样社会主义核心价值观才能融入到高校治理体系中，价值观的生命力和价值才能体现和增强，同时高校治理体系也具有内在的灵魂。

---

① 《习近平在中共中央政治局第十三次集体学习时强调：把培育和弘扬社会主义核心价值观作为凝魂聚气强基固本的基础工程》，《人民日报》2014 年 2 月 25 日。

第四节 社会主义核心价值观与学科德育

2012年党的十八大报告首次提出“倡导富强、民主、文明、和谐，倡导自由、平等、公正、法治，倡导爱国、敬业、诚信、友善，积极培育社会主义核心价值观。”同时，明确指出“把立德树人作为教育的根本任务”。如何在教育实践中培育和践行社会主义核心价值观，贯彻“立德树人”这一根本任务，将其落实到实处？除了在观念上“让德育作为教育根本的意识深入骨髓”[①] 之外，在实践中还要考虑到如何与日常教学进行有效结合。一直以来，学科德育作为学校德育的“重要阵地”，对个体的发展发挥着重要作用。在2010年颁布的《国家中长期教育改革和发展规划纲要（2010－2020年）》中提出“把德育渗透于教育教学的各个环节，贯穿于学校教育、家庭教育和社会教育的各方面。”事实上，这就指出了进行学科德育的必要性和重要性。将“社会主义核心价值观”与学科德育结合在一起，无疑是在教学实践中培育和践行社会主义核心价值观的最佳路径之一。然而，当前学科德育的状况并不理想，甚至在教育教学的实践中对学科德育还存有“误解”。这就要求我们首先要正视学科德育的力量。

一、正视学科德育的力量

在学科德育的实施过程中，依然对学科德育存有误区，特别是对在学科德育中落实社会主义核心价值观存有疑虑。这集中表现为教师缺乏学科德育的自觉意识。首先，有的教师在观念上不愿意进行学科德育；其次，有的教师在能力上缺乏进行学科德育的能力；再者，有的教师并不精通学科德育的具体方法。

---

① 檀传宝：《立德树人实践应有的三大坚守》，《人民教育》2013年第21期，第17－20页。

1. “不愿”：观念上的偏差

一部分教师处于“不愿”开展学科德育的状态。所谓“不愿”是指教师以一种“逃避”和“无视”的态度对待学科德育。在某些教师的观念中，开展学科德育一方面会增加自己的教学任务负担，另一方面也对教学成绩的提高无益。在这种观念的引导下，就可能将学科德育判定为“出力不讨好”的事情，自然也就会出现态度上排斥的情况。事实上，这是对学科德育的一种“误解”。学科德育既不是要在正常的学科教学中增加德育的要求和内容，也不会因为德育而影响了教学成绩。一般而言，优秀的教学行为一定是包含着道德教育的维度或者内容的，同时具有德育意义的教学行为也一定提高教学效果。

2. “不能”：能力上的匮乏

一部分教师“不能”开展学科德育。所谓“不能”是指由于教师德育专业知识的匮乏导致德育专业能力的不足，在开展学科德育过程中就显得“捉襟见肘”。一方面，在教师培养环节，德育理论并没有受到足够的重视，大部分师范院校在教师教育体系中并没有把德育作为必修课。另一方面，在学校教育实践领域，德育一直被认为是班主任或思想政治课教师的“专业领域”，并没有受到更大范围的重视。对于一般学科教师而言，相对于教学专业知识来说，德育专业知识一直是处于“弱势”地位，甚至成为“被忽视、被遗忘”的方面。学科德育也就成为教师专业发展的一个“短板”，长期处于“不自觉”的经验摸索阶段。

3. “不精”：方法上的误用

一部分教师将学科德育理解为“给学生讲人生道理”，生硬地开展德育，这就是所谓的“不精”。如果不能够将学科德育运用到恰到好处，只是在教学中“添加”德育的内容，那么德育就可能变为一种机械地“灌输”。教师使用机械地灌输的方式开展学科德育，一方面会影响到学科德育的实际效果，将学科德育沦为一种“说教”；另一方面也有可能会对学生造成负面的影响，“（灌输）这样的教育也是的人们难以形成一种富于想象力的、理性而又丰富多彩的生活方式。在此种意义上，灌输就简化了人们对各种现象及其经验自然而自由的认识；我们（学生）就不能形成自己的信仰，而是依赖早期的学习经验和传授这些经验的教师。”① 显然，方法上的不恰当使用既有可能是使学科德育的实际效果大打折扣，还有可能适得其反。

综上，“不愿”、“不能”和“不精”都是教师缺乏学科德育自觉意识的种种现实状态。学科德育缺乏自觉意识既有态度上表征，也有能力上问题。事实上，学科德育是一个复杂的过程，出现“不自觉”的状态既有学校教育本身的问题，也有教师专业发展的因素。

二、学科德育的实践原则

如何在学科德育中培育和践行社会主义核心价值观？这就需要，我们认清学科德育的实践原则，纠正对学科德育的“误解”。教育性原则、自觉性原则和协同性原则是实施学科德育过程中必须要坚持的三条基本实践原则。

1．教育性原则

教学的教育性原则是教学论中最“古老”也是最基本的原则之一。早在赫尔巴特时代，教学的教育性原则就被确立。赫尔巴特认为：“教学如果没有进行道德教育，只是一种没有目的的手段，道德教育如果没有教学，就是一种失去了手段的目的。”教育性原则的确立，实际上是指出了学科德育存在的必然性。道德教育应该成为教学的首要的和主要的目的。教育性原则的最大启迪就是优秀的教学本身就是有效的德育，有效的德育应该融入到教学过程之中。语文教学中的人文素养、数学教学中的科学精神、英语教学中的沟通技巧甚至于艺术教学中的审美情怀都是教学的教育性原则最好的体现。学科德育就是要将各个学科教学过程中间最具有教育价值和教育意义的方面传递给学生，让学生在知识的学习过程中人格也能得到同步的发展。学科德育中坚守教育性原则，要注意到两个限度的问题：一是在内容上不是生硬地添加德育的元素，二是在

---

① ［加拿大］克里夫·贝克著，戚万学等译：《优化学校教育：一种价值的观点》，华东师范大学出版社 2011 年版，第 81 页。

方法上不是机械地灌输和渗透。

首先，在内容上，教师要认清学科德育在学科教学中的位置。最好的学科德育不是在原有学科教学的基础上去“添加”德育内容，而是要引导教师具有自觉的德育意识和自发的德育行为，能够做到“润物无声”。在新课改中早已提出了教学的“三维目标”，即知识与技能、过程与方法以及情感态度与价值观。学科德育就是要在“情感态度与价值观”这一方面有所增益。优秀的学科德育一定不是增加教师的教学负担，反而会提高教学的质量。其次，在具体方法上，要避免机械地灌输，这就需要教师要了解学生的（道德）心理发展特征。涂尔干（Emile Durkheim）早就提醒过我们，“教授道德既不是布道，也不是灌输，而是解释。如果我们拒绝把所有这类解释提供给儿童，如果我们不尝试帮助他理解它应该遵守的那些规范的理由，我们就会贬低他，使他陷于一种不完备的、低下的道德。”如果教师能够结合学科专业内容将学生发展所需要的道德规范解释给学生，那么学校德育的实效性也会显著提高。

2. 自觉性原则

现阶段，中小学开展学科德育中面临的一个重要问题就是教师缺乏自觉意识，缺乏行动能力，这也成为阻碍在学科德育中贯彻“立德树人”的障碍之一。坚守自觉性原则就要求教师一方面要转变陈旧的教育教学观念，另一方面要增强教育专业能力。

转变教师的教育观念是坚持自觉性原则的第一要务。首先，要认识到学科德育的重要性。这里的“重要性”主要有两点，一方面学科德育是学校德育的有效形式之一，对学生的品格发展至关重要；另一方面学科德育有利于改善教学品质，提高课堂效率。教师如果能够在这一点上达成共识，那么学科德育中“不自觉”的现象就会显著减少。其次，在观念上要理顺教学和德育的关系。教学与德育的关系问题一直以来是学校教育的一个难点问题，事实上，二者关系的处理不能只在学校层面做宏观的调整，更重要的是要深入到课堂内部，在具体的教学环节中融会贯通。在当下的学校教育体制中，不仅仅需要教师转变教育观念，对于学校的管理者同样重要，只有创造出相对宽松的外部环境，才能够让教师得以自由地发挥，实现教师与学生的共同成长。

提高德育专业能力是坚持自觉性原则的必由之路。德育专业能力相对薄弱，成为教师德育专业化中的瓶颈，对于学科德育同样如此。短时间内提高教师的德育专业能力并不现实，这需要教师在日常教学和学习过程中慢慢积累。提高专业能力主要从两方面着手：一是学习专业理论，二是提高专业技能。首先，学习专业理论既可以通过个人自修的方式，也可以通过小组学习的模式。理论知识的积累是专业发展最重要的途径之一，各个学科的教师都有必要学习德育的专业理论知识，并尝试在学科教学中运用专业知识。其次，提高专业技能，积累实践性知识是提高教学实践效果的重要方面。这里的专业技能主要是指德育专业技能，而不着重于学科专业技能。由于学科德育与日常教学的密切关系，使得学科德育更加强调其实践效果。可以说，实践性是学科德育的天然属性。因此，提高专业技能对于提高学科德育的实际效果具有更为特殊的意义。提高专业技能可以通过教研组研讨、集体听课备课甚至建立师徒制的方式进行。

3. 协同性原则

在学校教育中开展学科德育，就意味着每一位教师都要担负起德育的任务和使命。但是，由于每一位教师在学科背景、教学经验以及教育理念上都有差异，学科德育就需要教师“协同作战、共同面对”，这就是学科德育中的协同性原则。保证学科德育中的协同性，主要是帮助学生形成完善统一的人格特质。倘若从学生的立场出发，务必要在学校、班级以及学科三个层面做出步调一致的改变。因此，学科德育中坚守协同性原则，需要注意三方面的问题：一是学校要形成统一的校园氛围，二是班级内部要协同一致，三是学科内要形成典型教学模式。

第一，学校要形成统一的校园氛围。学科德育只是作为学校德育的一部分，必须要和学校整体保持一致，形成统一的氛围。单一地强调学科德育并不会取得明显的效果。在学校层面，有必要将学科德育与校园文化、德育活动以及学校管理统一起来形成合力，这样才能够发挥学科德育的最大效益。第二，班级内部要协同一致，即每一个班级要建立以班主任为核心的班级德育氛围。班主任是一个班级最重要的组织者和领导者，对班集体的整体状况和每一个班级个体的情况最为熟悉。因此，学科德育要建立在与班主任沟通的基础之上。在现行的班级授课制的教学组织形式下，对于一个班级而言，不同的教师面对相同的教育对象。教师之间的沟通也就变得尤为重要，而德育恰恰是各科教师沟通的共通点之一。第三，对于同一学科的教师而言，要在教研组内部形成典型的教学模式。这里的“典型”不仅仅是教学目标、教学方式和教学内容的典型，还特别强调“学科德育”的典型。当下，中小学通常采用教研组集体备课的方式开展教学研讨活动。但对于学科德育而言，学科内部的“集体性”体现得并不明显，相当一部分教师开展学科德育依然处于单打独斗的“单兵作战”状态。要改变这一格局，就要加强教师在学科内部的合作，形成较为统一的教学理念和德育理念。笔者认为，优秀教师所展现的不仅仅是教学程序上的熟练和完备，更重要的是教学理念和德育理念的协调一致。

事实上，笔者强调学科德育的协同性原则并非是过多强调个体发展的一致性而忽视个体发展的独特性。个体的身心发展是一个复杂的过程，个体的品格发展更是如此，强调协同性原则只是为了提高学科德育的效率，改善学科德育的品质，是为了更好地促进学生的人格完善。

总体而言，教育性原则、自觉性原则和协同性原则是在学科德育中践行社会主义核心价值观的实践原则。其中，教育性原则是从学校教育的根本特征出发，作为实践原则的基础；自觉性原则是从教师主体出发，作为实践原则的保障；而协同性原则是从学校组织本身的特点出发，作为实践性原则的。三者相互补充、相互完善，共同搭建起学科德育的实践原则，为在学校教育中落实社会主义核心价值观提供了实践策略。

三、加强教师的自觉意识

结合学科德育的实践原则，以加强教师学科德育的自觉意识为出发点，我们可以从以下三个方面进行改进：一是要转变教育观念，让教师认识到学科德育对教学和学生发展的重要性，二是要提高教师德育专业化，让教师具有德育的专业能力；三是要改进教师的教学方法，让教师善于进行学科德育。

1. 转变教育观念

转变教师的教育观念是增强学科德育自觉意识的第一要务。针对当前教师“不愿”开展学科德育的现状，转变教育观念是首要的也是必要的。这里的“转变”主要有两个层面：一是认识到学科德育的重要性，二是在观念上要理顺教学和德育之间的关系。

首先，要认识到学科德育的重要性。这里的“重要性”主要有两点，一方面学科德育是学校德育的有效形式之一，对学生的品格发展至关重要；另一方面学科德育有利于改善教学品质，提高课堂效率。教师如果能够在这一点上达成共识，那么学科德育中“不自觉”的现象就会显著减少。其次，在观念上要理顺教学和德育的关系。教学与德育的关系问题一直以来是学校教育的一个难点问题，事实上，二者关系的处理不能只在学校层面做宏观的调整，更重要的是要深入到课堂内部，在具体的教学环节中融会贯通。在当下的学校教育体制中，不仅仅需要教师转变教育观念，对于学校的管理者同样重要，只有创造出相对宽松的外部环境，才能够让教师得以自由地发挥，实现教师与学生的共同成长。

2. 提高专业能力

提高德育专业能力是增强学科德育自觉意识的必由之路。德育专业能力相对薄弱，成为教师德育专业化中的瓶颈，对于学科德育同样如此。短时间内提高教师的德育专业能力并不现实，这需要教师在日常教学和学习过程中慢慢积累。提高专业能力主要从两方面着手：一是学习专业理论，二是提高专业技能。

首先，学习专业理论既可以通过个人自修的方式，也可以通过小组学习的模式。理论知识的积累是专业发展最重要的途径之一，各个学科的教师都有必要学习德育的专业理论知识，并尝试在学科教学中运用专业知识。其次，提高专业技能，积累实践性知识是提高教学实践效果的重要方面。这里的专业技能主要是指德育专业技能，而不着重于学科专业技能。由于学科德育与日常教学的密切关系，使得学科德育更加强调其实践效果。可以说，实践性是学科德育的天然属性。因此，提高专业技能对于提高学科德育的实际效果具有更为特殊的意义。提高专业技能可以通过教研组研讨、集体听课备课甚至建立师徒制的方式进行。

3. 改进教学方法

改进教学方法是增强学科德育中的自觉意识的具体途径。在增强学科德育中的自觉意识，要注意到两个限度的问题：一是在内容上不是生硬地添加德育的元素，二是在方法上不是机械地灌输和渗透。

在内容上，教师要认清学科德育在学科教学中的位置。最好的学科德育不是在原有学科教学的基础上去“添加”德育内容，而是要引导教师具有自觉的德育意识和自发的德育行为，能够做到“润物无声”。在新课改中早已提出了教学的“三维目标”，即知识与技能、过程与方法以及情感态度与价值观。学科德育就是要在“情感态度与价值观”这一方面有所增益。如前文所言，优秀的学科德育一定不是增加教师的教学负担，反而会提高教学的质量。在具体方法上，要避免机械地灌输，这就需要教师要了解学生的（道德）心理发展特征。涂尔干（Emile Durkheim）早就提醒过我们，“教授道德既不是布道，也不是灌输，而是解释。如果我们拒绝把所有这类解释提供给儿童，如果我们不尝试帮助他理解它应该遵守的那些规范的理由，我们就会贬低他，使他陷于一种不完备的、低下的道德。”① 如果教师能够结合学科专业内容将学生发展所需要的道德规范解释给学生，那么学校德育的实效性也会显著提高。

总的来说，在学科德育中践行社会主义核心价值观，要正视学科德育的力量，同时注意把握学科德育的实践原则，关键是要加强教师的自觉意识，从而形成学校教育的合力，将社会主义核心价值观落到实处。

第五节　学校价值教育有效性基础及实现途径

积极培育和践行社会主义核心价值观，帮助广大青少年学生“扣好人生的第一粒扣子”是当前学校教育的重要任务。当前，各个学校正在各级教育管理部门的统一安排下，开展了大量形式多样的价值教育。这

① ［法］涂尔干著，陈光金等译：《道德教育》，上海人民出版社 2001 年版，第 118 – 119 页。

对于学校营造良好的价值教育氛围具有很好的促进作用。但从我们调查的实际情况看，很多学校在实施社会主义核心价值观教育的过程中，常常以简答的口号宣传代替细致的教育引导，热衷于运动式的局部推进而忽视系统的长效机制建设，片面强调对学生的价值观教育而忽视教师以及学校自身的价值观建设。[①] 诸如此类问题的存在，不仅影响了社会主义核心价值观教育实效性的提高，而且在很大程度上也败坏了社会主义核心价值观教育的声誉，引起教师和学生内心的抵触。导致以上问题的原因是多方面的，但是，对价值观教育一般规律和特点认识的模糊，简单套用学校教学和政治宣传的一般做法，是造成以上问题的重要原因。实际上，价值观教育是一项专业性很强的教育活动，有其特殊的规律性。忽视这一点，必将影响社会主义核心价值观教育在实践层面的有效推进。基于此，本文尝试在分析价值观教育特点的基础上，结合学生以及学校的实际，探讨学校实施社会主义核心价值观教育的基本原则和途径，以期能够为从整体上提升学校的价值教育能力提供方法论层面的启发。

一、经验：价值观教育的有效性基础

社会主义核心价值观教育属于价值教育的范畴。要想科学有效开展核心价值观教育，就必须对价值（观）[②] 教育的一般特点有准确的把握。而要准确把握价值教育的特点，就需要对价值教育的内容——价值本身有深入的理解。

---

① 这些问题源于北京市教委委托项目“北京市中小学社会主义核心价值体系教育行动研究”的调查发现。

② 在国外，价值教育和价值观教育对应的英文单词都是 value education，其基本含义都是指向于一种行为正当性的教育。但在中国的语境中，我们更多地使用的是价值观教育，它主要指的是对个人进行有关是非对错观念的教育，主要强调的是观念或认知形态的价值的教育，相当于英语中价值理论（theory of value）或价值哲学（philosophy of value）的教育。这种认识就其本质而言，仍然表达的是对个人行为正当性的教育。因此，在本文中，为论述方便，价值教育与价值观教育不做严格区分。

1. 价值（观）教育的任务

关于价值，学界的定义主要有两种学科取向：一是经济学意义上价值，主要指的是意义或作用，它主要反映的是客体对于主体的有用性、效用性或满足主体需要的程度。如袁贵仁就认为，“价值即意义或作用，某事物对人有意义，有作用，就是有价值；意义、作用的大小就是价值的大小。”[①] 二是伦理学意义上的价值，主要指的是个体或群体在行动时所依据、选择和使用的正当性（right）原则，它是人们据以评价“好坏”、“是非”与“对错”的标准。[②] 本文所讲的价值，主要指的是伦理学意义上的价值内涵。

基于此，所谓“价值（观）教育”（value education），它主要指的就是对个体进行行为正当性原则的教育，其要解决的主要问题是个体在面临价值选择时，能够根据具有合法性的正当性原则来指导自己做出对与错、是与非的正确决断。实际上，每个人在做出某种价值选择的时候，都会有其内在的正当性原则。因而，价值教育的重点就在于帮助学生学会评价其所拥有的正当性原则是否具有合法性。也就是说，价值教育的根本任务就在于帮助学生获得有效的行为正当性原则。而行为正当性原则的有效性则是具体的、历史的，它总是与这一行为发生的历史阶段、文化特点和个人偏好紧密联系在一起。要做好这方面的教育，我们的重点就不在于解决纯粹的知识、技术问题，而是要解决个体选择何种行为正当性原则的有效性辩护问题。因此，价值教育与“学术教育”（academic education）最大的不同就在于，它主要关涉的是区分事实“善”或“恶”，“是”或“非”，“对”或“错”等与特定历史和文化密切相关的属人的生活是否具有正当性意义的标准，而并非认识和把握客观自然世界的运动规律。因此，价值教育的最大特点就在于，它主要探寻的是人类社会生活得以有序进行的内在之理，即支撑人们如何行为处事的

① 袁贵仁：《价值观的理论与实践——价值观若干问题的思考》，北京师范大学出版社 2006 年版，第 2 页。

② 石中英：《关于当前我国中小学价值教育几个问题的思考》，《人民教育》2010 年第 8 期。

依据。依据不同，个人就会形成不同的价值观。

2. 价值（观）形成的内在机制

个体的价值选择依据，在很大程度上来源于每个人的经验。价值澄清理论认为，“价值观始终与形成和检验他们的经验相联系。对任何个体来说，价值观并不是一成不变的真理，因为它们是在一系列环境中锤炼成某种生活方式的结果。在充分锤炼之后，常常会形成某种评价和行为方式，某些事物被视为正确的、值得向往的抑或是有价值的。这些事物就成为我们的价值观。”① 社会生活中的每个人，都有其基于个体出身、性别、民族、阶层等差异而形成不同的生活经验。经验的迥异也就决定了每个人的价值观都有其独特之处。这实际上表明，一个人如何对其行为的正当性进行辩护，很大程度上根源于其经验。

对于个体而言，经验的意义主要在于意义联结的建立。在杜威看来，每个人所经历的事情不一定构成个体的经验。只有当个体经历过的某些事情与其生命成长建立起某种具有实质性意义联系的时候，这些经历才能够称之为经验。② 这种具有意义的经验联结可以确保个体能够为其所处的社会所容纳和接受，并确保其以最小的成本来经营自我的生活。实际上，作为社会存在的人，每个个体都是在特定的历史和文化空间中展开其生命历程。而维系这一空间中的每个个体生活有序性的，则是这一空间当中或显或隐的各种行为依据或正当性原则。这种依据或原则原初具有不同程度的强制性，但随着时间的流转，这些最初的强制逐渐弱化了其外在的压迫性，而愈发具有朴素的示范性和导向性，并最终演变为一种自然化的力量对每个人发生着“日用而不知”的潜移默化的影响。接受这种影响，就意味着个体完成了其个人行为与更为广阔的他人生活之间的一种意义关联。这种意义关联确保了个体在特定文化生活坐标中的合法位置，并变成个体经验世界的基本质料，从而演化成了个体内在的行为依据和价值观。从这个意义上讲，经验就具有与价值观等效的效

---

① ［美］拉斯思：《价值与教学》，浙江教育出版社 2003 年版，第 24－25 页。

② ［美］约翰·杜威著，王承绪译：《民主主义与教育》，人民教育出版社 2010 年版，第 153 页。

果，即一个人拥有什么样的经验，在很大程度上就意味着他具有怎样的价值观。由此可见，经验以生活方式的形式，体现于个体生活的方方面面，从而在事实上成为了人们行为正当性原则是否具有合法性的重要判断依据。

由此可见，价值观之于个体，主要是一种经验“涵养”和“濡化”的结果。而这种教育效果的取得，则是建立在经验对个体而言具有意义的基础之上。因此，对于个体的价值教育，仅仅靠外在的强制灌输和说教在很多时候是无效的。我们不仅要让学生“经历”价值观，更要让学生在经历的过程中，真正洞察这些经历与其人生发展的内在关联，从而使学生具有“经验”意义的有效价值观。

然而，非常遗憾的是，当前学校在培养学生核心价值观教育方面，我们“经历”式的教育已经做得太多。比如，很多学校在开展社会主义核心价值观教育的过程中，片面“以宣传取代教育”，满足于对学生机械诵读的要求。这样的教育对于学生而言，往往是“经历有余而经验不足”。实际上，对于很多学校而言，真正具有“经验”意义的价值观教育相对做得较为薄弱，这实际上就从根本上动摇了学生正确价值观形成的基本前提。因而，要想从整体上提升学校开展社会主义核心价值观教育的整体能力，除了优化现有的“经历”式教育外，更需要学校提供一个与社会主义核心价值观相一致的教育空间，重塑学生的经验世界，进而培育其核心价值观。

二、重塑学生经验世界：学校价值教育的着力点

从前文论述可以看出，价值教育是否有效，主要不取决于我们从知识层面给学生提供了哪些价值清单，而取决于我们所希望学生养成的价值品质是否已经有机融入于学生学校生活当中，变成一种集体生活的无意识在发挥其文化上的价值观涵养作用。即学生能否真正在经验层面获得与学校直接正面教育相一致的意义联结。具体到社会主义核心价值观教育而言，学校不能满足于铺天盖地的外在宣传，也不能停留在直接的教育与活动，而应以社会主义核心价值观的精神为指导，全面梳理、调

整学校现有的管理模式、文化生态与互动原则，确保学校的运转是建立在社会主义核心价值观的基本要求之上，从而将社会主义核心价值观从一种口号宣传转变为学校的行动逻辑。只有这样，社会主义核心价值观才能够有可能真正变成学生生命成长中的一种有意义的经验，而不是一种运动式的经历。

对于学生而言，在进入学校之初，他们的头脑就已经烙印上了因其独特生活经验而具有的明显个性特征的价值观。也就是说，学校要培养的学生，他们在价值观方面并非一张白纸，因此，对于已经具有特定价值观偏好的学生来说，学校教育就必须找到自身与学生经验世界的有效对接点。利用这个对接点来进行学生经验的改造、重组或培育，从而使其能够真正建立起与学校所期待一致的价值观体系。因而，对于学生的价值观教育，只有从个体生命史的角度，把握其经验的特殊性，才能更好地对其开展相应的教育。

对于个体的生命史而言，它主要包括两个方面的内容：一是已经完成的生命历程，二是正在进行的生命体验。对于前者而言，教育的作用主要体现为对已然存在的个体经验的调整、改变，尽可能使其朝向理想的教育目的；而对于后者而言，教育的作用则主要体现为对尚未形成经验的经历进行形塑和培育，用这些具有人造色彩的自为环境去影响个体，使其在这种具有价值倾向性的环境中形成与环境要求相匹配的价值人格。因而，对于学校来讲，我们要通过干涉学生经验世界从而达到培养其社会主义核心价值观的教育目的，主要有两种努力方向：一是消极的路径。所谓消极的路径，主要指的是，学校价值教育的重点应立足于学生已经完成了的生命历程，通过对学生生命历程的把握去分析其经验的特殊性和价值观的特点，在此基础上，通过教育矫正的方式改变学生已有的行为正当性的辩护依据。因而，消极路径的价值教育，其根本任务主要是做“改变”的工作。即把学生不合时宜的经验扭转到与社会主义核心价值观要求相一致的发展道路上。二是积极的路径，主要指的是学校立足于学生正在进行着的生命体验，旨在通过营造新的价值环境重新形塑学生的经验，进而达到培植新的行为正当性辩护模式的目的，这种路径的价值教育重点不在于直接改变什么，而在于为一个尚不存在的学生经验世界提供足够强大的正面涵养，从而使其能够自我“培育”起与社会主义核心价值观要求相一致的经验。

不管是消极的路径还是积极的路径，一个重要的前提就在于我们必须正视学生的经验在其价值观形成中的重要作用。在很大程度上我们可以说，经验的教育，是价值观教育有效性的重要前提。没有学生经验世界的重新塑造，他们的价值观就不会发生根本性的变革。而要重塑学生的经验世界，关键不在于学生个体，而在于学校是否有足够的勇气能够按照社会主义核心价值观的要求来实现自我变革。

由此可见，对于学生来说，他们在学校获得怎样的经验，主要不取决于学校说了什么，而在于学校实际做了什么。可以说，学校自身的言传身教与榜样示范，在学生经验的形成方面具有十分重要的作用。具体而言，与学生密切相关的学校经验主要来源于两个方面，一是学校的学生管理制度；二是教师的言行举止。因而，变革学生经验的前提就在于变革学校管理，提升教师践行社会主义核心价值观的意识和能力。

三、管理变革：优化学生价值经验的前提

当前，很多学校在开展社会主义核心价值观教育方面，主要抓直接的宣传教育，重视的是政策要求的简单落实，但是，却在学校深层次的管理文化层面缺乏足够的自觉反思。这就使得一些学校把对师生的社会主义核心价值观要求主要落实在让师生背诵、板报展示等形式上，而其学校管理的诸多方面所实际呈现出来的现实价值导向，往往是与社会主义核心价值观的要求相违背。如，有的学校一方面大张旗鼓让学生背诵自由、民主、平等，另一方面却是用独裁、专制的方式进行管理。这种说与做背离的学校生活体验，会从根本上动摇学生对社会主义核心价值观的真正认同。因而，要确保学校管理能够对学生价值观的形成和发展有正确的导向功能和调节作用，就必须首先确保学校管理的行为正当性符合社会主义核心价值观的要求。因此，用社会主义核心价值观的精神重新审视和梳理学校的管理，使其具有与社会主义核心价值观要求相一致的价值导向，将是从根本上提升学校核心价值观教育的基础。

要用社会主义核心价值观来重新审视学校的管理，重点是要梳理学校的制度和文化。对于学校的管理而言，它所依据的原则或标准的正当性，主要建立在两方面的基础之上：一是以明文规定的制度形式作用于每个人；二是以约定俗成的文化惯性影响每个人。制度主要体现为一种刚性的管理，而文化则主要反映的是一种柔性的管理。因此，切实发挥学校管理的核心价值观教育功能，一是要靠制度的优化，二是要靠文化的涵养。

1. 实现学校制度的价值导向功能

制度作为学校有序运行的基本依据，直接关涉到生活于其中的每个人。可以说，学校制度环境是学生价值观形成的重要经验资源。尤其是对于学生而言，学校是他们离开家庭之后所进入的第一个带有较强制度化属性的公共空间。从家庭生活与学校生活的分野来看，学校由于其公共属性，它更多地是依靠制度的强制性、外在性来作用于学生。这时候的制度生活体验对于他们而言，在很大程度上是一种有别于其家庭生活的经验习得。这种经验的性质将在很大程度上影响其正确价值观的建立。因此，学校制度如果能够从一开始就给予学生一种积极的制度生活体验，这将对其正确价值观的形成和发展具有重大的意义。

从前文论述可以看出，基于经验来培育学生的价值观，主要有积极和消极两种教育路径。从积极的角度而言，学校制度担负的重要教育功能就在于，它要给刚开始正式学过公共生活的学生提供一套有别于其家庭生活的新的价值观。比如，民主、自由、平等、法治等。如果这个时候学校能够抓住学生初始的制度化生活之初，以符合社会主义核心价值观要求的制度来管理学校，那么，这对于学生在日常的学校生活中体验和内化这些价值品质将有着十分重要的奠基性作用。因而，要以社会主义核心价值观来优化现有的学校制度，首要一点就是要抓制度建设的起点，确保学生一开始就生活在体现社会主义核心价值观要求的制度环境当中。学校的制度建设尤其是要体现民主、自由、平等、法治的价值观要求。凡是与这些价值观要求不一致的制度，都需要及时清理、修订和完善。

随着学生自我意识的不断增长，及其学校公共生活空间的不断扩大，学校制度对于学生而言，就不能够仅仅是一种外在的单向度要求（即使这种要求仍然反映了社会主义核心价值观的精神），而要变成学生能够参与制度制定、执行和监督的制度实践中。即由被动遵守转变为主动建构。这时候的制度教育作用，就不再停留在以一种被动的、隐性的价值导向作用在无形中形塑学生的价值观，而是转变为一种主动的、直接的正面行动来锻炼学生践行制度所内含的价值观的实践能力。这种实践能力的获得，学生才能够真正将社会主义核心价值观“内化于心，外化于行”。这实际上即是陶行知所极力倡导的学生“自治”。因此，用社会主义核心价值观来审视学校制度，最终的目的就在于学校要能够为学生“自治”与参与学校管理提供顺畅的空间和途径，帮助学生用践行核心价值观的方式来形塑自我正确的价值观和行动能力。可以说，大力推进学生在学校中的“自治”水平，是学校切实提高社会主义核心价值观教育的重要举措。

2. 发挥学校文化的价值观涵养作用

要想从根本上培育学生的核心价值观，除了要从制度层面来优化学校管理外，一个不容忽视的因素就是学校的文化。制度的刚性和公共属性决定了它不可能渗透于日常生活的方方面面，唯有文化可以超越于制度的局限而与每个人的日常生活息息相关。在某种意义上我们可以说，制度更多的是作用于学生在学校公共生活中的价值体验，而文化则主要形塑的是学生日常生活的价值观。这就要求学校在做好制度建设的同时，必须做好文化建设，才能从根本上形成核心价值观教育的整体合力。

实际上，学生是以一种隐性学习的方式习得学校文化的价值观念的。有关研究表明，人们对特定文化价值的接受，往往是在一种无意识的状态下所自然发生、发展的过程。这一过程就是一个人的“内隐学习”(implicit learning)。在内隐学习中，人们并没有意识到或者陈述出控制他们行为的规则是什么，但却学会了这种规则。由此可见，内隐学习的一个基本特征就是学习过程的无意识性。这种学习是“在没有意识到刺激环境潜在结构的情况下，也能够学会并利用这种结构作出反应”，实际上，便是指内隐学习过程的无意识性或称内隐性问题。① 内隐学习的无

① 张卫：《内隐学习及其特征研究》，《华东师范大学学报》（教育科学版）2001 年第 1 期。

意识性深刻地揭示了文化作用于个人品德发展的内在机制。即文化主要是以一种“濡染”的力量充斥于每个人的生活气息之中，从而使每个个体在特定文化场域中不自觉地受到这一场域中所奉行的价值观的不断暗示，以及有关重要他人行为示范作用的不断感召，这就使个体在没有意识主动参与的情况下逐步认可、接受并内化与这一文化场域相一致的价值观念和道德意识。在很大程度上，正是文化的“濡染”力量所产生的个体道德发展的内隐性，克服了长期以来制约学校教育实效性提高的瓶颈问题——价值引导与个体自主建构之间的“顽强的疏远性”。从这个角度出发，学校文化之于个体价值观形成和发展的重要性就显得尤为重要。因此，学校文化要想发挥其对学生价值观发展的正向涵养作用，就需要学校从办学理念和育人目标层面做好顶层设计，在具体的校风、教风、学风当中彰显核心价值观的精神，从而确保学生在学校生活的各个层面都能够感受到社会主义核心价值观的“暗示”。这实际上也提醒我们，从文化角度做好学校的社会主义核心价值观教育，既需要在大的办学理念和育人目标层面有积极的导向，更需要在学校生活的每个细节层面有自觉的作为。对此，苏霍姆林斯基就曾指出，“孩子在他周围、在学校走廊里的墙壁上、在教室里、在活动室经常看到的一切，对于他精神面貌的形成具有重大的意义。这里任何东西都不是随便安排的。孩子周围的环境应对他有所诱导，有所启示。我们竭力要使孩子看到的每一幅画，读到的每一句话，都能启发他去联系自己和同学。我们努力做到，使学校的墙壁也说话。”[①] 只有这样，从而从根本上确保学生能够在学校中时刻获得一种与社会主义核心价值观要求相一致的生活体验。这种体验的日积月累将转变成学生的学校生活经验，进而在无形中塑造其价值观。

四、教师以身作则：学生价值经验的直接来源

如果说，宏观层面的学校管理变革，为学生价值观的形成提供了良

① 王天一等：《外国教育史》（下），北京师范大学出版社 1993 年版，第 253 页。

好的价值环境，那么，教师能否身体力行社会主义核心价值观，则是直接影响学生价值观形成的关键因素。

实际上，在学校的管理和学生之间，一个最关键的中介变量就是教师。很多时候，学生对学校制度、文化的认识，往往是与其所直接接触的教师有着十分密切的关系。可以说，教师是学校制度和文化的直接代言人，他们的素质将在很大程度上决定学校的育人效果。因而，学校要想以践行社会主义核心价值观的方式来培育学生的核心价值观，一个十分重要的工作就是做好教师队伍建设。

对于教师队伍建设而言，学校应该从两方面加以努力：一是确保学校中的每个教职员工都应该成为社会主义核心价值观的表率。二是提升每位教师开展社会主义核心价值观教育的意识和能力。前者可以看成是以间接的方式实施核心价值观教育，后者则是以直接的方式开展核心价值观教育。

1. 培育教师的社会主义核心价值观

教师职业的特殊性就在于，它是劳动主体和劳动工具的统一。[①] 对于教师而言，其价值观状况不仅仅影响其私人生活，更直接作用于学生。这主要是因为，学生具有极强的模仿能力，他们更多地是通过看而不是听的方式来习得教师所传递的价值观。尤其是对低年级的学生而言，向师性是其重要的学段特征。在这种情况下，不管教师是否意识到，他们的言行举止本身都会对学生的发展，尤其是其价值观的发展产生深远的影响。当前学校在开展社会主义核心价值观教育方面存在的问题之一就在于，很多教师说一套，做一套。学生从与教师的实际交往中所体验到的价值观与教师所宣扬的价值观存在着较大的落差和矛盾。在这种情况下，教师所说的将会在学生面前显得苍白无力，没有说服力。

因此，对于教师来说，培育其个人价值观，就不能够被认为是私人的事情，而应被视为其所从事的教育职业的应有之义。一个人选择了教师这个职业，就意味着他选择了某种价值生活方式。学校在大张旗鼓对

---

① 檀传宝：《教育劳动的特点与教师专业道德的特性》，《教育科学研究》2007年第3期。

学生进行社会主义核心价值观教育的同时，要高度重视对教师核心价值观的培养，否则，学校的价值教育将会由于缺少教师的榜样示范而流于无效的说教。因此，对教师进行社会主义核心价值观的培育本身，就是学校对学生进行核心价值观教育的必要前提。

2. 提升教师价值教育的意识和能力

教师自身的价值观对学生价值观形成和发展的教育作用，主要是以一种日常生活的榜样示范作用的方式对学生产生影响。这就决定了教师的价值影响更多的是在无意识层面，以潜移默化的方式在发挥作用。这样一种教育固然会对学生的价值观产生深远的影响。但是，这种影响在很多时候是零散的、片段的，难以帮助学生在面对日益复杂的价值冲突中做出理性的判断和选择。这就要求教师除了依靠自身的价值观魅力影响学生之外，还需要具备对学生的价值观发展的直接教育意识和能力。

在意识层面，教师必须明确的一个基本理念就是，所有的教师都是学生价值观教育的责任人。实际上，教育本身就是一种价值实践活动。抽离了教育中的价值引导，教育就会沦为培训乃至教唆。台湾学者陈迺臣就指出，“教育是应该包含有教导和学习的因素在内，但反过来说并不一定为真。亦即有教有学的行为或活动，不见得就是教育。这是因为教育本身也是一种价值的活动。”① 因此，教师的教育教学活动，不存在有没有价值观教育的问题，只存在有什么样的价值观教育问题。对于这个问题，很多理科教师会存在认识上的困惑。他们会认为自己所教授的物理、化学等学科主要进行的是客观知识的传递，与价值无关。这样一种认识对价值教育而言是十分有害的。首先，客观知识本身无关善恶，但是，对于这些知识的使用本身，却是一个有着十分明确善恶标准的价值规定。如果知识使用不当，将会造成巨大的社会危害。其次，课堂的组织形式本身也包含着价值上的善恶，我们不能用违反社会主义核心价值观要求的方式来组织教育教学。如我们不能用独裁的教育方式进行民主的教育。由此可见，每个教师应当树立自觉的价值教育意识。

在能力层面，教师首先应该具有价值教育的敏感性，即要能够敏锐

---

① 陈迺臣：《教育哲学》，（台北）心理出版社 1990 年版，第 223－224 页。

地觉察自我的教育教学方式所依据的价值原则是否正当。在这方面，教师尤其要关注教育细节，要确保教育的每个环节体现尊重、公平、公正等价值品质。其次，要学习一些价值教育的方法，比如，要能够对价值澄清教育等有基本认识和了解。最后，要有意识地主动开展和参与价值教育活动，通过在实际开展价值教育中锻炼和自我的价值教育能力。

综上所述，学生的价值观主要源于其生活经验。因而，重塑学生在学校生活中的种种经验，将是切实提升学校实施社会主义核心价值观教育的重要途径。为此，学校必须做社会主义核心价值观的积极践行者，用一个与社会主义核心价值观要求相一致的教育环境去涵养学生的经验，在无形中培育学生的价值观，从而达到“润物细无声”的教育效果。可以说，学校能否践行社会主义核心价值观，将是影响学校实施核心价值观教育能否有效的关键前提。这应当是当前学校开展社会主义核心价值观教育迫切需要加强的重要方面。

参考文献

1.《论语》。

2.《孟子》。

3.《四书章句集注》。

4.《朱子语类》。

5.《马克思恩格斯全集》第 19 卷，人民出版社 1963 年版。

6.《马克思恩格斯全集》第 1 卷，人民出版社 1956 年版。

7.《马克思恩格斯文集》第 1 卷，人民出版社 2009 年版。

8.《马克思恩格斯选集》第 1 卷，人民出版社 2012 年版。

9.《马克思恩格斯全集》第 26 卷，人民出版社 1972 年版。

10.《马克思恩格斯选集》第 3 卷，人民出版社 2012 年版。

11.《马克思恩格斯全集》第 42 卷，人民出版社 1979 年版。

12.《马克思恩格斯选集》第 4 卷，人民出版社 1995 年版。

13.《毛泽东选集》第 2 卷，人民出版社 1991 年版。

14.《毛泽东选集》第 3 卷，人民出版社 1991 年版。

15.《毛泽东文集》第 7 卷，人民出版社 1999 年版。

16.《邓小平文选》第 2 卷，人民出版社 1994 年版。

17.《邓小平文选》第 3 卷，人民出版社 1993 年版。

18. 江泽民：《全面建设小康社会　开创中国特色社会主义事业新局面——在中国共产党第十六次全国代表大会上的报告》，人民出版社 2002 年版。

19. 胡锦涛：《坚定不移沿着中国特色社会主义道路前进为全面建成小康社会而奋斗》，《人民日报》2012 年 11 月 18 日。

20. 习近平：《把培育和弘扬社会主义核心价值观作为凝魂聚气强基固本的基础工程》，《人民日报》2014 年 2 月 25 日。

21. 习近平：《青年要自觉践行社会主义核心价值观——在北京大学师生座谈会上的讲话》，《人民日报》2014 年 5 月 5 日。

22. 习近平：《意识形态工作是党极端重要的工作——全国宣传思想工作会议重要讲话》，《人民日报》2013 年 8 月 20 日。

23. 刘云山：《着力培育和践行社会主义核心价值观》，《党建》2014 年第 2 期。

24. 《十八大报告辅导读本》，人民出版社 2012 年版。

25. 《十六大以来重要文献选编（下）》，中央文献出版社 2008 年版。

26. 《〈中共中央关于全面深化改革若干重大问题的决定〉辅导读本》，人民出版社 2013 年版。

27. 中央办公厅：《关于培育和践行社会主义核心价值观的意见》，《人民日报》2013 年 12 月 24 日。

28. 《中共中央关于构建社会主义和谐社会若干重大问题的决定》，人民出版社 2006 年版。

29. 中央宣传部理论局：《2005 理论热点面对面》，学习出版社 2005 年版。

30. ［德］黑格尔：《历史哲学》，王造时译，三联书店 1956 年版。

31. ［德］康德：《道德形而上学原理》，苗力田译，上海人民出版社 2005 年版。

32. ［德］康德：《实践理性批判》，韩水法译，商务印书馆 1999 年版。

33. ［德］马克斯·韦伯：《新教伦理与资本主义精神》，于晓、陈维纲等译，生活·读书·新知三联书店 1987 年版。

34. ［德］米歇尔·鲍曼：《道德的市场》，肖君、黄承业译，中国社会科学出版社 2003 年版。

35. ［古希腊］柏拉图：《理想国》，郭斌和、张竹明译，商务印书馆 1986 年版。

36. ［古希腊］亚里士多德：《尼各马科伦理学》，苗力田译，中国人民大学出版社 2003 年版。

37. ［英］M. J. C. 维尔：《宪政与分权》，苏力译，三联书店1997年版。

38. ［美］丹尼尔·贝尔：《资本主义文化矛盾》，赵一凡等译，生活·读书·新知三联书店1989年版。

39. ［美］弗兰克·梯利：《伦理学导论》，何意译，广西师范大学出版社2002年版。

40. ［美］华康德：《实践与反思——反思社会学导引》，李猛、李康译，中央编译出版社2004年版。

41. ［美］克里夫·贝克：《优化学校教育：一种价值的观点》，戚万学等译，华东师范大学出版社2011年版。

42. ［美］拉斯思：《价值与教学》，浙江教育出版社2003年版。

43. ［美］罗斯科·庞德：《法律与道德》，陈林林译，中国政法大学出版社2003年版。

44. ［匈牙利］阿格妮丝·赫勒：《日常生活》，衣俊卿译，黑龙江大学出版社2010年版。

45. ［英］哈特：《法律的概念》，张文显等译，中国大百科全书出版社2003年版。

46. ［英］洛克：《教育漫话》，傅任敢译，人民教育出版社1985年版。

47. 曾学龙：《“知行结合、德美渗透”的思想政治理论课教学新模式探析》，《学校党建与思想教育》2009年第9期。

48. 陈迺臣：《教育哲学》，（台北）心理出版社1990年版。

49. 陈众议：《文学“全球化”背景下的学术史研究》，《新华文摘》2012年第11期。

50. 邓子滨：《“法律的精髓不是鼓励善而是禁止恶”》，《南方周末》2011年9月1日。

51. 樊浩：《道德教育的价值始点及其资源性难题》，《教育研究》2003年第10期。

52. 韩华：《全球化背景下中国共产党人价值观研究》，光明日报出版社2010年版。

53. 韩震、石芳：《多元文化背景下核心价值观教育》，人民出版社2014年版。

54. 韩震：《公平正义的和谐社会与核心价值观念》，《中国社会科学》2009年第1期。

55. 侯惠勤：《马克思的意识形态批判与当代中国》，中国社会科学出版社2010年版。

56. 季明：《核心价值观概论》，人民日报出版社2013年

57. 金炳华：《马克思主义哲学大辞典》，上海辞书出版社2002年版。

58. 金炳华：《哲学大辞典》，上海辞书出版社2007年版。

59. 兰久富：《倡导社会主义核心价值观的理论前提》，《哲学研究》2014年第8期。

60. 李德顺：《价值学大词典》，中国人民大学出版社1995年版。

61. 李建华：《多元化时代的价值引领——社会主义核心价值体系建设与社会思潮有效引领研究》，人民出版社2012年版。

62. 李开复：《微博改变一切》，上海财经大学出版社2011年版。

63. 李文彬：《道德自律是法治秩序的最高实现形式》，《现代哲学》2000年第2期。

64. 刘耀霞：《日常生活世界与社会主义核心价值体系的感性化》，《兵团党校学报》2010年第4期。

65. 刘志山、李卫英：《道德及其生活意义》，《北京师范大学学报(社会科学版)》2008年第3期。

66. 龙静云：《治化之本市场经济条件下的中国道德建设》，湖南人民出版社1998年版。

67. 骆郁廷：《论我国软实力的整体优化》，《江淮论坛》2012年第5期。

68. 骆郁廷：《文化软实力：基于中国实践的话语创新》，《中国社会科学》2013年第1期。

69. 马云驰、白斯木：《互联网的文化与伦理价值——网络改变中国》，中国民主法制出版社2011年版。

70. 孟迎辉、邓泉国：《社会主义核心价值观与日常生活的内在逻辑》，《社会主义研究》2015 年第 1 期。

71. 石中英：《关于当前我国中小学价值教育几个问题的思考》，《人民教育》2010 年第 8 期。

72. 司义祖：《宋大诏令集》，中华书局 1962 年版。

73. 檀传宝：《教育劳动的特点与教师专业道德的特性》，《教育科学研究》2007 年第 3 期。

74. 檀传宝：《立德树人实践应有的三大坚守》，《人民教育》2013 年第 21 期。

75. 唐洲雁：《全面把握社会主义核心价值观三个层面的关系》，《光明日报》2015 年 7 月 15 日。

76. ［法］涂尔干：《道德教育》，陈光金等译，上海人民出版社 2001 年版。

77. 王处辉：《论中国社会价值系统的一主多元特性》，《江海学刊》2008 年第 5 期。

78. 王仕民、郑永廷：《当代大学生理想信念形成特点及原因分析》，《教学与研究》2008 年第 5 期。

79. 王天一等：《外国教育史（下）》，北京师范大学出版社 1993 年版。

80. 王秀敏：《个性道德与理性秩序：赫勒道德理论研究》，黑龙江大学出版社 2011 年版。

81.（明）王阳明：《王阳明全集》，吴光等编注，上海古籍出版社 2006 年版。

82. 王泽应：《社会主义核心价值观之本质规定性及路径选择》，《湖南师范大学社会科学学报》2007 年第 5 期。

83. 吴学琴：《日常生活化的意识形态与新中国流行语的变迁》，《马克思主义研究》2010 年第 3 期。

84. 夏征农、陈至立：《辞海》，上海辞书出版社 2009 年版。

85. 辛鸣：《社会主义核心价值观的构建》，《学习时报》2010 年第 5 期。

86. 徐淑贞：《毛泽东的生死观及其现代启示》，《毛泽东思想研究》2012 年第 1 期。

87. ［英］亚当·斯密：《国民财富的性质和原因的研究》，商务印书馆，1972 年版。

88. 杨伯峻：《春秋左传注》，中华书局 2009 年版。

89. 杨振闻：《实现社会主义核心价值观认同的难题和对策》，《青海社会科学》2015 年第 4 期。

90. 衣俊卿：《现代化与日常生活批判》，黑龙江教育出版社 1994 年版。

91. 袁贵仁：《价值观的理论与实践——价值观若干问题的思考》，北京师范大学出版社 2006 年版。

92. ［美］约翰·杜威：《民主主义与教育》，王承绪译，人民教育出版社 2010 年版。

93. 张静：《“当下即是”思维与大学生道德教育的对策思考》，《道德与文明》2015 年第 1 期。

94. 张岱年：《文化论》，河北教育出版社 1996 年版。

95. 张华青、孙嘉明：《政治民主的内涵及现实条件》，《复旦学报(社会科学版)》1998 年第 6 期。

96. 张利华：《试析中国特色社会主义核心价值体系的结构与内涵》，《中国特色社会主义研究》2007 年第 04 期

97. 张卫：《内隐学习及其特征研究》，《华东师范大学学报（教育科学版)》2001 年第 1 期。

98. 张晓东：《社会主义核心价值体系的理论内涵与实践特质》，《马克思主义研究》2008 年第 3 期。

99. 张耀灿、郑永廷、吴潜涛、骆郁廷：《现代思想政治教育学》，人民出版社 2006 年版。

100. 张友谊：《培育和践行社会主义核心价值观读本》，济南出版社 2014 年版。

101. 赵汀阳：《论可能生活》，中国人民大学出版社 2004 年版。

102. 郑杭生：《论建设性反思批判精神》，《华中师范大学学报（人

文社会科学版)》2008 年第 1 期。

103. 郑永廷、胡梅花:《青年适应社会竞争的阻碍与超越研究》,《中国青年研究》2011 年第 4 期。

104. 郑永廷:《现代思想道德教育理论与方法》,广东高等教育出版社 2000 年版。

105. 邹瑾、郑中华:《论中国梦与社会主义核心价值体系的一致性》,《中共石家庄市委党校学报》2015 年第 9 期。

106. 左亚文:《社会主义核心价值观的凝练和深化》,《江西社会科学》2013 年第 1 期。

107. Henri Lefebvre, *Critique of Everyday Life*, London: Verso, 1991.

后　记

改革开放近四十年来，我国在经济发展和社会进步上取得的成就举世瞩目。近四十年的对外开放政策，也对价值观领域带来前所未有的挑战。价值多元、思想交融、观点交锋已经成为当前世界价值观领域的新特点。如何在新形势下继续巩固马克思主义在意识形态领域的指导地位，如何继续凝聚全党全国人民的思想共识，如何继续引领年轻一代的全面发展，都成为当前我国意识形态领域和思想政治教育领域的重大问题。党中央之所以能适时提出社会主义核心价值观，是与对当前国内外形势做出的正确判断密切相关的。积极培育和践行社会主义核心价值观，也成为当前社会发展和学术研究面对的重大理论和现实问题。

社会主义核心价值观奠定了我国社会建设的价值基础，是引领我国实现中华民族伟大复兴的价值推力。在当前阶段，努力培育和践行社会主义核心价值观是形成社会主导价值的首要任务。当然，如何从理论的高度、实践的角度探索出一条适合我国现阶段发展特征的路径，仍然需要更多的智慧和行动。从理论的角度去研究社会主义核心价值观是培育社会主义核心价值观的思想基础，有助于我们更加清晰地把握社会主义核心价值观的历史定位、内在逻辑以及行动方略。从实践的角度去研究社会主义核心价值观是培育社会主义核心价值观的现实路线，有助于我们更加明确地了解社会主义核心价值观的现实逻辑、内化机制以及发展方向。

本书努力构建的社会主义核心价值观的多维视域，正是遵循了培育和践行社会主义核心价值观的理论逻辑和实践逻辑。从文化、价值、道德、教育的角度去理解社会主义核心价值观，也正是从理论和实践两种逻辑上对研究进行深化和提升。当然，我们希冀能够从更多的学科视角，从更多的研究视域，对社会主义核心价值观这一时代命题进行更加全面的解读，在实践场域中得到更大范围的响应。

深圳大学马克思主义学院刘志山教授和李乃涛博士确定了全书的结构，并负责全书的统稿、定稿工作。本书是集体智慧的结晶，各部分写作的具体分工如下：第一章，刘志山、朱白薇、石书臣、蒋翠婷、胡咚、曾令辉、张国启、曾学龙；第二章：骆郁廷、高岳仑、郑永廷、刘志山、王杰、张艳新、詹小美、康立芳；第三章：刘志山、王杰、廖小琴、马云驰、胡梅花、程银、金娇、董伟武；第四章：孙婷婷、徐丽葵、江传月、曾萍、李乃涛、班建武。在此，编者对各位作者的辛劳付出表示感谢！同时，本书被收入“广东高校马克思主义理论研究文库”，感谢中共广东省委宣传部的大力支持，感谢广东人民出版社诸位编辑的辛苦付出！

由于作者学术水平所限，书中难免有不妥之处，敬请广大读者和同行专家批评指正。

编 者

2017 年 11 月

安徽老字号的传承与振兴

ANHUI LAOZIHAO DE CHUANCHENG YU ZHENXING

王唤明　陈孝云　徐　伟◎著

北京师范大学出版集团
BEIJING NORMAL UNIVERSITY PUBLISHING GROUP
安徽大学出版社

图书在版编目(CIP)数据

安徽老字号的传承与振兴/王唤明,陈孝云,徐伟著.—合肥:安徽大学出版社,2023.5

ISBN 978-7-5664-2592-8

Ⅰ.①安… Ⅱ.①王… ②陈… ③徐… Ⅲ.①老字号—企业发展—研究—安徽 Ⅳ.①F279.275.4

中国国家版本馆 CIP 数据核字(2023)第 001831 号

安徽老字号的传承与振兴　　王唤明　陈孝云　徐　伟　著

出版发行:北京师范大学出版集团
安 徽 大 学 出 版 社
(安徽省合肥市肥西路 3 号 邮编 230039)
www.bnupg.com
www.ahupress.com.cn
印　　刷:江苏凤凰数码印务有限公司
经　　销:全国新华书店
开　　本:710 mm×1010 mm　1/16
印　　张:11.75
字　　数:148 千字
版　　次:2023 年 5 月第 1 版
印　　次:2023 年 5 月第 1 次印刷
定　　价:39.00 元
ISBN 978-7-5664-2592-8

策划编辑:姚　宁　方　青　　装帧设计:李　军
责任编辑:姚　宁　　美术编辑:李　军
责任校对:邱　昱　　责任印制:陈　如　孟献辉

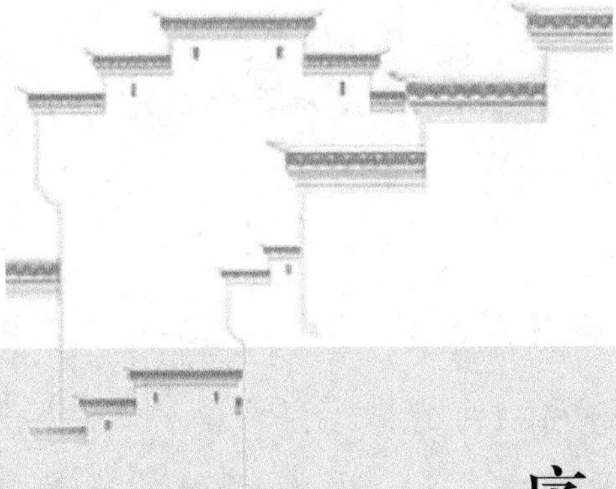

序

老字号是消费文化意义上的乡愁符号，具有浓厚的情怀价值。老字号是一种乡愁、一种记忆、一种文化，是一个企业追求的理想目标，也已成为一个地方经济社会发展的竞争力。我国现有“中华老字号”企业1100多家，平均年龄超过150岁。与老字号产品相关联的上市企业有60多家。截至2022年，“安徽老字号”有414家，其中包括中华老字号25家。耿福兴、寿春堂、谢裕大、同庆楼等散落在大街小巷的传统商业文化和优秀民族品牌，与徽商文化、工匠精神一脉传承，在国人心中具有不可替代的地位。

一个地方的经济繁荣离不开老字号在背后的推动。随着时代的发展，许多头顶光环的老字号品牌在现代市场经济中黯然失色，处境艰难，处于风雨飘摇中。一些百年老店甚至被撤销称号收回证书，令人感慨唏嘘不已。2022年10月，安徽省商务厅等20个部门联合印发《关于促进老字号创新发展的若干举措》（皖商办流通函〔2022〕325号），提出12条具体举措，促进老字号保护传承与创新。

新政策立足传承要素保护和传承载体建设，从更高视角提出老字号创新发展的新思路、新举措，可谓一件功在当代且利于后世的事业。加大老字号品牌保护力度、建立老字号知识产权保护联系人名录、指导老字号企业加强海外知识产权保护，这些措施将为老字号传承发展遮风挡雨、保驾护航。

新政策提出，到2025年安徽省累计培育“中华老字号”30家以上、“安徽老字号”500家以上，形成一批历史文化底蕴深厚、品牌影响力大、彰显安徽特色的老字号骨干企业。为此，安徽省将推动发展一批符合“中华老字号”及“安徽老字号”认定标准的企业，形成层次丰富、特色鲜明的老字号品牌库。定期开展分析并实施动态管理，对不符合老字号认定条件的企业实施淘汰机制；与此同时，新政策提出，要加大老字号品牌保护力度，对“中华老字号”“安徽老字号”的字号在企业名称登记时就予以保护，支持老字号企业商标、字号一体化保护。建立老字号知识产权保护联系人名录，指导老字号企业积极应对海外知识产权纠纷，加强海外知识产权保护。力争到“十四五”末，安徽省的老字号保护传承、创新发展体系基本建成，政策环境更加完善，创新发展更具活力，产品服务更趋多元，传承载体更加丰富，老字号对全省经济发展、文化繁荣的贡献度将会全面提升。

新政策提出，要鼓励家庭作坊型老字号向企业化转变，支持家族式老字号企业通过资本运作向现代化企业转型，推动国有老字号企业深化产权制度改革，建立现代企业组织形式和法人治理结构。为促进经营模式创新，新政策支持老字号发展连锁经营、电子商务等现代流通方式，拓展市场空间。相关部门将通过推动老字号企业在各大电商平台上开设旗舰店，通过社区团购、直播带货等方式拓宽线上销售渠道；引导老字号企业通过先进数字化技术，创新经营模式，对老字号企业实施的符合条件的数字化技术改造项目给予资金支持。此外，为培养老字号传承人才，相关部门还将支持企业与高校、职业院校合作，共建专业技术人才培训基地；对老字号企业吸纳安徽省高校毕业生、就业困难人员就业的，按规定给予企业社会保险补贴、岗位补贴，符合条件的企业还可以享受创业担保贷款贴息支持。同时，相关部门还会引导老字号紧抓国潮消费机遇，在保持品牌核心竞争力的基础上，运用先进技术创新传统工艺，打造符合国潮消费需求、兼具徽文化特色的新产品、新服务。未来，安徽省还将鼓励老字号企业与各类IP之间合作开发具有地域文化特色的联名款、限定款，推动旅游机构将符合条件的老字号纳入旅游路线，支持老字号企业开发文化创意产品、旅游产品，并将老字号企业优先列入相关文化和旅游产品重点推广范围。

“新国潮”成消费热点，未来将搭建更多老字号展示载体，新政策明确将老字号集聚建设纳入安徽省步行街示范创建工作内容，支持老字号集中入驻街区，鼓励有条件的地区打造老字号特色街区。支持老字号企业发展形象店、体验店、集成店、快闪店，打造国潮特色新业态和文化消费新场景。据介绍，安徽将开展老字号企业“六进”活动，即进社区、进校园、进景点、进商圈、进机关、进驿站，促进品质消费。对有条件的老字号企业和社会组织，要建设体现行业特色、反映民俗文化、弘扬中华优秀传统文化的专题博物馆、展览馆，以传承老字号传统技艺。对符合条件的老字号企业，鼓励积极申报非物质文化遗产生产性保护示范基地、传统工艺工作站、非遗工坊，推动传统工艺传承发展。除了传承老字号技艺，还要做好历史文化风貌保护工作。新政策提出，要将老字号网点建设纳入国土空间规划及商业网点规划，加强老字号资源普查及价值梳理，将符合条件的老字号建筑优先认定为文物、历史建筑，做好原址保护工作。此外，在旧城改造中注重对老字号原址原貌的保护，盘活老字号历史风貌建筑，制定保护性修缮等支持政策做好综合开发利用。

未来，安徽将建立健全安徽老字号保护传承、创新发展体系，树立“安徽老字号”公共品牌知名度和美誉度，将老字号所蕴含的中华优秀传统文化更多融入现代生产生活，更好满足国潮消费需求。

我校新徽商研究中心、消费者行为研究中心有一支长期研究徽商老字号、安徽老字号的专家队伍，团队围绕老字号的真实性、营商环境、传承与创新承担了国家社科基金项目、教育部人文社科基金项目和安徽自然和社科相关基金项目，《安徽老字号的传承与振兴》著作是他们成果的一部分，通过对安徽老字号的行业区域分布、安徽老字号与国家非遗、工业文化遗产、地标产品之间的内在关联、老字号与特色商业街区、老字号的经营管理等系统分析，为安徽老字号的传承与振兴提供了对策建议。

安徽财经大学是一所以经济学、管理学、法学为主的多科性财经大学，是我国首批具有学士学位授予权、第三批具有硕士学位授予权的高校，是安徽省重点建设的大学和安徽省政府与中华全国供销合作总社共建高校，并且于 2012 年获批国家中西部高校基础能力建设工程，2014 年入选安徽省地方特色高水平大学建设项目。安徽财经大学历来重视科研和社会服务工作，科研水平稳步提升，社会服务品牌和影响力日益凸显；在申报国家社会科学基金、国家自然科学基金等项目上不断取得新突破，国家社会科学基金项目立项数在全国财经类高校中位列前十，连续四年位列省属高校第二。安徽财经大学还立足于地方经济社会发展和行业需求，着力打造财经领域新型高端智库，尤其以安徽经济社会发展系列研究报告为代表的研究成果影响力日益扩大，特色品牌日益凸显。

安徽财经大学徽商研究始于十多年前，徽商讲坛、徽商大讲堂等平台的搭建，为学校的徽商研究奠定了坚实的基础。2014年，安徽财经大学新徽商研究中心成立，该中心聚焦徽商组织、徽商人物、徽商产业、徽商企业、徽商上市、徽商文化等方面的研究，拥有一批专家学者团队，出版了《徽商文化》《新徽商导论》《徽商发展报告2017》《徽商发展报告2019》《徽商发展报告2020》《徽商发展报告2021》《徽商发展报告2022》等著作，举办了两届关于徽商老字号品牌的中国（安徽）大学生市场营销创新大赛，与安徽师范大学联合主办了首届徽商老字号品牌营销高峰论坛，发表了一系列有关徽商和徽文化的学术论文，打造了线上平台——新徽商大讲堂，与安徽经济报社合作共建了徽商智库。

《安徽老字号的传承与振兴》是安徽财经大学新徽商研究中心和消费者行为研究中心、安徽绿海商务职业学院联合研究的成果，得到了安徽省商务厅、安徽省老字号企业协会和部分老字号企业的大力支持，在此一并表示感谢！

安徽财经大学副校长　周加来
2023年5月

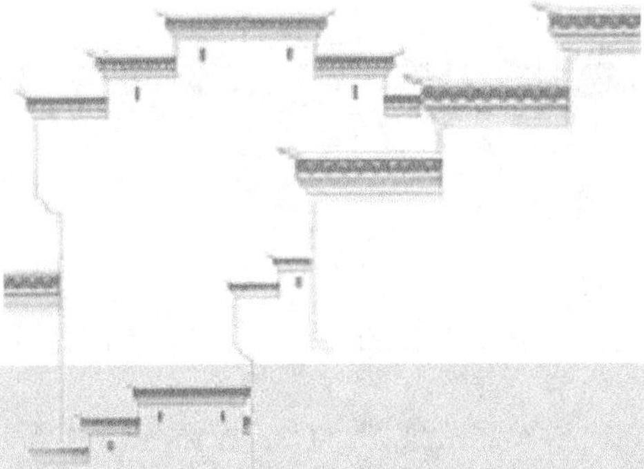

目 录

第一章　安徽省老字号的发展背景 …………………………… 3

一、老字号的定义及其内涵 …………………………………… 3

二、安徽省老字号发展的历程 ………………………………… 6

三、安徽省老字号建设的紧迫性 ……………………………… 9

第二章　安徽省老字号的概况 ………………………………… 16

一、安徽省中华老字号 ……………………………………… 16

二、安徽老字号发展分析 …………………………………… 21

三、安徽老字号与国家地理标志保护产品 …………………… 43

四、安徽老字号与国家非物质文化遗产 ……………………… 49

五、安徽老字号与国家工业遗产 …………………………… 53

六、安徽省消逝的老字号 …………………………………… 54

第三章　安徽老字号的行业分布 …………………………… 61

一、酒类老字号的发展 ………………………………… 62

二、零售类老字号的发展 ……………………………… 65

三、医药类老字号的发展 ……………………………… 67

四、饮食类老字号的发展 ……………………………… 70

第四章　安徽老字号特色商业街 ………………………… 74

一、安徽省特色商业街及其分布 ……………………… 76

二、安徽特色商业街区的分布分析 …………………… 80

三、老字号特色商业街区的发展 ……………………… 82

四、安徽特色商业街区的传承与创新 ………………… 87

第五章　安徽省老字号经营管理模式 …………………… 90

一、老字号企业制度 …………………………………… 90

二、老字号经营模式 …………………………………… 92

三、老字号传播 ………………………………………… 98

四、老字号旅游开发……………………………………… 100

第六章　安徽省老字号发展的问题与建议 ……………… 104

一、安徽省老字号发展的主要问题…………………… 105

二、安徽省老字号发展的建议………………………… 107

第七章　老字号品牌活化………………………………… 112

一、老字号品牌营销现状及其分析…………………… 114

二、老字号品牌营销创新及优化策略…………………… 118
三、老字号传承创新——匠心精神…………………… 123

第八章　老字号品牌跨界联合 …………………… 129

一、跨界联合的主要形式…………………… 130
二、老字号品牌跨界联合的必要性…………………… 131
三、老字号跨界联合的困境…………………… 134
四、老字号跨界联合的建议…………………… 136

第九章　安徽老字号品牌案例 …………………… 139

案例一　谢裕大:六代人,一杯茶 …………………… 139
案例二　百年老字号聚红盛的传承与传人 …………………… 143
案例三　胡玉美:百年老字号的传承与创新 …………………… 148
案例四　耿福兴:老字号餐饮数字化转型…………………… 162

参考文献 …………………… 170

后记 …………………… 173

老字号是我国悠久商业文明的沉淀，是宝贵的非物质文化遗产。冯骥才说过，非物质的遗产“纵向地记忆着城市的史脉与传衍，横向地展示着它宽广而深厚的阅历，并在这纵横之间交织出每一个城市独有的个性与身份”。老字号传承着一个城市的记忆，承载着一个城市商业和手工业辉煌的历史，它既伴随着城市的成长，也伴随着一代代匠人为之奋斗。

第一章
安徽省老字号的发展背景

一、老字号的定义及其内涵

老字号一般是指历史悠久的商号、店号，多见于商业、医药业和餐饮业。然而，随着时间的推移和经济的发展，越来越多的品牌跻身老字号的行列。因此，老字号的内涵越来越丰富。

我国的传统老字号企业是指具有50年以上发展史，工艺、技术考究，产品质量好，能体现地方特色且产品品牌声誉高，在国内外享有较高知名度的名字号、驰名商标、传统商铺和工艺。现在的老字号企业通常是指1956年以前被当时相应商业管理部门认可经营并享誉地方，今天仍在延续发展的企业，涉及生产、生活、经济、文化等各领域。它们有数十年甚至数百年的历史，以良好的商业信誉，吸引着一批特有的消费群体。老字号这个名称是中国商业特有的称谓。它不但具有企业字号的一般性质，而且具有深厚的历史底蕴和丰富的文化内涵。在长期的发展过程中，老字号在经营实践中建立了良好的信誉，也积淀了中国的传统文化底蕴。

老字号通常会有一些独有的品牌故事，有着不平凡的身世，充满传奇色彩。这些故事已经深深融入老字号的血脉，成为其不可分割的一部分。将品牌故事充分地挖掘、利用，对老字号的推广十分有利，因为品牌故事让老字号天然地拥有了无法复制的品牌精神内核。

品牌内涵的实质就是建立正面、独特、强有力的品牌联想，这是提升品牌资产的重要手段。讲述品牌故事是建立品牌联想的有效方式之一。老字号品牌文化内涵可以分为产品特色、品牌和企业精神，这三个层面层层递进，呈金字塔状。古方秘制、工艺独特、品质优良、传统正宗和地道特色等属于产品层面，这是一个品牌赖以立足的基石，是老字号品牌吸引消费者的物质基础；历史悠久、信誉良好和传奇故事则属于品牌层面，与品牌的成长密切相关，它反映的是一个品牌在消费者心中的形象；诚信立业和奉献社会属于企业精神层面，它反映一家企业的使命和社会责任感，这一点在价值观上应与消费者是一致的，并得到消费者的认同。

《“中华老字号”认定规范（试行）》曾专门为“中华老字号”给出定义，界定“中华老字号”为具有展示中华民族文化创造力的价值，具有鲜明的中华民族传统文化背景，拥有世代相承的独特工艺或经营特色，且技术出众，取得了社会广泛认同和良好商业信誉的企业或产品品牌。并且，它提出“中华老字号”企业的认定条件为：经工商行政管理部门正式登记注册；经营年限应不少于50年；具有中华民族特色和鲜明的地域文化特征；有世代相承的独特的工艺、技能或经营特色；具有较高的商业价值和文化价值，有良好的商业信誉，诚信经营。

老字号品牌是中国商业流传下来的文化财富，拥有良好的口碑和很高的知名度。目前，全国有1000多家经认证的老字号品牌，这些老字号的经营时间最早可以追溯到1300年前。

根据商务部数据记录，在新中国成立初期，全国共有10000多家老字号企业，涉及零售、餐饮、医药、食品加工、烟酒加工、居民服务(包括摄影、美发、沐浴等)、丝绸织造、工艺美术、文物古玩等领域。老字号主要分布于北京、上海、南京、杭州、天津、西安、福州、成都等城市。但到了1993年，经认证的“中华老字号”品牌只剩下1600多家，至2021年，全国现有认证“中华老字号”品牌共1128家，如图1-1所示。

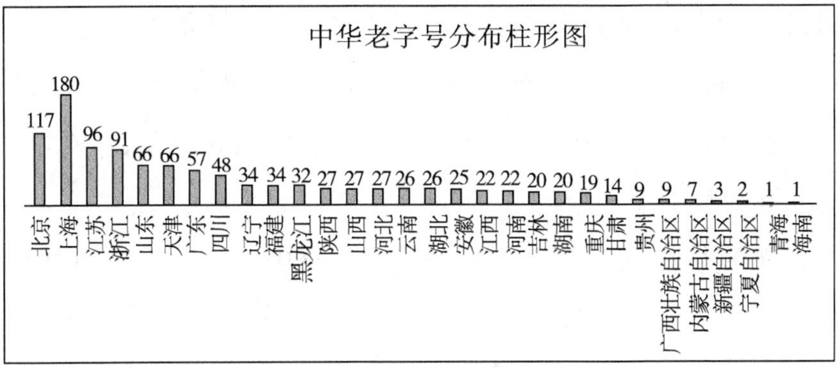

图1-1 中华老字号品牌分布图

从地域上看，“中华老字号”集中在京津冀、长三角、粤港澳大湾区、成渝地区以及山东半岛等经济圈，而其他地区的分布则相对分散。老字号在中国的分布并不均衡，呈现由东向西递减的趋势。东南沿海地区的老字号较多，分布也很密集。而珠三角和长三角区域聚集了我国一半以上的国有品牌，国家提出的政策方针也是借助于这两个区域雄厚的经济实力对国内的产业结构进行低端科技替代。

二、安徽省老字号发展的历程

安徽是中国史前文明的重要发祥地，拥有淮河文化、庐州文化、皖江文化和徽文化四大文化圈，在公元 1667 年因江南省东西分置而建省，得名于“安庆府”与“徽州府”之首字。在发展数千年的徽州大地上孕育着一批包括商业、服务业老字号在内的非物质文化遗产。正是依靠物质和非物质文化遗产的长期积淀，才形成了安徽独具鲜明地域特色的城市历史文化，而老字号的文化特色又是安徽地域民族特色的有力彰显。老字号文化在历史的长河中激流勇进，在岁月的舞台上演绎华章。这些老字号拥有世代传承的技艺、产品或服务，具有鲜明的中华传统文化背景和文化底蕴，赢得了社会广泛认同，拥有良好的品牌荣誉，具有不可估量的品牌价值、经济价值和文化价值。

老字号是在数百年商业和手工业竞争中留下的极品，它们各自经历艰辛的创业才最终成为某一行中的佼佼者。其品牌几乎是人们公认的“质量”的保证。现代经济的发展让老字号显得有些失落，但它们仍以自己的特色独树一帜。为推进实施老字号品牌战略，加强对工商业文化的挖掘和保护，进一步引导具有自主知识产权、优秀民族文化和独特记忆的老字号加快创新发展，经安徽省商务厅同意，在 2014 年由安徽省商业经济学会主导在安徽全省开展“安徽老字号”认定工作。

2018 年 4 月，安徽省老字号企业协会经安徽省商务厅同意和安徽省民政厅批准登记成立，这标志着安徽省老字号组织建设进入了一个新的发展阶段。安徽省老字号企业协会坚持为老字号服务的宗旨，聚力保护老字号资源，提升老字号品牌价值，传承老字号经典，弘扬老字号文化，加强老字号企业间的交流合作，发挥老字号和政府之间的桥梁和纽带作用，搭建服务于老字号创新发展的各种平台，促进老字号改革创新发展。

2006年8月3日下午，“品牌万里行”之中部崛起行安徽站“中华老字号专题研讨会”在合肥举行，时任商务部部长助理黄海出席了研讨会并作了重要讲话。2006年，安徽省商务厅按照商务部的部署，在振兴老字号方面开展了大量基础性工作，当年完成了向商务部推荐首批12个老字号品牌企业参加“中华老字号”的认定工作。2006年7月7日，由安徽省商务厅改革发展处牵头，专门举办了“振兴老字号”座谈会、研讨会。在此次会议上，关于如何振兴“中华老字号”的工作，安徽省商务厅表示不仅会加大对老字号的调研宣传力度，努力发掘传统产品技术和商业文化，还将对被认定为“中华老字号”的企业，从政策、资金、服务等方面进行重点扶持和推介。2019年1月28日至2月10日，安徽省商务厅选定刘鸿盛（传统小吃）、古井贡酒（白酒）、红星牌（宣纸）、曹如章（毛笔）、北谭（毛笔）、胡兴堂（臭鳜鱼）、柏兆记（传统糕点）、李廷珪牌（墨）、黄山佬（黄山烧饼、五城茶干）、口子窖（酒）、国润茶业（茶叶）、耿福兴（蟹黄汤包）、刀马人彩釉陶（彩陶系列）、和氏璧（歙砚）14家老字号企业参加“紫禁城里过大年”活动。

近年来，为推动“中国制造”向“中国创造”转变、“中国速度”向“中国质量”转变、“中国产品”向“中国品牌”转变，国家高度重视品牌建设。经国务院批准，自2017年起，每年5月10日为“中国品牌日”。中国品牌日的设立，体现了国家对品牌建设的高度重视，展示了国家实施品牌战略的坚定决心。2017年，在中国品牌日发布了

《中国品牌日宣言》;2018 年,中国品牌日的主题为“中国品牌,世界共享”;2019 年,中国品牌日的主题为“中国品牌,世界共享;加快品牌建设,引领高质量发展;聚焦国货精品,感受品牌魅力”;2020 年,中国品牌日的主题为“中国品牌,世界共享;全面小康,品质生活;全球战‘疫’,品牌力量”;2021 年,中国品牌日的主题为“中国品牌,世界共享;聚力双循环,引领新消费”;2022 年,中国品牌日的主题为“中国品牌,强国有我”。

2022 年 1 月 25 日,商务部等 8 部门《关于促进老字号创新发展的意见》(以下简称《意见》)正式印发。《意见》从加大老字号保护力度、健全老字号传承体系、激发老字号创新活力、培育老字号发展动能四个方面提出了 13 项意见。具体为:加强老字号保护法治建设,保护老字号知识产权、保护老字号历史网点、保护老字号文化遗产;传承老字号传统技艺、活化老字号文化资源、壮大老字号人才队伍;推动老字号创新产品服务、支持老字号跨界融合发展、促进老字号集聚发展;引导老字号体制机制改革、优化老字号金融服务、推动老字号走出国门。2022 年 3 月 9 日,商务部又召开全国促进老字号创新发展工作会,指出老字号集历史、文化、商业等诸多功能于一体,是我国工商业发展中孕育的“金字招牌”。促进老字号创新发展,对传承弘扬中华优秀传统文化,促进消费持续恢复,加快构建新发展格局具有重要意义。

经济强国历来是品牌强国,目前我国已经具备加快品牌发展的条件,发展品牌经济正当其时,老字号企业发展正当其时。“中国品牌日”的设立,有利于老字号走出国门、走向世界。例如,中华老字号“胡玉美”正进行着改造升级,即将变身为观光型工厂,这不仅能满足调味品生产企业发展的需要,还能突显百年老字号企业的历史内涵和文化底蕴，它已成为安庆市工业旅游景点，展示工业遗产和非遗文化。

三、安徽省老字号建设的紧迫性

老字号是一个城市发展的历史记忆，也是一个城市社会文化的承载者。近年来，安徽老字号得到了快速发展。但在新形势下，老字号在发展中存在老品牌够“老”不够“新”、旧市场萎缩及新市场低迷、核心复杂工艺人才断层等问题。

（一）安徽老字号品牌振兴计划的亮点

物竞天择，适者生存。老字号品牌衰落是因为企业普遍缺乏长远发展的战略思考，弄不清自身的优势和劣势，不明晰外部环境的变化和自身在市场竞争中的地位，更缺乏一套利用自身优势捕捉机会、克服不足、扬长避短的应对措施。因此，老字号必须正视自己的地位，正确分析自己的长处与不足，兼顾新旧目标市场，开展整合营销，平衡品牌文化新旧元素的比例，这些始终是振兴老字号品牌的关键。对比广东、浙江、北京等地经验，安徽老字号的传承创新有以下优势和亮点。

1. 打造若干本地特色品牌商业街区

安徽各地级市政府打造了一批本土特色品牌商业街区，形成了若干特色商业服务和乡村旅游品牌区域；引进了一批银行分行落户；设立了振兴和发展专项基金。例如，合肥市重点打造了若干具有特色的品牌商业街区，如城隍庙、七桂塘、淮河路、坝上街、罍街、撮街等。

2. 设立专项基金助力老字号

目前，合肥市已经形成一批具有地方特色的商品及服务老字号企业，主要涉及餐饮、医药、食品加工、传统工艺等行业。大多数老字号属于中小型商业企业，少数老字号仍采用一家一户式的手工经营模式，发展缓慢。根据规划，合肥市将设立老字号振兴和发展专项基金，通过对接省、市中小企业发展基金和各级担保机构，采取拨款资助、贷款贴息和资本金投入等方式，对老字号加大资金支持力度。另外，合肥市还将鼓励和支持老字号把传统经营方式与现代服务手段、管理方法有机结合，发展"互联网＋"、连锁经营、电子商务、物流配送等现代流通、交易方式。

3. 打破传统思维定势，紧跟时代步伐，充分利用"互联网＋"的优势进行创新

基于观念陈旧、创新不足、资金短缺、体制不顺等制约老字号发展的普遍问题，为贯彻落实商务部等16部门2017年1月13日出台的《关于促进老字号改革创新发展的指导意见》及商务部有关特色商业街区建设的一系列部署的精神，为了进一步弘扬徽商精神，展示安徽老字号、特色商业街的品牌效应，安徽省商业经济学会与安徽云天信息技术有限公司签署了战略合作协议，旨在为安徽商业经济发展插上"互联网＋"的翅膀。为了营造良好的发展环境，安徽省商业经济学会第一时间创建、开通了"安徽老字号"和"安徽特色商业街"两个官网。官网的开通既可帮助相关会员企业开展多渠道宣传工作，进一步提升企业形象，提升品牌影响力，又能使"安徽老字号""安徽特色商业街"得到前所未有的展示机会，让安徽的文化名片真正与商业品牌嫁接，让文化和商业联姻，让商业为文化代言，让文化为商业积聚力量。同时，安徽省商业经济学会决定借力国内知名互联网广告公司，组织开展“安徽老字号、特色商业街”集体推广活动，向中国、向世界展示安徽老字号、特色商业街，彰显其魅力。

（二）安徽文化传承的载体

品牌本身就具有丰富的文化内涵，老字号作为历史悠久、质量优良、传承良好的品牌更是如此。无论是商标、古训、典故还是工艺，都承载着当地人民的智慧和历史的结晶，而安徽省老字号是安徽省文化传承的载体。调研安徽省老字号，就是研究安徽省历史优秀的文化；保护安徽省老字号，就是保护安徽绵长深远的文化；传承安徽省老字号，就是将安徽省的文化内核发扬光大。例如，“黄山佬”“老谢家茶”“傻子瓜子”“口子酒业”“临涣酱培包瓜”等都是安徽省具有代表性的老字号品牌，这些品牌用独特的方式对老字号文化进行传承。殊途同归，其致一也。无论是以什么样的方式传承文化，老字号品牌作为安徽文化传承的载体，都将为安徽省乃至中国源远流长的文化画上浓墨重彩的一笔，值得被研究、保护和传承。

1. 以艺术的形式，继承老字号品牌精神与文化

中华老字号大都经历了至少上百年的时间，在发展的历程中，经过年复一年的岁月积淀，已在其品牌上打下了深深的文化烙印，并在目标市场中形成了生生不灭的文化情结。老字号的历史感和传奇性是普通企业所无法拥有的，所谓的变化不应是抛弃根本，而应是万变不离其宗。怎样能够让一个品牌脍炙人口，而且做到代代相传呢？品牌文化故事是其重要手段。老字号在长达数十年乃至数百年的经营发展中形成了不少的品牌文化故事，这些故事经过长时间的口耳相传，不断地为广大消费者所熟悉。例如，芜湖鸠兹古镇的管理人员邀请了优秀的表演艺术家，将与鸠兹古镇有关的故事搬上了舞台，以视觉形式呈现出来，通过演员们绘声绘色的演绎将鸠兹古镇的精神与文化传承下来。

2. 以博物馆的形式，保留老字号独有的特色，继承其独有的文化氛围

一个“老”字构成了老字号特有的文化特色。店铺的设计、选址、桌椅，甚至伙计睡觉用的铺板都是文化。徽商博物馆是安徽省第一家弘扬徽商精神、展示徽商文化的民间藏馆。馆中设“徽州古民居”“主体展馆”“随园”三个展区。数以万件计的藏品都是芜湖民间人士捐献的，以“徽州三雕”（石雕、砖雕、木雕）为主，其中不乏被收藏界认为价值不菲的宝物。除藏品外，还有多处雕塑体现了古徽州及芜湖古城繁华的商业景象，生动再现了当年的豆腐店、茶庄、中药铺、祠堂等。白墙灰瓦间点缀着亭台回廊，恍如在闹市中走进小桥流水的徽州人家。明清以来，芜湖是徽商走向全国各地的门户，更是徽商植根兴业的沃土。尤其是在芜湖开埠通商以后，徽商人数众多，经营门类更广。徽商博物馆的建设，本着科学严谨的态度，按照我国公共文化设施建设的做法，参考了其他优秀博物馆建设经验。徽商博物馆在整体设计和细节构造上凸显个性，在功能设施布局优化、陈列展示方式创新、园区游览环境优雅等方面都体现了自身的特色。

3. 以美食的形式，见证安徽饮食文化的历史变迁

如“中华老字号”口子酒，其品牌传承了从春秋战国时期至今约 2700 年的酿酒历史，也传承了淮北市酿酒行业的历史。酒文化不止是相城地区历代文人贤士抒怀的载体，还体现了当代政治的变迁和经济的繁荣。再如“安徽老字号”蒋氏酱品，其品牌传承了多年来的酱文化，且蒋氏酱品的企业法人是其有 150 多年历史制酱工艺的传承人。蒋氏酱品的重要产品——包瓜是著名古镇临涣镇的特产，包瓜因酱后口感甚好，鲜甜可口，是当地具有代表性的美食，也是当地的酱制特产，甚至销往东南亚地区。久负盛名的临涣酱培包瓜，系传统名菜，有百余年历史。临涣包瓜是在光绪初年由南京人潘孝武父子来临涣集开设的“园昌斋”酱园店制成的一种酱菜，它以香、脆、嫩以及酱味浓郁等独特风味而闻名。清末有诗人题诗赞曰：“瓜风送香气，蜂蝶乱飞云。食之包瓜后，忘却故乡人。”

（三）国家和地方政策的支持

1. 新时代品牌建设开启新征程

2022 年 8 月 25 日，国家发展改革委、工业和信息化部、农业农村部、商务部、国资委、市场监管总局、知识产权局联合印发了《关于新时代推进品牌建设的指导意见》，提出到 2025 年，品牌建设初具成效，基本形成层次分明、优势互补、影响力创新力显著增强的品牌体系，培育一批品牌管理科学规范、竞争力不断提升的一流品牌企业，中国品牌世界共享取得明显实效，人民群众对中国品牌的满意度进一步提高；到 2035 年，中国品牌成为推动高质量发展和创造高品质生活的有力支撑，中国品牌综合实力进入品牌强国前列，形成一批质量卓越、优势明显、拥有自主知识产权的企业品牌、产业品牌、区域品牌，布局合理、竞争力强、充满活力的品牌体系全面形成，品牌建设不断满足人民群众日益增长的美好生活需要。

2. 开展“皖美品牌示范企业”创建

根据计划，到 2025 年，安徽省将培育创建 700 家以上制造业和 100 家以上服务业的“皖美品牌示范企业”，打造凝聚安徽文化特质和经营理念的皖美品牌企业整体形象，推动安徽省企业产品质量、品牌价值和核心竞争力大幅提升。该项创建的主要目标是，突出实体经济，聚焦自主创新，立足国内外需求，打造一批成长性好、质量水平高、综合实力强的自主品牌优秀企业。到2025年，安徽省将培育创建700家以上拥有自主知识产权，国内领先、国际一流，市场占有率处于同行业领先水平的制造业“皖美品牌示范企业”；培育创建100家以上顾客满意度高、质量管理先进、市场影响力大的服务业“皖美品牌示范企业”。安徽省将建立较为完备的“皖美品牌示范企业”培育、认定、宣传和管理工作机制，让“皖美品牌示范企业”得到社会广泛认可、享誉全国、走向世界，推动安徽省企业产品质量、品牌价值和核心竞争力大幅提升，以质量品牌升级为“三地一区”建设筑势赋能。安徽省还将创设“皖美品牌示范企业”公共标识，构建“皖美品牌示范企业”标准体系，建立健全评价认定机制，梯次选择一批有发展潜力的企业作为发展对象，实施创建工程。市场监管部门将协调推动各级政府、有关部门出台加强品牌建设的政策措施，建立政府、行业、社会等多层面的采信、激励机制，支持“皖美品牌示范企业”参与政府采购、招投标、知识产权质押贷款等活动，加大标准化资金、项目支持力度，组织参与品牌传播推介活动，扩大“皖美品牌示范企业”的知名度和影响力。

3.“工匠精神”重拾重视

2016年全国“两会”期间，《政府工作报告》提出鼓励企业开展个性化定制、柔性化生产，培育精益求精的工匠精神，增品种、提品质、创品牌。这是“工匠精神”一词首次被写入《政府工作报告》。工匠精神是一种精益求精、专心耐心、细致敬业的职业精神，从业者只有处于独立自由、身心和谐的状态下，才能专心致志地工作，发挥最佳水平，打磨出精致的产品。只有恪守工匠精神，老字号才能在新时代逆袭。工匠精神重拾重视，令许多坚持匠心精神的安徽老字号备受鼓舞。

4. 老字号转型升级和改革创新引起了国家的关注

2017 年 1 月，全国政协召开双周协商座谈会围绕“提升中华老字号品牌质量”建言献策，国家相关领导、专家学者和“中华老字号”企业负责人汇聚一堂，共同探讨帮助老字号企业实现转型升级的路径。2017 年 2 月，商务部等 16 个相关部门联合印发了《关于促进老字号改革创新发展的指导意见》，从提高市场竞争力、保护经营网点、改革企业产权等方面布置多项重点任务，全力推动老字号的改革创新发展。2022 年 1 月 25 日，商务部等 8 部门《关于促进老字号创新发展的意见》正式印发。

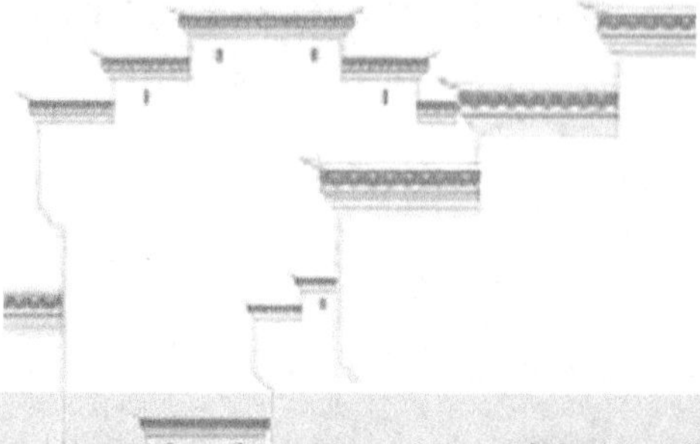

第二章
安徽省老字号的概况

经过时间沉淀的老字号品牌所蕴含的不仅仅是商业价值，它所包含的民族精神、历史文化等无形价值更是其他商业品牌所不具备的。然而随着时代的发展，在同行业竞争激烈的背景下，安徽省老字号品牌还需进一步创新发展。大多数老字号的品牌意识薄弱、经营规模较小且经济效益一般。

一、安徽省中华老字号

老字号是中国商业特有的一种称谓，它是指有着多年的成功经营实践，具有一定影响力的商号。根据商务部的资料，在新中国成立初期，全国知名老字号有 10000 多家，1978 年经国家有关部门认定的老字号企业尚有 2000 余家，而到 1991 年经授牌的老字号只剩 1600 余家。为引导老字号加快创新发展，在传承和弘扬优秀文化、打造自主知名品牌、促进经济增长和社会和谐中发挥更大作用，商务部自 2006 年开始在全国实施“振兴老字号工程”。依照《商务部关于实施“振兴老字号工程”的通知》(商改发〔2006〕171号)和《“中华老字号”认定规范(试行)》(2006)的相关标准,商务部于2006年11月认定第一批“中华老字号”,2010年委托中国商业联合会成立“保护与促进中华老字号振兴发展(专家)委员会”并认定第二批保护与促进的“中华老字号”,两批次共认定1128家“中华老字号”。

中华老字号(China Time-honored Brand)是指历史悠久,拥有世代传承的产品、技艺或服务,具有鲜明的中华民族传统文化背景和深厚的文化底蕴,取得社会广泛认同,形成良好信誉的品牌。中华老字号的认定需满足以下七大条件:拥有商标所有权或使用权;品牌创立60年以上;传承独特的产品、技艺或服务;有传承中华民族优秀传统的企业文化;具有中华民族特色和鲜明的地域文化特征,具有历史价值和文化价值;具有良好信誉,得到广泛的社会认同和赞誉;国内资本及港澳台地区资本相对控股,经营状况良好,且具有较强的可持续发展能力。自“振兴老字号”工程实施以来,老字号的保护和振兴工作的确取得了显著成效,此项工程也为保护与促进我国老字号的传承和创新奠定了良好基础。

根据商务部发布的第一批和第二批“中华老字号”认定名单,安徽省共计有25家企业被认定为“中华老字号”,其中第一批次有8家,第二批次有17家(详见表2-1)。

表 2-1 安徽省"中华老字号"统计表

序号	注册商标	企业名称	地区	行业	批次	是否上市	主营产品	创立时间	企业性质
1	红星	中国宣纸集团公司	宣城	工艺美术	一	否	宣纸	1951	股份制企业
2	口子	安徽口子酒业股份有限公司	淮北	食品加工	一	是	白酒	1945	股份制上市公司
3	胡开文	安徽省黄山市屯溪胡开文墨厂	黄山	加工制造	一	否	徽墨	1965	民营企业
4	同庆楼	安徽同庆楼餐饮发展有限公司	合肥	餐饮住宿	一	是	餐饮	1925	股份制上市公司
5	胡玉美	安庆市胡玉美酿造食品有限责任公司	安庆	食品加工	一	否	酱品	1830	有限责任公司
6	耿福兴	芜湖市耿福兴酒楼	芜湖	餐饮住宿	一	否	餐饮	1888	有限责任公司
7	寿春堂	安徽寿春堂大药房有限公司	合肥	医药	一	否	医药	清末	民营股份制公司
8	余良卿号	安徽安科余良卿药业有限公司	安庆	加工制造	一	是	医药	1855	股份制公司
9	徽六	安徽省六安瓜片茶业股份有限公司	六安	食品加工	二	否	茶叶	1905	股份有限公司
10	猴坑	黄山市猴坑茶业有限公司	黄山	食品加工	二	否	茶叶	1900	有限责任公司
11	谢正安	黄山谢裕大茶业股份有限公司	黄山	食品加工	二	新三板挂牌	茶叶	1875	股份有限公司

续表

序号	注册商标	企业名称	地区	行业	批次	是否上市	主营产品	创立时间	企业性质
12	迎驾	安徽迎驾贡酒有限公司	六安	食品加工	二	是	白酒	公元前106年	股份制上市公司
13	采石矶	马鞍山市采石矶食品有限公司	马鞍山	食品加工	二	否	豆制品	1796	有限责任公司
14	麦陇香	安庆市麦陇香食品厂	安庆	食品加工	二	否	糕点及调味品	1892	民营企业
15	公和堂	合肥公和堂食品厂	合肥	食品加工	二	否	食品	清末	有限责任公司
16	颍州	安徽金种子集团有限公司	阜阳	食品加工	二	是	白酒	1949	股份制上市公司
17	叫花鸡	阜阳宏达食品有限公司	阜阳	食品加工	二	否	食品	1893	有限责任公司
18	张顺兴号	合肥市糖业烟酒有限责任公司张顺兴食品厂	合肥	食品加工	二	否	食品加工	1882	有限责任公司
19	吴鲁衡	安徽省休宁县万安吴鲁衡罗经老店有限公司	黄山	工艺美术	二	否	罗盘	1723	民营企业
20	老余昌	芜湖市老余昌钟表眼镜有限责任公司	芜湖	零售	二	否	眼镜	1911	民营企业
21	李廷珪牌	歙县老胡开文墨业有限公司	黄山	加工制造	二	否	墨业	南唐	民营企业

续表

序号	注册商标	企业名称	地区	行业	批次	是否上市	主营产品	创立时间	企业性质
22	柏兆记	安徽柏兆记食品股份有限公司	安庆	食品加工	二	否	糕点	1904	股份制公司
23	聚红盛	寿县饮食服务公司聚红盛大酒店	淮南	餐饮住宿	二	否	餐饮	1875	民营企业
24	四季春	芜湖市四季春大酒店	芜湖	餐饮住宿	二	否	餐饮	1910	民营企业
25	艺粟斋	安徽省绩溪县良才墨业有限公司	黄山	工艺美术	二	否	墨业	1655	民营企业

其一，从区域分布来看，黄山有 6 家，合肥、安庆各有 4 家，芜湖有 3 家，阜阳与六安各有 2 家，淮南、马鞍山、宣城、淮北各有 1 家，铜陵、池州、蚌埠、滁州、亳州、宿州六个城市的“中华老字号”均空缺。

其二，从行业分布来看，安徽省的“中华老字号”主要以食品加工为主，主营产品皆为消费品。

其三，从企业性质来看，25 家企业中已有 6 家上市公司(含新三板挂牌)，其中有 5 家在主板上市，1 家在新三板挂牌。

其四，安徽的“中华老字号”企业，带有明显的传统经济下的手工业作坊的痕迹。这些传统的手工业作坊在产品的配方、生产工艺与流程、经营理念等方面，有着不同于其他同类产品的独到之处，成为其企业核心竞争力的来源。

其五，有些传统手工作业作坊已华丽转身，或者完成了股份制改造，甚至成为主板上市公司，或者通过产品的成功转型升级，成为现代高科技企业，这以安庆的余良卿号为代表。

其六，整体品牌影响力日益扩大。有些老字号最初是区域性品牌，随着企业销售渠道及产品影响力的扩大，已经成为在全国具有影响力的驰名商标，如红星、同庆楼、徽六、金种子、口子、谢裕大等品牌。

其七，个别老字号的产品和影响力显著。以红星宣纸为代表的某些老字号在所经营领域获得了垄断性地位，成为行业的翘楚。

二、安徽老字号发展分析

截至2022年5月，安徽已有认定的“中华老字号”“安徽老字号”品牌共414家(如表2-2所示)，其中包括“中华老字号”25家(其中7家未申请“安徽老字号”)，“安徽老字号”397家。安徽省自2014年开始对老字号进行认定，其中2014年有101家，2015年有10家，2016年有9家，2017年有67家，2019年有80家，2022年有130家。

表2-2 “安徽老字号”列表

序号	企业名称	字号名称	辖区
1	安徽同庆楼餐饮有限公司	★同庆楼	合肥
2	合肥市糖业烟酒有限公司张顺兴食品厂	★张顺兴号	合肥
3	安徽寿春堂大药房有限公司	★寿春堂	合肥
4	合肥公和堂食品有限公司	★公和堂	合肥
5	安徽新希望白帝乳业有限公司	白帝牌	合肥
6	合肥吴山贡鹅酒店管理有限公司	吴王贡鹅	合肥

续表

序号	企业名称	字号名称	辖区
7	合肥市中和祥食品有限责任公司	百年中和祥	合肥
8	庐江县泥河朱三卤菜店	泥河朱三	合肥
9	濉溪县临涣蒋氏酱品厂	临涣酱菜	淮北
10	濉溪县贵临培乳肉有限公司	培乳肉	淮北
11	安徽古井贡酒股份有限公司	古井贡酒	亳州
12	安徽双轮酒业责任有限公司	高炉	亳州
13	亳州市谯城区瑞昌清真果子店(谯城区瑞昌恒果子店)	瑞恒昌糕点	亳州
14	安徽皖酒制造集团有限公司	皖牌	蚌埠
15	蚌埠市和平乳业有限责任公司	和平	蚌埠
16	蚌埠面粉厂	大钱牌	蚌埠
17	蚌埠市石良道骨科医院	石良道	蚌埠
18	蚌埠市禹会区卢云光中医骨科诊所	卢氏膏方	蚌埠
19	蚌埠市淮上区虎源鞋业制造厂	丁家虎头鞋	蚌埠
20	固镇县金香丝粉丝专业合作社	董湖粉丝	蚌埠
21	安徽大禹食品科技有限公司	金涂山烧全鸡	蚌埠
22	安徽省绿十字医药股份有限公司	王恒昌药店	蚌埠
23	老淮滨小吃经营部淮河路店	老淮滨	蚌埠
24	阜南县郜台板鸭厂	郜台板鸭	阜阳
25	安徽省金裕皖酒业有限公司	金裕皖	阜阳
26	安徽万森堂医药零售连锁有限公司	万森堂	阜阳
27	淮南市凤台县奇芳阁餐饮有限公司	奇芳阁	淮南

续表

序号	企业名称	字号名称	辖区
28	淮南市夏集贡圆食品有限公司	夏集贡圆	淮南
29	滁州市滁菊食品科技有限公司	金玉	滁州
30	滁州市金鹰茶叶有限公司	楞头青	滁州
31	来安县海得生态农业有限公司	雷官板鸭	滁州
32	全椒县尹记油厂	老尹记	滁州
33	全椒县礼庚管坝牛肉有限公司	管坝	滁州
34	安徽兰花茶业有限公司	“万佛山”牌 舒城小兰花	六安
35	安徽省抱儿钟秀茶业股份有限公司	抱儿钟秀	六安
36	霍山汉唐清茗茶业有限公司	汉唐清茗	六安
37	安徽山葛老天然食品有限公司	山葛老	六安
38	马鞍山市一品当朝酒业有限公司	横望山米酒	马鞍山
39	芜湖耿福兴餐饮管理有限公司	★耿福兴	芜湖
40	芜湖市四季春餐饮有限公司	★四季春	芜湖
41	芜湖市老余昌钟表眼镜有限责任公司	★老余昌	芜湖
42	安徽张恒春药业股份有限公司	张恒春	芜湖
43	芜湖市鸠江饭店有限责任公司	鸠江饭店	芜湖
44	芜湖市铁山宾馆有限公司	铁山宾馆	芜湖
45	安徽马头墙酒业有限公司	弋江	芜湖
46	芜湖金隆兴餐饮管理有限公司	百年金隆兴	芜湖
47	芜湖市马义兴清真菜馆	马义兴	芜湖
48	中国宣纸股份有限公司	★红星	宣城

续表

序号	企业名称	字号名称	辖区
49	安徽明德竹木工艺制品有限公司	老王	宣城
50	安徽省绩溪胡开文墨业有限公司	苍佩室	宣城
51	安徽宣酒集团股份有限公司	宣酒	宣城
52	安徽姚翠荣酱业有限公司	姚翠荣	宣城
53	安徽泾县汪同和宣纸厂	汪同和	宣城
54	安徽省泾县汪六吉宣纸有限公司	汪六吉	宣城
55	安徽省泾县桃记宣纸有限公司	桃字	宣城
56	安徽省泾县三兔宣笔有限公司	三兔	宣城
57	安徽省古南丰酒业有限公司	古南丰	宣城
58	安徽泾县其华涌溪火青茶叶股份有限公司	涌溪火青	宣城
59	安徽省泾县涌溪火青茶叶有限公司	涌溪	宣城
60	安徽忆锅香生态农业有限公司	忆锅香	宣城
61	宣城市中良枣业有限责任公司	水东	宣城
62	泾县云岭酒厂	云岭特曲	宣城
63	安徽省泾县润发梳业有限公司	安华	宣城
64	安徽艾兰竹木工艺制品有限公司	艾子牌	宣城
65	绩溪县曹素功敏楠氏墨厂	敏楠氏	宣城
66	安徽宏祥丝绸织造有限公司	宏祥	宣城
67	郎溪县白阳岗瑞草魁茶厂	瑞草魁	宣城
68	安徽金龙山葛业有限公司	桐汭葛根粉	宣城
69	安徽省泾县宫庭竹木工艺品有限公司	宫庭	宣城

续表

序号	企业名称	字号名称	辖区
70	安徽省泾县紫金楼宣纸厂	曹氏	宣城
71	安徽省绩溪县徽商酒业有限公司	徽州甲	宣城
72	郎溪县侯村蜜枣场	侯村	宣城
73	郎溪县天子粉丝厂	天子	宣城
74	安徽天方茶业股份有限公司	雾里青	池州
75	安徽国润茶业有限公司	润思	池州
76	池州市霄坑村龙袭山庄茶业有限公司	龙袭山庄	池州
77	安庆市胡玉美酿造食品有限责任公司	★胡玉美	安庆
78	安庆市麦陇香食品厂	★麦陇香	安庆
79	安徽安科余良卿药业有限公司	★余良卿号	安庆
80	怀宁县永丰食品有限公司	龙凤牌	安庆
81	安徽美晨餐饮管理有限公司	江毛水饺	安庆
82	安徽省怀宁县顶雪食品有限公司	顶雪	安庆
83	谢裕大茶叶股份有限公司	★谢正安	黄山
84	黄山市猴坑茶业有限公司	★猴坑	黄山
85	歙县老胡开文墨业有限公司	★李廷珪牌	黄山
86	黄山市屯溪胡开文墨厂	★胡开文徽墨	黄山
87	休宁县万安吴鲁衡罗经老店有限公司	★吴鲁衡	黄山
88	黄山六百里猴魁茶业有限公司	六百里	黄山
89	黄山一品有机茶业有限公司	屯绿	黄山
90	黄山紫霞茶业有限公司	紫霞	黄山
91	黄山光明茶业有限公司	老谢家茶	黄山

续表

序号	企业名称	字号名称	辖区
92	黄山市洪通农业科技有限公司	洪通	黄山
93	黄山市徽州茶业有限公司	老竹铺	黄山
94	安徽省歙县工艺厂	歙州	黄山
95	安徽黄山佬生态农业有限公司	黄山佬	黄山
96	黄山佳龙绿色食品有限公司	龙湾	黄山
97	黄山王光熙松萝茶业股份公司	松萝茶	黄山
98	安徽省祁门红茶发展有限公司	天之红·祁门红茶	黄山
99	黄山市祁门公孙顺安茶厂	孙义顺	黄山
100	安徽省黄山市祁门香茶业有限公司	祁香	黄山
101	黄山市黟县小石徽雕艺术研发有限公司	小石徽雕	黄山
102	安徽承庆堂国药股份有限公司	承庆堂	亳州
103	亳州市铜关粉皮有限公司	铜关牌	亳州
104	安徽一闻香清真食品有限公司	一闻香	亳州
105	安徽九华山酒业股份有限公司	九华山	池州
106	安徽九华机械股份有限公司	齐云	池州
107	安徽省九华山旅游实业有限公司	凤凰松	池州
108	安徽雷池酒业有限责任公司	雷池	安庆
109	岳西县天龙食品厂	皖岳天龙	安庆
110	安徽省联河股份有限公司	联河	安庆
111	风酿调味品有限公司	望江亭	安庆

续表

序号	企业名称	字号名称	辖区
112	黄山市歙县聚墨堂墨业有限公司	程君房	黄山
113	黄山市古城歙砚有限公司	和氏璧	黄山
114	黄山市新安医药零售连锁有限公司	石翼农	黄山
115	黄山市芽典生态农业有限公司	芽典·黄山贡菊 芽典·珠兰花茶	黄山
116	黄山甘白香茶业有限公司	甘白香 黄山白茶	黄山
117	黄山耕香园茶业有限公司	耕香园	黄山
118	安徽省黄山市祁眉茶旅有限公司	祁眉	黄山
119	歙县蔚源茶厂	蔚源·街源烘青	黄山
120	黄山新苏老徽馆餐饮有限公司	新苏老徽馆	黄山
121	安徽省华国茗人农业有限公司	华国茗人	合肥
122	合肥陶永祥炒货有限责任公司	陶永祥	合肥
123	安徽满天星连锁超市有限公司	汪义和	合肥
124	合肥志诚蜂业有限责任公司	顾公	合肥
125	安徽锦怡假日酒店有限公司	庐江小红头	合肥
126	庐江县金牛镇荣兴食品厂	金牛荣兴大扁糖	合肥
127	长丰县下塘烧饼餐饮协会	下塘烧饼	合肥
128	濉溪县临涣镇怡心茶楼	临涣铚城怡心茶楼	淮北
129	安徽张士奎食品有限公司	高公坛闷蒜	亳州
130	亳州市酒厂有限公司	金不换、魏王	亳州
131	亳州市法普瑞食品有限公司	公元	亳州
132	蚌埠市禹会区显臣中医骨科诊所	显臣中医	蚌埠

续表

序号	企业名称	字号名称	辖区
133	蚌埠市雪园小吃部	雪园小吃部	蚌埠
134	蚌埠团结日用化学有限公司	团结肥皂	蚌埠
135	宿州市符离集福佳烧鸡有限公司	福佳烧鸡	宿州
136	宿州酒业有限责任公司	宿县头曲	宿州
137	宿州市符离集刘老二烧鸡有限公司	刘老二烧鸡	宿州
138	萧县古萧汪家餐饮有限公司	萧县汪家羊肉馆	宿州
139	界首市卢氏刻花彩陶有限公司	刀马人彩釉陶	阜阳
140	安徽焦陂酒业有限责任公司	焦陂	阜阳
141	临泉县龙笔笔业有限公司	北谭	阜阳
142	安徽省文德堂文化传播有限公司	文德堂	阜阳
143	安徽临潭笔荘有限公司	临谭笔庄	阜阳
144	界首市吕长明清真食品有限公司	吕长明	阜阳
145	阜阳市洪胡子清真食品有限公司	洪胡子枕头馍	阜阳
146	界首市春峰食品科技股份有限公司	春峰	阜阳
147	马鞍山采石矶酿酒有限责任公司	采石矶	马鞍山
148	安徽明光酒业有限公司	老明光	滁州
149	滁州市施集茶场有限公司	施集	滁州
150	滁州市香四溢食品有限公司	醉翁亭	滁州
151	安徽省凤阳县御膳油脂有限公司	御膳	滁州
152	全椒县广平油脂有限公司	梅花垄	滁州
153	安徽省芜湖市百善食品有限责任公司	百善	芜湖
154	安徽来意浓餐饮管理有限公司	来意浓	芜湖

续表

序号	企业名称	字号名称	辖区
155	芜湖王少华食品有限公司	王少华梨膏糖	芜湖
156	金源集团芜湖祠山包装有限公司	祠山包装	芜湖
157	南陵县界山翟记老鸭汤馆有限公司	界山翟记老鸭汤	芜湖
158	安徽省宣城市一朵轩文房四宝有限公司	一朵轩	宣城
159	宁国市沙埠粮油加工厂	福庆全	宣城
160	泾县国民油布伞厂	润泽	宣城
161	安徽桃花潭酒业有限公司	桃花潭	宣城
162	安徽省泾县润发梳业有限公司	缘木轩	宣城
163	安徽云岭星火旅游发展有限公司	云岭	宣城
164	安徽翰林茶业有限公司	绿环	宣城
165	安徽泾县紫星宣纸工艺品有限公司	紫芳斋	宣城
166	安徽绩溪胡氏宴酒业有限公司	胡氏宴	宣城
167	安徽霄雾茶业有限公司	霄雾	池州
168	池州芦山生态农庄科技开发有限公司	杨氏九华安茶	池州
169	安徽省金九华农业科技有限公司	金九华	池州
170	铜陵大通小磨麻油有限公司	白鳍豚	铜陵
171	铜陵市佘家贡姜厂	佘家贡姜	铜陵
172	潜山县天柱山糯米封缸酒业有限公司	老修	安庆
173	安徽省华之慧生态农业发展有限公司	华之慧	安庆
174	安徽光盛农业股份有限公司	菊盛牌	安庆
175	太湖县汪协泰食品有限公司	汪协泰	安庆

续表

序号	企业名称	字号名称	辖区
176	安庆市高河龙池茶业有限责任公司	龙池	安庆
177	宿松县孚玉山宾馆	孚玉山宾馆	宿松
178	黄山市超港食品有限公司	胡兴堂	黄山
179	安徽省俞金海漆器工艺有限公司	俞连源	黄山
180	黄山同聚食业集团有限公司	同聚富春园	黄山
181	黄山市徽州区呈坎罗氏老街豆制品加工厂	呈坎罗氏	黄山
182	黄山徽州竹艺轩雕刻有限公司	竹艺轩	黄山
183	歙县新安国医博物馆	世传张一帖	黄山
184	歙县郑氏西园喉科专科门诊部	郑氏西园喉科	黄山
185	黄山市歙县徽韵工艺品厂	罗小华	黄山
186	祁门县徽乡缘食品有限公司	嵌字豆糖	黄山
187	安徽弋江源茶业有限公司	弋江源石墨茶	黄山
188	合肥庐州烤鸭店餐饮有限公司	庐州烤鸭	合肥
189	合肥詹记食品有限公司	詹记	合肥
190	合肥五味斋餐饮管理有限公司	五味斋	合肥
191	合肥市梅山饭店有限公司	梅山饭店	合肥
192	安徽淮仁堂药业股份有限公司	淮仁堂	合肥
193	合肥市石塘训字驴肉食品有限公司	石塘驴巴	合肥
194	合肥三河四子同乐酒业有限公司	三河米酒	合肥
195	安徽柏兆记食品股份有限公司	★柏兆记	合肥
196	长丰县庄墓贡圆加工厂	庄墓孟令球圆子	合肥

续表

序号	企业名称	字号名称	辖区
197	合肥陆氏修理有限责任公司	陆和平 修理门市部	合肥
198	庐江县庐城镇同心楼早点店	同心楼	合肥
199	合肥百货大楼集团股份有限公司	合肥百大	合肥
200	安徽白厦美容美发集团有限公司	白厦	合肥
201	安徽曦强乳业集团有限公司	相山	淮北
202	濉溪县临涣营家马蹄烧饼	临涣营家	淮北
203	濉溪县临涣南阁茶楼	临涣南阁	淮北
204	华佗国药股份有限公司	华佗	亳州
205	亳州市板桥酒业有限责任公司	曹操贡	亳州
206	亳州市二合居餐饮管理有限公司	谯郡二合居	亳州
207	亳州市阿福食品科技开发有限责任公司	阿福	亳州
208	安徽省义门苔干有限公司	义门苔干	亳州
209	安徽王颖餐饮服务有限公司	王颖饭店	亳州
210	安徽庄了道酒业有限公司	庄了酒	亳州
211	利辛展沟蒋家平烧饼有限责任公司	蒋记展沟大烧饼	亳州
212	利辛县宝贵食品有限公司	阚疃大块板鸡	亳州
213	蚌埠市珍珠厂	龙湖	蚌埠
214	安徽金种子酒业股份有限公司	三秋	阜阳
215	安徽洞天春餐饮有限公司	洞天春	阜阳
216	安徽银铃食品有限公司	银铃	阜阳

续表

序号	企业名称	字号名称	辖区
217	安徽文王酿酒股份有限公司	文王	阜阳
218	安徽省文德堂文房四宝有限责任公司	杨柳	阜阳
219	安徽省宏兴清真食品有限公司	宏兴	阜阳
220	界首市李良成食品有限公司	李良成	阜阳
221	宿州市昭德轩餐饮服务有限公司	昭德轩	宿州
222	安徽省砀山王集医院	砀山王集 王氏接骨膏药	宿州
223	砀山县孙建华餐饮有限公司	孙建华烧鸡	宿州
224	安徽益益乳业有限公司	益益	淮南
225	安徽省寿县寿西湖饭店有限公司	寿西湖	淮南
226	安徽聚红盛农庄餐饮有限公司	★聚红盛	淮南
227	天长市葛氏百姓人家酒店	堂前春	滁州
228	安徽临水酒业有限公司	临水玉泉	六安
229	霍山县长冲中药材开发有限公司	何云峙	六安
230	安徽斛生记生物科技有限公司	斛生记	六安
231	安徽省大别山茗茶小镇农业综合开发有限公司	大别山茗茶小镇	六安
232	金菜地食品股份有限公司	金菜地	马鞍山
233	安徽林春和食品有限公司	林春和	马鞍山
234	马鞍山洪滨丝画手工艺术有限公司	洪滨丝画	马鞍山
235	安徽洪仪泰食品有限公司	洪仪泰	马鞍山
236	安徽鲍义兴餐饮管理有限公司	鲍义兴	马鞍山

续表

序号	企业名称	字号名称	辖区
237	安徽启云堂文化艺术发展有限公司	启云堂	马鞍山
238	安徽宣丰悦华食品有限公司	宣丰	宣城
239	宣城市溪口镇塔泉茶叶专业合作社	塔泉云雾	宣城
240	宣城市宣州区晓春食品厂	孙埠晓春腐乳	宣城
241	安徽省泾县小岭宣纸厂	小岭	宣城
242	安徽墨淋宣纸艺术品有限公司	曹友泉	宣城
243	绩溪县上庄老胡开文墨厂	天开文运	宣城
244	绩溪县益寿堂文化用品有限公司	益寿堂	宣城
245	安徽省绩溪旭龙山庄四宝文化有限公司	旭龙山庄	宣城
246	广德唐诗礼竹木工艺品有限公司	高峰唐氏竹编	宣城
247	广德县木子土家菜山庄	木子菜	宣城
248	安徽满德斋食品有限公司	满德斋	池州
249	池州市霄坑大峡谷茶业有限公司	霄山	池州
250	池州市九华山肖坑有机茶有限责任公司	肖坑	池州
251	青阳县九子山老布鞋制造有限公司	九子山	池州
252	青阳县太平工艺美术扇厂	江太平	池州
253	池州市贵池乌沙供销食品厂	乌沙	池州
254	池州市霄坑仙峰生态农业发展有限公司	六队	池州
255	池州神鸵旅游商品有限公司	神鸵	池州

续表

序号	企业名称	字号名称	辖区
256	歙县正辉砖雕艺术研究所	徽式砖雕	黄山
257	黄山市屯溪区程氏中医诊所	沛隆堂	黄山
258	黄山徽母实业有限公司	徽母	黄山
259	黄山丹凤楼餐饮有限公司	丹凤楼	黄山
260	黄山市麦香村食品有限公司	徽味和	黄山
261	黄山韩佰祺食品有限公司	韩氏百香堂	黄山
262	黄山市黄山区汤口镇北京张一元景泰隆茶叶有限公司	景泰隆	黄山
263	黄山市紫云美食有限公司	紫云馆	黄山
264	黄山市牯牛降酿造食品有限责任公司	牯牛降	黄山
265	安徽省万佳现代农业(集团)有限公司	马永兴	安庆
266	岳西县精华食品有限公司	麻滩河	安庆
267	安徽省潜山市天柱山茶业有限公司	天柱剑毫	安庆
268	合肥清华胜嘉服饰有限公司	清华胜嘉	合肥
269	安徽新希望白帝乳业有限公司	白帝	合肥
270	合肥三河四子饮食文化有限公司	三河酒家	合肥
271	合肥黄山大厦酒店管理集团有限公司	黄山	合肥
272	合肥市电影发行放映有限公司	长江影城	合肥
273	安徽省徽帮裁缝纺织服饰有限公司	徽帮裁缝	合肥
274	安徽刘鸿盛餐饮有限公司	刘鸿盛	合肥
275	安徽乐锦记食品有限公司	乐锦记	合肥
276	安徽五星果品有限公司	五星果品	合肥

续表

序号	企业名称	字号名称	辖区
277	安徽凤凰涂料科技有限公司	凤凰漆	合肥
278	安徽鸿昌羽绒制品有限公司	鸿昌羽绒	合肥
279	合肥四海饮食有限公司	宴四海	合肥
280	安徽蓝杉斛农林科技有限公司	蓝杉斛	合肥
281	长丰县吴山镇玉丰楼饭店	玉丰楼贡鹅	合肥
282	合肥绿叶生态园林集团有限公司	绿叶园林	合肥
283	巢湖市星火酒楼	半汤星火酒楼	合肥
284	上海海虹实业(集团)巢湖今辰药业有限公司	今辰	合肥
285	安徽桃花源实业有限公司	庐州桃花城	合肥
286	安徽老谢龙虾文化传播有限公司	老谢道文	合肥
287	合肥市徐萍餐饮服务有限公司	徐萍	合肥
288	安徽杨府锦调味食品股份有限公司	口子	淮北
289	东岗楼老王牛肉汤牛牛牛店	东岗楼老王牛肉汤	淮北
290	濉溪县丰庆斋食品有限公司	丰庆斋	淮北
291	濉溪县临涣蒋家酱品厂	涣水酱菜	淮北
292	濉溪县临涣纯羊汤馆	临涣纯羊汤	淮北
293	亳州市和记草本药业有限公司	季海堂	亳州
294	安徽一合酥食品有限公司	曹阿瞒	亳州
295	亳州市绿能食品有限公司	绿能	亳州
296	亳州市永刚饮片厂有限公司	永刚	亳州
297	安徽松山堂国药股份有限公司	松山堂	亳州

续表

序号	企业名称	字号名称	辖区
298	安徽亳城古道养生餐饮管理有限公司	怀养堂	亳州
299	安徽井中集团店小二酿酒有限公司	店小二	亳州
300	亳州市中正中药饮片有限公司	茂昌裕	亳州
301	蒙城县王老四熟食有限公司	王老四熟食	亳州
302	蒙城宏健食品有限公司	五洲牛肉干	亳州
303	涡阳县志超石雕艺术有限公司	志超石雕	亳州
304	安徽爱家食品有限公司	爱家酱油	亳州
305	涡阳县侠玲饮食服务有限责任公司	侠玲干扣面	亳州
306	亳州市康悦医药科技有限公司	李氏传统黑膏药	亳州
307	安徽黑娃食品科技有限公司	黑娃瓜子	亳州
308	蚌埠同源茂餐饮文化有限公司	同源茂	蚌埠
309	安徽白根柱食品科技有限公司	白根柱	蚌埠
310	安徽省华凯轻工科技有限公司	CHK 华凯	蚌埠
311	安徽宴嬉台酒业集团有限公司	宴嬉台	宿州
312	萧县刘德超食品有限公司	刘德超	宿州
313	宿州绿源中医药科技有限公司	宿州王枣子	宿州
314	界首市伟盛古窑彩陶制作发展有限公司	中原十三窑	阜阳
315	安徽省界首市清香小磨油厂	三马	阜阳
316	安徽永洁肉类有限公司	永洁	阜阳
317	临泉县由基食品股份有限公司	由基	阜阳
318	安徽皖宝酒业有限公司	洪河	阜阳

续表

序号	企业名称	字号名称	辖区
319	安徽沙河酒业有限公司	沙河	阜阳
320	安徽廷龙食品有限公司	廷龙	淮南
321	寿县永昌米面有限公司	鲍家湾(永昌粮行)	淮南
322	明光市朱麻子食用油有限公司	朱麻子	滁州
323	安徽凤阳酿酒有限责任公司	龙兴古刹牌 龙兴御液	滁州
324	安徽安天食品(集团)有限公司	金凤谷	滁州
325	安徽省霍山县一品堂生物科技有限公司	丁文洲	六安
326	霍山县天下泽雨生物科技发展有限公司	天下泽雨	六安
327	安徽省霍山县缘圆缘工贸有限公司	徽之元	六安
328	安徽霍山谷雨工贸有限责任公司	谷雨春	六安
329	六安市白鹅村餐饮管理有限公司	皖西白鹅村	六安
330	六安市六顺黄生态茶业有限公司	六顺黄	六安
331	六安市翁家糖坊食品有限公司	翁家糖坊	六安
332	安徽六安市万顺茶叶有限公司	皖顺	六安
333	金寨安惠生态农产品开发有限公司	将军摇篮	六安
334	金寨先徽农副产品开发有限公司	先徽手工挂面	六安
335	安徽兰祥园茶业有限公司	兰祥园	六安
336	安徽省华银茶油有限公司	野岭牌	六安
337	马鞍山石臼湖农产品开发有限公司	石臼湖	马鞍山

续表

序号	企业名称	字号名称	辖区
338	和县和州药业连锁有限公司	和州	马鞍山
339	马鞍山市采石太白楼食品厂	太白楼	马鞍山
340	安徽伍福和餐饮管理有限公司	伍福和	马鞍山
341	马鞍山市漕川酱品有限公司	运漕酱品	马鞍山
342	安徽德昌源文化有限公司	德昌源	马鞍山
343	安徽和泰祥文化艺术发展有限公司	和泰祥	马鞍山
344	芜湖市傻子瓜子有限总公司	傻子	芜湖
345	芜湖储氏铁画工艺品有限公司	储氏铁画	芜湖
346	芜湖孙记五香食品有限公司	五香居	芜湖
347	安徽正福斋餐饮服务有限公司	正福斋	芜湖
348	芜湖市朱子文化旅游有限公司	春谷白酒	芜湖
349	安徽省六朝居餐饮管理有限公司	六朝居老面馆	芜湖
350	无为县横步桥传统木榨油厂	牌坊	芜湖
351	芜湖益然香木榨油食用油有限公司	益然香	芜湖
352	安徽和瑞祥珠宝贸易有限公司	和瑞祥	芜湖
353	繁昌县绿友苗木绿化有限公司	童坝饭店	芜湖
354	安徽晓马鸭餐饮管理有限公司	晓马鸭店	芜湖
355	安徽乐方食品有限公司	乐方	宣城
356	广德李氏扇业有限公司	根元	宣城
357	安徽三兄弟薯业有限责任公司	正文红薯粉丝	宣城
358	广德县中天粮油购销有限责任公司	誓节渡老油坊	宣城
359	安徽雅昌宣纸艺术品有限公司	御宝阁	宣城

续表

序号	企业名称	字号名称	辖区
360	宣城上洋文化用品有限公司	上洋宣笔	宣城
361	安徽百花汇生态蜂业开发有限公司	谷岚山	宣城
362	池州市大九华山圣武雕塑有限公司	圣武雕塑	池州
363	青阳县九华山小磨麻油厂	江兰	池州
364	池州市乌沙小花生专业合作社	乌沙小花生	池州
365	安徽老家酒业有限责任公司	老家	铜陵
366	枞阳县白荡湖生态渔业有限责任公司	白荡湖大闸蟹	铜陵
367	铜陵市万鹅湖粮油有限公司	万鹅湖	铜陵
368	安徽胡氏食品有限公司	胡家茶干	铜陵
369	枞阳县鲍记蜂业有限责任公司	鲍记	铜陵
370	铜陵铜官府文化创意股份公司	铜官府	铜陵
371	铜陵朱府铜艺文化科技有限公司	朱府铜艺	铜陵
372	安徽蜂献蜂业有限公司	蜂献蜂产品	安庆
373	桐城市秋石厂	长生堂秋石	安庆
374	安庆市大南门牛肉包子有限公司	大南门	安庆
375	安庆市百货大楼有限责任公司	百货大楼	安庆
376	安庆市乾同贸易有限公司	马公兴	安庆
377	安徽七七食品有限公司	安七糕点	安庆
378	潜山市天柱陶瓷有限公司	痘姆古陶	安庆
379	潜山市曹师傅农产品开发有限公司	曹师傅瓜蒌籽	安庆
380	潜山县传文瓜子有限公司	传文瓜子	安庆
381	黄山市屯溪区胡氏徽菜楼	胡氏徽菜楼	黄山

续表

序号	企业名称	字号名称	辖区
382	屯溪寿康诊所	新安寿康	黄山
383	黄山市昱城食品有限公司	昱城	黄山
384	黄山徽商茶业有限公司	徽商	黄山
385	黄山市徽州区浮溪人家茶业有限公司	浮溪人家	黄山
386	黄山富溪山蓬佬茶叶有限公司	山蓬佬	黄山
387	黄山徽望食品有限公司	徽望	黄山
388	黄山市春茗茶业有限公司	茗前春	黄山
389	黄山市黄山区成林茶叶有限公司	猴源峰	黄山
390	黄山市荣福堂食品有限公司	李氏荣福堂	黄山
391	黄山市黄山区中黄食品厂	中黄食品	黄山
392	歙县披云山庄有限公司	披云徽府菜	黄山
393	黄山市方鑫玉食品有限公司	方鑫玉	黄山
394	黄山余香园食品有限公司	盛榨堂	黄山
395	黟县程氏食品有限公司	碧山程记糕点	黄山
396	祁门县祁雅茶业有限责任公司	祁野	黄山
397	祁门县祁润世家茶业有限公司	祁润	黄山

注：★为“中华老字号”

安徽文化历史悠久，孕育了众多具有浓郁地方特色的老字号。老字号是传统商业文化和优秀民族品牌的集中代表，是城市发展的商业记忆，安徽老字号就是江淮大地最好的风物名片。安徽老字号具有明显的安徽特色，414 家老字号中近七成是非物质文化遗产，五成是地理标志性产品。

从行业来看，食品生产行业中老字号数量最多，有159家；紧随其后的是具有安徽特色的茶叶、餐饮、酿酒和工艺品行业，分别有57家、52家、36家和34家；另外，文化和中医药也是老字号频出的行业，分别有30家和22家。

从区域来看，古徽州地区的黄山和宣城拥有的老字号品牌数量位于前两位，分别有64家和52家，第三位是合肥，共有48家；“中医药之都”亳州有33家；商业起步较早的沿江城市安庆和芜湖是老字号品牌兴旺发达的地方，分别有28家和25家。

2014—2022年的397家安徽老字号的地区分布情况如图2-1所示。从数量分布来看，安徽老字号地区分布数量差距较大，最多的是黄山市，有64家，最少的是淮南市，只有7家，两地数量相差57家；安徽老字号地区分布平均约为25家。从地区分布来看，安徽老字号数量在50家以上的有2个城市，在25～50家(含25家)的有4个城市，在0～25家的有10个城市，由此可以看出大多数地级市所拥有的安徽老字号数量不多。

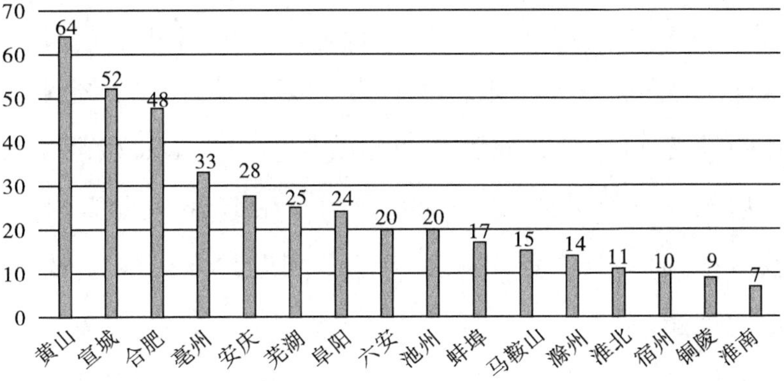

图2-1　2014—2022年安徽老字号地区分布情况统计图

2014—2022年的共397家安徽老字号的行业分类情况如图2-2所示。397家安徽老字号品牌中有近37%的属于食品行业，达147

家。文具行业有 82 家；餐饮、茶饮行业的数量相近，分别为 58 家、52 家；酒水行业有 32 家；医药行业有 26 家，数量最少，不足食品行业数量的五分之一。

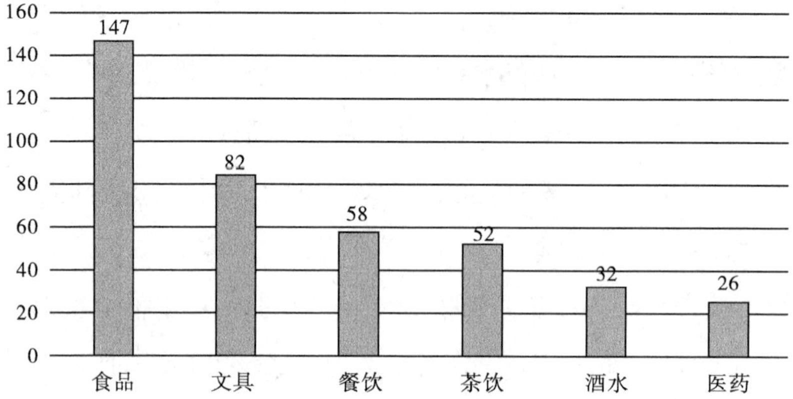

图 2-2　2014—2022 年安徽老字号行业分类情况统计图

从规模和实力来看，安徽老字号多为中小型企业，民营企业占九成以上，拥有 10 家以上连锁店的企业不到 25%，还有部分是以个体工商户形式经营。2022 年 3 月下旬，安徽省商务厅流通处联合安徽省老字号企业协会开展了安徽老字号企业 2021 年发展情况调研，参与调研的 145 家企业年销售额在 500 万元以内、500 万～2000 万元和 2000 万元以上基本各占 1/3，其中有 26 家企业的年销售额超过 1 亿元。受新冠肺炎疫情影响，2022 年安徽老字号企业的销售增长率较为缓和，80%的企业利润在 1000 万元以内，部分企业存在亏损，而一旦企业出现重大经营问题，“安徽老字号”称号有被取消的可能。

在安徽老字号企业中，目前上市企业（含新三板挂牌）有 9 家，其中主板上市有 8 家，分别是古井贡酒、迎驾贡酒、口子、颍州（金种子）、余良卿号（安科生物）、同庆楼、六百里（黄山旅游）、临水玉泉（华致酒业）；新三板挂牌的有 1 家，就是谢裕大。随着时代的变迁，借助于新技术、新渠道，老字号在万物互联时代玩出了新花样。调研结果显示，约七成安徽老字号企业已开展了电商销售业务，但尚未形成规模，年均电商销售收入在1000万元以下的占到近85%。

三、安徽老字号与国家地理标志保护产品

地理标志保护产品是指产自特定地域，所具有的质量、声誉或其他特性取决于该产地的自然因素和人文因素，经审核批准以地理名称进行命名，并进行地域专利保护的产品。国家地理标志保护产品包括两种：一种是来自本地区的种植、养殖产品；另一种是原材料来自本地区，并在本地区按照特定工艺生产和加工的产品。截至2022年9月，安徽共有123个产品获批成为“国家地理标志保护产品”（如表2-3所示），一些安徽老字号也是国家地理标志保护产品。

表2-3 安徽的“国家地理标志保护产品”

序号	地标产品名称	品类
1	涡阳苔干	加工食品
2	涡阳大豆	粮食油料
3	霍山黄芽	茶叶
4	霍山石斛	中药材
5	迎驾贡酒	酒水
6	灵璧石	其他
7	怀远石榴	瓜果蔬菜
8	太湖黄牛	禽畜蛋
9	沱湖螃蟹	水产品

续表

序号	地标产品名称	品类
10	铜陵白姜	瓜果蔬菜
11	铜陵牡丹	花卉
12	霍山灵芝	中药材
13	松萝茶	茶叶
14	黄岗柳编	轻工产品
15	霍邱柳编	轻工产品
16	长丰草莓	瓜果蔬菜
17	八公山豆腐	加工食品
18	六安瓜片	茶叶
19	宣纸	轻工产品
20	滁菊	花卉
21	口子酒	酒水
22	黄山毛峰	茶叶
23	砀山酥梨	瓜果蔬菜
24	高炉家酒	酒水
25	明绿御酒	酒水
26	古井贡酒	酒水
27	太平猴魁	茶叶
28	漫水河百合	花卉
29	临水酒	酒水
30	岳西茭白	瓜果蔬菜
31	石台富硒茶	茶叶

续表

序号	地标产品名称	品类
32	黄陂湖大闸蟹	水产品
33	岳西翠兰	茶叶
34	万安罗盘	其他
35	五城米酒	酒水
36	五城茶干	茶叶
37	三河米酒	酒水
38	李兴桔梗	中药材
39	祁门红茶	茶叶
40	段园葡萄	瓜果蔬菜
41	太平猴魁	茶叶
42	金种子酒	酒水
43	和县黄金瓜	瓜果蔬菜
44	桐城水芹	瓜果蔬菜
45	桐城小花	茶叶
46	安庆胡玉美蚕豆辣酱	粮食油料
47	南陵大米	粮食油料
48	小窖宣酒	酒水
49	女山湖大闸蟹	水产品
50	石臼湖螃蟹	水产品
51	舒城小兰花	茶叶
52	安茶	茶叶
53	黄山贡菊	保健食品

续表

序号	地标产品名称	品类
54	符离集烧鸡	加工食品
55	明光绿豆	粮食油料
56	皖南土鸡	禽畜蛋
57	皖西鹅	禽畜蛋
58	肥西老母鸡	禽畜蛋
59	颍上大米	粮食油料
60	繁昌长枣	瓜果蔬菜
61	和县辣椒	瓜果蔬菜
62	金寨板栗	瓜果蔬菜
63	无为板鸭	加工食品
64	池河梅白鱼	水产品
65	金寨黑毛猪	禽畜蛋
66	铜陵凤丹皮	中药材
67	宁国山核桃	瓜果蔬菜
68	宁国牡丹	花卉
69	太和香椿	瓜果蔬菜
70	东至云尖	茶叶
71	东至麦鱼	水产品
72	潘集酥瓜	瓜果蔬菜
73	金寨山羊	禽畜蛋
74	巢湖麻鸭	禽畜蛋
75	金寨山核桃	瓜果蔬菜

续表

序号	地标产品名称	品类
76	金寨山茶油	粮食油料
77	枞阳媒鸭	禽畜蛋
78	金寨茯苓	中药材
79	金寨西洋参	中药材
80	金寨天麻	中药材
81	金寨高山米	粮食油料
82	金寨土鸡	禽畜蛋
83	亳州白芍	中药材
84	霍山百合	花卉
85	金寨高山茭白	瓜果蔬菜
86	广德黄金芽	茶叶
87	乌溪蟹苗	水产品
88	望江风酿酱油	粮食油料
89	龙岗芡实	中药材
90	运漕酒	酒水
91	龙池香尖	茶叶
92	丰乐酱干	加工食品
93	来安花红	瓜果蔬菜
94	九华黄精	中药材
95	大方茶	茶叶
96	萧县葡萄	瓜果蔬菜
97	舒席	轻工产品

续表

序号	地标产品名称	品类
98	临涣酱培包瓜	瓜果蔬菜
99	大路口山芋	瓜果蔬菜
100	含眉绿茶	茶叶
101	岳西黑猪	禽畜蛋
102	南丰黄酒	酒水
103	西山焦枣	瓜果蔬菜
104	霍山黄大茶	茶叶
105	黄山白茶	茶叶
106	怀宁贡糕	加工食品
107	岳西桑皮纸	轻工产品
108	三潭枇杷	瓜果蔬菜
109	歙砚	其他
110	徽墨	其他
111	天华谷尖	茶叶
112	宣城木榨油	粮食油料
113	黄湖大闸蟹	水产品
114	白莲坡贡米	粮食油料
115	金寨猕猴桃	瓜果蔬菜
116	宣酒	酒水
117	宁国笋干	加工食品
118	亳白芍	中药材
119	巢湖银鱼	水产品

续表

序号	地标产品名称	品类
120	萧县白山羊	禽畜蛋
121	塔山石榴	瓜果蔬菜
122	天柱山瓜篓籽	加工食品
123	凤丹	花卉

四、安徽老字号与国家非物质文化遗产

根据《中华人民共和国非物质文化遗产法》规定，非物质文化遗产是指各族人民世代相传并视为文化遗产组成部分的各种传统文化表现形式，以及与传统文化表现形式相关的实物和场所。它包括：传统口头文学以及作为其载体的语言；传统美术、书法、音乐、舞蹈、戏剧、曲艺和杂技；传统技艺、医药和历法；传统礼仪、节庆等民俗；传统体育和游艺；其他。属于非物质文化遗产组成部分的实物和场所，凡属文物的，适用《中华人民共和国文物保护法》的有关规定。截至 2022 年 9 月，安徽共有国家级非物质文化遗产 99 个项目和 119 名传承人，安徽省认真贯彻落实“保护为主，抢救第一，合理利用，传承发展”的工作方针，大力推进非物质文化遗产传承保护工作，加强非物质文化遗产名录和传承人队伍建设。在传统美术、传统技艺、传统医药领域的 37 个非物质文化遗产项目与老字号品牌有关，具体如表 2-4 所示。

表 2-4　与老字号品牌有关的安徽的非物质文化遗产

序号	名称	类别	时间	申报地区
1	徽州三雕	传统美术	2006(第一批)	黄山市
2	剪纸(阜阳剪纸)	传统美术	2008(第二批)	阜阳市
3	挑花(望江挑花)	传统美术	2008(第二批)	安庆市 望江县
4	盆景技艺(徽派盆景技艺)	传统美术	2008(第二批)	黄山市 歙县
5	竹编(舒席)	传统美术	2008(第二批)	六安市 舒城县
6	柳编(黄岗柳编)	传统美术	2011(第三批)	阜阳市 阜南县
7	柳编(霍邱柳编)	传统美术	2011(第三批)	六安市 霍邱县
8	刻铜(杜氏刻铜)	传统美术	2014(第四批)	阜阳市
9	竹刻(徽州竹雕)	传统美术	2014(第四批)	黄山市 徽州区
10	界首彩陶烧制技艺	传统技艺	2006(第一批)	阜阳市 界首市
11	芜湖铁画锻制技艺	传统技艺	2006(第一批)	芜湖市
12	万安罗盘制作技艺	传统技艺	2006(第一批)	黄山市 休宁县
13	宣纸制作技艺	传统技艺	2006(第一批)	宣城市 泾县

续表

序号	名称	类别	时间	申报地区
14	徽墨制作技艺	传统技艺	2006(第一批)	宣城市 绩溪县
15	徽墨制作技艺	传统技艺	2006(第一批)	黄山市 歙县
16	徽墨制作技艺	传统技艺	2006(第一批)	黄山市 屯溪区
17	歙砚制作技艺	传统技艺	2006(第一批)	黄山市 歙县
18	桑皮纸制作技艺	传统技艺	2008(第二批)	安庆市 潜山市
19	桑皮纸制作技艺	传统技艺	2008(第二批)	安庆市 岳西县
20	漆器髹饰技艺(徽州漆器髹饰技艺)	传统技艺	2008(第二批)	黄山市 屯溪区
21	纸笺加工技艺	传统技艺	2008(第二批)	合肥市 巢湖市
22	宣笔制作技艺	传统技艺	2008(第二批)	宣城市
23	绿茶制作技艺(黄山毛峰)	传统技艺	2008(第二批)	黄山市 徽州区
24	绿茶制作技艺(太平猴魁)	传统技艺	2008(第二批)	黄山市 黄山区
25	绿茶制作技艺(六安瓜片)	传统技艺	2008(第二批)	六安市 裕安区

续表

序号	名称	类别	时间	申报地区
26	红茶制作技艺（祁门红茶制作技艺）	传统技艺	2008（第二批）	黄山市祁门县
27	徽派传统民居营造技艺	传统技艺	2008（第二批）	黄山市
28	毛笔制作技艺（徽笔制作技艺）	传统技艺	2014（第四批）	黄山市屯溪区
29	豆腐传统制作技艺	传统技艺	2014（第四批）	淮南市
30	豆腐传统制作技艺	传统技艺	2014（第四批）	淮南市寿县
31	徽菜烹饪技艺	传统技艺	2021（第五批）	黄山市
32	蒸馏酒传统酿造技艺（古井贡酒酿造技艺）	传统技艺	2021（第五批）	亳州市
33	陶器烧制技艺（痘姆陶器烧制技艺）	传统技艺	2021（第五批）	安庆市潜山市
34	制扇技艺（王氏制扇）	传统技艺	2021（第五批）	宣城市广德市
35	中医诊法（张一帖内科疗法）	传统医药	2011（第三批）	黄山市
36	中医诊疗法（西园喉科医术）	传统医药	2014（第四批）	黄山市歙县
37	中医诊疗法（祁门蛇伤疗法）	传统医药	2021（第五批）	黄山市祁门县

五、安徽老字号与国家工业遗产

工业遗产是在工业化的发展过程中留存的物质文化遗产和非物质文化遗产的总和，是工业文明的见证和文化遗产的重要组成部分，它包括作坊、车间、厂房、矿区等生产储运设施，和与之相关的生活设施、生产工具、机器设备等物质遗存，以及生产工艺知识、管理制度、企业文化等非物质遗存。自 2017 年 12 月 20 日国家工信部公布第一批国家工业遗产名单以来，截至 2022 年 9 月，已连续公布五批，共计 195 项，安徽入选 9 项（如表 2-5 所示），其中大部分是安徽老字号。

表 2-5　安徽省国家工业遗产名单

序号	名称	批次	核心物项	地址
1	合肥钢铁厂	2018 年第二批	58 年小高炉、高炉区、铁轨、《合肥钢铁厂战讯》《合肥钢铁厂小报》《合肥钢铁厂报》、合肥钢铁厂老人口述史（视频资料）	合肥市瑶海区
2	泾县宣纸厂	2018 年第二批	宣纸制作技艺、成品库（现改为宣纸博物馆）、542 生产区、宣纸厂老办公楼、大会堂、招待所（现名金乌楼）、晒滩	宣城市泾县
3	古井贡酒年份原浆传统酿造区	2019 年第三批	明井、宋井、明清酿酒遗址、明清窖池遗址、古井贡酒二号窖池群	亳州市
4	贵池茶厂	2019 年第三批	祁红木仓，手工拣场；精制茶车间及木质祁红生产线，拼配车间（外贸仓），包装车间，祁红审评大楼，办公楼，祁红加工培训场，职工之家，历史档案	池州市贵池区

续表

序号	名称	批次	核心物项	地址
5	歙县老胡开文墨厂	2019 年第三批	生产车间 3 栋，古法点烟车间，办公楼，职工宿舍；点烟机、压墨机、搅坯机等生产设备，清同治年间模具（十大仙）10 套；历史档案；徽墨制作技艺	黄山市歙县
6	庐江矾矿	2020 年第四批	东山平硐，西山平硐，127 竖井，一号至八号竖窑及各项附属设施，明矾结晶池，大照壁，叫化窿，红楼，青楼，明矾大食堂，老街，矾矿工人俱乐部，矾矿职工医院，矾工村，矿山机械设备，矾矿老人口述史、《矾矿春秋》书籍等	合肥市庐江县
7	口子窖窖池群及酿酒作坊	2020 年第四批	酿酒 1—3# 车间、老城酿酒车间、明清地下酒库等场所；也包括了酿酒的生产工具，如锅甑、独轮车、太平车、酒篓、打糟机、晾糟机等	淮北市濉溪县
8	中国航天 603 基地	2020 年第四批	笼式火箭发射架，探空火箭试验测试厂房 7—10 号	宣城市广德市
9	安庆胡玉美酱园	2020 年第四批	温酿房，通风池，晒酱场，传统晒酱瓦缸，酱油生产线，职工之家（员工宿舍），清朝建筑石箍门一扇，胡玉美坤大门市部	安庆市大观区、迎江区

六、安徽省消逝的老字号

（一）各地市消逝的老字号

在安徽，一些拥有百年历史的老字号正在慢慢淡出我们的视野。这些老字号消逝的原因多种多样：有的是受经济体制、运行机制制约，产品生产与市场需要脱节；有的是在城市改造过程中失去店铺黄金地段优势；有的是固守农耕时代经验，难以抵挡现代技术、市场经济的冲击；有的是人才流失、难以为继；有的是知识产权保护不力；有的是盲目扩张。无论是什么原因，“物竞天择，适者生存”，科技在变、社会观念在变、消费者群体在变，如果老字号产品服务不变、品牌创意不变、营销方式不变，就一定有被淘汰的危险。以下就是各地市具有代表性的消逝的老字号。

1. 砻坊

芜湖的米市起源于清代乾隆年间，后发展成为全国“四大米市”之一。那时把稻谷碾成米，用的是木制的砻。旧时没有工厂，砻米的作坊便称为“砻坊”。最初芜湖有 20 多家砻坊，随着机械碾米技术出现，砻坊已被淘汰，仅留下“大砻坊”这个地名。

2. 裕中纱厂

裕中纱厂是安徽省最早的机器纺织工厂，创建于 1916 年，由芜湖绅士陈绍吾等人集资开办。进入 20 世纪 20 年代，英、美、日等国在中国市场大量倾销棉织品，在洋纱的打击和排挤下，裕中纱厂产品积压，资金周转不灵，债务激增，曾三次被出租以维持生产。1937 年 12 月，芜湖沦陷，日本侵略军将该厂交给日本裕丰纺织株式会社管理，采取掠夺式经营方式，使该厂日产棉纱量锐减到两三件。解放战争时期，裕中纱厂一度由申新纺织公司投资开工生产。新中国成立后，到 1951 年 9 月，国家收购了裕中纱厂设备，并将其改名为芜湖纺织厂，当时全厂拥有纱锭 2.3 万枚，织布机 285 台，日产棉纱近百件，既纺又织，成为规模较大的纺织工厂。裕中纱厂现已不存在，厂址已夷为通衢大道。

3. 明远电厂

芜湖明远电灯有限公司创办于1906年，由安徽商人吴兴周、程宝珍等在芜湖招集股本，置地西门外（今国家电网芜湖供电公司所在地）建电厂一座，安装125千瓦发电机组两台，于1908年发电，对大马路（今芜湖市中山路）及长街一带供应照明用电。1925年开始，该公司先后扩建两台发电机组，到1928年，芜湖发电装机容量居安徽之首。1937年，明远电灯有限公司被日军侵占，发电能力下降。抗战胜利后，明远电灯有限公司归还原主经营。新中国成立后，明远电灯有限公司与芜湖市自来水厂合营，1957年水电分开，又改为公私合营明远电厂。1958年，国家在四褐山兴建芜湖发电厂，1961年，明远电厂停止发电。

4. 大江啤酒

大江啤酒是江城芜湖的本土啤酒品牌，口感清甜甘洌。喝着大江啤酒，搭配几碟下酒小菜，在炎炎夏日择一处荫凉和家人好友聊天说地，别有一番滋味，是芜湖人曾经在闲暇时最惬意的事情。然而，大江啤酒也没走到新世纪。1999年12月，青岛啤酒兼并了芜湖的大江啤酒厂，设立青岛啤酒（芜湖）有限公司。大江啤酒从此在芜湖销声匿迹。

5. 盛唐牌香烟

“盛唐”是芜湖烟厂一个有多年历史的品牌，原包装为软盒，零售价在两元以下，经过重新设计改造的盛唐金牌香烟为硬盒装，零售价在五元左右。盛唐烟的最大特点就在于烟盒包装得非常典雅，鎏金铜狮镇守在烟盒的左下部位，在牌坊下面显得威风凛凛，烟包的基础色调为金黄色，背景衬以磨砂的横状条纹，俗称“金盛唐”或“红盛唐”。随着居民生活水平的提升，现在购买盛唐香烟的人很少了。

6. 赵云生剪

赵云生剪和北京王麻子剪、杭州张小泉剪并称为“全国三大剪”。芜湖的赵云生剪早在清代就驰名中外。杭州的张小泉也师出芜湖，可以说芜湖是中国名副其实的“剪刀之乡”。赵云生剪刀口锋利，软硬不惧，色泽光亮，样式美观，经久耐用，物美价廉，民间称誉“软剪丝锦不打滑，硬剪铜片不卷口”，一把赵云生剪，几乎可以用一生。不过随着科技进步，市场繁荣，涌入剪刀行业的商家不在少数，赵云生剪难以寻回昔日的光辉。

7. 芜湖五香居

五香居起源于清朝光绪年间，1945 年，御厨孙少甫带着他的关门弟子李长春回到芜湖，开设“绿宝卤菜店”。1985 年，在芜湖市政府的支持下，五香居食品公司正式挂牌营业，一时声名鹊起。直到 20 世纪末，曾作为芜湖地方特色品牌的五香居卤菜才结束它的辉煌。

8. 状元坊

在芜湖市中二街兴安花园与新安街东侧一幢商住楼之间，有一条贯通中二街与中长街的小巷，长百余米、宽五六米，名唤“状元坊”，是昔日南宋状元张孝祥的府第，“状元坊”就是缘此得名。状元坊在抗战前一度成为“湖南公馆”，多年后成为芜湖联大校舍，而今又成为芜湖市劳动和社会保障局技工学校教学用地，只余“状元坊”地名，使人不时想起这里居住过一位值得芜湖人引为骄傲的张于湖先生。

9. 玲珑春菜馆

玲珑春菜馆系老字号清真菜馆，开办于 1919 年，位于蚌埠市中山街老菜市西门对面。20 世纪 30 年代，由王梦川从父辈手中接办。该菜馆的菜肴以牛羊肉为主，十分讲究煎、炒、爆、溜、焖、炝、炖、烧的烹饪技艺，其大攉菜、糖醋溜豆饼子、醋溜皮蛋及门前供应的水煎牛肉包等较为著名。该菜馆于1956年公私合营时转为他业。

10. 天成百货公司

天成百货公司于1927年9月由绍兴人张梅卿、姚文兴等合资6万银元在蚌埠市二马路开办，有营业用房36间，经营绸缎呢绒、棉布、针织品、日用百货、化妆品及首饰等。店面备有试衣镜和试鞋座位。该公司所在地虽商店林立，但其靠经营得法，经久不衰。公司在上海设申庄分号，随时采购畅销、新颖百货，返蚌埠上柜，营业额不断提高。逢年过节，公司专门雇佣鼓乐班在门口吹奏或播放唱片，渲染气氛。抗日战争前，该公司成为冠绝皖北的著名商家。沦陷时期，公司部分存货被日本浪人用卡车装走，财产损失约三分之二。1948年，国民政府实行"八·一九"限价后，该公司元气大伤，濒临倒闭，直至新中国成立后为国营花纱布公司代销花布，才绝处逢生。1956年，公司实行公私合营，现今该公司已不复存在。

11. 亨得利钟表眼镜行

抗日战争爆发前夕，上海亨得利钟表总店在蚌埠老大街开设分店，因同时经营眼镜，被称为亨得利钟表眼镜行。该店经营不久，日军侵占蚌埠，其房产被改作日伪政权电报局，不得不迁往铁路东寿昌里隔壁另外开店，有房屋8间。之后，又在二马路开了一个分号，称作大西洋钟表店，两家店共有职工四五十人。该店除出售钟表、眼镜外，还承揽修理业务，因技术过硬、讲求信誉，经营不衰。1949年，蚌埠解放，掌管人去往汉口开店，该店停业。

以上这些企业的经历告诫我们，老字号要做好传承和创新的平衡，采用新的市场营销手段。作为品牌的一张名片，老字号必须担负起时代使命。

千百年前，“驰命走驿，不绝于时月”“云帆高张，昼夜星驰”。今天，“一带一路”倡议得到热烈响应，飞机、高铁、巨轮代替了驼铃、血马、帆船，老字号更要凭着独一无二的好产品走向海外市场，让世界各地的人都感知到中华文化及中国传承百年的智慧。

“中华老字号”工作委员会副秘书长范依萍说：“尽管‘老字号’这个称谓的背后记录了几代人的努力，但又恰恰因为这个‘老’字，使得这些企业大多呈现观念陈旧、出品老化、体制僵化等问题。这也是为什么我们如今认定的‘中华老字号’仅占新中国成立初期总量的10%。”即使是这硕果仅存的10%，其中绝大多数也不过是在勉强维持经营，进入21世纪以后，真正发展良好的老字号企业不过百余家而已。

作为历史的见证者、民族道德的传承者和中华文化的发扬者，老字号大多经历了历史的洗礼与岁月的雕琢，见证了时代的更替与环境的变迁。遗憾的是，除了令人称道的品质，一提起“老字号”，人们往往很难把它与时尚产生联系。甚至有不少企业担心自己挂出“老字号”招牌，会失去年轻消费者。

（二）老字号消逝的原因

1.生活和生产方式的改变

自新中国成立至改革开放前，中国人的生活方式变化不大。而自改革开放以后，中国处于前所未有的变化之中，中国人的生活方式更是发生了颠覆性的变化，曾经引以为傲的“老字号”也许在今天就变成了不合时宜。

2. 技术的滞后和创新的缺乏

缺少创新是老字号衰落直观的原因。正如赵云生剪衰败的原因就在于缺乏创新，它的主要产品一直延续传统的铁夹钢工艺，尽管好磨好使，但工艺复杂，加上铁容易生锈，亮度也跟不上，在外观上显得档次低，这使得赵云生剪最终以破产收场。

3. 经营管理模式的落后

在中国，很多老字号集中在饮食行业。全世界的麦当劳基本都是一个味道，但是中餐老字号是千店千味，难以实行标准化生产，也就难以扩张，自然难以在现代竞争中存活。

4. 品牌意识的缺乏

老字号过于依赖口碑传播，通过传播媒介宣传较少，最终导致顾客消费热情的丧失。老字号逐步游离于主流社会之外，只好把自己关在庭院中，顾影自怜。同时，由于很多老字号没有品牌保护意识，品牌被抢注的现象屡见不鲜，造成了品牌资产的流失。

5. 体制的限制

1956 年"公私合营"后，很多本来私有人持有老字号品牌规划国有，国有体制显然制约了企业的发展，导致机构臃肿，负担沉重，同时企业决策缓慢，难以应对新的挑战，最后被后来者取代。

6. 传承模式的陈旧

还有很多老字号以私人手工作坊的方式存在，规模既小，效率亦低，缺少现代企业的组织模式，像许多家族作坊，难以连锁复制。同时，很多老字号还实行家族传人制度，不仅"秘方"单传，其经营权也往往只传给自己的下一代，缺乏开放性。

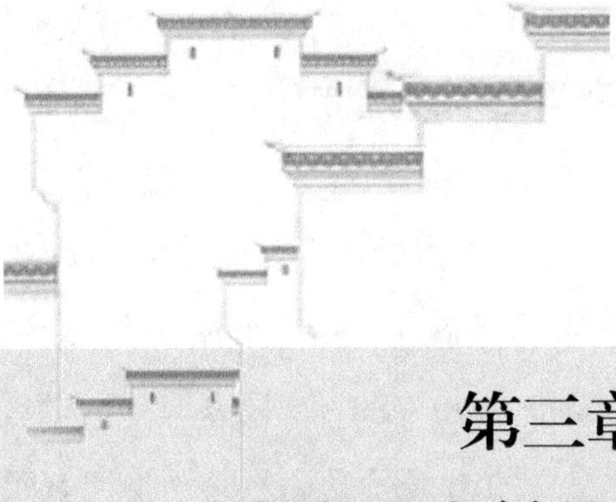

第三章
安徽老字号的行业分布

老字号在我国漫长的商业文明史上曾经书写过辉煌篇章。经过时间的沉淀，老字号品牌蕴含的不仅仅是商业价值，更是传承精神、历史文化，这些无形的价值是其他企业不具备的。然而在市场竞争日趋激烈的今天，老字号的竞争优势逐渐减弱，同时老字号企业面临着巨大的生存与发展的挑战。老字号要想继续发展，必须继承并发扬传统，与时俱进，以市场为导向，及时进行产品创新、质量创新和服务创新，将企业逐步做大、做强。根据 2006 年商务部发布的关于认定第一批“中华老字号”的通知，安徽省入选第一批老字号的品牌有红星、口子、胡开文、同庆楼、胡玉美、耿福兴、寿春堂和余良卿号，这些老字号企业都具有悠久的历史。但在同行业竞争激烈、经济环境不景气的背景下，安徽省老字号品牌发展并不尽如人意，大多数企业品牌意识薄弱，经营规模较小且经济效益较差，逐步丧失了老字号品牌多年来积淀的价值。

一、酒类老字号的发展

根据2013年由中国品牌研究院评估的《中华老字号品牌价值百强榜》，在名列前10的中华老字号品牌中，有7个属于酒类品牌。据了解，在商务部目前评定的两批总共779个中华老字号中，酿酒、中药、商业和餐饮行业拥有较高的市场价值，这些行业拥有最多的A股上市公司，其中，酒类和中药类公司占比最高。我国古老的“酒文化”令酒作为一种文化形象已然超脱了纯粹的物态意义。我国人们的生活离不开酒，酒的酿造技术也经过了数千年历史的淬炼，这都使得酒这一产业生命不息，老字号的酒类产品更是因其历史文化意义而有了区别于新生酒品牌的竞争优势。然而随着时代的发展，人们更加注重养生，提倡健康绿色的生活方式，当西方的葡萄酒进入人们的视野后，国内白酒产业遭受到了一定的打击。谈到整个中国酒的行业背景，用“大”字描述比较准确，因为整个行业的年产值有4200多亿，是个大行业，年销售额超过100个亿、200个亿的大企业有很多。中国酒行业运作的思路也基本都是高投入宣传费用、大品牌传播、整合营销，传统酒业中99%的都是这样的。我国除了茅台、剑南春、五粮液等全国一线品牌已经形成了难以撼动的地位，白酒企业具有一定的地区性，品牌众多，竞争激烈。

在安徽皖北，安徽口子酒业股份有限公司是以生产国优名酒而著称的国家酿酒重点骨干企业，口子酒业是首批中华老字号入选品牌之一。该企业算是发展较好的老字号企业。不同于同时期该地区其他小型老字号企业，口子酒业跟上了时代的步伐，拥有现代化的经营理念，注重品牌推广和宣传。在这样的情况下，口子酒业既拥有“老字号”这一称号可以享受政府的扶持，又可以发挥“老字号”的传统优势，发展前景一片大好。如今该公司拥有口子窖、老口子、口子坊等系列品牌产品，在安徽、江苏、河南、河北、山东、辽宁、北京等地区具有较高的产品知名度并保持一定的市场占有率，近几年在东北和西北地区也表现出较快的市场拓展势头，口子窖等高档产品在销售收入中的比重逐年增加。

在皖南，“芜湖的白酒业发展远滞后于经济发展速度，和芜湖市所处的经济地位不相匹配”，这是业内人士的共识。近年来，芜湖市的白酒市场大多被外地企业挤占，在市区规模较大的超市、烟酒专卖店柜台里，除了茅台、五粮液等国内知名酒类品牌，省内的古井等品牌也占据了主要部分。目前，本地白酒企业在县区镇村二、三线市场占据了一定的市场空间，但随着居民消费观念的变化，白酒业消费逐步升级换代，决定着白酒企业只有形成规模和品牌，占据中高档市场，才能形成规模效益，在激烈的市场竞争中生存和发展。

芜湖弋江酒业有限公司由原芜湖市弋江酒厂于2002年8月改制而成，至今已有70余年酿造白酒的辉煌历史，系皖南地区最大的白酒制造商。公司地处市区东南郊，青弋江南岸，水陆交通便利，占地面积为22000平方米，固定资产为5000余万元；拥有三栋固态大曲酒生产车间8000多平方米，可年生产白酒15000吨以上，现有职工100余人。其前身为河北冯焕文、冯斌卿兄弟二人于1931年创建的私营“聚兴益”酒厂。1951年，“皖南专卖公司”购买“聚兴益”酒厂原址，建立“芜湖市第一酒厂”，后更名为“芜湖酒厂”，隶属“安徽省专卖公司”。弋江酒保留了原始的“采料一晾晒一发酵一煮酒一窖藏一调制”的漫长、高成本酿造工艺，保证了弋江酒的原色、原味、原香品质。酿酒过程中所用水源全部是采自触摸地球岩层的深层地下水，富含各种矿物质和微量元素。酒体丰满醇厚、入口绵甜爽口、尾净余长，饮后不会出现口干、头疼、烧心感，真正做到了“去除危害，留住健康”的特殊功效。

实际上，芜湖的白酒业也曾有过辉煌。已有七八十年历史的弋江酒厂曾是皖南地区最大的白酒制造厂，并在业界享有良好的口碑。白酒生产企业也不算少，全市能叫得出名字的白酒企业有25家。那是什么原因导致芜湖市白酒市场拱手让人的呢？“规模小、品牌不响是两个致命硬伤。”市工商联白酒商会会长陈曾木指出了主要原因，他表示：“整合资源，避免内耗，联合做大规模，共享营销网络，增添新工艺，迎合消费者口味，提升品牌知名度是振兴芜湖白酒的必要之举。”近几年，政府和企业都在谋求白酒产业做大做强，一些老白酒企业也“老树逢春”，弋江酒业就是其中一例。2002年，在各级政府的积极支持下，弋江酒厂完成了企业改制，购置了新生产线，并实施人才战略，重金挖来工艺师、品酒师，增添了新工艺，让弋江酒业起死回生，重新打响了弋江品牌。获得著名商标说明芜湖市的白酒具有一定的实力，也提升了芜湖本地白酒的整体竞争力，为开拓外地市场增添了砝码。弋江酒业表示将联合其他白酒企业，逐步巩固本地中高档白酒市场，通过改良工艺和配方，使芜湖的白酒更符合长三角地区消费者的口味，拓展安徽及周边市场。主攻南京市场，目前已经取得不错的开局。为联合做强，白酒商会还打算统购统销原材料，组织企业和大型经销商谈判，降低销售成本，整合销售渠道等资源，联合开拓市场，并进一步加大营销力度，实现芜湖市白酒行业做大做强的目标。

二、零售类老字号的发展

“老字号”是我国商业文明的光辉成果，是中华民族传统文化的瑰宝。在如今竞争激烈的市场环境下，充分发挥老字号的品牌和文化优势，促进老字号的创新发展，无论是对于促进我国民族企业发展，还是对于做大做强我们国家品牌、增强民族经济的国际竞争力，都具有重大意义。从最近国家商务部发起的一项“振兴老字号工程”就可见老字号发展的重要性。而零售业作为“老字号”大家庭的重要一员，这次能否抓住机遇、重恢活力，更是具有举足轻重的意义。

笔者曾开展过老字号调研，深入考察了几家手工制作食品加工及零售企业，包括皖北的濉溪临涣酱培包瓜、贵临培乳肉和皖南的芜湖铁画、张恒春药号、赵云生剪刀、老余昌等。皖北这两家老字号企业从经营运作上来讲仍属于纯手工作坊，其中，临涣酱培包瓜虽然属于中华老字号，但其发展地区仍仅限于当地县城，销售区域甚至到达不了市区。皖北这两家企业的零售方式虽结合了店面实体销售及线上销售，但线上销售占比微乎其微，实体销售主要为批发和零售的形式。在营销策略上，两家企业通过组合销售提高销量。笔者通过深入访谈发现，由于这些仍为小作坊的小企业大多还是由第一代或第二代农民传承人拥有所有权，其经营理念严重落后，仅满足于自给自足、相比于同村人生活优越的状态，他们没有更多的资金去扩大规模，也没有足够的能力去经营一家更大的企业。基于此种情况，我们相信国内现存很多不知名的小型老字号企业如果无法进行改变，终将随着时代的脚步被遗忘，老字号的消失大抵就是如此。

皖南的老字号品牌具有历史文化与经济价值，它是中国传统商业文化的象征，也是地方风情的载体，既是珍贵的文化遗产，又是无形的城市资产。当同庆楼成为其他城市品牌、五香居退出市场、工艺美术厂破产时，芜湖老字号的创新发展显得尤为迫切。以工艺美术老字号芜湖铁画的发展为例，芜湖铁画距今已有300年历史，以锤为笔、以铁为墨、以砧为纸、锻铁而成，堪称中华一绝，在2005年被国家认证为国家首批非物质文化遗产，是芜湖传统文化的精髓与代表，也是文化产业的重要组成部分。芜湖铁画一度辉煌，曾先后参加法国巴黎世界博览会、匈牙利布达佩斯造型艺术展，并赴日本、意大利、中国香港等20多个国家和地区展出，其大型铁画《迎客松》《梅山水库》和铁书法《沁园春·雪》等作品布置在人民大会堂。20世纪90年代中后期，受到社会大环境的影响，芜湖铁画发展陷入困境，2002年铁画定点生产企业工艺美术厂改制，后经股份屡次转让，十多年来对铁画的发展缺乏规划与实际投入。有些铁画艺人自立门户，从工艺美术厂衍生出大大小小的铁画销售店铺，但其产品质量鱼龙混杂、制作人水平高低不等，制作、经营手法较为原始，仍停留在靠单纯的卖铁画来维持生存，缺少行业自律。2013年4月13日，芜湖市工艺美术厂正式宣布破产。铁画品牌发展滞后、创新不足、缺少品牌维护，品牌的价值不仅没有得到提升，反而因为销售地域的局限性、竞争的无序而损坏了芜湖铁画的声誉。铁画不仅是芜湖老字号，还是中华民族的优秀传统文化，我们当下应保护传承、开拓创新、宣传推广。

老字号企业在传承优秀文化方面有着其他企业不可比拟的优势，它通过企业的品牌把优秀的技术诀窍和民族文化融合在一起，社会各界都应该关心和支持爱护老字号企业。然而，在很长一段时间内,“老字号”品牌建设保护一直没能得到充分的重视。品牌发展因经营观念落后、企业组织体制的制约、品牌管理不当而遇到一些问题,如中日的“狗不理”之争,“王致和”商标在德国被抢注,“阿诗玛”在菲律宾被抢注,甚至国外有网站直接名为“中华老字号抢注公司”,这些案例足以说明国内老字号企业对商标保护意识有多薄弱。老字号发展离不开政府的扶持,但关键还在于企业的内因。因此,老字号要发展,必须精炼自己,内强素质。时代在进步,固步自封终会毁灭,与时俱进才是王道。如今,零售业形式在互联网的催化下发生了巨大的改变,线上线下的结合成为时代潮流。尤其是饮食、药品、手工制品等老字号产品乘着线上各种营销活动的“快车”,再加上老字号独有的历史文化的吸引力,老字号企业的发展迎来了新机。“经历更多风雨和荣耀的中华老字号,在可预见的未来继续存活的概率要高于其他类型的企业。”我们相信提高企业的知名度,多练内功,提升企业及其品牌在国内外市场的竞争能力,改变经营理念,组合品牌策略,抓住时代先机,与时俱进,零售类老字号企业终会有更好的发展。

三、医药类老字号的发展

“老字号”是我国的商业奇葩和民族瑰宝,医药类老字号更是其中最具民族特色和代表性的行业之一。中国有为数众多的老字号,医药老字号是其中重要的组成部分。我国医药老字号在市场竞争中,暴露出诸如品牌形象老化、创新乏力、品牌保护缺乏等问题,整体局面令人担忧。我国医药类老字号应当采取各种措施以焕发出老字号企业的活力,恢复国内市场份额和影响力,让我们民族的骄傲和传统工艺走出去。医药类老字号企业的发展也离不开政府的支持。例如，为医药类老字号企业制定专门的保护与发展规划，注重保存中华老字号企业的历史建筑，及时予以修缮和装修，帮助医药类老字号企业建立统一的企业信息平台等。

皖北寿春堂是清末年间成立的一家以中药材为主营的百年医药老店，曾与北京同仁堂、杭州胡庆余堂等著名药房齐名。寿春堂传说在清朝合肥医药界有两个帮派把持，金斗帮（合肥本土人）和金陵帮（江浙人），由于金陵帮实力雄厚，基本上霸占了合肥的医药市场，寿春堂正是金陵帮开设的。新中国成立后，由于种种原因一直未启用“寿春堂”这个药号，直到 20 世纪 90 年代初期，合肥市政府为了塑造老字号医药品牌，在多方的大力支持下，“寿春堂”药号才得以恢复。也正是在这个时候，吴国清组建了“合肥寿春堂大药房”（现在的安徽寿春堂大药房有限公司）。2000 年以后，在合肥医药行业竞争最激烈的时期，寿春堂药房面临一次关键的抉择。“当时，双鹤药业打算收购连同寿春堂在内的其他国有医药企业。”吴国清介绍：“我坚决不同意出售寿春堂。”经过多方的努力，最终在 2002 年 9 月，“合肥市寿春堂中西大药房”改制为民营股份制企业。“老字号”品牌不光意味着荣耀，更多的是对中国传统文化和行业的肯定和保留，是多少年来消费者信任的积淀。2006 年 12 月，寿春堂成功加冕首批“中华老字号”殊荣。“对于许多想发展的老字号企业除思想解放以外，最短缺的是资金。”吴国清坦言，寿春堂目前发展所遇到最实际的问题就是政府对老字号这方面并没有特别的资金和政策支持，多数资金都是自筹来的，这毕竟是杯水车薪，并不是长久之计。吴国清呼吁，老字号企业多数属于中小企业，企业规模和生产管理都很落后，政府应该在资金上予以支持。种种迹象表明，安徽“寿春堂”正试图沿袭北京“同仁堂”、上海“雷允上”、杭州“胡庆余堂”等名牌中华老字号之路，展开自己的“维新变法”。曾入选商务部首批“中华老字号”、合肥唯一医药老字号的安徽寿春堂大药房，因为生意不好，不得不卖起了瓜子和啤酒。而其最高峰时期的7家连锁店，目前也纷纷离它而去。这个由诸葛亮后人创办的百年老字号，在短短3年内沦落成了“杂货店”，并已产生离开合肥的念头。2007年以前，寿春堂还很风光，之后由于生意不好，吴国清选择了暂停营业。2011年，吴国清主动向药监部门申请临时注销《药品经营许可证》，随后又主动申请暂停了医保定点药店资格。但吴国清想做大寿春堂的念头一直未消。中华老字号历史悠久，拥有世代传承的产品、技艺或服务。虽然现代经济的发展，使老字号显得有些落后，但它仍以自己的特色独树一帜。

皖南余良卿膏药的创始人余性庭，原世居安徽省桐城市余家湾，为乡里中医，善于制药，后举家迁居安庆，并在安庆城内摆摊出售膏药。1884年，余鹤笙接管膏药店，余良卿膏药的质量得到了显著提高。膏药店生意开始好转，因为余鹤笙谙熟中药，经苦心钻研，改进了膏药配方，将主要成分铅丹改为铅粉和麻油煎熬，同时，攻克了膏药的老、嫩和粘性不强等技术难题，使得熬出来的膏药粘性强、封闭好，贴在患处不会移动，也不伤皮肤，还能起到滋润、防腐和收敛的良好作用，愈后不留疤痕，对疮疖、冻裂、湿疹均有良好疗效，并且价格低廉、使用方便，深受劳动人民的欢迎。赣南一带群众不仅将膏药用于外贴，还有腹痛者刮取适量膏药油化水吞服，亦能见效，因而膏药声名远播。1980年至1993年，该企业面貌发生了深刻变化，生产规模迅速扩大，平均每年以10%的速度递增，厂房、设备不断更新，企业管理日益现代化，先后完成近10项技改工程，推出20

多个新品种。例如，麝香镇痛膏荣获国家医药局和国家中医药管理局优质产品称号，活血止痛膏、接骨灵贴膏、康肤酊等先后被评为省优产品，麝香大王膏、酸枣仁合剂、蚕鹿口服液、风寒咳嗽颗粒等也颇受国内外用户欢迎。2001 年 8 月，余良卿与民营高科技企业——安徽安科生物股份公司联姻，彻底转换机制，引进先进的管理经验和技术，致力于中药现代化事业。现在，安徽安科余良卿药业有限公司是国家高新技术企业、现代中药产业化基地；首批通过国家商务部“中华老字号”认证；拥有 GMP 标准认证的现代化厂房、先进的生产设备和检测中心；能生产橡胶膏剂、合剂、颗粒剂、硬胶囊剂、酊剂、软膏剂、膏药剂等 7 种剂型 30 多个品种，其中国家中药保护品种 1 个，国家医保目录品种 11 个，OTC 品种 17 个，国家基本药物目录品种 6 个。公司坚持走科技兴企之路，团结拼搏，创新发展，以振兴民族中药事业为己任；继续弘扬余良卿的传统美德，以真诚和爱心服务社会，为人类的健康作出积极的贡献。这历经风雨沧桑的百年老字号，将秉承献爱心、济苍生宗旨，续写新篇章。

一个不断发展、与时俱进的老字号才能具有持久的生命力。医药老字号由于几十年甚至上百年都一样，普遍品牌老化，缺乏活力，已经越来越难对年轻人产生吸引力。及时对医药类老字号的品牌作出更新，不断创新出新模式，焕发新活力才是医药类老字号的发展路径。

四、饮食类老字号的发展

俗话说：“民以食为天。”各地的饮食都有地域特色及融合当地文化环境特点。安徽地区美食数不胜数，很多都是靠祖祖辈辈一代一代传承下来的，因而很多都是小推车式的个体经营，没有大的资金支持，只是在当地小有名气。而如今在现代互联网的支持下，微信、QQ等社交网络可以帮助传播当地美食，增加销售额和扩大销售渠道。下文以皖北临涣酱菜企业和芜湖四季春餐饮为例作深入调查和分析。

皖北的临涣酱菜中包瓜和培腐乳名声最大，为临涣酱菜的龙头产品。与口子酒并称为"濉溪两大传统产品"的临涣酱培包瓜，已有150余年的历史。临涣酱品厂的前身是"元昌斋"酱菜作坊，它是由南京人潘孝武利用祖传技艺创办的。蒋化清从学徒开始做起，后经多方筹资租下了临涣街西老食品站的11间房子，自立门户，开起了个体酱菜作坊。过去每一百斤酱瓜用盐量为25斤，现在降低为15斤，用盐量虽然降低了，但生产出来的酱菜更加美味可口。蒋化清的酱菜作坊由于注重产品质量，加上经营有方，其作坊生意日渐兴隆。调配酱黄酱盐法是蒋先生的首创。蒋化清更致力于酱菜产品质量的提升，为此他重点作了以下几个方面的工作。一是改进水质。在制作过程中，他发现酱菜经过临涣浍河岸边千年古泉水的泡制，味道更加鲜美，其美妙的味道远远超出了在其他地方泡制的酱菜。二是精选原料。临涣附近的酱菜原料外形上好看得多，质地上也优良得多。临涣的优良土壤元素赋予酱品独特的食用品质。三是改善口味。蒋先生科学利用甜麦素，使酱菜更舒心可口。四是优化技术。多种技术的精细搭配和综合利用，使酱菜成品做到色、味、形俱佳。蒋先生长期的苦心钻研，用心的大量实践，不仅使酱菜更受人们的欢迎，也逐渐形成了蒋氏制作工艺，赢得了蒋氏酱品的良好口碑。尤其是在主打产品培包瓜的改进上，蒋先生倾注了大量的心血。蒋氏酱包瓜的外圆内实、十菜六色、咸而溢香、脆中含柔等特色更加突出，成为与濉溪口子酒并列的濉溪两大传统经济产品和皖北地方特产之一绝。酱菜的功用也得到了拓展，既能单独成菜，又可作为上佳辅料。这些都是蒋化清先生对临涣酱菜事业作出的最大贡献。为了满足更大的市场需求，2010 年蒋化清先生在临涣沈圩村租赁了 20 亩土地，盖起了新厂房，将蒋亚酱菜作坊更名为临涣蒋氏酱品厂。蒋氏酱品厂不断拓展销路，年销售量逾 1000 万斤。2011 年，蒋化清先生作为代表性传人以培包瓜传统技艺入选安徽省非物质文化遗产项目代表性传承人。

虽然酱菜结合现在现代人生活特点作了因地制宜的改变，但是酱品厂还存在很多问题，如：不缺资金，却向政府哭诉没钱；当地镇政府批了 100 亩地不要；现在销量还处于供不应求的地步；制作酱菜还在用传统方法，除了加点食品添加剂，大规模流水线生产几乎不可能；他们也想扩大生产，但是不愿意投入资金，只是期望政府投入资金，显然是不可能的。由此看出，小规模家族式企业在遭遇市场契机挑战时，大部分没有能力应付，会被市场兼并，他们需要学习现代化企业管理模式，打破现有的局限性，这样才能发展壮大。

芜湖市四季春餐饮有限公司始创于 1928 年，经过近百年的发展，已发展成为经营面积达 1200 平方米，可同时容纳千余人就餐的大型酒店。酒店建筑风格为古朴与现代相结合，一楼大厅透视性强，主要经营早点小吃，二楼、三楼为大中小型晚宴厅，承接各种喜宴、寿宴、拜师宴等。其传统菜肴“状元蹄、荷叶烧卖、相思秘制桂鱼等”在芜湖举办美食节期间多次获奖，凤凰美食街流传一句民谣“太阳从东方升起，美食从壹号开始”，这里所说的美食街壹号即是四季春大酒店的地址。2005 年，第二期国家级刊物《中国烹饪》杂志图文并茂地向海内外读者推荐介绍四季春的小笼汤包、荷香烧卖、芥菜蒸饺、状元蹄、香叶龙骨等名优美食，使四季春走出芜湖，名扬海外。

四季春在市场经营上更是自有一套见解：市场是多层次的。新老四季春一直兼顾多层次的需求，注重四季春丰厚的文化底蕴，从特色早点到大中小晚餐宴席，形成良性的循环发展；坚持“求实、创新、求精、美味”和“质量第一、宾客至上”的理念，使老牌子不断焕发新的活力，从而在社会上广受赞誉。新时代的四季春餐饮，把“弘扬餐饮文化、打造百年老店”作为发展宗旨，把“诚信”当作座右铭，赢得了社会各界和广大顾客的好评与认可，被评为“安徽餐饮名店”和“读者满意酒楼”，被安徽省消费者维权网络评为“消费者放心酒店”；当选为安徽省烹饪协会第三届理事会常务理事单位；被中国美食街授予食品卫生信得过单位；被共青团评为“市级文明号创建单位”；被新芜区个体协会评为全区“优秀诚信店”；被市工商行政管理局评为餐饮业唯一“芜湖市著名商标”。居安要思危，四季春餐饮创始人张东昌先生已经意识到，随着机械化、自动化、信息化生产方式的普及，四季春之类靠手工技艺取胜的老字号企业会逐渐失去优势，为此四季春正在走规模化、现代化、连锁化和产业化经营道路，以独具特色的饮食文化塑造品牌形象，让四季春走向全国、走向世界，成为中国的“麦当劳”“肯德基”。

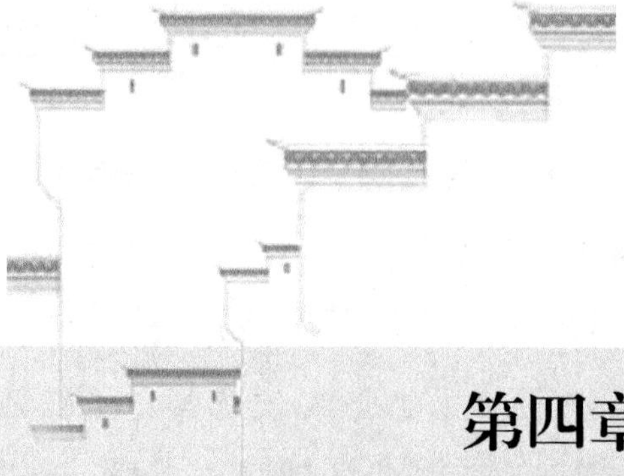

第四章
安徽老字号特色商业街

老字号是经过历史洗礼、商业竞争、文化传承后留下的经典品牌，作为中华优秀传统文化的独特载体，其最为宝贵的价值——增强城市发展软实力上也具有重要意义。作为承载老字号品牌传播载体的特色商业街区，与区域老字号发展的紧密度和关联度非常高：一方面，老字号品牌通过区位选择、店面装潢、开展传统技艺展示及竞赛活动、创办老字号学习坊和建立特色商业街共享平台等措施，打造老字号特色商业街以实现老字号的聚集发展；另一方面，老字号的聚集为特色商业的引流和业态布局提供了有效支撑。

聚集效应，又称为“集聚效应”，是指特定的产业经济活动在空间上产生的经济效果以及向一定地区靠近的向心力，是集聚经济和集聚不经济的综合效果。集聚经济是指生产效率提高，从而带来成本节约、经济效益增加，而集聚不经济是指社会经济活动过度集中而导致拥挤所引起的资源利用效率降低、成本增加。国内外学者对聚集效应进行了大量的理论研究，并形成了一些研究成果。特定产业经济活动的集聚是聚集效应得以发挥的首要前提。而产业集聚可分为非正式集群、组织集群和创新集群。同时，集聚发展通过一定的条件可以产生规模经济效应，如竞争和合作的伙伴关系、文化认同、非正式组织交流和网络关系的形成。此外，集聚效应成为区位决策的决定性因素。总之，关于聚集效应的研究从企业内部拓展到企业外部经济，从资源集聚到产业集聚，再到人才、文化集聚，仍然是众多学者研究的热点。

"老字号"不仅拥有其世代传承的特色产品、服务理念，还承载着中华民族工匠精神和传统文化的精粹。它一般散落在城市的各个街角，因而存在的问题有：政府管理起来比较困难，耗费的成本比较大，也不利于相关政策的实施；在促进经济增长方面，零散的布局不利于人们对老字号的了解，也不利于促进人们的现时消费和潜在消费，特别是外来游客；散落各处的老字号之间的交流成本高，存在信息不对称等问题，不利于相互之间的学习，更不利于技术创新。而老字号地理位置的散落，为聚集效应的引入提供了一个契机，即用一个新的视角去看待老字号的发展。因此，打造老字号聚集的特色商业街十分必要。

例如在肥东撮街，正在致力于搭建老字号市场窗口，打造"老字号一条街"。目前，撮街已成功引进16家"中华老字号""安徽老字号"企业。其中，扬州谢馥春为合肥首店，浙江张小泉为安徽首店。"老字号"的生命力不仅在于坚守，更在于创新。目前，合肥市商务部门正在全力推动安徽老字号品牌与淮河路步行街、肥东撮街、合柴1972、瑶海长江180、1912街区等商业街区运营商对接洽谈，与淮河路步行街运营方庐阳文旅集团共同打造"老字号庐州合集"，旨在集中展现安徽老字号企业的发展历程，展示安徽老字号企业产品，成为体验安徽各地老字号、购买安徽新国潮伴手礼的最佳去处。

一、安徽省特色商业街及其分布

特色商业街是指以某一类或几类相互关联的行业领域为主，在商品结构、经营方式、管理模式等方面具有一定专业特色的商业街。特色商业街，不但产品、服务独具特色，而且建筑形式和历史人文等也颇有自己的特点，它是个独特的“混合体”。

特色商业示范街区均拥有知名的地方特色、老字号店铺、龙头企业、国内外知名品牌商家，店铺数量众多，商业集聚效益明显，能满足消费者购物、餐饮、休闲、娱乐、体验等综合性消费需求。截至2022年9月，安徽共有认定的特色商业街区63家。

（一）安徽特色商业街区的认定

安徽特色商业街是指在城市市区、县或县级市城区和重点镇，以带状街道建筑形态为主体并向周边延伸，具有鲜明的建筑、历史、文化以及商品经营特色，商业及服务设施高度集聚，业态结构合理，管理统一，辐射带动作用较强，有一定影响力，综合效益良好的区域性商业集群。

安徽特色商业街分为综合型特色商业街和专业型特色商业街两类。其中，综合型特色商业街是集聚购物、餐饮、休闲、娱乐、体验、文化等各类业态，汇聚安徽老字号等知名企业，满足消费者综合性消费需求的商业街区。专业型特色商业街是指以某一行业为主，即该业态占比超过50%，汇聚当地该行业安徽老字号等知名企业，提供专业性特色消费的商业街区。

(二)安徽特色商业街区的现状

2014年12月29日,为增强商业集聚功能,安徽省启动了“省级特色商业示范街区”创建工作。根据安徽省商务厅发布的公示,全省30条街区将被认定为省级特色商业示范街区,具体如表4-1所示。

表4-1 安徽30条“省级特色商业示范街区”

序号	地区	街名
1	合肥市	淮河路步行街
2	黄山市	屯溪老街
3	合肥市	宁国路龙虾美食街
4	马鞍山市	解放路综合商业街
5	合肥市	女人街
6	黄山市	歙县中和衡商业街
7	亳州市	花戏楼街
8	马鞍山市	大华国际广场结合商业街
9	安庆市	北正街餐饮文化街
10	淮北市	孟山路精品名品商业街
11	铜陵市	锦陵县天井小镇商业街
12	黄山市	赛西特色商业街
13	铜陵市	长江路地下商业街
14	阜阳市	阜阳绿色步行街
15	安庆市	天后宫小商品一条街
16	黄山市	黎阳映像商业街
17	滁州市	环南湖特色餐饮休闲街

续表

序号	地区	街名
18	安庆市	女人街服饰文化街
19	黄山市	西递1047商贸街
20	黄山市	岩寺古镇商业街
21	淮南市	龙湖路地下商业街
22	合肥市	罍街
23	淮北市	惠苑路商业步行街
24	蚌埠市	兴业特色商业街
25	合肥市	老报馆特色餐饮街
26	淮南市	基地美食街
27	黄山市	新黄山商业步行街
28	合肥市	巢湖市江南风情街
29	安庆市	枞阳县商业步行街
30	马鞍山市	翠竹专业型服饰文化街

2018年6月26日，安徽省商务厅公布第一批“安徽特色商业街”名单，全省8条特色商业街榜上有名，如表4-2所示。

表4-2　第一批“安徽特色商业街”

序号	地区	街名
1	合肥市	七桂塘商业街
2	合肥市	清溪小镇
3	合肥市	庐江中心城步行街
4	蚌埠市	中华玉博园古玩玉器淘宝文化街区

续表

序号	地区	街名
5	六安市	蓝溪综合商业街
6	芜湖市	星隆国际芜湖小吃街
7	芜湖市	鸠兹古镇特色商业街
8	安庆市	天鹅广场升级特色餐饮街

2020 年 4 月 22 日，安徽省商务厅公布 2019 年度省级特色商业示范街区名单，全省 13 家特色街区榜上有名，如表 4-3 所示。

表 4-3　第二批“安徽特色商业街”

序号	地区	街名
1	合肥市	万科邻里特色商业街
2	合肥市	绿地中心·春台街
3	合肥市	三瓜公社
4	淮北市	隋唐草市
5	亳州市	建安文化广场
6	宿州市	南翔云集文化商业街
7	蚌埠市	银泰城一映巷街区
8	蚌埠市	篾匠街
9	滁州市	定远古城龙虾美食文化街
10	六安市	红街综合型特色商业街
11	铜陵市	中华铜艺文化第一街
12	池州市	新西街
13	安庆市	华茂 1958 街区

2022年3月4日，安徽省商务厅公布第三批安徽特色商业街名单，如表4-4所示。

表4-4 第三批“安徽特色商业街”

序号	地区	街名
1	合肥市	罍街
2	合肥市	华润九余三特色商业街
3	合肥市	南翔·茶里水街特色商业街
4	合肥市	肥东吾悦广场吾福印巷
5	亳州市	绿城·青牛广场商业街
6	宿州市	衢坊街
7	阜阳市	管仲老街一期
8	淮南市	淮南印巷
9	芜湖市	芜湖古城
10	宣城市	北门老街
11	安庆市	古城·倒扒狮历史文化街区
12	安庆市	康熙左岸文旅街区

二、安徽特色商业街区的分布分析

截至2022年9月，安徽认定的特色商业街共计63条，数量位居前三的是合肥、安庆、黄山，其中合肥数量最多，有16条，安庆有8条，黄山有7条。合肥淮河路步行街于2020年6月正式纳入第二批国家级改造提升试点名单，在2021年11月入选第一批国家级夜间文化和旅游消费集聚区；合肥金大地东西街、罍街分别于2020

年、2021 年被中国步行商业街工作委员会授予“全国夜间经济示范街”称号。

根据文化和旅游部《旅游休闲街区等级划分》行业标准，旅游休闲街区是指具有鲜明的文化主题和地域特色，具备旅游休闲、文化体验和公共服务等功能，融合观光、餐饮、娱乐、购物、住宿、休闲等业态，能够满足游客和本地居民游览、休闲等需求的城镇内街区。旅游休闲街区分为国家级和省级两个等级。其中，省级旅游休闲街区要求占地面积不小于 3 万平方米或者主街长度不小于 300 米，每年接待访客量不少于 50 万人次，且应在每日主要营业时间段采取主街限制车辆通行的措施。

2021 年 11 月 19 日，安徽省文化和旅游厅、省发展改革委公布首批“安徽省旅游休闲街区”名单，分别是：合肥罍街，黄山黎阳 in 巷，芜湖古城街区，亳州北关历史街区，安庆古城・倒扒狮历史文化街区，合肥金大地东西街，阜阳颍上县管仲老街，淮北隋唐运河古镇街区，六安悠然蓝溪综合商业街，铜陵大通古镇澜溪老街。

2021 年 10 月 19 日，文化和旅游部公示第一批国家级夜间文化和旅游消费集聚区，安徽 2 家街区上榜，分别是合肥市淮河路步行街区和芜湖市芜湖方特旅游区；2022 年 7 月 18 日，文化和旅游部公示了第二批国家级夜间文化和旅游消费集聚区名单，安徽 6 家街区上榜，分别是：合肥市金大地东西街，合肥市罍街，芜湖市芜湖古城，淮北市隋唐运河古镇，黄山市屯溪三江口历史文化街区，黄山市宏村。

三、老字号特色商业街区的发展

首先，商务部等16个部门印发了有关老字号改革创新发展的指导意见，明确指出“鼓励有条件的城市打造老字号特色商业街”，即在政策上给予支持。其次，“特色”二字是特色商业街赖以生存发展的原动力，为此，老字号不谋而合。老字号特色商业街作为其聚集发展的一种重要的形式，受到产业集聚、文化沉淀和休闲娱乐三个因素的共同刺激和推动，将形成集商贸、文化和休闲三位一体的特色商业街，使消费者在消费中感知其悠久的历史文化，在文化体验中放松身心，在身心愉悦中促进消费、拉动经济增长，充分发挥老字号在稳增长、促消费和惠民生中的积极作用。

（一）老字号聚集特色商业街区的价值

1. 发挥聚集效应

将散落在各处的老字号集群化，打造特色商业街，有利于形成集体效应，拉近老字号之间的距离，便于发展和创新。其聚集效应发挥主要体现在自我强化、优势互补和集体优势三个方面。自我强化就是从企业战略出发，将各项资源有意识地聚集于这个区域内，共同谋求发展的结果。老字号特色商业街一旦形成，就能发挥其规模经济效应以及创新，这既能促进集聚区内老字号的发展，还能增强集聚区外边沿其他企业进入的吸引力，使商业规模由集聚区向外放射，有利于优势企业的积累，体现出“路径依赖”和“累积效应”。优势互补就是集聚区内的老字号都具有各自的特色，也都因其特色而闻名。它们专注于特色产品、服务的发展，并始终保持着这种“贵族"精神——因特色而自豪并主动传承。其实,老字号特色的集聚就存在优势互补点,通过老字号之间的交流和协作,形成合作关系;集各自优势与其他老字号进行优势互补,获得加强竞争力的效果,发挥老字号聚集效应。集体优势就是聚集区内的老字号在无形中组成了一个大整体,并形成了一个整体系统,这个整体系统创造的社会效益和社会福利来自各个组成部分,但不是每个组成部分的简单相加。老字号之所以选择聚集发展,正是因为看到整体效益大于单个个体的效益。将聚集区划分为不同的特定的区域,在每个特定区域经营某一种产品或者相似的产品,这些同类别的老字号可以共享基础设施,防止重复建设,避免造成人、财、物的浪费。因此,该整体聚集区内的任何一个成员,都能享受到聚集效应所带来的集体优势,从而有利于加强老字号的集体凝聚力和竞争力。

2. 产生平台效应

对于老字号聚集发展,是可以通过打造特色商业街实现的。因此,对于聚集区产生的平台效应,可以基于特色商业街,从个体和整体两个方面来考虑。

特色商业街的打造更需文化支撑。对单个老字号而言,特色商业街作为老字号聚集发展的重要形式,汇集散落在城市街角的老字号,无形之中给特色商业街注入了历史文化及民族血液,提升了特色商业街的文化价值,也为特色商业街搭建了一个民族文化交流的国际平台。同时,老字号的特色也是特色商业街的生命之源,它们的进驻可以为特色商业街持续提供新的生命力,有利于特色商业街的特色发展。影响力大的老字号的进入,可以提高特色商业街的知名度,从而带来更大的人流量,促进特色消费;而且,影响力不是很大的老字号也会因此而受到消费人群的关注,并提高他们的认知度，即在潜移默化中带动聚集区内其他老字号的发展，进而在总体上促进特色商业街的发展。

从整体上来说，特色商业街作为老字号的一个大整体，可以为老字号提供一个自身特色的展示平台，便于消费者去体验、娱乐和购物；也为政府营造一个保护、扶持老字号发展的良好环境，便于政府优惠政策的实施和文化价值管理。聚集区也是一个文化交流平台、商贸中心，这不仅有利于老字号文化的传承，还会拉动聚集区的特色经济增长，而这反过来又会带动老字号的发展，进而增强其品牌影响力，创造经济价值。例如，屯溪老街被称为流动的“清明上河图”，其历史文化的影响力吸引了大量不远万里前来观光的游客，不仅起到了宣传自身的效果，还促进了屯溪老街街区内老字号的发展。蚌埠市及其他地区纷纷回应政府的积极响应，正在着力打造特色商业街，如蚌埠的篾匠街，实现集当地特色、文化价值和经济发展于一体的格局。总而言之，整体是由个体组成的，个体发展必定会带动整体的发展；个体是整体的组成部分，整体会潜移默化地影响个体，并和个体一同发展。正如老字号为特色商业街注入活力，特色商业街为老字号提供展示平台一样，两者相互依存，共同发展。

（二）老字号聚集特色商业街区聚集价值的实现

1. 区位选择

将一个城市内的老字号集中在特定区域内，形成特色商业街，首先就要考虑这个区域具体选址问题，需要进行实地考察，了解当地的风俗习惯，听取当地群众的意见。对有悠久历史的地方小街，可以优先考虑，因为它有助于发挥历史文化的外部经济，当地人对此也十分熟悉，便于进一步提高老字号品牌的影响力。同时，老字号特色商业街还可以保留部分原住居民的生活功能，这对于还原特色商业街的历史、文化、民俗、旅游价值具有非凡的意义。生活价值的还原和提升不仅能够形成老字号特色商业街不可复制的比较优势，也能够提高消费者的参与性和认同感，从而带动老字号的发展。比如：成都宽窄巷子特色商业街着重挖掘宽窄巷子的精神内涵，打造宽窄巷子老成都的城市历史、生活记忆，展现成都最重要的生活精神面貌；黄山市屯溪老街保留了一部分原住居民的生活区，增加了它的当地特色。而对于黄山市的老字号而言，屯溪老街更有利于当地老字号的发展，因而成为它们聚集区位的首要选择。

2. 进行适当的店内布局与装潢

一个沿街店铺别具一格的外观设计、充满历史韵味的装潢风格，不仅能给这家老字号企业的形象加分，更能增加特色商业街的建筑特色。2016 年，商务部等 16 部门联合发布《关于促进老字号改革创新发展的指导意见》，指出要合理放宽对沿街老字号店铺装潢的限制，鼓励按照传统或原有建筑的设计风格对店铺外观进行修缮，充分展现历史文化的特色。老字号可以利用这一政策，适当对老字号店铺进行与之相匹配的风格设计和修缮，使其保持建筑风格——“老”而不破，对老字号的发展起到锦上添花之功效，也能成为特色商业街一道亮丽的风景线，增加老字号特色商业街的参观价值。如今人们对广告宣传持一定的怀疑态度，因此，老字号企业单靠店铺简单广告的宣传是远远不够的，适当的营销活动不仅能减少人们的怀疑，还能够引发人们对老字号独特的情感，并能吸引广大青年人的关注，加深他们对老字号的认知和情感因素。同时，作为文化瑰宝的老字号，其优秀的传统文化也需要代代传承，而隐藏在传统技艺里的隐性知识需要人们不断接触、磨砺学习才能习得。

3. 积极开展老字号传统技艺展示活动

首先，可以合理利用政府政策，如政府已经合理放宽对户外营销活动的限制，给老字号企业的发展提供良好的政策支持，这说明政府鼓励支持老字号各项技艺活动的开展。而且，特色商业街的建立，既方便了政府对街区内老字号进行管理，又间接推动了老字号之间合作性活动的广泛开展。其次，可以支持老字号进行店内外传统工艺的展示，使消费者更加近距离地接触老字号，切身感受到老字号的精华和魅力所在。最后，可以开展传统技艺展示及竞赛活动，挖掘潜在的消费者，形成特色的消费群体，从而促进特色商业街的经济发展、特色消费的增长。例如，文房四宝之徽墨、歙砚、宣纸、宣笔，这些老字号可以定期开展书法展示，邀请有名的书法家参加书法大赛，并且欢迎人们前来参观，最后对这些书法进行拍卖，使消费者真切体验其存在的历史价值，对青年人、青少年、儿童等起到文化熏陶作用，促进区域经济发展。

4. 创办老字号学习坊

老字号传统技艺的展示，能让人们感觉到它的魅力和神奇。老字号学习坊的创办是为了让人们更真切体会到老字号的工匠精神和文化价值所在。老字号学习坊主要是兴趣爱好者、文化技艺痴迷者等人群进行学艺、体验中国传统文化的源远流长之所，由大师亲自授教，学员自主参与学习；同时，它的四周是由玻璃围成的，以便于过往人群观赏，已成为老字号特色商业街区别于一般特色商业街的独特风景。将老字号的发展和人们参与结合起来，更能奠定老字号的群众基础，促进老字号的文化传承、经济发展，从而带动老字号特色商业街的发展。老字号学习坊以老字号特色商业街为依托，吸引世界各地对传统技艺感兴趣的人员前来参观和实地进行学习，加深人们对老字号传统技艺的认识，带动特色商业街的人流量，促进其经济发展。

5. 打造老字号特色商业街共享平台

老字号特色商业街共享平台是将街区内的老字号集中起来建立一个极具当地特色的网站或直播基地，通过每个老字号共同参与来打造线上平台经济，可充分展现线下特色商业街的魅力及特色。这个共享平台包括当地老字号的历史文化、特色产品或服务、传统技艺等内容。建立这个平台，能缩短兴趣爱好者搜寻信息的时间以及降低每个老字号单独进行线上平台打造的成本，便于特色商业街的线上宣传，创造线上经济效益，也有利于文化的整合、特色的集聚，起到宣传城市之功效。

四、安徽特色商业街区的传承与创新

近年来，安徽打造了一批文创类、美食类、古镇类、旅游类、综合类等特色街区，涌现出了罍街、徽商二号门、金大地 1912、合肥步行街、屯溪老街、鸠兹古镇、安庆七街等知名特色街区品牌。但在发展的过程中，安徽老字号特色商业街区仍需进一步创新发展，传承与创新并重。

（一）加强规划布局

商业街规划要立足主街、拓展辅街，明确规划范围、目标定位、功能布局，确保可落地、能见效；要优化街区环境，优化周边路网和交通设施，延续老街区建筑风格和文化脉络；要提高商业质量，聚焦业态、品牌、功能等方面，推动商户加快创新转型，调整商业网点布局，发展当地特色品牌和老字号品牌，引进国外知名品牌，打造对外开放的窗口；要打造智慧街区，聚焦管理智能、运营高效，推动街区数字化改造；要增强文化底蕴，将商业街发展与历史文化传播、旅游购物、消费相融合；要规范管理运营，设立专门的商业街管理机构，组建商业街商户自律组织，提高应急处理能力。

（二）数字赋能

在数字经济发展时代，智慧商圈、数字商圈已成为商圈“标配”。特色街区纷纷搭建电商孵化中心、直播基地、电商内容制作中心和配套服务中心等功能平台，构筑“线下孵化＋供应链＋线上平台”网络流量孵化群，促进入驻企业的数字化转型。在持续推进特色街区开放创新上，要全面开展数字商业街区试点创建工作，充分运用大数据、人工智能、移动支付等技术优势，用数字化驱动商业街区运营，进一步提升街区数字化、智能化、智慧化服务水平，助力商业街品质提升和品牌打造，创新打造具有安徽特色的城市商业文化新业态、数字生活消费新场景。

（三）培育新业态，引入新模式，打造新场景

高品位步行商业街要想保持生机活力，需要深入把握城市发展和消费升级新特点、新趋势，坚持以供给侧结构性改革为主线，以贴近城市消费需求为核心，与城市有机更新结合起来，既需要政府牵头，也需要商会、商家发挥主动性，将特色商业街区与传统文化紧密结合，打造城市商业文明新地标。在扩大特色街区消费供给上，要推动特色街区大力发展信息消费、文化娱乐消费、健康消费等服务消费，壮大康养、文创、旅游等专业服务市场，促进实物服务消费融

合。以场景营造为理念，实施“一场景一示范”，推进特色街区雅集消费场景建设，全方位布局零售、餐饮、休闲、娱乐等多种服务设施，培育出品牌化、标志性经济示范点位。

（四）文旅商深度融合

特色商业街要坚持以文促旅、以旅彰文。第一，要大力推进非物质文化遗产的活化传承，赋能商业街。这可以从游客的心理层面和体验需求入手，针对性地开发非遗体验新业态。第二，坚持创新，加大文旅资源的深度融合。对于各类博物馆、展览馆、乡愁馆、美术馆，不仅要完善配套设施，还要扩大旅游服务功能，加强打造新型文化旅游生态圈。第三，坚持亲民原则，以人为本。地方戏曲、电影专场、传统文化娱乐等活动都要努力为商业街增添人气和活力，让文化赋予商业街广度，更赋予商业街温度。第四，合理布局美食、小吃、茶馆、咖啡馆、酒馆、桌游等，留住顾客的味蕾，使得文旅商能深度融合。

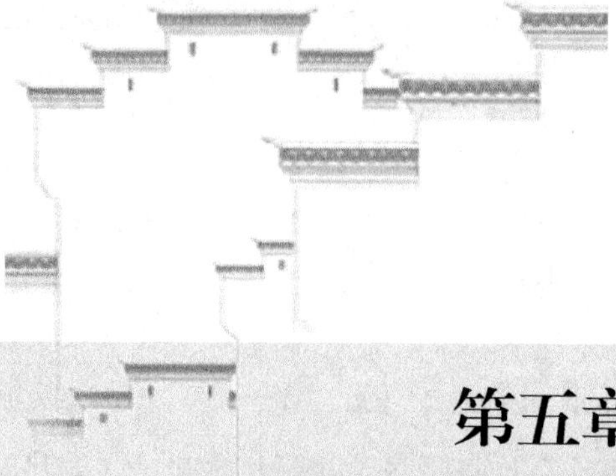

第五章
安徽省老字号经营管理模式

一、老字号企业制度

企业制度是指在一定的历史条件下所形成的企业经济关系，包括企业经济运行和发展中的一些重要规定、规程和行动准则。本章将从老字号企业的产权制度、组织制度与用人制度三个方面对企业制度进行分析。

通过对皖南、皖北老字号的企业调研与网上的资料收集，列示出了主要老字号企业性质统计表，如表 5-1 所示。

表 5-1　安徽老字号企业性质统计表

企业性质	数量	比例	
股份有限公司	傻子瓜子	9	50%
	明远电力设备公司		
	谢裕大茶叶		
	九华山酒业		
	徽六		
	皖酒		
	口子酒业		
	金种子		
	承庆堂		
有限责任公司	赵云生剪刀店	9	50%
	张恒春药号		
	弋江酒业		
	同庆楼		
	胡玉美		
	余良卿号		
	吴鲁衡		
	老余昌		
	古井		

(一)产权制度

安徽省老字号企业主要包括股份制企业与有限责任公司两种企业性质,也有少数国有控股企业与私营独资企业。这些老字号一般由家庭手工业作坊逐步扩张,因而有部分企业还保留着家族式企业的产权制度,即权力集中于个别人手中,经营秘方不外传。国有独资企业的决策权由国家控制,员工的能力得不到施展,企业资金严重不足。这种企业制度会降低决策效率,增加经营风险。为了解决这种问题，老字号企业应当加快股份制改革，通过员工持股有效分散权力；政府也应开通绿色通道，帮助老字号企业上市融资，加快市场化进程。

（二）组织制度

在股份制企业中，组织制度一般采取扁平式结构，便于上下级的沟通。但是调查中发现，在国有企业和部分有限责任公司中，企业决策权集中，组织结构保持传统的金字塔模式，信息传递效率会低，使企业错过很多投资机会。有些老字号企业领导者同时拥有决策权与管理权，导致监管机构形同虚设，权力制约机制失衡。

（三）用人制度

企业想要持续创新，就需要良好的人才保障，老字号企业更是如此。然而在调查中看到，一些老字号企业优秀管理人员匮乏，导致老字号企业管理模式仍然停留在计划经济时期，高层领导对权力一把抓；同时，企业缺乏有效的员工选拔制度、激励制度，导致员工工作积极性不高。老字号企业应当尽快在人才培养上投入更多资金，在吸引优秀管理者的同时，给业绩出色的员工充足的薪酬激励，增强员工幸福感。

二、老字号经营模式

（一）标准化建设（传统方式与现代服务手段结合）

老字号代表着中华民族传统价值观、童叟无欺的商业道德、精工细作的工匠精神和无比珍贵的诚信体验，许多老字号企业本身就是标准化工作的引领者，按照《企业标准体系》建立涵盖本企业管理标准、技术标准和工作标准三大标准在内的标准体系。有的企业获得了中国驰名商标、安徽名牌企业称号，还有的企业获得了ISO9000、ISO14000、ISO18000体系认证，更有一些企业参与了国家标准、行业标准、地方标准的制定工作，引领行业发展。

传统老字号大多采取作坊式手工经营模式，效率低，成本高，因此许多企业开始借鉴国外企业，采用机械化、自动化和信息化生产，既节约了人力成本，又保证了产品的质量和规格。例如，“赵云生”剪刀由原来的手工生产改进到机械化生产；明远电厂也改制为明远电力公司，在新技术、新设备带动下其发电量有显著提高。

对于医药、酒水以及餐饮等老字号行业，服务质量无疑是企业的生命线。目前，大多数老字号企业在贯彻“诚信经营”的核心理念和“质量优先”的经营原则基础上，以传统门店式经营为依托，着重培养企业员工的服务意识，提高企业整体服务质量。

“老余昌”眼镜是芜湖市老字号品牌之一，在市内拥有三家旗舰店，经营面积有千余平方米，产品质量广受好评。“老余昌”对于店面的位置、室内装修等细节要求极其严格，努力为进店消费的顾客创造便利与舒适的购物氛围。企业重视员工的专业技能培养，保证为每一位顾客提供最精确的配镜服务。同时，企业要求员工以最诚挚的态度向顾客介绍店内产品，让消费者有宾至如归的消费体验。每逢周末或节假日，“老余昌”眼镜还会向顾客提供免费验光服务，并积极宣传护眼用眼常识，让大众更近距离地感受到诚信友好的文化氛围。

面对当前复杂经济环境，安徽安科余良卿药业有限公司近年来紧紧围绕“调转促”目标，坚持走科技兴企之路，一方面不断加强硬件建设，另一方面注重科技创新，使企业走上了一条可持续发展道路。安科余良卿药业公司坐落于安庆经开区，2001年由安徽安科生物医药集团重组百年老字号中药企业“余良卿”而成立。该公司是国家高新技术企业、现代中药产业化基地，首批通过国家商务部“中华老字号”认证，拥有GMP标准认证的现代化厂房、先进的生产设备和检测中心，能生产国家中药保护品种1个，国家医保目录品种11个，OTC品种17个，国家基本药物目录品种6个。它在坚持科技兴企的同时，不断开拓市场。目前，该公司合作的代理商超过1000家，公司直供的连锁药房（规模以上）已发展至50多家。

老字号之所以能够得到消费者、市场的认可和接受，成为多年的老字号品牌，其核心原因是其始终如一的高质量产品和一以贯之的诚实守信。当前，社会进入互联网时代，老字号企业更需要与时俱进、不断创新，在传承的基础上强化一流企业作标准（标准也是生产力的意识），充分应用“老字号＋标准化”行动，运用互联网创新生产技术和营销方式，将传统方式与现代服务手段结合，让老字号不断焕发出新的活力。相信在标准化建设的引领下，老字号会有更广阔的发展空间。

（二）特许经营

特许经营属于连锁经营的一种形式，是指特许者将自己所拥有的商标、商号、产品、专利和专有技术、经营模式等以特许经营合同的形式授予被特许者使用，被特许者按合同规定，在特许者统一的业务模式下从事经营活动，并向特许者支付相应的费用。

特许经营要求企业拥有自己的商标、商号、产品、专利和专有技术、经营模式等。它是特许者利用自己的商标、专利、专有技术等无形资产与他人的资本相结合来扩展经营规模的一种商业发展模式。作为一种低成本扩张的经营方式，特许经营被许多企业，尤其是零售业、餐饮业的“老字号”企业采用。例如，“麦当劳”“肯德基”之所以能风靡全球，“沃尔玛”能有今天的规模，就是因为充分利用了特许经营这个开拓市场的方式。可以说，这些西方“老字号”依靠特许经营方式而发展，特许经营方式也伴随着“老字号”的发展而不断完善。

目前，以餐饮为代表的第三产业竞争激烈，沃尔玛、麦当劳等国外品牌纷纷采用特许经营方式进入中国市场，设立连锁店，给传统的老字号企业带来了极大的冲击。国内的老字号企业很多还是采用单体经营业态，这种经营模式虽然保证了产品的质量和企业的信誉，但是并不利于品牌的推广与市场的扩大。并且，国内消费者年轻化趋势明显，很多人崇尚快节奏、简单化的消费理念，在这样的大环境下，老字号企业在立足品牌核心价值基础上考虑特许经营，是一条可行之路。

同庆楼集团作为安徽省餐饮企业的龙头，在华东地区拥有一定的影响力。因此，企业以品牌知名度作为依托，在合肥、芜湖、南京、无锡、江阴、溧阳、太仓、北京、徐州、安庆等地开设大型连锁餐饮酒店九十余家，员工有近万人，遍布长三角地区。企业在保持徽菜特色的同时，努力迎合所在地居民的饮食特点，在餐厅面积、餐厅环境、菜品特色、菜单设计、营销方式等多方面实施革新，利用自身品牌、技艺的优势发展专业连锁。同时，同庆楼集团注重对连锁店加盟商的技术与服务的培训与管理，努力保证菜品质量，维持企业良好形象。

特许经营是特许者与加盟者通过协议组成的分工合作体系，只有双方相互协调、相互支持，才能实现“双赢”。特许者在收取特许费后，要对加盟者进行指导和服务，提供强有力的支持。而国内的许多老字号企业并没有从真正意义上领会特许经营的精髓，一方面为了打出牌子，扩大影响，大肆兜售特许权赚取授权费；另一方面却疏于对连锁店的指导、服务与管理，许多分店缺乏有效的技术指导和培训，导致产品质量低劣、服务不规范，严重影响连锁集团的形象。因此，老字号企业必须纠正对特许经营认识上的偏差，特许经营不等于卖牌子，收取授权费不是为了剥削加盟者的血汗，而是要为加盟者提供技术指导和服务，帮助加盟者成功开店经营。在特许连锁经营模式下，连锁公司与加盟者的利益是休戚相关的。

（三）线上线下融合（“老字号＋互联网”工程）

随着移动互联网时代的到来，年轻一代消费群体的媒介接触习惯发生了很大变化，老字号企业的营销思维和模式也应该适时跟进。老字号企业传统的门店式营销尽管可以直观地展现品牌文化魅力，给消费者近距离的产品体验，但是面对新产品的冲击和年轻一代消费者的快消费需求，这种高成本低效率的营销方式会给企业带来资金、市场等各方面的压力。因此，老字号企业可以借助于互联网推广产品，实行线上线下销售方式融合。

2017 年 2 月 3 日，文化部门，国资委、国家税务局等 16 部门发布《关于促进老字号改革创新发展的指导意见》，深入推进供给侧结构性改革，以促进老字号改革创新发展为核心，以保护传承老字号为根本，进一步优化老字号发展环境，充分发挥老字号的榜样示范和引领带动作用，大力弘扬精益求精的工匠精神，促进老字号创造更多社会、经济和文化价值。其中指出：支持老字号线上线下融合发展。落实国务院办公厅关于“互联网＋流通”行动计划的部署，实施“老字号＋互联网”工程，引导老字号适应电子商务发展需要，开发网络适销商品和款式，发展网络销售。引导老字号与电商平台对接，支持电商平台设立老字号专区，集中宣传，联合推广。鼓励老字号发展在线预订、网订店取（送）和上门服务等业务，通过线上渠道与消费者实时互动，为消费者提供个性化、定制化产品和服务。

2017年1月，在国家商务部一系列弘扬徽商精神的指导意见下，“安徽老字号”的负责单位安徽省商业经济学会通过盘石股份核心代理商——安徽云天信息技术有限公司，开展网络营销，实现“安徽老字号品牌”的线上线下融合发展，创新管理模式。

据了解，当前已有刘鸿盛、古井、宣扇、四季春、张恒春、承庆堂、兰花茶叶等众多安徽老字号品牌触网转型。“安徽老字号”集体推广活动初期，共实现了230095次的展现量和0.8%的精准点击量，成功地打通了供给侧和消费端的通道，重新建立了和消费者的亲密连接，激活了“安徽老字号”旗下产品的品牌。

“傻子瓜子”品牌成立于改革开放初期，瓜子质量上乘，风味纯正，其专卖店曾于鼎盛时期在全国超过1000家。但是，面对“三只松鼠”等坚果类互联网零售商的冲击，该企业产品的价格劣势开始显现。于是，管理层开始尝试线上零售方式，为老字号注入新活力。在PC端，“傻子瓜子”的官网平台建设不断完善，消费者可通过平台了解食品特征、生产工艺。同时，企业通过淘宝等B2C平台在线零售坚果类产品，消费者也可以在网络上自由发布自己的意见、浏览产品的口碑，贴合年轻一代的消费习惯。在移动端，“傻子瓜子”通过微信公众号和微博等新媒体平台的运营与维护，拓展营销渠道、推广品牌理念和维护客户关系。

三、老字号传播

（一）老字号传统媒体传播

传统媒体是指报刊、电视、广告牌等平面媒体。面对互联网的冲击，传统媒体因为传播范围和时间的限制，影响力已经大不如前。但是，传统媒体拥有新媒体不可取代的优势，那就是权威性。现在，很多传媒行业已经在尝试将传统媒体与互联网结合，丰富传播形式，实现两种媒介的优势互补，这对于习惯于使用传统媒体的老字号企业而言，是一个机遇。

目前，芜湖市的老字号企业都拥有自己的官网、官微，但是在报纸、电视上，老字号的新闻仍然会跃入眼帘。2014 年，“张恒春”药业联合芜湖电视台，制作了企业宣传片，同时《大江晚报》分别刊登了《源远流长鸡药史》《百年沧桑张恒春》两篇文章，让大众尤其是不习惯上网浏览的中老年人，更直观、全面了解到药品制作过程和企业精益求精的品牌文化。

（二）老字号社会化媒体传播

社会化媒体是指微博、微信等网络多媒体，展示形式包括文字、视频、图片，满足消费者异步式交流的需求。老字号大多是有百年以上的历史，拥有世代传承的产品、技艺或服务，形成了良好信誉的品牌。如果老字号的品牌推广可以和社会化媒体相融合，企业的发展就会如虎添翼，面对新的竞争对手就更有应战的底气。

目前，芜湖市老字号企业都建立了自己的官网，消费者可以在官网上了解本企业新产品，也可以借助于客服与企业员工进行一对一沟通，进行意见的反馈，达到消费者参与品牌价值共创的效应。

微信是腾讯公司在2011年推出的即时通讯工具，因其界面简洁，沟通私密性较好，在商业上广受好评。微信的官微推送、关注公众号等设置为企业展示提供了全新的平台。以“余良卿号”为例，企业建立了专门的公众号，在公众号上展示了“余良卿号”生产的各类药品，并标注了成分、使用方法等，还会不定期推送一些养生治病的妙招，增进了品牌和顾客之间的联系。

（三）老字号节庆和文化活动传播

中国传统文化是中华民族几千年文明的结晶，是中国数千年沉淀下来的精华。老字号从历史长河中走来，已经熔铸成中国民族文化的一个独特符号，有着深厚的文化积淀与独特的文化价值。在国人对传统文化越来越看重的今天，老字号的文化价值日益彰显。政府文化部门和单位也要努力为老字号与文化活动的结合创造条件，组织协调各有关单位、商家、老字号，积极发动行业协会和社会团体等民间组织，为实现老字号的市场化、品牌化和产业化创造条件。

例如，“凤凰美食文化节”是芜湖市政府以市区的凤凰美食街为依托举办的经济文化交流盛会。该节日吸引着来自安徽省、华东地区乃至全国的餐饮企业前来参与，为本地老字号树立品牌形象提供了良好的平台。“同庆楼”“耿福兴”等餐饮企业积极参与美食文化节，以创意的展示和精致的菜品，吸引了慕名而来的外地游客，为企业的连锁经营打开了市场，提高了品牌知名度。

此外，在“中国芜湖名优农产品交易博览会”上，“傻子瓜子”租下12个展位办起特展，以体验营销的方式和顾客实现零距离交流，并且与前来参观的供应商、经销商就开展深度的合作达成协议，为产品市场拓展打好了坚实的基础。

2023年4月30日至5月2日，2023首届安徽（安庆）老字"号展会在安庆举行。本次展会由安徽省商务厅、安庆市人民政府指导，安徽省老字号企业协会、安庆市商务局主办。本次展会旨在搭建"国潮国货"行业盛会，打造具有安徽地方品牌特色、专业化的高层次商贸文化交流平台。展会通过线上云逛展、线下"亮"品牌的全新形式，全面展现老字号历史和文化魅力。展会分为三大展区，涵盖食品、酒水、医药、茶叶、工艺品等多个行业，共有来自全省的45家老字"号企业参展。安庆本地的胡玉美、麦陇香、柏兆记等中华老字号品牌，以及宣城宣酒、华佗医药、六安瓜片等省内一批老字号集中亮相，吸引近200家采购商现场观展洽谈。

四、老字号旅游开发

老字号与一般的企业相比，具有鲜明的区域特色，是一个城市发展的见证，极具旅游价值。为此，老字号可以加强与旅游部门的合作，吸引旅游者到门店参观体验，实现"老字号品牌＋旅游"的"联动营销"，充分利用旅游所带来的"人流""兴趣流"与"信息流"，将餐饮老字号的品牌优势更好地转化为市场价值。对老字号进行旅游开发，是振兴与发展我国的老字号企业、传承与创新老字号品牌的文化内涵，使老字号企业走上长期可持续发展之路的有效途径。

旅游开发对老字号的发展具有以下重要的意义。

第一，旅游活动的普及性可以唤起全社会对老字号品牌的关注。老字号是先辈们的心血的结晶，中华民族文化的精粹。科学地保护老字号文化遗产，是国家文化战略的内在要求。旅游产业的快速发展极大地促使了本地区的优秀传统文化得到发掘和保护，吸引着广大的海内外旅游者。开发老字号旅游可以加大全社会对老字号品牌的关注力度，向公众宣传保护非物质文化遗产的重要性和紧迫性。

第二，旅游业的文化属性可以提升老字号的文化内涵，盘活老字号的旅游资源。目前，许多老字号品牌不同程度地存在着形象老化的问题，这主要是因为大部分老字号企业的观念没有跟上，缺乏创新的勇气和魄力，使得消费者对这些老字号品牌的关注度日渐下降。在企业竞争已经进入文化竞争的时代背景下，只有深入挖掘这些老字号的文化内涵，走文化传承、创新之路，才是老字号企业实现持续发展的有效途径。旅游行为本身有着极为明显的文化属性，可以说，文化是旅游的灵魂和重要内容，旅游是文化的载体和传播渠道。旅游活动的开展能促进文化的创新乃至创造。对老字号旅游资源进行整合、发掘，能够促进这些老字号创新，提升包括物质文化、制度文化、服务文化、观念文化和行为文化等在内的文化内涵，进一步盘活老字号旅游资源。

第三，旅游产业的经济属性可以促使老字号的文化潜质转化为现实的经济实力。旅游产业是一种经济效应非常明显的产业形态，主要表现为旅游活动是建立在以满足旅游者消费需求为目的、以提供旅游产品和服务为对象、以旅游者和旅游经营者为主体、以货币为交换媒介基础上的市场经济活动，其在长期发展过程中逐渐形成相对独立的经济体系和产业结构，成为国民经济的重要组成部分。面对白热化的市场竞争，以中小企业为主的老字号企业，在人力、物力和财力都受限的情况下，要想突破困境，重现辉煌，最为经济的选择莫过于与旅游相结合。老字号经营与旅游战略相结合，既整合了老字号现有的资源，也为不少企业从单一的经营模式向多元化立体化方向转轨提供了机遇。

第四，旅游活动的跨地域性可以为老字号品牌的传播提供有效途径。在现代商业品牌采取多方位多层次的广告、公关等活动进行品牌塑造的今天，许多老字号企业仍然缺乏有效的品牌传播机制与途径，致使很多消费者只是对老字号企业品牌有所认知，而对于老字号企业旗下的一些子品牌却并不认知。此外，老字号的认知度与消费者所在的地域有较大相关性，造成这一问题的主要原因就在于缺乏有力的品牌传播途径。旅游是文化和信息的传播渠道，旅游活动的开展是以旅游者的跨区域流动为特征的，在旅游者流动的同时，也将带来资金、信息甚至生活方式、文化理念的交流。旅游活动的广泛开展，可以促进各地区之间的相互开放和不同地区文化的相互了解。尤其是旅游活动中的“口碑效应”，对于老字号品牌的传播将有极大的益处，使其他区域的消费者建立对本地老字号的品牌认知乃至品牌认可，从而有助于这些老字号品牌突破地域局限，走向全国。

芜湖市政府为了更好地宣传老字号企业，发掘城市的第三产业，与新华联公司携手开发了首个以徽商为主题的商帮文化旅游区——鸠兹古镇。该古镇南北长1200米，东西宽500米，吸引了张恒春、吴鲁衡、胡开文等数十家老字号企业的入驻。鸠兹古镇以扁担河为界分为东西两个板块。西侧是静态区域，以书院、会馆、名人故居为主，潮州会馆、徽州会馆、湖南会馆等重在体现商帮会馆文化；俞宅、吴明熙大宅、张宅、王宅等展现名人故居文化；李漱兰堂、通德堂、项家钱庄、留春园则再现了丰富的传统业态。东侧是动态区域，以风情酒店、特色小吃、互动体验，客栈和酒吧休闲类为主。景区内设贾儒堂、空中戏楼、民国邮局等十二个极具地方特色的文化景点，逐步形成为集文、旅、产、学、研为一体的国内知名文化旅游古镇。

在旅游开发方面，安徽口子酒有限责任公司筹建了口子酒文化博览园项目，以4A级工业旅游区标准设计和建设，项目包括办公大楼、博物馆、客服中心、口子文化街及道路、绿化等配套设施，将酒业产业与旅游产业有效对接，通过发展口子酒文化观光游、体验游、休闲游，打造口子酒文化观光旅游示范区。

因此，老字号有必要以旅游为导向，对其自身的经营环境、服务流程、特色产品等进行保障，这样才能满足旅游者越来越高的要求，实现旅游对老字号企业经营所带来的经济价值和品牌提升价值。

第六章
安徽省老字号发展的问题与建议

老字号是一种乡愁、一种记忆、一种文化，是一个企业追求的理想目标，也成为一个地方经济社会发展的竞争力。一个地方的经济繁荣离不开老字号企业在背后的推动。至今安徽虽已认定老字号414家，但由于种种原因，一些头顶光环的老字号品牌在现代市场经济中黯然失色，处境艰难，处于风雨飘摇中。一些百年老店甚至被撤销称号并收回证书，令人感慨唏嘘不已。为此，需要立足传承要素保护和传承载体建设，从更高平台提出老字号创新发展的新思路、新举措，这可谓一件功在当代且利于后世的事业。加大老字号品牌保护力度，建立老字号知识产权保护联系人名录，指导老字号企业积极应对海外知识产权纠纷，加强海外知识产权保护，这些措施将为老字号传承发展遮风挡雨、保驾护航。

一、安徽省老字号发展的主要问题

(一)品牌形象老化且区域特征太强

老字号招牌一直给人传统、亲切的感觉,品牌文化强调"仁和",缺乏独有的特性,与现代消费者的"快消费、求个性"的消费观念相悖,不利于品牌的识别与记忆。老字号品牌依靠特色产品和信誉赢得特定区域的顾客,但是在全球化的市场背景下,过分强调地域特征就会限制目标顾客群的扩大,阻碍品牌的跨区域发展。

(二)品牌传播手段单一

安徽省许多老字号企业的营销策略还停留在计划经济时期,抱着陈旧的招牌忽略市场的变化,形成了一种"皇帝女儿不愁嫁""酒香不怕巷子深"的"坐商"思维惰性和行为方式。据调查,利用现代技术进行品牌传播的老字号企业少之又少,广告投入达到企业平均水平的寥寥无几;传统的店面式销售仍然是多数老字号企业利润的来源,线上品牌推广力度不够,电商平台未得到充分利用。创新营销模式是老字号企业面临的一大挑战。

(三)产品缺乏创新,生产工艺落后

大多数老字号为了单纯地追求产品特色,不注重对产品创新和开发,几十年甚至几百年一贯制,完全是"倚老卖老",无法适应消费者的多样化、个性化的需要。从产品生产工艺来看,产品技术含量低,安徽省很多的老字号企业仍然沿袭传统手工生产,制作工艺主要以手工操作为主，这种作坊式的手工生产效率低下、成本高、质量不稳定，而且科技含量少、产品附加值低。而进入我国的外国企业，一般都采用统一配料、标准的制造工艺和用机器进行流水化生产，其生产速度快、效率高、成本低，还保证了质量的稳定。

(四)企业产权制度问题突出

安徽省大多数老字号企业经过改制，由私营企业过渡到了有限责任公司、股份制企业，计划经济时遗留下的国有股份被多元化的股权所替代，这些转变对于企业发展都是有利的。但是，有一部分国有老字号企业的经营权与管理权并不分明，权力过于集中，监事会难以发挥应有的职责；也有少数企业仍然采用家族式管理模式，管理理念陈旧。这些产权制度上的问题造成企业管理效率低，资金积累困难，抵御市场风险能力减弱，不利于老字号的传承与振兴。

(五)老字号知识产权保护不力

目前，我国现行法律制度还没有完备的老字号保护机制，对字号和商标实行分别登记立法和管理制度，造成老字号字号权和商标权冲突频发。虽然安徽省绝大部分老字号企业都注册了商标，但关于老字号抢注的案例仍然时有发生。今年年初，淮北蒋家酱菜厂的酱菜商标就被一小作坊使用，并在网上销售质量不过关的相关产品，虽然食品监管局对此及时出击，但仍然对酱菜厂的声誉造成了影响。

二、安徽省老字号发展的建议

（一）创新品牌形象，实现跨地域发展

老字号企业应在立足于诚信经营的社会主义核心价值观基础上，改进产品包装，创新生产技术，努力挖掘顾客需求，改变较差的消费环境，迎合消费者生活习惯，达到创新品牌形象、淡化品牌的区域特征及实现跨地域发展的目标。

（二）强化品牌传播，提高品牌知名度

长期以来，老字号企业一直沿用传统的招牌形象和口头传播的方式来进行品牌宣传，品牌传播的速度和广度都有限。因此，企业需要科学合理运用各项传播工具，如电视、报纸、广播、网络、路牌、终端、公关等多种形式和手段，对品牌进行整合传播。同时，作为拥有悠久历史的老字号品牌，企业可以通过故事营销、品牌博物馆展示等手段，推广品牌优秀文化，提高品牌的知名度。

（三）研发新产品，制定合理的品牌延伸战略

安徽省老字号企业主要以食品、药品以及茶叶等作为经营对象，这些产品往往更新换代快，这就要求企业能根据顾客需求和竞争对手的情况作出及时应对。因此，政府应当加大对老字号企业的科研扶持力度，通过人才引入、资金注入等形式，更新生产设备，扩大产业规模，为新产品研发打好基础。同时，企业应充分利用自身的品牌资产，制定合理的品牌延伸战略，以最小的风险获得最大的市场收益。

（四）优化管理模式，深化体制改革

老字号企业有着良好的信誉，但是很多企业受制于权力集中和专业管理人才匮乏等问题，使得管理模式和企业制度存在很大问题。因此，企业应当制定完善合理的人才选拔、晋升、激励机制，吸引优秀管理人才；政府应通过宏观手段，引导社会资本流向老字号企业，比如对支持老字号的投资机构进行税收优惠、鼓励较长期的股权持有，帮助企业募集更多资金，加快管理权和经营权的分离，加速企业朝股份制方向转型的步伐。

（五）完善对老字号品牌的保护

目前，国家对于老字号没有专门的法律法规，对老字号的保护只体现在对一般企业名称保护的法律法规中。这就要求企业自身要有强烈的品牌保护意识，懂得用有关法律法规来保护老字号的商标、品牌及秘方等知识产权；国家也要尽快制定相关法律文件，对字号和商标做好协同管理，避免字号权与商标权的冲突；行政部门要加大对老字号侵权行为的处罚力度，形成行政执法和司法保护有机衔接的执法合力。

三、安徽老字号创新发展规划

2022 年 11 月 6 日，安徽省商务厅出台《关于促进老字号创新发展的若干举措》（以下简称《若干举措》），提出 12 条具体举措，促进老字号保护传承与创新发展。

2025 年，全省将累计培育中华老字号 30 家以上、安徽老字号

500家以上，形成一批历史文化底蕴深厚、品牌影响力大、彰显安徽特色的老字号骨干企业。

(一)培育老字号品牌梯队，形成安徽老字号品牌库

老字号的“老”意味着悠久的历史，“字”蕴涵了深厚的文脉，“号”传承着良好的口碑。培育老字号品牌梯队对促进社会消费、坚定文化自信方面有着积极的作用。

《若干举措》明确，要统筹推进老字号认定工作。根据要求，将推荐一批符合“中华老字号”认定标准的企业，发展一批“安徽老字号”企业，形成层次丰富、特色鲜明的安徽老字号品牌库。与此同时，将开展分析并实施动态管理，对不符合老字号认定条件的企业实施淘汰机制。

在加大老字号品牌保护力度方面，省商务厅相关负责人表示，将依法加强老字号企业名称和注册商标保护，严厉打击侵犯老字号知识产权和制售假冒伪劣老字号产品违法行为。

《若干举措》提出，对中华老字号、安徽老字号的企业字号，在全省范围内依申请在企业名称登记时予以保护，支持老字号企业商标、字号一体化保护，并建立老字号知识产权保护联系人名录；指导老字号企业积极应对海外知识产权纠纷，加强海外知识产权保护。

力争到“十四五”末，全省老字号保护传承、创新发展体系将基本建成，政策环境更加完善，创新发展更具活力，产品服务更趋多元，传承载体更加丰富，老字号对全省经济发展、文化繁荣的贡献度将会全面提高。

(二)传承老字号传统技艺，培养一批老字号传承人才

老字号需在继承中发展，在发展中继承。《若干举措》明确，要传承老字号传统技艺，支持有条件的老字号企业和社会组织建设体现行业特色、反映民俗文化、弘扬中华优秀传统文化的专题博物馆、展览馆。

《若干举措》指出，要鼓励符合条件的老字号企业积极申报非物质文化遗产生产性保护示范基地、传统工艺工作站、非遗工坊，推动传统工艺传承发展；将符合条件的老字号传统技艺纳入各级非物质文化遗产保护项目，将相关技艺传承人纳入各类非物质文化遗产专项培训。

此外，鼓励中医药类老字号企业挖掘、申报、生产名老中医的经方和验方，支持中医药老字号企业开办中医诊所，符合条件的按程序纳入医疗保障定点管理。

老字号焕新，需要输送源源不断的人才力量。《若干举措》明确，将推动培养一批老字号传承人才。比如，支持企业与高校、职业院校合作，共建专业技术人才培训基地；鼓励老字号技艺传承人到职业院校开展专题讲座、培训，推动有条件的院校在课程中增设老字号相关课程。对老字号企业吸纳本省高校毕业生、就业困难人员就业的，按规定给予企业社会保险补贴、岗位补贴，符合条件的企业，可享受创业担保贷款贴息支持。支持老字号传承人、匠人参加职业技能竞赛，申报优秀高技能人才选拔。

(三)推动老字号实现创新，打造国潮特色新业态和文化消费新场景

老字号曾是“新消费”的开拓者和引领者，但在互联网时代，也面临着创新不足、消费群体老龄化等诸多难题，安徽省将多措并举让老字号焕发新活力、引领新消费。

《若干举措》明确，要推动老字号产品服务创新。引导老字号紧抓国潮消费机遇，在保持品牌核心竞争力基础上，运用先进技术创新传统工艺，打造符合国潮消费需求、兼具徽文化特色的新产品、新服务。鼓励安徽老字号企业与各类IP之间合作开发具有地域文化特色的联名款、限定款。推动旅游机构将符合条件的老字号纳入旅游路线，鼓励老字号企业举办文化体验活动。支持老字号企业开发文化创意产品、旅游产品，并优先列入相关文化和旅游产品重点推广范围。

同时，要促进经营模式创新。支持老字号发展连锁经营、电子商务等现代流通方式，拓展市场空间。推动安徽老字号企业在各大电商平台上开设旗舰店，通过社区团购、直播带货等方式拓宽线上销售渠道。将聚焦传统节日等重要节点，将老字号特色产品纳入常态化促销活动，形成促进国潮品牌消费、弘扬国潮文化的长效机制。支持老字号企业参与以“老字号嘉年华”“品质生活·徽动消费”为主题的各类促消费活动。

此外，要将老字号集聚建设纳入安徽省级步行街示范创建工作内容，支持老字号集中入驻街区，鼓励有条件的地区打造老字号特色街区。支持老字号企业发展形象店、体验店、集成店、快闪店，打造国潮特色新业态和文化消费新场景。

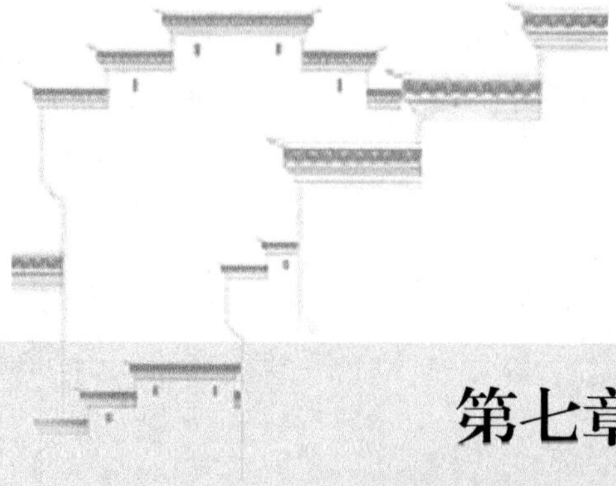

第七章 老字号品牌活化

品牌活化，顾名思义，就是对老化品牌进行变革性的改变，不仅在营销和宣传方面，也有可能在其他诸如产品等各个方面。余正勇、陈兴（2021）提出，品牌活化需要注重品牌的“变革性”，不仅仅是对产品和服务的优化，其本质是创新这一观点。品牌活化作为品牌管理战略的主要内容之一，既可以帮助企业了解品牌老化问题出现的原因，也可以为品牌提供更高的附加值，进一步增加资产价值。

老字号品牌的品牌活化，究其根本，是对品牌本身的创新与再度加强。老字号品牌从创立至今，历经时间长，有一定的顾客基础，因而老字号的品牌活化主要在于对品牌营销手段的变革与宣传方面。同时，老字号品牌的经营时间长，成本已经固定，而创建一个新品牌需要重新制定产品内容，规划市场前景，需要的时间和人力成本明显高于对老字号品牌进行品牌活化。因此，对于已经拥有老字号品牌的企业而言，将品牌重新活化的价值远远大于从头开始创建一个新的品牌的价值。

而对于品牌老化问题，庚冬青（2011）更倾向于从营销方面来进行品牌活化，即认为只要合理利用营销手段就可以重新激发品牌活力。从品牌的内涵出发来挖掘品牌潜力，即根据品牌已有的文化角度出发进行营销是更合适老字号品牌发展的方案，当前老字号品牌活化的目的就是要向现代化品牌转变，从而延长品牌生命力。

老字号品牌在营销过程中既存在优势，又有不可忽视的劣势。老字号品牌相较于新品牌而言优势显而易见，而如何利用品牌优势重新活化品牌是研究的方向。李费飞（2022）认为，品牌想增加品牌内涵，充实品牌文化，利用互联网是目前老字号品牌向现代化品牌转型的有效渠道，品牌营销需要在互联网的背景下快速体现出自身的商业价值，进而提高市场受众忠诚度和品牌的推广度。

曹美星（2022）认为，老字号品牌的营销方向应当向新媒体看齐，利用数字化对老字号品牌进行变革，而通过查阅文献资料找到的目前关于老字号品牌的研究，其核心都是需要与时代连接，利用互联网与年轻消费群体为主。郑洁（2021）在报道中强调，老字号要回归品牌本质，把资源集中在提高创新核心竞争力和将企业规模做大方面，不能哪个赛道热就去哪个赛道。对于老字号品牌的立足基础，胡星（2020）认为，老字号本身所特有的技艺与匠心品质是其能够获得更多关注和销量的核心，要改变的方面是生产过程中的产品形式和营销期间落后于时代的营销理念，这意味着在企业活化的过程中，可以改变的是针对消费者所展现的文化表现层面，但不能改变的是品牌本身经历时间的沉淀所带来的深厚的文化底蕴。潘美秀、杨敏（2022）的看法是，在互联网背景下将老字号品牌与IP化相结合，为老字号品牌提供新的发展思路和方向。

一、老字号品牌营销现状及其分析

(一)老字号品牌营销现状

可以看到的是,在安徽,目前已经有胡玉美、古井贡酒等老字号品牌成功复兴,重新变成流行大众品牌,为消费者所选择。但是,也有品牌没来得及快速转型而错过了发展机遇,加速了品牌的消亡,其市场被其他品牌瓜分,被消费者抛弃。因此,每个老字号品牌需要有正确的认知,对自身进行SWOT分析。

1. 优势

老字号品牌经历了时间的考验,已经基本形成了自身独特的发展优势,凭借这一点才能够在时间的考验下立于不败之地,到目前仍然可以保持最基本的生存和发展,这说明老字号品牌的存在就已经依赖于自身品牌带来的竞争力。国产老品牌仍然具有独一无二的民族传统文化以及相较于新品牌而言传统文化底蕴浓厚的特点。老品牌拥有经历几代甚至数十代传承的产品、技艺或服务,而对于这些大众已经很是熟悉的内容,消费者仍然愿意为此买单,自发为品牌进行宣传,为此品牌才能形成良好的信誉和口碑。老字号品牌目前虽然处境艰难,但仍然能在市场中占有一定份额,深究其原因,就是诚信和可靠。随着改革开放的深度推进和新时代人民对美好生活的向往,国人心中民族自信力的提升使得老字号品牌复苏之路顺利了很多,也为品牌创造了可观的市场前景和消费预期。利用好老字号品牌的历史文化优势,如一些老字号将传统文化与"国潮"文化、中国风有效结合,占据了年轻消费者的市场。

2. 劣势

我国的大部分老品牌历经长年的发展，经营状况极其不稳定，随时有消失的风险，且品牌价值一般较低。许多安徽老字号还停留在区域市场发展，没能有效嫁接互联网，未能充分利用平台电商和直播电商，还在墨守成规。这些老字号品牌并不是因为自身产品的质量或者口碑问题而逐渐被市场淘汰，恰恰相反，这些品牌的质量甚至在中上层，核心是他们并没有利用互联网进行有效的营销。市场占有率的低下、品牌的地域局限性等多重影响对老字号企业造成反噬效果，往往不会让企业形成独特的地域竞争力，而是加剧了品牌本来就有的负面影响。分析原因，我们会发现受到影响的老字号品牌的文化建设通常只停留在浅层表现，缺乏品牌文化作为核心，由于经历过畅销的时期，老字号品牌缺少对营销在销售中发挥作用的正确认识，然而在互联网涉及方方面面的今天，利用互联网和大数据对品牌进行全面的营销才是企业发展的关键。

（二）老字号品牌营销存在的问题及其分析

1. 品牌创新力不足

由于互联网所带来的变化，消费者对于产品的需求也变得越来越高，越来越偏向个性化，而许多老字号品牌不能及时适应市场变化，没有及时感知到消费者的多样化需求，因而在市场竞争中往往会处于劣势地位。一方面，老字号过分存留自身的特点，很难应对消费者变化莫测的需求；另一个方面，品牌长期没有创新，一直没有新产品推出，消费者就会认为品牌已经落伍，也会失去对品牌的关注度，从而形成一个恶性循环。

知名品牌之所以可以达到目前这种大众熟知的地位，是因为这些品牌很明白创新就是品牌价值观之一，企业保持活力的根本要素是在生产销售过程中持续发生创新行为，并在这个过程中不断向消费者暗示企业正在树立创新的形象。因为，创新可以为企业带来源源不断的灵感，从而促进企业发展成长，让企业所得的利润翻倍。有时候往往一个成功的创新举动或仅仅只是一个灵感就会帮助企业站在行业领导者的地位。老字号品牌想要复兴，再创辉煌，就离不开企业自身进行实际的创新行为，但品牌最终的受众是消费者，因此，判断企业是否成功创新的标准就是消费者在老字号品牌有实质性的创新举动时的感知程度。

而另一些老字号品牌传承发展的过程中，没有找到发展的正确道路，未能将品牌承载的传统文化充分利用，在已有的基础上进行现代化的创新和宣传。对于企业来说，创新是支持品牌发展的核心，品牌创新力的提高也从侧面反映了品牌潜力的大小。

2. 营销方式老套

广告、公关、促销等方式是品牌扩大传播力的主要方式，而老字号品牌在这些方面就显得尤为不足。当前，市场大部分老字号企业的管理者对利用互联网进行新媒体营销这种方式持观望甚至排斥态度，不重视企业内部员工应用数字化媒体营销的能力。网络的发展带给企业的影响有利有弊。其中，最大问题是帮助数字化营销的企业掌握了对市场份额的竞争力度，在过去企业还依赖纸质版的广告信息来进行媒体宣传扩大影响力的时期，很多品牌的广告宣传会刻意夸大事实，造成的结果就是与实际内容产品并不对称。然而很多老字号品牌并不重视网络营销，而将重心放在了现在的消费者宣传上，或者单方面侧重线下营销。目前，在网络上热门的一些社交平台或电商网站很少能看到老字号品牌的内容。长期以来，老字号一直单纯依靠顾客之间的口头传播来维护企业声誉，这种单一的营销渠道在当今这种信息型的社会反而成为制约老字号品牌良好口碑传播的阻力和障碍。品牌传播作为品牌和目标顾客联系的唯一也是最有效的方式，一直是BI（行为识别）的重中之重，但许多老字号品牌根本没有意识到这种方式在现代营销竞争中的重要性，在这方面几乎是一片空白，根本没有相应的宣传方案或者应对措施。长此以往的结果就是，即使老字号品牌有符合大众审美要求的产品上市，在达到为目标顾客所熟知的程度之前，还有时间漫长的品牌渗透环节要等待。

3. 忽视品牌管理问题

对于一个企业来说，想要品牌长期稳定发展，就不能只重视品牌形象的塑造过程，品牌管理方面也要引起企业足够的重视。品牌营销的内容不仅是单纯地只针对品牌形象进行营销，还包括品牌塑造和品牌管理在内。品牌管理并不是单纯地将品牌名称和设计包装等元素结合在一起，而是对已经成形的品牌进行后续管理。一旦放松对品牌进行管理，就会让已有的品牌受到损害。

在品牌管理方面，企业要认识到这是一种动态的管理活动，也是企业品牌营销开展所需要的必要条件，判断品牌管理是否做好做到位的标准，就是看企业是否能够对品牌资产的组织和制度进行长时间并且稳定的维持，在此基础上还要对其进行强化管理，以及看个环节的高度有没有统一，即品牌定位、品牌意识、品牌塑造等。但如果不注重对品牌进行定期的内部管理，品牌在发展中就会因各式各样的问题受阻，品牌价值也会不断贬值，最终影响企业发展。

二、老字号品牌营销创新及优化策略

(一)产品创新策略

对于企业来说,最重要的就是产品,产品才是决定企业能否在市场上立足的根本保障。老字号品牌已经有了完整的产品生产线,可以从创新的角度思考,利用互联网进行数字化包装。在现代化信息技术不断进步与发展的今天,中华老字号品牌在企业快速发展中充分认识到跟随社会经济市场的发展形势,如此一来才能够在市场经济中得到长远发展。利用互联网进行新媒体营销,线上线下的营销渠道同时重视建设,扩充品牌的价值,改变营销的侧重点。

没有哪个品牌不希望创造出更多优秀的品牌产品,和消费者构建平稳的情感。社会的变迁和时代的发展,促使消费人群发生明显改变,在这种发展背景下,消费者的喜好同样发生明显改变。在这样的背景下,品牌对产品的改造就有了广阔的空间,可以从原有的基础上进行改良。例如,古徽商创造的老字号品牌吴裕泰从原来畅销王府井的零食茶味冰激凌逐渐发展出抹茶饼干、太妃奶茶等不同类型的衍生品,成功得到很多年轻消费群体的青睐。通过有机整合“老”和“新”,研发出别具一格的文化新味。企业可以利用其他品牌已有的产品进行联动,如旺旺集团作为一家主营食品的企业,推陈出新,和自然堂联名创造出“旺旺雪饼”气垫粉底,同时得到很多消费者的认可,符合年轻消费群体的需求,创下了很可观的销售量,逐步塑造出非常鲜明的年轻化品牌形象。另外,企业还可利用数字化推动老字号品牌转型,将顾客从被动的接收方转化为主动的参与方。例如，北京故宫博物院顺应顾客的愿望，推出文创雪糕，吸引年轻群体消费的同时，鼓励他们了解传统文化，感受文化魅力，进而形成良性循环，让顾客更加期待新产品推出。这些成功案例都说明创新产品策略是一条可行的品牌活化之路，甚至可以跨界联合进行研发，和其他品牌一起，互惠互利，共同发展。

（二）渠道创新策略

老字号品牌缺少的不是好的产品，而是好的营销渠道。老字号品牌往往只重视当前已有的营销渠道，而不是将重心放在渠道扩展和创新上。在信息科技高度发达的现今，企业进行市场营销的本质，就是把营销方面的预算充分发挥在每一个可用的地方，利用各种大众熟知并广泛运用的社交软件平台，经过大数据综合分析用户画像，有针对性地策划符合消费者喜好的内容，精准投送符合消费者需求和审美偏好的品牌广告，以此在宣传产品的过程中，潜移默化地影响消费者的态度，达到传播品牌的文化内涵以及品牌价值的目的。例如，谢馥春就利用大数据进行客户分析，针对不同客户的需求进行研发，在包装上也采用不同规格的包装满足消费者需求。

互联网改变了商家与消费者之间的联系方式，让双方的沟通变得更加快捷方便。通过互联网分发问卷或者调查等形式，可以精确地了解消费者喜好，同时可以针对性地改进产品以迎合消费者偏好，加强和消费者的联系，将潜在客户转为顾客。随着新媒体的出现，消费者开始在购买行为中掌握一定的主导权，可最大限度地参与营销活动，不但能自主选择感兴趣的信息，而且能利用平台与企业沟通，将自身需求与实际产品情况告知企业。在这种情况下，老字号品牌可以通过各种渠道与消费者进行沟通，进而加强与消费者之间的联系。

互联网加速了营销传播模式的变化，产品口碑的传播形式在变，顾客的消费观念也在变。在这种情况下，只要产品足够优秀就有市场的产品时代一去不复返，取而代之的是以买方为主、由买方主导的市场时代。老字号品牌想要摆脱目前面临的产品无人问津的局面，就需要学会利用已有的各种传播工具来对品牌进行宣传。线上的销售方式相比于线下的实体店销售来说，具有灵活性的优势。在开展营销活动之前，应该由专业的营销人员进行市场调查，制定合适的营销策略，选择合适的营销渠道进行宣传营销。

（三）价格创新策略

品牌定位对每个品牌来说都是必不可少的一环，也是企业发展过程中面向全局的操作，在品牌发展成熟之后还可能成为升级品牌的重要环节和步骤。因此，找准品牌的定位对于企业来说至关重要，这关系到品牌在市场上的基础。如何对产品进行定价也会影响到品牌在消费者心中的定位和形象。老字号品牌在定价方面通常都不会作大的改变，然而现在的市场环境瞬息万变，一成不变的定价已经不符合市场的要求了，不懂得改变的品牌就只能衰落甚至消失。根据资料来看，大部分老字号品牌的成本都相对较低，因而在价格方面可以坚持低成本战略，通过低廉的价格快速抢占目前的电商市场份额。国产老化妆品品牌谢馥春在调查目标人群的消费水平后认为，目前谢馥春处于低价的区间，结合谢馥春主要的目标市场是在景区附近的旅游流量，目标消费者主要以游客为主，其较低的价格产品更易吸引到消费人群，从而扩大市场占有率。

然而并不是所有品牌都适用这种策略，对于高成本的品牌产品来说，需要提高产品品质，利用产品优势提高客户口碑，采用差异化战略。高定价的产品需要长期稳定的客户，因而在价格方面需要针对这类人群进行分析。

（四）促销创新策略

促销的核心是广告以及后续宣传方面。只有在广告中注入有吸引力的元素，才能为品牌带来有兴趣的潜在客户。促销的方式也许不止广告一种，然而广告却是受众最高的一种促销方式。广告对企业的帮助作用在于通过其内容或者与众不同的形式吸引受众注意，放大消费者潜在的消费欲望，建立完整牢固的品牌与目标受众之间的关系链。目前，安徽有400余家老字号，这些老字号的经营业务各有不同，因此，他们之间大部分都不存在竞争关系。在此基础上，老字号品牌可以互相帮扶宣传，在宣传自身产品的同时推出同系列的其他品牌，同时从其他老字号品牌处收益。对于老字号品牌而言，这种方式的另一个独特性在于老字号品牌主要依靠顾客口述向其他人推荐的方式进行传播，品牌的定位往往都是由顾客的印象构成的，较为单一，缺乏完整性。因此，企业需要重新审视品牌和产品的消费受众，为品牌进行重新定位是焕发品牌活力、推动促销方式创新的重要途径之一。

（五）模式创新策略

如今，大众在日常生活中已经离不开互联网，互联网带来的改变已经全方位展现出来了，甚至大家获取信息主要的渠道也是互联网。利用互联网，品牌就可以使用大数据归纳分析消费者购买商品的数据，为用户建立画像，从而完善与产品相关消费者的信息数据库，按照消费者的购买习惯和次数来进行划分和推测，针对性地拟定准确的品牌营销策略，更仔细地进行市场划分挑选消费者受众，最终可使品牌传播效率得到全面提升。在当今互联网时代，市场变化瞬息万变，必须重视市场营销模式的转换，以此来适应当今社会的发展，这样才能在接二连三的市场冲击之下存活发展。

老字号品牌在营销的过程中，需要强化市场竞争力，而其中，文化特色是其彰显市场竞争力的关键。我国目前依然存在的老字号大都经历了至少上百年的时间，经历时间悠久带来的一个好处就是让中华老字号沉淀了深厚的文化底蕴。在我国认定的中华老字号中，品牌的历史平均都在160年，有些甚至为三四百年。固定的营销模式在过去可能为老字号品牌带来了稳定的收益和市场份额，但这种一成不变的模式已经不适用于现在的市场环境。老字号品牌想要进行品牌活化，就要改变固有的思想，找到适合自己的营销模式，不能生搬硬套目前的模板，但也不能全部舍弃。例如，安徽的一些老字号酒水品牌通过“封坛”仪式来认购坛装酒就是一种模式创新；一些老字号茶叶品牌通过“认领”茶山的模式来进行会员制营销也是有效的模式创新。

（六）数字化营销策略

利用互联网进行新媒体营销的好处在于，不需要线下所需要的场地和大量人力资源，这样企业就可以将更多的预算投入其他方面，而且利用网络进行营销的成果快于传统营销方式。新媒体营销手段的核心就是互联网直观地让产品展现在消费者面前。企业建立自己的官方网站，将旗下所有相关的产品信息以及品牌介绍发布在网络中，根据消费者的喜好，将产品分门别类，建立品牌专属的营销推广内容模块，将该品牌信息以更丰富的形式对外宣传营销，一举多得。早期的北京糕点品牌“稻香村”就发现了电子商务发展方面的商机，采取“稻香村＋互联网”的销售模式，利用大数据进行用户规划，在电商平台稳居榜首。

随着互联网的发展和人民生活水平的提高，人们的消费层次也在逐渐改变。在现代IP泛娱乐化的消费观念的影响下，消费者的主权需求已从原有的功能需求开始进一步转向个性情感需求，这就促使品牌营销转向IP情感营销，即利用互联网的影响力，将大部分粉丝和流量聚合在一起。品牌化是工业化时代的产物，而IP是互联网时代的产物。这两者在本质上其实并没有太多的区别，将它们联系起来的纽带则是互联网，利用互联网品牌可以树立起一个大众偏好的形象，扩大影响力，从而提高知名度。同时，消费者之间也会互相传递对于品牌和产品的评价，利用当前电商平台的便利性，制造话题提高阅读量，从而带动销售量上涨。对于老字号品牌聚集较多的地区，也可以利用产业聚集数字化的力量，将这部分地区与旅游景点相结合，借鉴百雀羚等品牌的经验，在推动旅游发展的同时为自身品牌扩大影响力，增加销售量。老字号品牌的优势在于其中的文化内涵，利用这一点，品牌就可以同时满足顾客的多样化的需求，营造浓郁的文化氛围，给旅客留下独一无二的深刻记忆，达到宣传推广老字号集聚效应的目的。

三、老字号传承创新——匠心精神

近年来，安徽老字号得到了快速发展。但在新形势下，老字号发展中也存在老品牌够“老”不够“新”、老市场萎缩新市场低迷、核心工艺复杂人才断层等问题。当下要助力安徽老字号国货出圈回潮，焕发新的生机，推动安徽老字号在匠心精神等方面的传承创新，需要在如下几个层面发力。

（一）加大老字号企业的支持和服务

落实《意见》各项要求，根据安徽实际细化实施细则，使之成为老字号发展的指引和抓手；梳理现有政策，落实有关促进老字号发展的措施办法；加强对老字号企业的指导服务，优化营商环境；把握工作标准，认真研究《意见》，申报一批拥有独特产品、精湛技艺和服务理念，具有较广泛的社会认同和较大品牌价值、经济价值以及文化价值的安徽老字号；协助老字号企业申报非遗项目和生产性保护示范基地；加大老字号商协会建设，帮助企业开展各类实用技能、人才培养及专题培训活动，推动老字号企业创新机制，开拓市场。

与此同时，各级政府需要出台一系列评选、保护和振兴老字号企业和品牌的相关政策；推动各地市成立老字号相关商协会，搭建政府与老字号企业沟通桥梁；创新开展宣传推广，开展“老字号嘉年华”“新商业、新模式、新国潮——老字号发展论坛”，召开“新零售数字化转型学习分享会暨安徽老字号资源链接会”等，推动安徽老字号企业持续健康发展。

（二）强化老字号品牌的坚守和传扬

老字号最珍贵的是品牌及其内蕴的理念与文化，这是数十年、甚至数百年商业和手工业竞争留下的瑰宝。我们一方面要加强老字号品牌的坚守，坚守核心价值、非遗记忆、品牌初心、工匠精神，以定力和韧劲持之以恒地培育和打造；完善促进老字号企业和品牌发展的支持体系；加强老字号品牌知识产权保护和商标布局，促进品牌健康发展。另一方面要对老字号品牌形象及文化进行推广和传扬，组织老字号企业开展整体营销，融入消费城市建设；带领老字号企业积极参加各级各类展览展示展销，举办丰富多彩的老字号文化活动，通过品尝品鉴、拍照打卡、沉浸式体验、定制化服务等展现老字号的文化底蕴和品牌价值；通过各级各类媒体、平台、文化活动等强化宣传，讲好老字号故事，扩大"老字号安徽造"品牌矩阵影响力，绽放"老"字号的"新"魅力。

（三）抓好老字号匠心的传承与发展

时光流转匠心不变，老字号本身就是"工匠精神"的现实体现，也是老字号得以传承的基础。弘扬新时代徽商的"匠心"精神，要深挖其代表的精益求精、严谨励志、服务至上的商业品格。强化产品品质意识，既坚守传承、也革故鼎新，一方面对独具历史意义的老字号濒危传统技艺加快保护和抢救，保存最核心品质；另一方面增强老字号产品自主研发和市场竞争能力，重视用户细分需求和体验，跟上年轻人的消费喜好和习惯，运用现代技术、工艺手段，在产品功能、产品设计、产品品系、花色品种、新材料新工艺应用等方面改进品质实现转型升级。通过跨界联名、新奇新品、网红爆款、特色伴手礼等达到传统文化与现代商业的双向融合，以更前沿的方式触达年轻消费者，确保老字号"永葆青春"，助力老字号"国货"变"国潮"。加强老字号企业自律，规范市场主体行为，促进老字号企业依法生产经营。支持老字号企业根据自身条件建设传统技艺展示馆、博物馆和传承所等，使消费者享受到看得见、摸得着、品得到的文化体验，让老字号"匠心"永续。

（四）助推老字号模式的推陈和出新

老字号价值在“老”，出路在“新”。其一，老字号企业要转变经营模式，汲取现代企业经营管理的“营养”，找准与新时代新消费之间新的契合点，以实体为本、创新为核，让情怀落地、创意变现，在新的风口上赢取新的发展。其二，老字号企业要升级营销模式，在经营思想、经营内容、经营手段、经营形象上从用户诉求角度来推陈出新，通过创意营销来树立老字号的新形象，引领消费新风尚。其三，老字号企业要探索融合模式，运用大数据、云计算、人工智能等对生产、流通与销售环节进行改革升级，形成新业态、新零售、新电商的消费新场景，探索数字化转型和跨界新融合，在新时代获得流量红利。其四，老字号企业要创新推介模式，充分利用安徽长三角一体化发展的契机和文旅融合发展的现实需求，打造老字号特色商圈和街区，引导有关旅游机构将符合条件的老字号企业纳入旅游路线进行重点推介。其五，老字号企业要推进共享模式，老字号企业间整合资源、信息共享，建立同业联盟、产业链联盟、消费链联盟、品牌联盟等，进而形成资源有偿共享机制，在竞争激烈的市场竞争中让安徽老字号赢得更多话语权，助力老字号“出圈回潮”。

（五）助推老字号博物馆建设

老字号博物馆的出现能够给老字号提供一个有效的展示平台，让更多的人认识并贴近老字号，深入挖掘品牌文化内涵，鼓励老字号创新，发挥老字号潜力，推动建设“老字号”博物馆、展示厅、工匠工作室、企业文化馆等建设，强化公众体验，并纳入工业旅游路线，传播推广老字号优秀文化。截至目前，全省老字号企业中已有 40

余家兴建主题博物馆或文化馆，如古井贡、口子窖、迎驾贡酒等建立了酒类文化博物馆，谢裕大、六安瓜片、天方茶业等建立了茶叶文化博物馆，张一帖建立了医药文化博物馆，胡兴堂建立了糕饼类文化博物馆，中国宣纸集团建立了宣纸文化博物馆等。博物馆存在的价值是多样化的，就功能而言，它是一个展览的场所；就心理而言，它是一个情感依托的家园。因此，将情感化设计通过视、听、嗅、触等要素运用到老字号的博物馆中，并结合多种设计方法来调动观众的观展情绪是对老字号品牌宣传的有效途径。

情感化设计在老字号博物馆的展示空间、视觉形象及其品牌文化等方面都有很大的发挥空间，能直接或间接地影响观众的心理与观展情绪。因此，在情感化的创新设计中，设计师应当跳出传统博物馆的固有框架，综合考虑多种因素，并将情感化设计融入老字号博物馆，从而给观众创造出别样的心理感受，使得老字号的品牌变得与众不同，更加具备行业竞争力。

在老字号博物馆中，每个老字号品牌都有其特有的历史和文化背景，对其场景的搭建应追根溯源，只有充分了解该品牌的发展史才能更好地展现老字号独有的风采。以食品类老字号品牌为例，从观众视角来看，我们日常接触的食品多以消费品或样品的形式呈现，但老字号食品的原材料、加工方式以及售卖方式等却鲜有人知。在老字号博物馆中，为食品类老字号品牌完整地还原制作场景，通过动态的展现手法，让观众在参观时置身于老字号的历史场景中，达到内心的愉悦和满足。这样既能加深老字号品牌在观众心中的印象，又能起到对传统工艺的保护作用。

作为主题性很强的老字号博物馆，馆内每一个品牌都有其可挖掘的故事情节，通过时间、地点、人物、起因、经过、结果这六要素的叙述向观众展示老字号展品的文化发展史，从其如何发家，再到如何发展，最后壮大成为独树一帜的品牌，而今成为我们口口相传的老字号。将静态、零星的展品通过时间线联系起来，让观众从心理上感受到有始有终的故事情节的完整性，从而达到良好的展示效果。在故事情节发展中培养观众的情感，运用事件情境感染观众，引起情感共鸣。

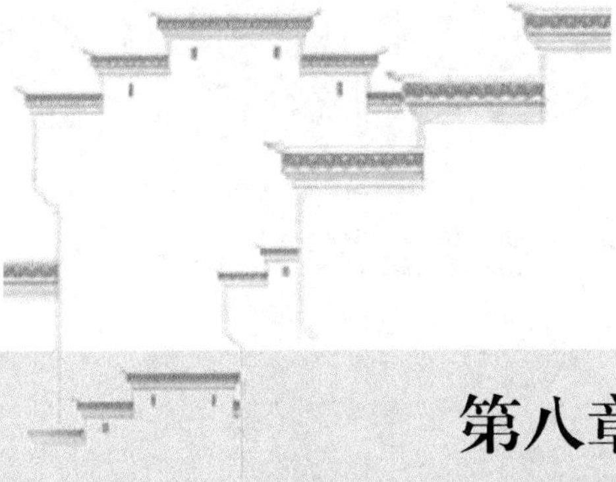

第八章 老字号品牌跨界联合

跨界联合是两种及以上强大的品牌组合，通过在二者之间寻找共同点，进行品牌间的交叉渗透与融合。跨界联合主要目的是将产品润色加工，增加热度和提高吸引力，吸引消费者。这样不但能够提升对已有粉丝的忠诚，而且能够留住潜在的目标使用者，把其他品牌的消费者变成自身的目标消费者，这是一个互惠互利的方法。换言之，企业打破传统营销策略，积极在市场上寻找合作伙伴。跨界合作最初是作为企业共生营销手段进行的，有研究者认为，它在公司间能够建立信息资源优势共享，提升竞争力，从而达到和谐共生，而且通过共享资源，能够建立两个或多个公司实体间的关联研发。随着经济全球化、创新创业的浪潮，跨国企业的跨国合作日益深入，并在各个领域涌现，推动了行业品牌的融合发展。市场营销从根本上说是一种跨界合作，它的构成是一个市场组织，是一种将企业内部和外部的价值结合起来的网络。跨界经营虽然是对老字号品牌进行年轻化的最主要手法，但同时为了培养年轻一代人对品牌的好感，老字号对于品牌选择跨界经营也显得尤为重要。与其在业界苦苦寻找突破，不如试试跨界联合经营。跨界经营也为中华老字号企业的品牌发展带来了巨大的价值和利益。

一、跨界联合的主要形式

（一）产品跨界联合

产品跨界是指老字号品牌推出不是自己品牌的主要产品，而是其他品牌产品。老牌品牌的产品不属于本公司的主打产品，这是一个很常见的行业情况，也是一个时代的潮流。产品的多元化，有时候是公司发展的趋势，也是预测未来的趋势，有时候是新产品的重要补充。

（二）内容跨界联合

内容跨界是指在活动文章、活动海报、活动视频等内容中，将各自的品牌信息嵌入活动中，并在传播的同时，将多个渠道传递给参与者的品牌，达到共赢的目的。例如，在 2017 年 5 月，知乎推出了一项名为“资金”的活动，目的在于将钱用在对的地方。在知乎的官方微博上，在网易云音乐、链家、饿了么等官方微博上，都出现了这一条消息。与此同时，知乎官微每隔一个小时就会在微博上贴出一幅纯文字的跨界合作海报，让知乎上的粉丝们一整天都在关注着微博，极大地提高了他们的好奇心。

（三）多渠道的跨界合作

在品牌的市场推广中，还会有其他品牌的产品。这仅是在“销售渠道”，在传统渠道的基础上，互联网的兴起为众多企业开辟了“第二战场”，进入电子商务领域。有的是自己创业，有的是和专业的网商合作。可以预见的是，随着技术的发展，未来可能会有更多的渠道被企业发掘和投资。

二、老字号品牌跨界联合的必要性

（一）老字号老化的压力

在现代工业发展和商业模式等诸多因素的影响下，许多老牌企业面临着前所未有的挑战，经营业绩曲线出现了滑坡。根据商业部的数据，中国共有1128家中华老字号，其中只有一成兴旺，接近四成的老字号在经营上处于亏损状态，而另外五成则是长期亏损。不论是餐饮行业、传统手工制造，还是其他历史相对老的行业领域，都不可避免地受到市场竞争与企业改制的挑战。在消费者对老字号的认知研究中，有60%受访者觉得目前的中华老字号企业产品结构老旧，欠缺创新性，无法留住年轻顾客；另有40%消费者觉得老字号的产品组织结构陈旧，新品推出过慢。随着市场变化，年轻消费者的关注点并非局限于商品本身，服务、创意、审美等都是重要考量因素。在这些情形下，许多传统老字号的思维与新兴消费人群逐渐背道而驰，与用户需求严重脱节。所谓物极必反，作为中国果汁行业的老字号品牌，“汇源果汁”已经从超市里消失了，目前它已经濒临破产。曾几何时，“喝汇源，健康之道”仍然是很多人耳熟能详的广告词，而且汇源果汁是中国首家以家庭为基础的健康饮品品牌，这与现如今汇源果汁生意惨淡形成鲜明对比。导致汇源果汁破产的重大因素就是产品老化和消费升级的问题了，其实对汇源果汁比较了解的人都知道，汇源果汁的包装一直都没有什么变化，这个问题一直以来都没有能够得到有效的解决，这种包装是很难吸引现在的年轻消费者。汇源果汁其实运营至今出现的问题非常多，最终也是难逃申请破产重整的命运。

（二）老字号跨界联合的价值

1. 两品牌之间资源互补

二个不同品牌间的品牌形象与品牌元素通过资源互补，可以把老字号品牌的社会认知度提升到一个全新的高度。中华老字号品牌的跨界传播，无疑是一种极具冲击力的方式，它可以借助于网络和社交媒体的强大影响力，吸引更多的顾客，让老品牌更加年轻，更有活力。

2. 增加商品种类，拓宽销售渠道

借助于原本的老字号知名品牌，探索更多商品种类，可以有效提升经济效益，积极开拓市场，进一步迎合消费者喜好，满足消费需求，对于其他企业来说也是很好的借鉴作用。老字号推陈出新，推出跨界商品的同时能够利用电商这一广受消费者欢迎的平台，有助于激发市场活力，促进经济增长。

3. 充分发挥品牌协同作用

通过跨界联合，一个品牌可以拥有两个品牌的忠实顾客，也起到了相互补缺的作用。也就是说，跨界联合可以让品牌之间借用对方的目标顾客和市场来获得更多的消费群体，开拓新市场，提升占有率。

4. 满足现在消费需求，吸引消费群体目光

消费市场的改变背后就是新兴消费人群出现，而这种新兴的消费人群的消费行为不仅注重于商品的基本功能，还希望表达某种生活方式或自身品味。对于中国老字号及名牌企业来说，其踏实可信的品牌形象已然满足了中老年人群体的消费需求，而由于现在消费场景的主要人群都是年轻一代，老名牌企业必须通过跨界发展，多维度地迎合社会大众对商品的体验感要求，并继续不断地革新，以做到产品让人永远无法忘记，从而占领年轻一代的消费者市场，在竞争中创造更多品牌价值。

5. 增强品牌曝光度

在品牌知名度信息泛滥、关注不足的今天，传统企业往往缺乏关注度和流量，而跨界联合营销则是以事件营销为手段，让品牌在短时间内聚集大量的资源。跨界营销主要就是靠活动营销，两个品牌在短时间内就能聚集大量的资源，引爆市场，吸引大量的用户。它进一步强调的是品牌文化内容上的趣味性，品牌之间的各取所需。正如英雄金笔厂推出的墨水鸡尾酒的宣传语：肚子里有墨水，敬你是英雄。

6. 提高话题讨论度，引发用户关注

老字号产品的跨界合作具有爆炸效果，比如横空出生的老干妈卫衣，美味和潮流的结合在互联网上引发讨论狂潮，大大提高了产品的曝光率和传播效应。有效的跨界经营可以提高中华老字号的国际知名度和激发品牌活力，从而改善其固有的传统面貌，并推动品牌年轻化。

7. 延伸产品功效及应用

创新创造价值市场竞争越来越强烈，各个产业间的边界正逐渐被突破，品牌联合通过吸收双方的优点，进行产品功能与使用范畴的拓展。具有相当认知度的老品牌将能够提升品牌印象并借此实现品牌价值重塑，发展期的新兴品牌则能够增加品牌认知度，双方将各取所需。

三、老字号跨界联合的困境

（一）联合的对象或方式选择不正确

大品牌与小品牌的组合，将大大降低小型品牌的市场价值，有时由于某种产品的影响力太大而使其成为“子品牌”。虽然品牌联合有很多优势，但其局限性也很大。例如，故宫已经变成了“网红”，无数的品牌都想要借此来拓展自己的影响力，尤其是口红，故宫的口红更是数不胜数。但如果盲目地模仿，很容易就会失去自己的品牌，到了最后，顾客们只记得故宫，却忘了“故宫＋”这个名字。跨界联合的老字号最大的弱点是缺乏准确的合伙人和适合的品牌。因此，选择合伙人显然是第一位的，这是很重要的。

（二）盲目追求新的市场

美甲油品牌小奥汀与乐事、COSTA 有合作关系。乐事与小奥汀合作开发了两种护甲精油，薯条和指甲油被放在一个礼品盒里。COSTA 和小奥汀公司共同研发了一款由三种饮品组成的唇膏。指甲油是一种不能吃的东西，和食物的性质是完全不同的，除非是意外之喜，否则很难让消费者接受。答案不言而喻，强行的营销活动，不仅不伦不类，还会让人质疑品牌的宣传目的，让人觉得这是一种炒作。

（三）缺少前期调研

一个品牌要想成为跨界的佼佼者，但没有足够的交流和研究，很可能会失败。三星 A8s 宣布与时尚品牌 Supreme 建立合作关系，并宣称会在其网络上开设网店，但是，Supreme 随后在其官方网站上发表了一份声明，对此予以否认。“意大利的 Supreme”，三星大中华地区数字营销主管 LeoLau 先生随后回应：“由于美国品牌 Supreme 未能进入中国市场，意大利 Supreme 公司在亚太地区除了日本之外，已获得亚太地区的市场许可。”但三星与 Supreme 的合作依然存在争议，许多人认为意大利 Supreme 是仿冒的；三星，一个全球知名企业，竟然和一个仿冒的品牌进行了合作，让不少消费者认为三星“丢人”。

（四）品牌诉求不明确

如果有人留意近两年来的跨界产品，就会发现，“彩妆品”是很多大牌的联合首选，尤其是口红，更是深受各大品牌青睐。于是，许多与唇膏毫无关系的品牌，也都纷纷行动起来，都在尝试生产出个性化的唇膏。马应龙是其中最“野”的一个，因为大家都知道马应龙的主业是痔疮膏，这东西的作用大家都心知肚明。尽管马应龙推出的口红设计走高端典雅风，价格亲民，但消费者的反应大多还是难以接受。不管是品牌的建立，还是公司的发展，一个成功的品牌都要有一个明确的品牌诉求。盲目跨界也可能会有损品牌形象，效果未必一定会好。

(五)降低品牌的美誉度

2018年9月10日，天猫携老干妈等品牌发布时尚卫衣，虽然天猫在后面推波助澜，但因为老干妈此次的主打产品是在时尚领域，他们两者之间没有一点相通之处，所以推出T恤的销量仅为10件，淘宝销量也并不好。许多人都表示老干妈“吃相太差”，消费者的口碑非但没有提高，反而有所下降。

(六)品牌的匹配性不高

周黑鸭与御泥坊合作，推出了一款唇膏，叫作“小辣亲吻”，这款唇膏是取意鸭颈的设计，与精致的妆容不符。万福洗面奶是“阿芙香薰”和一个食用油品牌组成，并出广告语：“你出油，我出油，两者一接触，就形成了卸妆液。”油可以吃，还可以用在脸上。这两者结合起来，既不会让你有食欲，也不会让你的脸变得更好。

四、老字号跨界联合的建议

(一)寻求合适伙伴和合适的方式

选取最适宜的合作品牌，是中国知名实现老字号跨界联合的重要步骤，因为双方企业都必须在目标消费人群、营销实力和品牌战略等方面具备高度一致性。比如，由大白兔和气味图书馆公司联合推出的大白兔奶糖味的全身乳，刚刚上市就受到了许多顾客的关注，两种不同研发方式的产品合作，不仅唤起了我们对儿时回忆，还让消费者对新产品产生了期待。品牌作为一种文化的载体，具有很强的内涵，因而在寻求跨界合作时，双方的产品应该是互相配合的，不能因为迎合潮流而“跨出界”，影响原本的品牌形象。

（二）创新跨界产品，注重消费者感受

跨界的实质就是结合两种品类反差很大的品牌，把原来没有联系的元素重新融入在一起，形成冲撞感强的跨界新品。比如，中国知名的老品牌六神和 RIO 鸡尾酒，联手打造出了一个集品位和情趣为一身的跨接产品，花露水味的鸡尾酒更激发了年轻人群体的“猎奇心”，产品仅预售就取得了非常好的业绩。老字号企业在创造具有创意性商品的同时，不能忽视其本身的实用价值，因为其经营的首要目标是使顾客能够完成其购买行为。而如果跨接新品质量不佳或应用性不强，那么该商品将无法形成长期的经济效益，也将无法获得消费者的长期认可，甚至还会失去品牌原来的忠诚客户。

（三）整合新媒体资源，引爆社会话题讨论

由于双方品牌的市场定位不同，跨界联合能够充分发挥双方的优势，进而获得更大的市场份额。在宣传时，企业应留意，不论是企业的核心理念，还是后续的相关议题，都要深入大众，引起大众的兴趣，并创造出新的爆点，进而带动品牌发展。中国很多知名的老字号品牌都是平平无奇，有的甚至在发展上陷入停滞。因此，借着媒体的热度，打造一个全新的企业形象，可以给广大观众一个全新的印象。

（四）充分利用媒体，长期维护品牌

跨界推广的热度离不开社会关注和传播的支持，而认知度较低

的老字号企业如果自身关注度不够高，就需要各种媒介传播途径的支持，如加大户外广告投放量，及时结合热门话题，做好公关宣传提高社会舆论传播效果等，从而做到了线上线下协同推广。通过有效借助于传播，产品或许会在短期内声名大涨，但要想形成坚实的群众基础，则不能仅仅关注一时的热点，而是要重视品牌形象的长期维持。企业要利用跨界宣传的热度，保持用户对产品的持久好感，并争取成为家喻户晓的国货产品。

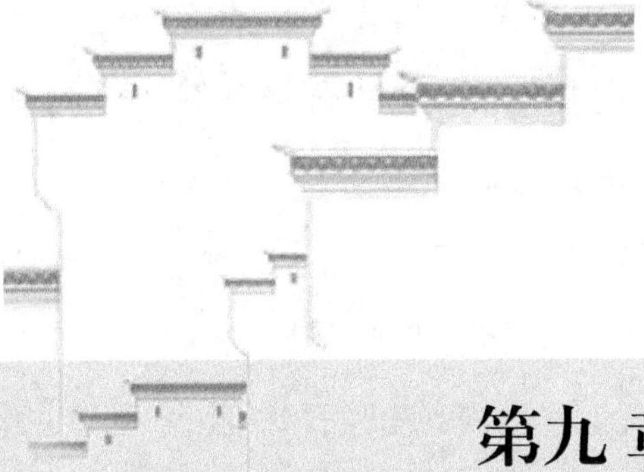

第九章
安徽老字号品牌案例

案例一
谢裕大:六代人,一杯茶

“谢裕大”的前身是清朝光绪元年(1875 年)由古徽州漕溪人谢正安所创的“谢裕大茶行”,至今已有 140 多年的悠久历史。当年,谢正安携初制成功的黄山毛峰,在上海开设了“谢裕大茶庄”。由于该茶形制特别,色香味俱佳,很快就征服了当时在上海租界的英国商人,被热销到全世界。其后,连远在俄国的茶商都慕名而来采购。为此,谢正安又专门在辽宁营口开了分号,将黄山毛峰销往俄罗斯。因为当时英国人消费风尚在全球都具有引导性,所以谢裕大的黄山毛峰成为了当时国际市场热销的茶叶。而在中国内部,随着崇洋之风盛行,洋人喜欢的茶叶也被国人视为珍品,因而其销量也非常可观。当时,谢裕大的黄山毛峰很受欢迎,出现了很多仿冒品。谢正安采用了在每盒茶叶里都附带一张盖有独特“和”字印记的“信誉单”的方式来防伪，这种类似现在我们看到的“合格证”。同时，他还雇佣了三位上海著名的商业律师来维权。

19 世纪末 20 世纪初，谢裕大茶行遍布中国各地，又通过外商洋行将茶叶远销远东与西欧，有“名震欧洲四五载”之美誉。晚清洋务重臣张之洞欣赏其诚信经营的理念，亲笔题下“诚招天下客，誉满谢公楼”。民国时期，知名书画家黄宾虹尝到谢正安的长孙谢育华托人带来的茶，专程回信致谢并称：“品质甚好，确赛龙井，你祖上不愧为黄山毛峰第一家。”后来，黄宾虹又专门为谢育华题写了“黄山毛峰第一家”的牌匾。

1910 年，谢正安去世，留下四子四女和多间屋宇、店铺以及股本、山林、田地和现金，还有最重要的——谢裕大茶庄的金字招牌。在去世之前，他立下遗嘱，分配了家产，并叮嘱儿孙：“力图上进，光大门闾”。

谢一平是谢正安第四个儿子的后人，属于谢正安的第五代孙。1981 年，19 岁的谢一平高中毕业，进入歙县茶叶公司工作，成为一名品茶员，不久又专门到安徽省屯溪茶业学校（现为安徽省黄山茶业学校，已并入黄山职业技术学院）进修了两年，提升了制茶水平。谢一平在茶叶公司很快成为了茶叶专家，但是他却主动要求调离备受尊敬的品茶岗（品茶员负责评定茶叶等级，对茶叶收购价有直接影响，因此是茶农万分尊敬的对象），而转到销售岗，成为一名茶叶销售员。从那以后，谢一平开始仿效当年的谢正安，走南闯北，结交各方人士，将茶叶卖往全国各地。

1999 年，谢一平做的茶叶迎来了一个高光时刻：当年，朱镕基率团访美，江泽民主席委托他给自己的老师顾毓琇先生带去一份礼物，其中就有谢一平茶厂出产的黄山毛峰。

2006年，谢一平创建的漕溪茶厂进行了股份制改造，在家族长辈的同意之下，“谢裕大”的品牌由谢一平及新组建的股份公司运营，从此公司旗下茶厂都统一到了“谢裕大”这块历史招牌之下。

2007年，谢裕大迎来了又一次高光时刻。那年俄罗斯举行了“中国年”活动，并举办了盛大的“中国国家展”。胡锦涛出席了开幕式，并给俄罗斯领导人赠送了国礼——来自胡锦涛家乡的四款茶：黄山毛峰、太平猴魁、六安瓜片和黄山绿牡丹。其中的黄山毛峰就是由谢裕大茶庄所提供的，为了纪念这一重大历史时刻，谢一平也把2007年定为公司发展史上重要的一年，并专门设计了一款名为“国耀2007”的特级茶。

2008年4月，谢一平大手笔设计的“谢裕大茶文化博物馆”开馆，这是安徽省第一家专门的茶文化博物馆，很快成为黄山市徽州区的人气景点，尤其是爱茶之人到黄山的必游景点。目前，该博物馆已被评定为国家4A级景区，每年接待几十万游客，给谢裕大的文化、品牌推广和产品销售带来巨大的推动。2017年，新的谢裕大茶博园开园，它坐落于钟灵毓秀的徽州山脉脚下，毗邻5A级古徽州文化国家景区，总基地面积近两千亩。谢裕大茶博园分为一馆四园：谢裕大茶文化博物馆、黄山茶树种优质资源保护园、高效双茶示范园、黄山特色山珍种植园以及立体循环养殖园。谢裕大茶博园是以茶为载体，集旅游、休闲和度假等功能为一体的精品徽茶文化体验旅游目的地，是全国首屈一指的全方位茶文化体验区。从传统的听讲解、品茶式的茶文化游到看、听、采、制、泡、品，深入体验徽州茶文化，了解从一片鲜叶到一杯茶的蜕变。

传承谢裕大老字号品牌的谢一平，荣获了首批中国制茶大师

(绿茶类)、首批国家农业农村创业导师、杰出中华茶人、非物质文化遗产项目省级传承人的称号,并作为唯一茶行业代表入选“安徽改革开放40年风云人物”等。

2019年,谢裕大茶叶股份公司聘任谢一平之子谢明之担任公司总经理。作为第六代传承人的谢明之,是位“80后”,年轻有为,光看外表,谢明之完全不是大众心中老成持重的茶人形象,在他身上洋溢着鲜明的时代气息。一个时代有一个时代的主题,一代人有一代人的使命。作为徽茶的扛鼎者,谢裕大从第一代开创者到现在已延续了140余年。在新的时代环境下,第六代传人谢明之已经被赋予新的使命。如今,“谢裕大”一直致力于用科技赋能茶业创新绿色发展,历经两次技术变革,实现了绿茶生产的智能化和数据化。2021年11月3日,谢裕大茶叶股份有限公司重点参与的“绿茶自动化加工与数字化品控关键技术装备及应用”科技成果荣获2020年度国家科学技术进步奖二等奖,截至2021年底,企业拥有发明专利13项,实用新型专利19项。

从1875年到2022年,从谢正安到谢明之,在这147年的时间里,黄山毛峰已经成为世间珍品,受到无数饮茶人的喜爱;而谢家的六代人,为了一杯好茶,经过了沉沉浮浮,依然坚守着茶道与商道,在新的时代续写着“谢裕大”百年的传奇。

案例二
百年老字号聚红盛的传承与传人

公元1875年，清咸丰状元、光绪帝师、京师大学堂（今北京大学）创始人孙家鼐家族于寿州城创办了聚红盛酒馆，聚红盛成为当时寿州城内最著名的酒楼，享誉淮河两岸。如今的聚红盛成为“中华老字号”“安徽省著名商标”“安徽名牌”“国家五钻级酒家”，历经百年的发展，聚红盛经历了六代人的传承。作为聚红盛第六代掌门人，董事长邸道阳传承和振兴了这一民族品牌，先后荣获“中国徽菜年度功勋人物”“安徽省优秀企业家”“改革开放四十周年安徽餐饮功勋人物”“安徽老字号杰出贡献人物”“全国商贸流通服务业劳动模范”等荣誉称号。

一、百年老字号，六代人的传承

公元1875年，清咸丰状元、光绪帝师、京师大学堂（北京大学）创始人孙家鼐家族于寿州城创办了聚红盛，成为当时寿州城内最著名的酒楼，享誉淮河两岸。光绪六年（1880年）转让给桑雨苍经营，更名为“聚红盛酒馆”，传业三代，规模进一步扩大，拥有“名厨”多人，为寿州较有名的最大酒馆。民国时，聚红盛酒馆雇工10余人，可同时接待宾客300余人。承办筵席为其主营业务，色、香、味为同行业之冠，名菜如“糖醋全鲤”“炸排骨”“四喜豆腐”等，名点如“大救驾”“烧卖”等，风味独特，遐迩闻名。1956年，聚红盛酒馆实行公私合营，1965 年转为国营。1984 年，寿县饮食服务公司集资翻建成三层营业大楼，营业面积为 840 平方米，1985 年正式营业，由原来承包酒席为主，转为面向大众，先后增设随意小吃、油点、卤菜、肉食、烟酒等柜组。1987 年，聚红盛酒馆有职工 20 余名，拥有冷藏、烘烤以及各种加工机械 13 台，货运汽车 1 辆。“聚红盛”商标由国家工商行政管理总局商标局于 2003 年 12 月 18 日受理注册，2006 年 5 月 14 日获得商标注册证。聚红盛酒馆生产的“古寿春”牌大救驾(1979 年 10 月 31 日注册)1979 年荣获“省优”称号，1991 年被商业部评为“部优”产品。

百年来，“聚红盛”根植在古城寿县文化底蕴深厚的土地上，汲取着楚、汉文化和诸多外来文化的营养，一代一代经营者逐步形成“诚、信、义”的行为准则和道德规范，恪守“重诺诚信，童叟无欺，义中取利，薄利多销”的经营理念，历经百年风雨，成为寿县现存唯一一家百年以上的餐饮老字号。“聚红盛”的兴旺发达和长盛不衰是研究商业文化、饮食文化的重要载体。当地德高望重的老诗人赵振远先生的嵌字联“聚红汇绿，四季花开，喜庆连绵堪酌酒；盛世良辰，八方客到，风光旖旎可登楼”，道出了国泰民安的盛世光景和“聚红盛”生意兴隆的繁荣场面。

这种繁荣场面离不开第六代传人邱道阳先生苦心孤诣的经营和策划。2007 年，邱道阳从“聚红盛”第五代传人朱琳女士那里成功接手了“聚红盛”商标，在完成资产收购后，他立即进行商标注册和中华老字号注册，以品牌建设为抓手，带动体制转型和企业发展。邱道阳还对聚红盛门店进行了仿古装修改造，使店铺古色古香，又有浓郁的寿县地方元素，每个餐厅的包间都以寿县城区的古街巷命名，服务员一律古装打扮，门口有侍者迎宾，给消费者一种亲切感。

2008 年，邸道阳在新城区建成“聚红盛”农庄，局部两层，仿徽派建筑风格，所有餐饮包厢均按照寿县 25 个乡镇命名，同时增加了谢家集、唐山、望峰岗等淮南市区镇地名命名包厢，拉近了与消费者的距离。另外，包厢在命名上汲取《淮南子》中最先系统记录的二十四节气名称，凸显了地方文化。同时，每个房间辅以寿州山水风光或寿州旧时生活场景的照片，给人一种怀旧感。这在酒店内部环境装饰同质化的今天，都具有超前的创意，新颖别致，让人耳目一新。

2021 年进入合肥市场前，聚红盛曾“被动”尝试过安徽全省化甚至全国化布局，在省内其他城市和江苏南京的投资商在寿县品尝过聚红盛的菜品后，以加盟的方式使用“聚红盛”品牌，但都未取得预期的效果。2021 年，聚红盛在合肥东方蓝海小区附近开了第一家直营店；2022 年 1 月 9 日，合肥滨湖高速时代广场店开门迎客；目前，增开合肥第三家直营店已提上日程。

二、聚红盛，文化传承

邸道阳的母亲是孙氏后裔，从小就深受孙家的教诲，对于家族的传承精神耳濡目染。“聚红盛”这个中华老字号之所以能够持续健康发展，关键就是因为它在传承上下了很大的功夫。聚红盛品牌的含义就是聚天下客、红百年业、盛寿州情，取这个名字也是为了在餐饮里打下深刻的文化烙印。“老字号”穿越生命周期经久不衰，得益于其承载的独特技艺、精深服务理念和商业文化精髓。“聚红盛”在其发展的道路上，运用“传承＋发扬＋创新”的经营模式，顺应饮食文化的不断丰富和更新换代，推出适合企业发展和满足大众需求的多元化餐饮形式，既满足和丰富了大众的饮食选择，也引领了更健康的生活方式。

在装修上,“聚红盛”的每一家门店都进行了仿古装修,古色古香、韵味十足,门头三个大字做成牌匾状,点缀象征“状元”的大红盖头,服务员则一律古装打扮;连廊处陈设各类寿州出土的仿古青铜器,仿古字画亦是目不暇接;包厢以寿县下辖乡镇及城区古街巷命名,房间内辅以寿州山水风光或寿州旧时生活场景的照片,又有各种出自古寿州的成语典故介绍,如“投鞭断流”“风声鹤唳”“草木皆兵”等。名人、典故、成语故事在聚红盛俯首皆是,这让进店的食客率先享受了一道“精神文化”大餐。

在菜品上,“聚红盛”主打寿州菜,属徽菜支系,皖北沿淮风味。淮河水系发达、河鲜众多,寿州菜清爽鲜甜的口感由此而生。聚红盛的每道菜背后都有一个故事,还有讲故事的新方法,把菜品做精、把文化做足,这或许就是聚红盛聚力发展的秘诀。如在“刘安点丹”这道菜上桌时,服务员一边在木质食盒中倒入滚烫的豆汁,一边通过耳麦讲述刘安在八公山下炼丹的故事。待故事讲完,再点上卤,闷上两分钟,揭开木盖就是一份冒着热气的嫩豆腐,配以酱豆、榨菜、辣酱等,鲜咸甜辣各种味道融为一体,顺着舌尖一直香到胃里。也正是因为这道菜,中央电视台前后五次到聚红盛摄录,并在《舌尖上的中国》《欢乐中国行》《乡村大世界》等多档节目播出。

三、聚红盛,匠心传人

餐饮企业的扩张不仅要选址、投入资金,更要培育管理者、店长和基层员工,匠心传人非常重要。其实,企业在外扩的过程中,其他一切生产要素和资源都必须翻倍,特别是人才配置必须翻倍。

经过多年的探索，聚红盛已经形成了完善的人才库，拥有合理的人才梯队和岗位管理制度。例如，聚红盛要求员工具有匠心精神，帮细节做好，服务做好，工作做到极致；要求单店厨师长每年必须培养一个副厨师长和两个大厨，如果副厨师长能到新店掌勺，公司每月会额外给师傅发放一份绩效奖励；要求店长培养新核心经理和副店长。在自营模式的驱动下，如今聚红盛每开一个新店，都会预留20%股份给厨师长及管理团队。只有人才梯队跟上了，被时间沉淀过的老字号品牌们，才能突破空间限制，朝着更远的远方稳步行驶。

总之，百年老字号聚红盛的发展，得益于传承与传人，得益于徽商文化的传承，一代代聚红盛人传承徽骆驼精神，吃亏耐劳，弘扬先辈的文化教育传统，坚持学习，坚信文化自信，把百年老字号品牌延续至今，无论店开到哪儿，他们始终都定位以寿州菜为主，讲好老字号故事，传承孙氏家族优良传统。如今，聚红盛立足合肥，布局全国，开启二次创业，首批规划是在合肥开五家直营门店，坚持诚信这块“聚红盛”的金字招牌，继续努力开拓和创新发展，最终目标是通过新三板，争取北交所上市。

案例三
胡玉美:百年老字号的传承与创新

在古城安庆风貌独具一格的四牌楼明清古建筑群中,有幢古色古香的商号牌楼,牌楼的门额上悬挂着一块饱经风雨沧桑的百年金匾"胡玉美"。它与老字号"全聚德""六必居""冠生园"并驾齐驱,产品名震遐迩,曾荣获巴拿马万国博览会、南洋劝业商品会、上海国货展览会等金、银奖章九枚。这块黑底金字老匾,闪现出徽商的身影,留下了胡氏家族的足迹。

从清康熙六十年(1721 年),胡氏先人胡元彬由徽州休宁县演川到安庆落户经商,到 1954 年市场经济改革,公私合营,在这 233 年间,胡氏家族已传十世,人口 300 余人。除一部分族人住在安庆外,大部分都分散在北京、上海、天津、武汉、台湾等地,还有四十余人居住在美国、加拿大等国。在这 200 多年来的历史长河中,胡氏家族八代传人栉风沐雨,苦其心志,冲破封建势力的羁缚,在外国资本和官僚势力的挤压下求生存,在"商战炮火"中求发展,终于使"胡玉美"玉成其美,就连 20 世纪 80 年代初台湾学者编著的《中国现代化的区域研究》一书中也极力推举胡玉美酱园和赞赏胡氏家族的经营管理之道。这个大家族,以其营造出来的浓郁文化氛围,让老字号"胡玉美酱园"百年兴盛不衰。

一、创立过程

清道光五年(1825 年),胡元彬的孙子胡家书与曾孙胡兆祥(胡氏家族四世)在八都湖附近甘庄继承祖业经营小酱坊,酱坊生产的酱干、酱油等酱货,在城北集贤门旁摆摊出售,胡兆祥自己挑着担沿街叫卖。为扩大销售市场,他也常搭船到对江的大渡口、张家湾、八都湖一带的村庄做酱货生意。之后,他与制豆腐的甘家父母与女儿相识,甘家豆酱制作的原料,引起年轻的胡兆祥的注意。当时安庆城内制酱的作坊有 30 多家,原料都是黄豆,没有一家用蚕豆制酱。胡兆祥暗中将甘家蚕豆辣酱与黄豆酱作了比较,发现蚕豆酱色、香、味俱佳,具有独特的风味:色泽红润,芳香可口,味辣而甘美。虽同样是豆酱,但黄豆酱与蚕豆酱无法相比,后者味道好多了,发现这一秘密,胡兆祥激动不已,他想将蚕豆酱制作的秘方和工艺学到手,大批量生产蚕豆辣酱,占领安庆市场。但甘家将制作蚕豆辣酱的祖传秘方视为生命,不愿传授。在胡兆祥的多次请求下,甘家老父亲见胡兆祥为人忠厚诚实,便要招胡兆祥为上门女婿,成为一家人后,才愿意传授给他制豆酱的祖传技法。

清道光十年(1830 年),胡兆祥创办了胡玉美酱园,并与岳父合资,在安庆北门外南庄岭合伙经营"四美"酱园,售卖豆酱、酱油、酱菜及酱干四种大路货。"胡玉美"以玉之难得志前人创业之艰辛,又寓之以"玉成其美"之意。胡玉美酱园以蚕豆为原料的豆酱开始打进安庆市场。由于安庆市民对蚕豆酱口味的认知有一个过程,而且在经营管理中两家产生了一些矛盾,影响店务,最终胡兆祥与岳父合资经营四年后,双方拆资独自经营。

1838年，甘家便在大南门独资开办“甘玉美”；胡兆祥就在“甘玉美”斜对面的四牌楼街开设“胡玉美”酱园。两家酱园展开相互竞争，“胡玉美”由胡兆祥主持店务，儿子胡椿（胡云门）、胡杰（胡竹芗）辅佐。胡兆祥以传统文化为切入点打造企业文化，应变能力强，除坚守诚信外，广交商界朋友，拓宽销售渠道；并在管理上采取家、店分离，让店员放手经营设立账房，将收入、支出笔笔入账，随时掌握盈亏情况，建立严格的经济管理制度，增加资金积累，规定家族的人不许干扰店务，不许乱支钱物或赊货出售，不许私自和他人另立门面。而甘家，仍坚守乡镇小作坊经营方式，边生产边销售，家店不分；又缺乏营销策略，抱着“酒香不怕巷子深”的传统观念，不愿加大宣传。虽然“甘玉美”也有精良制酱工艺，生产出来的酱制品同样是质量上乘，但由于销路不畅，产量始终上不去。到后来，“甘玉美”经营衰落，入不敷出，不得不关店停业，将剩余资产转让给“胡玉美”。而通过这一次兼并与收购的“胡玉美”则越做越大，酱园也初具规模。

“胡玉美”鼻祖胡兆祥遵循徽商的遗训“商兴学，学护商”，重视智力投资，不惜代价把下一代培养成经商人才。为使家族企业兴旺，胡兆祥坚持以兴学为发展之本，鼓励子女读书，并在家中设蒙馆，请秀才为塾师，教子读孔孟的典籍，一面追求功名，一面护商。胡氏家族第五世胡椿（胡云门）、胡杰（胡竹芗）都进入省城官办的敬敷书院求读。清代安庆胡氏家族有2人中举，7人赴日本留学。胡竹芗除经商外，还广交硕儒高士，诗词书画样样精通。

1906年，胡氏家族第六世胡远烈随中国实业考察团赴日本，曾被日本工商界邀请在“东京帝大”讲学，讲授中国传统文化对工商界的影响。他在考察期间留意到，东京及其他城市都满街悬挂着商标广告，这使胡远烈意识到要想扩大商品销售，必须设计商标，加以注册，使其受到商标法令、法律的保障，维护商家的信誉与权益。同时，商标广告的宣传，能使商品家喻户晓，打造出中国的名牌。他将商标注册的事，交给侄儿胡氏家族第七世胡国铨（衡一）、胡国泽办理。胡国铨是美术专业毕业，精于绘画、设计；胡国泽曾受清朝重臣张之洞之召，被选派赴日本“东京帝大”学电机专业，毕业后在上海《新青年》杂志任过编辑。兄弟俩都具有较高的文化艺术素质，但他们还是发愁，“胡玉美”产品要采用什么图案作为商标，才能赢得顾客的青睐呢？他俩反复琢磨，仍难以动笔，只得向胡远烈请教。胡远烈似乎胸有成竹，建议用安庆振风塔全景作为商标注册图案，其理由是：“安庆为船形，坐北朝南，得大别山余脉之灵气，面向长江，依托迎江振风塔之福，基于千家万户之础，似船的桅杆扬帆出航，一路乘风破浪，示意‘胡玉美’产品漂洋过海，远渡重洋，大吉大利。”经胡远烈的点拨，胡国铨、胡国泽心里豁然开朗，俩人精心研究将振风塔、民居、麦穗有机结合，设计在商标图案上。为了得到胡氏家族成员共识，胡远烈召集家族各房代表在迎江寺茶楼议定，对原图案进行修改，最后定为“振风塔”牌，这也是安庆振风塔首次作为商标图案。随后，他们报请安庆知府、安徽巡抚主管工商部门批准，1907年11月报请清朝农商部核准注册登记。从此，“胡玉美”产品外包装一律改为张贴“振风塔”牌商标。随着安庆振风塔的名气与日俱增，几乎凡知道安庆振风塔的人，也都知道胡玉美酱园。从1910年到1929年，胡玉美“振风塔”牌商标蚕豆辣酱先后参加南洋劝业会、巴拿马万国博览会等赛会，荣获金、银奖章共九枚，使商品畅销国内外，“振风塔”牌终于名震天下。按书中所载老字号商标注册日期先后排列，“振风塔”牌商标，比中国名剪“张小泉”于清朝宣统元年

(1909年)注册的“云海浴日”商标早2年;比江苏荣氏兄弟荣宗敬、荣德生开办的茂新面粉厂,1910年注册的“兵船”牌商标早3年;比上海“冠生园”注册的商标早17年;比镇江恒顺酱醋厂注册的“金山”牌商标早21年。

二、发展岁月

1860年,第二次鸦片战争结束后,清朝政府经历了资本主义列强的入侵,处于“内外交困”的境地。此时,胡氏子孙敏锐地发觉以徽文化打造的徽商,因循守旧,总抱着孔孟、朱熹的典籍不放,不求开拓进取,已不能适应时代的发展。而此时的徽商,也渐渐由兴盛逐步走向衰落。胡氏子孙不得不重新思考“胡玉美”企业的前途与命运,而借助于西方的企业管理制度,在“胡玉美”推行家族企业的股份制,这是他们与时俱进的大胆创新。

1900年,在家、店分离的基础上,胡氏家族两大房各推出代表一人,由胡兆祥的孙子胡远烈、胡远勋共同负责店务,而且分工明确。大房代表胡远烈,去过日本留学,因而专攻近代企业管理专业,掌管“胡玉美”的生产管理;二房代表胡远勋曾担任安徽太平府训导及安庆商会副总理,因而主管对外销售。为确保家族股份制正常运行,高薪聘请店员出身、三代都在“胡玉美”帮工的方遵训为大管事。方遵训为人耿直、公道,他在“胡玉美”担任大管事长达40年之久,其职责类似于董事会聘用的总经理,专门负责店中日常事务,另设管账一人,加强经济核算,处理来往账目。百年来,胡家在“胡玉美”主政的人物,一般只有1人,最多不超过3人,多数管事与分店负责人都是外姓。胡远烈在用人上,宁可用有管理才能的店员、徒工,也决不随意聘用族人，并规定家族任何人不得向店中支钱或赊货。这时的家族股份制企业具有类似于法人的性质，生产、管理、财务、经营、事物等分设的部门，既相互协作，又相互监督，使财务独立，不受家族长辈与权势支配。

胡远烈为进一步提高“胡玉美”产品质量，增加花色品种，他亲赴日本考察酿造业，并三进四川，探求“天府辣酱”工艺，还从沿海引进种曲，改进蚕豆辣酱的配方。胡远烈还采用安庆名医金灌之的药方配制成周公百岁酒，此酒既有酒的醇香，又有健身功能，极为畅销。他还在东门外购地10余亩，辟为“玉美园”，种植玫瑰、菊花、葡萄等配制各种果汁酒，还批量生产“胡玉美”食品，创制了墨子酥、香糟鱼、酒醉螃蟹、油渍松菇等一批名特产品。

胡氏家族为企业发展，以文化先行，学习与研究西方的先进管理、科技、哲学与经济学。胡氏六世胡远浚是清代举人，在1905年执教于安徽高等学堂时，就从事研究老子、孔子哲学与黑格尔、马克思学术之比较，以及《资本论》。胡远惠、胡子穆等7人，于1907年前后赴日本留学，学习企业管理与生物学等学科。1902年到1915年，他们同陈独秀曾四次去日本期间广泛接触，初步接触近代西方资产阶级的科学文化。

1928年胡远烈病逝后，由胡氏家族股东董事会公推胡子穆继任“胡玉美”总经理。1929年，胡玉美家族企业由胡子穆与大房胡国荣共同掌管。家族股东会公推胡子穆为总经理，实质就是家族股份企业，向股份有限公司转化。胡子穆毕业于日本东京高师博物系，1917年回国，曾在武昌高师、安徽大学任生物学教授。他一到“胡玉美”上任，就与大管事方遵训、技师代美章、王华山磋商振兴企业的对策。他们采用先进的科学技术提高产品档次，在酱园设立化验室，用显微镜观察、分析蚕豆酱的配方成份，调整种曲、红曲的比例。他们还在配料中加入44度封缸酒，使蚕豆酱鲜味保持长久。

1930年，胡子穆扩大“胡玉美”的业务，以酱园为基础，兴建罐头厂、制冰厂、糖果面包厂、酒厂、水作厂等，形成食品产业链。他还买下胡玉美酱园隔壁的金氏房屋，扩建麦陇香商店（后来成为安庆名店），除经营糕点、海味等高档南货外，又销售上海“冠生园”“太康”等食品，并在二楼开设冷饮室及“武陵酒家”招揽生意。

几年后，胡玉美酱园就占领了安庆市场的大部分份额。东门有“胡永源”，西门有“胡广源”“胡永大”，南门有“和丰”，城中有“胡广美”“玉美货栈”等店铺8处，还在邻县设立代销点10余处。1935年，胡子穆在刚刚落成的南京中央商场一楼租赁门面开设分店。接着又在汉口新市场、上海等地开办支店及经销处。另外，胡玉美酱园还加强与南昌“沈开泰”、南京“蒋复祥”、武汉“欣利”等一些老牌店的业务交往。胡子穆还利用“胡玉美”的麦陇香分店与上海“冠生园”“梅林”联合经商，沟通津、沪、宁、平、汉的商业渠道，形成纵横交错的网络。此时的“胡玉美”进入鼎盛时期，拥有资产200多万元，成为全国较有影响的近代民族企业之一。

三、衰落过程

正当胡子穆着手将“胡玉美”发展为股份公司，购买轮船与汽车增强酱园实力时，日本侵略者的铁蹄踏入中华大地。1938年6月12日，日军占领安庆，胡玉美酱园被洗劫一空，百年老店成为日军的洋行，酱场变成养马场，“胡玉美”遭受毁灭性的打击。抗战胜利后，胡子穆与其家族成员从四川江津避难归来。留守的安庆老店员，冒着生命危险，保住了分店“胡广源”和其他两个小酱坊，仅剩原酱（正在发酵中的酱）29 缸，蚕豆酱、蚕豆胚酱 30 缸。胡玉美酱园蛛网盘缠，一片凄凉。

1946 年 1 月初，胡氏家族设法多方集资入股，在“胡玉美”废墟上重整家业。由于国民党反动派又挑起内战，战火不绝，经济萧条，“胡玉美”只雇佣职工 60 多人，年产蚕豆辣酱仅 55 吨，资产折合约为今天的人民币 10 万多元，入不敷出，酱园面临着山穷水尽的困境。

1949 年 4 月初，临近新中国成立，安庆城内物价一日三涨，金圆券如同废纸。对此，许多商户关门停业，观望等待，囤积物资伺机抛售。然而，胡子穆坚持以诚信为本，考虑百姓的困苦，果断决定："胡玉美”所属分店照常营业，按原价向市民出售各类酱制品，无论法币、金圆券都一律照收不误，以解救百姓燃眉之急。当时国民党守军封锁城门，城内居民买不到蔬菜，一听到“胡玉美”的消息，纷纷前来抢购酱菜，于是金圆券像雪片纷纷飞来。到 4 月 23 日，“胡玉美”的酱货全部售光，收回法币、金圆券足足装满三大卡车。当时，共产党军管会负责人称赞胡子穆的爱国敬业精神，并同意“胡玉美”将所收的券币到银行兑换成人民币。胡子穆深为共产党的行为所感动，考虑到当时安庆市场物资紧张，他将所收全部券币运往江边烧毁，以表拥护共产党领导之心意。

四、新生阶段

新中国成立后，安庆私营工商业进入了一个新的历史发展时期，陷入困境的“胡玉美”获得新生。

胡子穆代表“胡玉美”在安庆市总工会的领导下，签订了安庆市第一份私营劳动合同，主动改善劳资关系。在安庆市政府的支持和帮助下，“胡玉美”筹集资金，恢复和发展生产。1951 年抗美援朝，志愿军需要大批食品罐头，“胡玉美”也接到了批量订货，胡子穆抓住机遇，动员全体员工严把产品质量关，注意食品卫生，确保志愿军身体健康，以旺盛的精力打败美国侵略者。由于“胡玉美”所承接的军需罐头按期按质交货，受到志愿军部队书面嘉奖。次年，“胡玉美”在安庆市工商联的积极扶持下，寻求产品内销出路。通过在江西省南昌召开的物资交流大会，“胡玉美”恢复了与外省的业务联络，使生产经营有了转机。经过三年的努力，“胡玉美”打下了良好的基础，逐步进入发展时期。1954 年社会主义进程高潮掀起，“胡玉美”在安徽省率先实行公私合营，改称“公私合营胡玉美罐头食品公司”。1956 年，市内 40 多家私营酱园、商店合营后并入胡玉美公司，此时职工有 300 多人。1967 年，“胡玉美”正式划归为国营，由此完成了家族企业到国营企业的转化。

20 世纪 50 年代末，“胡玉美”大搞技术革新，从过去主要依靠手工操作开始向机械化生产迈进。首先，自制蚕豆剥壳机，实现了“胡玉美”几代传人梦寐以求的愿望。新中国成立前，胡家经营的酱园，每年业务旺季都要雇佣几百名临时工，采用原始的“手掐嘴咬”剥除蚕豆壳。口中唾液严重影响食品卫生，且工效很低，每人每天最多也只能剥豆几十斤，胡家好几代人，为了降低成本，增加盈利，都盼望能用机器代替手工剥豆壳，但多次试制都未成功。对此决心最大的胡子穆，从 1930 年起，除了聘请国内著名技师研制剥壳机，还将蚕豆样品寄往英、法等国，请外国专家帮助试制此项设备。可惜研制出来的机器都不太理想，豆壳无法清理干净，蚕豆破碎严重，原料损耗很大。公私合营后，政府帮忙解决了这个难题，使生产工效大幅度提高。

20世纪60年代初期，胡玉美蚕豆酱年产量已达1500吨，是新中国成立前夕的年产量的30倍；酱油年产量为1600吨。胡玉美公司在发展名牌产品蚕豆辣酱、酱油的同时，还扩大产品的生产种类，如糕点、糖果、蜜饯、荤素罐头、酒、饮料等100余种。产品保持地方特色，以配方优良、选料考究、制作精细、质地细腻等特点而闻名。“胡玉美”的蘑菇罐头曾获安徽省轻工业厅优质产品称号。

1961年，陈毅到安庆视察工作，下榻马山宾馆。用餐时，服务人员在餐桌上添了一碟胡玉美蚕豆辣酱，陈毅品尝后，连声称好。

1976年3月初，胡玉美罐头食品公司划归轻工系统，“胡玉美”的产品被列为国家定点出口产品，远销10多个国家和地区。

五、昌盛时期

党的十一届三中全会后，“胡玉美”积极贯彻“调整、改革、整顿、提高”的方针，实施名牌战略，大力扩大名牌产品的生产，从此“胡玉美”进入了新的发展时期。

1982年4月初，根据市政府大力发展地方传统工业的指示，“胡玉美”酿造酱品在城北黄土坑新建厂房，正式成立“胡玉美酿造厂”。厂区占地面积为4.2万平方米，新增机械设备78台，职工450多人，市区还设有7个门市部，固定资产为600万元，成为我国调味品行业的骨干企业。自1982年以来，“胡玉美”产值、利税年平均递增21%和14%，全员劳动生产率、资金利税率、能源消耗等指标在全省同行业中一直处于领先地位。“胡玉美”产品走俏全国各地，并远销东南亚和欧洲、非洲等 30 多个国家和地区，部分产品还被外交部列为使馆特供调味品，供应我国 100 多个驻外使馆(机构)。

胡玉美公司还将胡玉美罐头厂的一个冷冻车间划出，成立胡玉美冷饮食品厂。从 1983 年起，就由单一的冰棒产品发展到六大类 80 多种产品，仅糖果类就有 44 种，冷冻食品 20 余种，还添制一条速冻食品生产线，年产值 1000 多万元。

“胡玉美”进一步发挥名牌优势，通过与外地协作、联合经营、代购经销等经营方式，不断扩大销售网络，扩大产品的覆盖面，百年老店焕发出青春活力。胡玉美公司还主动与我国西部地区的甘肃、青海两省加强联系，利用当地蚕豆资源优势与“胡玉美”名牌的信誉联营办厂，成立“‘胡玉美’甘肃省分公司”。“胡玉美”与甘肃省这种联营方式曾受到原国务委员张劲夫的肯定与赞扬。

1990 年，公司在安庆举行“胡玉美”创业 160 周年纪念大会。全国人大代表、我国著名内燃机专家、胡氏家族第七世后人胡国栋、安徽省工商联合会名誉主席、“胡玉美”第八世后人胡庆照，以及来自台湾的胡庆利等胡氏后裔与国内科技、工商界名人，省市各级领导共百余人出席盛会。朋友们相聚在一起，畅述“胡玉美”发展前景，商讨缔结企业与科技文化良缘。

1997 年 8 月，胡玉美酿造厂响应政府号召进行第一次改制，由国营企业改为股份合作制公司，正式更名为“胡玉美酿造食品有限责任公司”。

2002 年 11 月，“胡玉美”再次响应市政府号召，走国退民进之路，实施“双置换”，企业由股份合作制公司二次改制为由自然人参股的民营企业。

自二次改制以来，“胡玉美”在人力资源配置、综合监控、技术进步、营销策略和环境优化等各个层面实现了全方位变革，在治厂方针、管理理念和管理模式等方面也实施了多项创举。

本着产品开发以市场为中心的原则，每年“胡玉美”技术人员通过走访市场，参加各类型的专业性调味品展览会，定期召开信息对接会等活动，捕捉新品设计的信息和灵感。十年来，“胡玉美”研究开发了豆瓣酱蒸煮工艺和系列酱二次灭菌降盐工艺，调整了酱油中焦糖色素的用量，开展了防腐剂减量试验和传统工艺的改进试验，相继对辣油椒酱、豆瓣酱、牛肉蚕豆酱等产品的风味进行了重新调配，并陆续独立研发出 10 多个新品，实现了产品的多样化和可观的经济效益。无论是品质控制还是新品开发，技术实力都是核心。

为了赢得市场、开发产品、提高产品科技含量，“胡玉美”整合资源，利用自身优势，同全国多所著名高校开展技术合作。2005 年 4 月，“胡玉美”成功实现与华南理工大学的校企合作，建立轻工与食品学院生产实验基地。2007 年 5 月，“江南大学胡玉美酿造技术研发中心”正式挂牌成立，校企合作为公司技术更“新”、产品更“好”、效益更“高”提供了强大的智力支持。“胡玉美”还聘请多名专家教授为技术顾问，借助于科研力量成功攻克了“抑制豆酱发酵过程中的白点生成”“川味调味酱研制”等多道技术难关，为逐步提高自主创新能力和解决实际技术问题的能力提供了强有力的智力支持。

2010 年，“胡玉美”进行了 11 个产品的试制，其中完成中间性试验产品 3 个，正式投产 2 个新品，新品推介入市后，已初步为市场所接纳，成为“胡玉美”新的经济增长点。“新型风味食品的研制”项目被列为市级科技计划项目。2011 年，经过百余次试验，“胡玉美”又开发了 2 个新品，同时对辣油椒酱的风味进行了调整，既改善了口感，又降低了成本。2012 年，2 个新品种得以研发，这些新品的出现为企业的可持续发展提供了产品竞争力。

今天的"胡玉美"是中国调味品协会常务理事、安庆市首个国家工业遗产。胡玉美公司先后获"中国食品工业优秀企业""全国轻工业卓越绩效先进企业""中国调味品行业二十年调味酱产业十强品牌企业""中国调味品行业复合调味料十强品牌企业""中国调味品著名品牌企业20强""全国旅游商品定点生产企业""首批省级绿色工厂""农业产业化省级重点龙头企业""安徽省专精特新中小企业""省级企业技术中心""省级工业设计中心""安徽省质量奖""安徽省商标品牌示范企业""安徽省消费品工业'三品'示范企业""安徽省劳动保障诚信示范单位""安徽省和谐劳动关系示范企业""安庆市两化融合示范企业""安庆市五一劳动奖状"等荣誉称号,连续在安徽省第三至第六届工业设计大赛上斩获不同奖项。公司以质量求突破,用创新赢未来,着力研发新品、保护知识产权。公司共申请获得各项专利二十余项(两项发明专利,二十余项实用新型、外观专利)。近年来,公司按照"降盐、增鲜、增辣"的理念,相继研发出六月原酱(蚕豆辣酱)、辣油椒酱(爆辣)、歪嘴老抽酱油、香辣酱、肉末豇豆、七味辣米虾、粒粒香(香辣黄豆)、香辣拌面酱、肉末香菇、黄豆酱、鲜虾酱、香菇酱、牛肉酱、红烧酱、下饭贡菜、招牌瘦肉酱、桂花生姜等几十个新品,推出"酱界传奇""安庆酱心礼""国民潮酱"等多款精品礼盒。公司主导产品蚕豆辣酱获得"中华人民共和国地理标志保护产品""苏浙皖赣沪名牌产品50佳""中国特色旅游商品大赛铜奖""中国品牌旅游商品""安徽名牌产品""安徽工业精品""安徽百佳好网货""人民网100个享誉全国的安徽品牌"等荣誉称号,其制作技艺被认定为安徽省非物质文化遗产。辣油椒酱获得"安徽名牌产品""安徽特色旅游商品"等荣誉称号。

“胡玉美”一直坚持以传统品牌为基础，在创新中求发展，以食品安全为核心，追求卓越。百年老字号品牌是企业在长期的经营活动中，通过几代人的辛勤耕耘逐步积累、培育和发展起来的一种商誉和无形资产。虽然百年“胡玉美”在部分生产设备上进行了升级改造，但关键生产环节上依旧采取传统的生产方法，使独特的制酱技艺不致失传。由于生产技艺独特，机理复杂，操作要求比较高，其中一些工序操作技艺到现在仍靠师徒之间言传身教、代代相传。与此同时，公司充分吸纳现代经营理念，立足“安全、创新、精细、效益”管理模式，着力打造“创新驱动、智造升级；精耕细作、共创未来”的企业文化精神，以开拓更为广阔的市场并引领调味品消费的潮流。

案例四
耿福兴:老字号餐饮数字化转型

耿福兴创建于清光绪十四年(1888 年),由江都耿氏兄弟和芜湖面条师傅韩光远及芜湖酥烧饼师傅严开银联合创建,它历经沧桑,百年不衰,直至今日。耿福兴总店于 2002 年落户芜湖市凤凰美食街中心广场,经营面积约 1 万平方米,现耿福兴主营芜湖老菜、淮扬菜、徽菜及耿福兴传统特色小吃。耿福兴于 2006 年被国家商务部认定为全国首批中华老字号,2010 年获得“安徽省名牌”称号。耿福兴传统小吃“三大件”——小笼汤包、酥烧饼、虾籽面已被列入安徽省非物质文化遗产名录,虾籽面现已成为安徽美食文化符号。“童叟无欺、货真价实”是耿福兴的百年店训,“发扬传统、与时俱进”是耿福兴的发展理念。

一、耿福兴数字化现状

目前,中华老字号耿福兴在合肥、芜湖、铜陵等地拥有各类门店 12 家,其整体上数字化程度不算高。整个企业没有官网,只有公众号和小程序,小程序有线上点餐与结算,虽然入驻了美团、饿了么等外卖平台,但员工在数字化营销方面培训很少,未能真正有效实现老字号餐饮企业的品牌和产品双升级,实现堂食、外卖、新零售三轮驱动、全渠道销售,实现老字号数字化转型发展。由此可见,耿福兴还有许多有待提升的地方。

二、耿福兴数字化转型的思考

(一)精准营销数字化

耿福兴利用互联网平台开展数字化精准营销，实现从内容展示向口碑积累转变，通过沉淀大数据掌握消费需求的新动向，不断优化产品、渠道、服务，实现销售模式多样化、渠道多元化、服务精细化。

1. 加速老字号的数字化转型工作

线上渠道已经发展成为居民消费的主渠道，要以数字化带动耿福兴转型升级，带动耿福兴焕发新生机。基于现代消费群体的圈层化、平台化特征，耿福兴着力搭建社交媒体传播矩阵，让营销更具针对性、精准性。

2. 重视微博营销，与时与市俱进

跟踪热点，制造话题，重视微博的话题营销，持续运营其新浪微博官方账号，通过更新代言人信息、播放广告视频、链接淘宝直播等方式，积极与追星族互动。

3. 打造电商平台，全面触达不同消费群体

耿福兴要转变过去“重线下、轻线上”的营销理念，加快推进线上线下融合的新零售转型。平台以数据中台作为底层架构支撑，以数据为连接，延伸到线下渠道、物流系统及其他产业；同时，将品牌活动作为入口，积累用户数据，培育私域流量，打造线上线下一体化运营平台。平台同时拥有微信小程序和 APP 两种渠道，不仅销售自有产品，也吸纳国内外知名品牌入驻，以社交电商的模式进行品牌推广和产品销售。除了搭建自有电商平台,耿福兴老字号还需入驻抖音、快手、知乎、小红书等社交平台,搭建社交媒体传播矩阵,全面、精准地触达不同类型消费群体。

4. 注重挖掘老字号的文化内涵

经历多年的传承与发展,不少老字号形成了独特的文化底蕴和内涵。比如,同仁堂的“货真价实”、荣宝斋的“诚信为本”、胡庆余堂的“真不二价”,既是经营的信条,也是传承的文化。文化是老字号的根和魂,也是区别于其他品牌的最大特色。借助于电商平台进行转型的耿福兴应该认识到,电商平台已不仅是简单的交易平台,也是文化传播的集聚地。

5. 借助于互联网讲好老字号故事与中国故事

老字号品牌历史悠久,其背后的故事在时间的打磨和沉淀中历久弥新。讲好品牌故事,不仅能够塑造品牌形象,还能够实现中国好故事的传承与发扬。此外,耿福兴作为老字号企业,不仅要考虑自身经营收益,还要主动传承中华优秀文化,使中国制造走出国门,将中国故事传向世界。老字号“出海”,不仅让外国消费者用上了质量过硬的中华老字号产品,更弘扬了中国历史悠久的文化。

6. 老字号的跨界混搭

耿福兴的金字招牌和历史传承优势是一笔丰厚的品牌遗产。而这些被定义为“国潮”的产品,最基本的标准就是是否具备传统文化的基因,是否融入时尚感。耿福兴通过创新产品设计,推动老字号品牌形象的年轻化;“90、95后”作为“国潮”消费主力军,要满足年轻人对时尚的追求、个性的张扬,也是一种对传统文化的自然回归和觉醒。文创作为全新的元素,通过IP化、符号化的传播又能点燃消费者对已经老化品牌的重新认知;文创产品的销售、老字号品牌和文化元素的授权能实现直接的经济价值，通过文创来提升老字号品牌的影响力，带动传统业务增长；再者，对于目前文创产业存在的创意雷同、缺乏文化内涵等问题，耿福兴的进入也给行业带来一定的资源和资本。首先，老字号代表的是中国传统文化，“故宫文创”的成功已证明带有传统文化元素的文创产品具有较大的市场；其次，老字号自带的品牌效应在进行跨界营销时，更容易引起消费者的关注；再次，老字号代表更好的质量和服务保障，它本身的产品购买力强，有更为成熟的质量管理体系，后续出现风险的可能性较低；最后，大部分的老字号都做实业，在供应链和销售渠道上经验丰富，可以少走很多弯路。

7. 全方位入驻外卖平台

大量调查结果显示，客户更喜欢在线订购的便利性。外卖系统可以在线处理的大量外卖和送货订单，餐馆不再需要让员工脱离其他职责来接听电话并接受订单。

8. 研发多元化产品

耿福兴的消费群体结构并没有完全跟上风口，新型消费群体已成为市场的主力军，但耿福兴对于这部分群体却感到陌生。针对年轻群体，耿福兴可以推出适合年轻人口味的小笼包、奶茶等产品；针对女性群体，研发美容养颜的饮食；针对老年群体，研发功能性的保健饮食等，从而吸引更多的消费人群。

（二）经营管理数字化

耿福兴利用数字化软件、硬件设施改善耿福兴门店的经营管理，提供收单、收银、点餐、排队、电子发票、门店经营管理系统等数字化工具，提高数据分析和金融服务能力，提升耿福兴经营效率和数字化管理水平。

为了解消费者满意度、门店服务质量、菜品质量等情况，餐饮企业开展消费者调研的做法十分常见。例如，通过“神秘访客”还原餐饮服务“全貌”、线下拦访、借助于纸质意见簿或扫码答题收集就餐体验等。“神秘访客”调研虽然在一定程度上为餐饮品牌的内部监督、考核、惩处等提供了依据，但并没有从根源上解决餐饮企业服务管理和质量控制滞后的问题，实时、持续的动态监测与反馈成为关键，数字化的餐饮体验管理应运而生。相较于传统的线下调研，在线化的调研手段为餐企更全面触达目标对象提供了可能，因而为更多餐饮企业快速落地从技术上提供了后盾支撑。而数字化管理借全线接入口碑和饿了么等互联网平台，利用本地生活平台的大数据技术加速数字化升级。

例如，倾听消费心声，即以支付（支付宝和微信）为触点，触发在线问卷收集消费心声；看消费感受，即可根据顾客点单不同动态推送问卷，获取更精准的餐后评价与感受；促进行动改善，即参与在线调研后系统自动触发消费券、刺激二次消费已经成为普遍的激活手段。此外，根据低分问卷或自定义的关键词（比如“口味差”“服务差”“卫生差”等）生成预警工单，为门店及时发现体验“噪点”、找准服务“盲点”提供便利，规避滞后性问题。

再如通过经营管理数字化，耿福兴门店如在 2 小时内未及时处理预警工单，系统将自动逐级上报。基于流程化的反馈机制，耿福兴品牌实现以体验数据驱动改善行动、形成 2 小时反馈的标准化流程，将客诉问题阻止在萌芽状态。

（三）供应链数字化

耿福兴提升供应链数字化水平，利用现代化配送、智能供应链等帮助企业降低物流成本和采购成本，从而提高原材料品质，扩大服务半径，助力耿福兴系列产品安全与可追溯。

由于耿福兴拥有12家门店，餐饮标准化难度大，目前还处于市场分散、连锁化率低的初级阶段，在菜品研发、服务质量等基本要素有保证的基础上，还必须具备底层系统化的支撑，完成供应链数字化这个基础设施建设，这样才能做到标准化。对于耿福兴这类餐饮企业来说，需要在供应链方面实现数字化，使得有标准化食材供应、标准化制餐流程。此外，冷链保鲜、互联网、大数据也给予供应链服务商以新手段实现传统产业升级，供应链数字化成为餐饮企业下半场的核心竞争力。

（四）消费融合数字化

耿福兴与芜湖城市消费实现数字化融合。发挥互联网平台“一站式消费”、多场景融合特点，发扬耿福兴地域属性、文化属性，帮助耿福兴立足自身产品服务，扩大与旅游、文创、休闲娱乐等领域的合作，触达更多消费者。提升耿福兴在年轻人群、品质消费人群中的影响力，利用消费热点IP打造新消费潮流。

在疫情期间，“餐饮老字号”企业率先加入“无接触餐厅”“安心餐厅”的行列，积极参与地方政府与平台组织的各项促消费活动，成为推动行业消费复苏的重要力量，进而推动老字号守正创新发展，推动老字号企业加速数字化转型。对于耿福兴来说，要积极融入“餐饮＋文化”“餐饮＋科技”“餐饮＋体验”等新模式发展，特别是融入芜湖的城市 IP、矗街 IP 等元素，开展消费融合数字化。

总之，对于老字号品牌耿福兴的数字化转型，主要在四个方面着手。

一是以食客为中心的前厅数字化。前厅（餐厅）是餐饮企业与顾客的最终最直接的接触面，是赋予餐饮产品最高价值的终端。前厅运营管理中最重要也是最终目标就是多方位提升顾客感受，包括提高效率、便捷性、舒适度等。因此，餐饮企业通过对前厅流程中的获客引流、预定餐位、排队叫号、点餐、送餐、收银、外卖等店内经营环节进行数字化改造，以达到降本增效的目的。

二是以厨房为中心的生产方式数字化。智能厨房显示系统（后厨 KDS）是保证有序、高效出餐的餐饮智能化利器，颠覆了传统的后厨出菜模式，给前端下单与后端出菜之间赋予了一套全新的电子化流该流程。从前厅到后厨到发餐，保证信息流实时传递，把控整体流程；EDI 传输，实现无纸化，通过可视化屏智能显示，清晰可见，优化服务员和厨师工作流程；智能催单，保证上菜速度和上菜顺利。除此以外，后厨数据的沉淀能够助力管理者精细化后厨，找到业务流程上的堵点，便于优化管理。

三是以食材为中心的餐饮供应链数字化。在供应链方面实现数字化，使得有标准化食材供应、标准化制餐流程。此外，冷链保鲜、互联网、大数据也给予供应链服务商以新手段实现传统产业升级，供应链数字化成为餐饮企业下半场的核心竞争力。

四是以数据为中心的餐饮经营管理优化数字化。随着传统餐饮业向智能化的升级，餐饮行业全流程也可抽象为前端服务接受数据，后端收集分析数据并反馈给前端辅助经营优化的过程，因而数据成为餐饮数字化的基础。餐饮行业将逐步进入数字化管理时代，通过信息技术优化管理效率，留存数据，打通多维度数据，以数据为基础指导经营决策。此外，餐饮行业前厅、后厨、供应链等流程形成的场景连接不仅是云计算、大数据、人工智能等技术对餐饮行业流程效率的升级助力，餐饮行业从预订到点餐到支付、从接单到出菜、从生产到采购到运输的全渠道全流程消费行为也成为消费者端数据与前厅后厨供应链的连接端口，在对交易数据、用户数据等进行脱敏沉淀后，丰富的数据分析维度能够反哺餐饮后市场的智能营销、智能选址、菜品研发等需求。

总而言之，通过数字化全程的导入，辅以员工的数字化营销培训，逐步实施从信息化—数据化—数智化的过程，进而推动耿福兴的数字化转型。

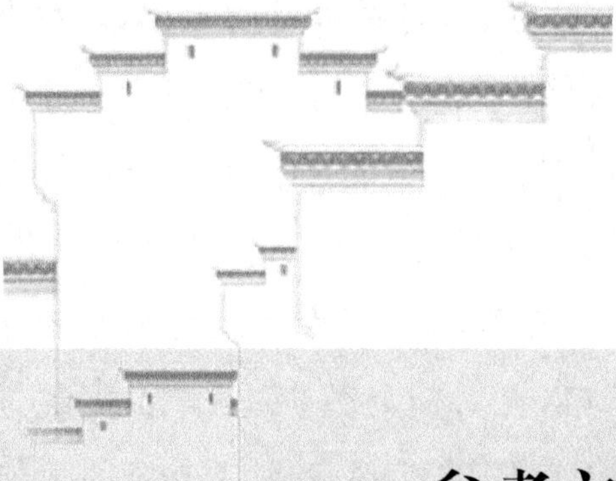

参考文献

[1] 余正勇，陈兴. 品牌活化研究回顾与展望[J]. 商业经济研究，2021，(21)：61－65.

[2] 李费飞. 数字经济时代老字号品牌跨界创新影响因素与营销对策研究[J]. 经营与管理，2022，(04)：13－18.

[3] 庾冬青. 将国产老品牌活化的营销策略[J]. 现代营销(学苑版)，2011，(12)：68－69.

[4] 王克稳，徐会奇，栾惠洁. 基于消费者怀旧的中华老字号品牌营销[J]. 北京市经济管理干部学院学报，2010，25(03)：21－26.

[5] 曹美星. 中华老字号品牌利用新媒体跨界营销的必要性和措施[J]. 老字号品牌营销，2022，(03)：4－6.

[6] 潘美秀，杨敏. 老字号品牌如何借 IP 化营销赋能[J]. 全国流通经济，2022，(01)：29－33.

[7] 胡星. 新媒体背景下中华老字号品牌跨界营销的策略[J]. 黑河学院学报，2020，11(11)：63－64＋81.

[8] 李凡，张宏卫，王帅超. 中国老字号品牌营销的问题与对策

[J]. 产业与科技论坛，2008(06)：44—45.

[9] 郑洁. 老字号变身新国潮：机遇与困惑[N]. 中国文化报，2021—11—29(003).

[10] 罗曼之. 老字号化妆品行业营销策略问题研究——以老字号品牌谢馥春为例[J]. 当代经济，2016(20)：66—67.

[11] 张艺. 中国文化元素在广告塑造与促销中的作用研究[J]. 老字号品牌营销，2021(11)：17—19.

[12] 李富. 中小城市老字号集聚数字化体系架构——基于消费转型趋势[J]. 技术经济与管理研究，2020(06)：98—102.

[13] 彭晶晶. 老字号品牌内容营销的创新策略[J]. 湖北开放职业学院学报，2021，34(19)：15—16.

[14] 徐伟，杨玉成，李永发. 老字号品牌创新路径与模式研究[J]. 管理学报，2020，17(10)：1535—1543.

[15] 徐伟，汤筱晓，王新新. 传承还是创新？老字号品牌双元性实现路径研究——一项模糊集的定性比较分析[J]. 经济管理，2020(8)：85—104.

[16] 徐伟，汤筱晓. 老字号真实性对品牌延伸评价的影响机制研究[J]. 财贸研究，2020(3)：86—94.

[17] 王新新，徐伟，单臻. 老字号真实性对购买意向的影响——口碑与自我概念一致性的作用[J]. 经济问题，2019(7)：62—68.

[18] 徐伟，许春燕. 老字号线上线下融合发展研究[J]. 齐齐哈尔大学学报(哲学社会科学版)，2018(3)：57—58，67.

[19] 徐伟，王平，王新新，宋思根. 老字号真实性的测量与影响研究[J]. 管理学报，2015，12(9)：1286—1293.

[20] 徐伟,汤筱晓,王新新.老字号真实性、消费态度与购买意向[J].财贸研究,2015(3):133－141.

[21] 徐伟,王新新,薛海波.老字号品牌个性、认同与忠诚——个性量表开发与评价[J].财经论丛,2013(4):95－100.

后　记

老字号作为中国各地区标志性品牌，是中国商业经济发展的历史见证。老字号品牌和产品技艺作为中华民族文化宝贵财富的一部分，是百年商业竞争留下的，得到了社会的广泛认同。如何从地域性、民族性的个案实践中探索老字号企业良性发展的经验和成长机理，是值得学术界关注和研究的命题。

关注安徽老字号缘起于对徽商的研究和安徽财经大学徐伟教授的专注。记得二十年前第一次到徽州地区，当时对徽商和徽文化几乎没有什么认知，但马头墙、黑白相间的色调、深宅大院、古村落、宗祠、书院、老街、徽商老字号等都给我留下了深刻的印象，古徽商传承下来的徽商老字号引发了我对老字号品牌的研究和对徽商家族传承的关注。

2016 年前后，安徽财经大学新徽商研究中心、消费者行为研究中心联合多次带领研究生开展皖南、皖北的老字号调研，其实早在 2017 年我就思考过撰写安徽老字号方面的著作，但因多种原因没能实现，因为对安徽老字号的研究需要一定的积累，需要相应的分析统计和行业归类。

安徽财经大学曾连续多年举行安徽老字号品牌营销创新大赛，同安徽师范大学联合举办徽商老字号品牌营销论坛，同安徽省老字号企业协会开展座谈交流，学校拥有一支对老字号进行研究的专家团队，常年开展老字号的调研和走访，团队成员主持过多项老字号方面的国家级课题研究。

《安徽老字号的传承与振兴》的出版，首先要感谢安徽绿海商务职业学院董事长陈孝云、安徽经济报社社长马顺生、安徽财经大学消费者行为研究中心主任徐伟教授，他们的无私帮助和鞭策让我更有动力；其次要感谢安徽财经大学校领导虞宝桃、朱红军教授、周加来教授，他们给新徽商研究中心提供了较好的平台和资源；感谢安徽农业大学党委书记张庆亮教授、安徽师范大学经济管理学院院长张廷龙教授、安徽省商务厅流通处处长张元琴、安徽省老字号企业协会会长胡明朗、蚌埠市商务局副局长(挂职)葛秋颖、安徽财经大学工商管理学院胡登峰教授、胡旺盛教授等，他们给予我成长道路上的关爱和支持；感谢安徽大学出版社的编辑，他们为本书的出版提供了卓越的服务和快速的通道；最后要感谢安徽各老字号企业，他们为团队的调研和本书的写作提供了诸多的素材和建议，在此一并深表感谢！

《安徽老字号的传承与振兴》是安徽财经大学新徽商研究中心和安徽经济报社、决策杂志社(安徽创新发展研究院)联合打造的“徽商智库”系列丛书之一，是安徽财经大学服务地方经济的研究成果。由于笔者水平有限，书中难免有不对的或引用不当的地方，敬请读者批评指正。

王唤明

2023 年 5 月于龙子湖畔